高等学校计算机应用规划教材

Java程序设计案例教程

秦　军　编著

清华大学出版社

北　　京

内 容 简 介

本书是关于 Java 程序设计的案例教程。全书共分为 11 章，包括 Java 语言基础、Java 语言的基本语法、面向对象程序设计、Java 的类型封装器与注解、Java 异常处理机制、常用 Java API、Java I/O 流、Java 多线程编程、Java 传统 GUI 编程、JavaFX GUI 编程以及 JavaFX 绘图与动画等技术。

本教程内容丰富、结构合理、语言简练流畅、案例新颖、针对性强，主要面向 Java 程序设计语言的初学者，适合作为高等院校的 Java 语言基础教材，还可作为 Java 程序设计与开发人员的参考书。

本书对应的电子课件、习题答案和实例源文件可以到 http://www.tupwk.com.cn/downpage 网站下载。

图书在版编目(CIP)数据

Java 程序设计案例教程 / 秦军 编著. —北京：清华大学出版社，2018
(高等学校计算机应用规划教材)
ISBN 978-7-302-48718-0

Ⅰ. ①J… Ⅱ. ①秦… Ⅲ. ①JAVA 语言－程序设计－高等学校－教材 Ⅳ. ①TP312.8

中国版本图书馆 CIP 数据核字(2017)第 272650 号

责任编辑：胡辰浩　李维杰
装帧设计：孔祥峰
责任校对：曹　阳
责任印制：李红英

出版发行：清华大学出版社
网　址：http://www.tup.com.cn，http://www.wqbook.com
地　址：北京清华大学学研大厦 A 座　　邮　编：100084
社 总 机：010-62770175　　邮　购：010-62786544
投稿与读者服务：010-62776969, c-service@tup.tsinghua.edu.cn
质 量 反 馈：010-62772015, zhiliang@tup.tsinghua.edu.cn
印 装 者：清华大学印刷厂
经　销：全国新华书店
开　本：185mm×260mm　　印　张：22.25　　字　数：542 千字
版　次：2018 年 1 月第 1 版　　印　次：2018 年 1 月第 1 次印刷
印　数：1~4000
定　价：56.00 元

产品编号：075902-01

前　　言

Java 是当今世界最重要，也是使用最广泛的计算机语言之一。与其他一些计算机语言随着时间的流逝，影响也逐渐减弱不同，Java 随着时间的推移反而变得更加强大。从首次发布开始，Java 就跃到了 Internet 编程的前沿，Java 不断地进行完善以适应编程环境和开发人员编程方式的变化。Java 不仅仅是在跟随潮流，更是在帮助创造潮流。在现实世界中，很多应用都是使用 Java 开发的。本书使用其最新版本 Java SE 8(JDK 8)，从开发环境的搭建讲起，遵循“从简单到复杂”、“从抽象到具体”的原则，结合大量案例，介绍了 Java 程序设计语言的基本语法和编程技巧。

本书共 11 章，第 1 章是 Java 语言概述，主要介绍 Java 语言的发展史、Java 语言的特点、Java 虚拟机的工作原理以及 Java 开发环境的搭建；第 2 章是 Java 编程基础，主要讲述 Java 的基本语法，包括程序的基本元素、变量的作用域、基本数据类型、运算符与表达式、流程控制语句以及数组等内容；第 3 章和第 4 章是学习 Java 的重点，全面介绍面向对象编程的基本思想和关键特性，包括类与对象、继承与多态、内部类与静态类、接口与包、枚举、注解、装箱与拆箱等，理解面向对象是学好 Java 最关键的一点；第 5 章介绍 Java 的异常处理机制，包括异常的捕获与处理、JDK 7 新增的异常特性等；第 6 章简要介绍一些常用的 Java API 类库，重点介绍字符串的处理、java.lang 包和 java.uti 包中的集合框架；第 7 章介绍 Java 的 I/O 流，包括文件操作、字节流和字符流，以及对象序列化等；第 8 章讲述 Java 的多线程编程，包括 Java 中创建线程的方法、线程同步与线程间通信等；第 9 章介绍传统的 Java GUI 编程，包括 AWT 和 Swing 两种框架；第 10 章介绍 Java 的新 GUI 框架——JavaFX，包括 JavaFX 应用程序框架、JavaFX 常用控件、效果与变换以及 JavaFX 菜单等，JavaFX 将在 Java 应用程序的设计方式上扮演重要角色，所以 Java 程序员需要具备 JavaFX 的使用经验；第 11 章介绍 JavaFX 绘图与动画，包括传统的 AWT 绘图以及新的 JavaFX 对绘图和动画的支持等内容。

本书内容丰富、结构合理、思路清晰、语言简练流畅、案例新颖、针对性强。每一章的开始部分概述该章的作用和内容，指出该章的学习目标。正文部分，结合每章的知识点和关键技术，穿插大量极富实用价值的程序案例，所有实例都在 Eclipse+JDK 1.8 环境下调试运行通过。每一章的末尾有本章小结，总结该章的内容和重点与难点；同时安排了有针对性的思考和练习，帮助读者巩固该章所学内容，提高读者的实际动手能力。

本书主要面向 Java 程序设计语言的初学者，适合作为高等院校 Java 语言基础相关课程的教材以及 Java 应用程序开发人员的参考书。

除封面署名的作者外，参加本书编写的人员还有蔡小爱、刘训星、于中海、张小奇、苏文明、龚勇、胡敏、何学成、张海民、袁婷婷、徐宏进、刘钊颖、王玉、薛琛、刘煜、李泽峰、陈华东、王田田、李健男、艾欣和林桂妃等。由于作者水平有限，本书难免有不足之处，欢迎广大读者批评指正。我们的信箱是 huchenhao@263.net，电话是 010-62796045。

本书对应的电子课件、习题答案和实例源文件可以到 http://www.tupwk.com.cn/downpage 网站下载。

作　者

2017 年 8 月

目　　录

第1章　Java语言概述

Java 是一种跨平台的面向对象程序设计语言，自问世以来，受到越来越多开发者的喜爱。它不仅吸收了 C++语言的各种优点，而且摒弃了 C++里难以理解的多继承、指针等概念，因此 Java 语言具有功能强大和简单易用等特征。本章将从 Java 的起源讲起，详细介绍 Java 的发展历程、Java 的特点以及开发环境的搭建，并创建一个简单的 Hello World 程序。

本章学习目标：

- 了解 Java 的发展史
- 理解 Java 语言的特点
- 掌握 Java 程序的运行机制
- 掌握 JDK 的安装与配置
- 掌握在 Eclipse 中新建 Java 工程
- 熟悉 Eclipse 的常用操作

1.1　Java 的起源与发展史

Java 由 Sun 公司于 1995 年推出，在 Java 语言出现以前，很难想象在 Window 环境下编写的程序可以不加修改就在 Linux 系统中运行，因为计算机硬件只识别机器指令，而不同操作系统中的机器指令是有所不同的。所以，要把一种平台下的程序迁移到另一个平台，必须针对目标平台进行修改。如果想要程序能够运行在不同的操作系统下，就要求程序设计语言能够跨平台，可以跨越不同的硬件、软件环境，而 Java 语言就能够满足这种要求。

1.1.1　程序设计语言

程序设计语言(Program Design Language，PDL)又称为编程语言，是一组用来定义计算机程序的语法规则。语言的基础是一组记号和一组规则，根据规则由记号构成的记号串的总体就是语言。在程序设计语言中，这些记号串就是程序。

正如人类交流所使用的自然语言(如汉语、英语、俄语等)一样，人与计算机之间的交流必须使用人和计算机都能理解的程序设计语言。自 20 世纪 60 年代以来，世界上公布的程序设计语言已有上千种之多，但是只有很小一部分得到了广泛应用。从发展历程来看，程序设计语言可以分为 4 类。

1. 机器语言

机器语言由二进制 0、1 代码指令构成，不同的 CPU 具有不同的指令系统。机器语言程序难编写、难修改、难维护，需要用户直接对存储空间进行分配，编程效率极低。这种语言已经渐渐被淘汰了。

2. 汇编语言

汇编语言指令是机器指令的符号化，与机器指令存在着直接的对应关系，所以汇编语言同样存在难学难用、容易出错、维护困难等缺点。但是汇编语言也有自己的优点：可直接访问系统接口，用汇编程序翻译成的机器语言程序的效率高。从软件工程角度来看，只有在高级语言不能满足设计要求，或不具备支持某种特定功能的技术性能(如特殊的输入/输出)时，汇编语言才被使用。

3. 高级语言

高级语言是面向用户的、基本上独立于计算机种类和结构的语言。其最大的优点是：形式上接近于算术语言和自然语言，概念上接近于人们通常使用的概念。高级语言的一个命令可以代替几条、几十条甚至几百条汇编语言的指令。因此，高级语言易学易用，通用性强，应用广泛。高级语言种类繁多，可以从应用特点和对客观系统的描述两个方面对其进一步分类。

(1) 从应用角度分类

从应用角度来看，高级语言可以分为基础语言、结构化语言和专用语言。

- 基础语言：基础语言也称通用语言。它历史悠久，流传很广，有大量的已开发的软件库，拥有众多的用户，为人们所熟悉和接受。属于这类语言的有 FORTRAN、COBOL、BASIC、ALGOL 等。
- 结构化语言：20世纪70年代以来，结构化程序设计和软件工程的思想日益为人们所接受和欣赏。在它们的影响下，先后出现了一些很有影响的结构化语言，这些结构化语言直接支持结构化的控制结构，具有很强的过程结构和数据结构能力。Pascal、C、Ada 语言就是它们的突出代表。
- 专用语言：是为某种特殊应用而专门设计的语言，通常具有特殊的语法形式。一般来说，这种语言的应用范围狭窄，移植性和可维护性不如结构化程序设计语言。随着时间的流逝，被使用的专业语言已有数百种，应用比较广泛的有 APL 语言、Forth 语言、LISP 语言。

(2) 从对客观系统的描述分类

从描述客观系统来看，程序设计语言可以分为面向过程语言和面向对象语言。

- 面向过程语言：以“数据结构+算法”程序设计范式构成的程序设计语言，称为面向过程语言。前面介绍的程序设计语言大多为面向过程语言。
- 面向对象语言：以“对象+消息”程序设计范式构成的程序设计语言，称为面向对象语言。比较流行的面向对象语言有 Delphi、Visual Basic、Java、C++等。

Java 语言是一种面向对象的、不依赖于特定平台的程序设计语言，简单、可靠、可编译、可扩展、多线程、结构中立、类型显式声明、动态存储管理、易于理解，是一种理想的、用于开发 Internet 应用软件的程序设计语言。

4. 非过程化语言

非过程化语言是面向应用，为最终用户设计的一类程序设计语言，具有缩短应用开发过程、降低维护代价、最大限度地减少调试过程中出现的问题以及对用户友好等优点。

非过程化语言在编码时只需说明“做什么”，不需描述算法细节。数据库查询和应用程序生成器是这类语言的两个典型应用。

- 用户可以用数据库查询语言(SQL)对数据库中的信息进行复杂的操作。用户只需将要查找的内容在什么地方、 根据什么条件进行查找等信息告诉 SQL，SQL 将自动完成查找过程。
- 应用程序生成器则是根据用户的需求“自动生成”满足需求的高级语言程序。

1.1.2　Java 的家世

Java 继承了 C 和 C++语言的许多优点。为了更好地理解 Java 语言的特点，我们将从 C 语言的出现讲起，看一下 Java 产生的背景和原因。

1. 现代编程语言的诞生：C 语言

C 语言的诞生震惊了计算机界，因为它从根本上改变了编程的方式和思想。

在 C 语言出现以前，程序员通常需要在品质不同的各种计算机语言之间进行选择。例如，FORTRAN 语言适于编写科学计算应用程序，但是对于编写系统代码则不是很好；BASIC 语言易于学习，但它的功能不是很强大，并且由于缺少结构化设计，很难将其应用于大型程序；汇编语言可以生成非常高效的代码，但是它不易于学习，且调试困难，所以使用效率低。所以，C 语言的产生是人们对结构化、高效率、高级语言需求的直接结果。

C 语言是由 Dennis Ritchie 在运行 UNIX 操作系统的 DEC PDP-11 机器上发明并首次实现的，它是老式 BCPL 语言不断发展的结果，BCPL 语言是由 Martin Richards 开发的。BCPL 语言对 Ken Thompson 发明的 B(取 BCPL 的首字母)语言产生了影响，1972 年，Dennis Ritchie 又在 B 语言的基础上设计出了 C(取 BCPL 的第二个字母)语言。

C 语言具有较强的生命力，其主要特点有：

- 语言简洁、紧凑，使用方便、灵活；
- 运算符丰富，数据类型丰富，具有现代语言的各种数据结构；
- 具有结构化的控制语句(如 if…else 语句等)；
- 语法限制不太严格，程序设计自由度大；
- C 语言允许直接访问物理地址，能执行位(bit)操作，能实现汇编语言的大部分功能，可以直接对硬件进行操作；
- 生成的目标代码质量高，程序执行效率高；
- 与汇编语言相比，用 C 语言编写的程序的可移植性好。

从 20 世纪 70 年代晚期到 80 年代早期，C 语言成为主要的计算机编程语言，并且在今天仍然被广泛使用。

类，建议不再使用该类的 suspend( )、resume( )和 stop( )等方法。

1999 年 4 月 27 日，HotSpot 虚拟机发布。HotSpot 虚拟机发布时是作为 JDK 1.2 的附加程序提供的，后来它成为 JDK 1.3 及之后所有版本的 Sun JDK 的默认虚拟机。

2000 年 5 月，JDK 1.3、JDK 1.4 和 J2SE 1.3 相继发布，几周后获得了 Apple 公司 Mac OS X 的工业标准的支持。J2SE 1.3 是对 Java 2 原始版本的第一次重要升级。这次升级主要是更新 Java 的现有功能以及“限制”开发环境。2001 年 9 月 24 日，J2EE 1.3 发布。

2002 年 2 月 26 日，J2SE 1.4 发布。J2SE 1.4 进一步增强了 Java，这个发布版本包含了一些重要的升级、改进和新增功能。自此 Java 的计算能力有了大幅提升，与 J2SE 1.3 相比，其多了近 62%的类和接口，添加了新的关键字 assert、链式异常(chained exception)以及基于通道的 I/O 子系统。该版本还提供广泛的 XML 支持、安全套接字(Socket)支持(通过 SSL 与 TLS 协议)、全新的 I/O API、正则表达式等。

3. J2SE 5

J2SE 1.4 之后的下一个发布版本是 J2SE 5(内部版本号 1.5.0)，该版本也是革命性的，于 2004 年 9 月 30 日发布，成为 Java 语言发展史上的又一里程碑。它与先前的大多数 Java 升级不同，因为那些升级提供了重要但却有规律的改进，而 J2SE 5 从根本上扩展了 Java 语言的应用领域、功能和范围。J2SE 5 的新特性如下：

- 泛型
- 注解(annotation)
- 自动装箱和自动拆箱
- 枚举
- 增强的 for-each 风格的 for 循环
- 可变长度参数(varargs)
- 静态导入
- 格式化的 I/O
- 并发实用工具

上述新特性不是细枝末节的改动或增量式的升级，列表中的每一项都表示对 Java 语言的重大弥补。某些新特性，比如泛型、增强的 for-each 风格的 for 循环以及可变长度参数，引入了新的语法元素；自动装箱和自动拆箱，改变了 Java 语言的语义；注解为编程增加了一个全新的维度。所有这些新增特性的影响都超出了它们的直接效果。

4. Java SE 6

2005 年 6 月，在 Java One 大会上，Sun 公司发布了 Java SE 6，内部的开发版本号是 1.6。此时，Java 的各种版本已经更名，已取消其中的数字 2，如 J2EE 更名为 Java EE，J2SE 更名为 Java SE，J2ME 更名为 Java ME。Java 开发工具包叫作 JDK 6。

2006 年 11 月 13 日，Java 技术的发明者 Sun 公司宣布，将 Java 技术作为免费软件对外发布。Sun 公司正式发布有关 Java 平台标准版的第一批源代码，以及 Java 迷你版的可执行源代码。从 2007 年 3 月起，全世界所有的开发人员均可对 Java 源代码进行修改。

Java SE 6 建立在 J2SE 5 的基础之上，进行了一些增量式的改进。Java SE 6 没有为 Java

4. 非过程化语言

非过程化语言是面向应用，为最终用户设计的一类程序设计语言，具有缩短应用开发过程、降低维护代价、最大限度地减少调试过程中出现的问题以及对用户友好等优点。

非过程化语言在编码时只需说明“做什么”，不需描述算法细节。数据库查询和应用程序生成器是这类语言的两个典型应用。

- 用户可以用数据库查询语言(SQL)对数据库中的信息进行复杂的操作。用户只需将要查找的内容在什么地方、 根据什么条件进行查找等信息告诉 SQL，SQL 将自动完成查找过程。
- 应用程序生成器则是根据用户的需求“自动生成”满足需求的高级语言程序。

1.1.2　Java 的家世

Java 继承了 C 和 C++语言的许多优点。为了更好地理解 Java 语言的特点，我们将从 C 语言的出现讲起，看一下 Java 产生的背景和原因。

1. 现代编程语言的诞生：C 语言

C 语言的诞生震惊了计算机界，因为它从根本上改变了编程的方式和思想。

在 C 语言出现以前，程序员通常需要在品质不同的各种计算机语言之间进行选择。例如，FORTRAN 语言适于编写科学计算应用程序，但是对于编写系统代码则不是很好；BASIC 语言易于学习，但它的功能不是很强大，并且由于缺少结构化设计，很难将其应用于大型程序；汇编语言可以生成非常高效的代码，但是它不易于学习，且调试困难，所以使用效率低。所以，C 语言的产生是人们对结构化、高效率、高级语言需求的直接结果。

C 语言是由 Dennis Ritchie 在运行 UNIX 操作系统的 DEC PDP-11 机器上发明并首次实现的，它是老式 BCPL 语言不断发展的结果，BCPL 语言是由 Martin Richards 开发的。BCPL 语言对 Ken Thompson 发明的 B(取 BCPL 的首字母)语言产生了影响，1972 年，Dennis Ritchie 又在 B 语言的基础上设计出了 C(取 BCPL 的第二个字母)语言。

C 语言具有较强的生命力，其主要特点有：

- 语言简洁、紧凑，使用方便、灵活；
- 运算符丰富，数据类型丰富，具有现代语言的各种数据结构；
- 具有结构化的控制语句(如 if…else 语句等)；
- 语法限制不太严格，程序设计自由度大；
- C 语言允许直接访问物理地址，能执行位(bit)操作，能实现汇编语言的大部分功能，可以直接对硬件进行操作；
- 生成的目标代码质量高，程序执行效率高；
- 与汇编语言相比，用 C 语言编写的程序的可移植性好。

从 20 世纪 70 年代晚期到 80 年代早期，C 语言成为主要的计算机编程语言，并且在今天仍然被广泛使用。

2. C++的出现

高级语言的出现为程序员提供了更多用于处理复杂性的工具。20 世纪 60 年代诞生了结构化编程(structured programming)。这种编程方法被 C 语言这类语言采用。通过使用结构化编程语言，程序员第一次能够比较容易地编写出相对复杂的程序。但是，使用结构化编程方法，一旦项目达到一定的规模，它的复杂性就会超出程序能够管理的范围。到了 20 世纪 80 年代早期，许多项目超出了结构化方法的极限。为了解决这一问题，发明了一种新的编程方法，称为面向对象编程(Object-Oriented Programming，OOP)。

说明：

面向对象编程将在本书后面详细讨论，但是在此先给出它的简短定义：OOP 是一种编程方法论，通过使用继承、封装和多态来帮助组织复杂的程序。

随着面向对象编程思想的出现，C 语言作为一种面向过程的编程语言，已经不能满足运用面向对象方法开发软件的需要。C++便是在 C 语言的基础之上为支持面向对象的程序设计而设计的。

最初，C++被称为“C with Class”，1983 年正式取名为 C++，其标准化工作从 1989 年开始。1994 年，ISO 制定了 ANSI C++标准草案。1998 年 11 月，ISO 正式批准了 C++的国际标准。C++通过添加面向对象特征对 C 语言进行了扩展。因为 C++构建于 C 语言的基础之上，所以它包含了 C 语言的全部特征以及优点，这是 C++作为一种语言能够成功的关键原因。发明 C++语言不是试图创建一种全新的编程语言，而是对已经取得极大成功的 C 语言的改进。

C++语言的主要特点表现在两个方面：一是全面兼容 C，二是支持面向对象的方法。C++既支持面向过程的程序设计，又支持面向对象的程序设计。

3. Java 出现的时机已经成熟

到了 20 世纪 80 年代末 90 年代初，使用面向对象编程的 C++语言占据了主导地位。确实，程序员好像一度找到了完美的语言。因为 C++既支持面向对象编程模式，又具有 C 语言的高效率以及风格优点，它确实是一种可以用于创建各种程序的语言。然而，就像过去一样，推动计算机语言向前演变的力量又一次在酝酿。在短短的几年中，万维网(World Wide Web)和 Internet 达到了临界规模。这一事件又将会促成编程的另一场革命。

1.1.3　Java 的诞生

Java 是由 James Gosling、Patrick Naughton、Chris Warth、Ed Frank 和 Mike Sheridan 于 1991 年在 Sun 公司构想出来的。开发第一个版本花费了 18 个月。这种语言最初被称为 OAK，是 Sun 公司为一些消费类电子产品而设计的通用环境。他们最初的目的只是为了开发一种独立于平台的软件技术，而且在网络出现之前，OAK 可以说是默默无闻，甚至差点夭折。但是，网络的出现改变了 OAK 的命运。在互联网出现的早期，Internet 上的信息内容都是一些乏味死板的 HTML 文档。这对于那些迷恋于 Web 浏览的人们来说简直不可容忍。他们迫切希望能在 Web 中看到一些交互式的内容，开发人员也极希望能够在 Web 中创建一类无须考虑软硬件平台就可以执行的应用程序，当然这些程序还要有极大的安全保障。对于用户的这种要求，传统的编程语言显得无能为力，而 Sun 的工程师敏锐地察觉到了这一点，从 1994 年起，他们开始将 OAK 技术应用于 Web 上，并且开发出了 HotJava 的第一个版本。当 Sun 公司 1995 年正式以 Java 这个名字推出的时候，几乎所有的 Web 开发人员都料到：噢，这正是我想要的。于是 Java 成了一颗耀眼的明星，随着互联网的发展，Java 被推到计算机语言设计的最前沿。

Java 从 C 和 C++继承了许多特性，这是有意而为之。使用与 C 语言类似的语法以及模仿 C++的面向对象特性，可以使 Java 语言对于众多经验丰富的 C/C++程序员更具吸引力。

虽然 Java 深受 C++的影响，但它不是 C++的增强版，也不是“Internet 版的 C++”。无论是在实践上，还是在理论上，Java 都与 C++有着很大的区别。例如，Java 与 C++既不向上兼容，也不向下兼容。设计 Java 的目的不是取代 C++，Java 是针对解决特定的一系列问题而设计的，Java 和 C++将会长期共存。

计算机语言的发展取决于两个因素：适应环境的变化以及实现编程艺术的提高。促使 Java 发展的环境变化是对平台独立程序的需求，Internet 上的分布式系统天生就需要平台独立的程序。同时，Java 也体现了编程方式的变化。例如，Java 增强并改进了 C++的面向对象编程，增加了对多线程的支持，提供了简化 Internet 访问的库。Java 对于 Internet 编程的意义，就如同 C 语言对于系统编程一样：它们都是改变世界的革命性力量。

1.1.4　Java 的发展历程

Java 自问世以来，持续以爆炸性的步伐向前发展，本节将介绍其发展历程中几个比较重要的里程碑。

1. Java 1.x

1996 年 1 月，Sun 公司发布了 Java 的第一个开发工具包(JDK 1.0)，这是 Java 发展历程中的重要里程碑，标志着 Java 成为一种独立的开发工具。当年 9 月，约 8.3 万个网页应用了 Java 技术来制作。当年 10 月，Sun 公司发布了 Java 平台的第一个即时(Just-In-Time，JIT)编译器。

在 JDK 1.0 发布不久，Java 的设计人员就着手创建下一个版本。1997 年 2 月，JDK 1.1 面世，新版本添加了许多新的库元素，改进了事件处理方式，并且重新配置了 JDK 1.0 中库的许多特性，也去掉了最初版本中的一些特性。

2. Java 2

1998 年 12 月 8 日，第二代 Java 平台的企业版 J2EE 发布。1999 年 6 月，Sun 公司发布了第二代 Java 平台(简称为 Java 2)的 3 个版本：J2ME(Java 2 Micro Edition，Java2 平台的微型版)，应用于移动、无线及有限资源的环境；J2SE(Java 2 Standard Edition，Java 2 平台的标准版)，应用于桌面环境；J2EE(Java 2 Enterprise Edition，Java 2 平台的企业版)，应用于基于 Java 的应用服务器。Java 2 平台的发布，是 Java 发展过程中最重要的一个里程碑，标志着 Java 的应用开始普及。Java 2 添加了大量新特性，例如 Swing 和集合框架，并且改进了 Java 虚拟机和各种编程工具。Java 2 也建议不再使用某些特性。最重要的影响是 Thread

类，建议不再使用该类的 suspend( )、resume( )和 stop( )等方法。

1999 年 4 月 27 日，HotSpot 虚拟机发布。HotSpot 虚拟机发布时是作为 JDK 1.2 的附加程序提供的，后来它成为 JDK 1.3 及之后所有版本的 Sun JDK 的默认虚拟机。

2000 年 5 月，JDK 1.3、JDK 1.4 和 J2SE 1.3 相继发布，几周后获得了 Apple 公司 Mac OS X 的工业标准的支持。J2SE 1.3 是对 Java 2 原始版本的第一次重要升级。这次升级主要是更新 Java 的现有功能以及“限制”开发环境。2001 年 9 月 24 日，J2EE 1.3 发布。

2002 年 2 月 26 日，J2SE 1.4 发布。J2SE 1.4 进一步增强了 Java，这个发布版本包含了一些重要的升级、改进和新增功能。自此 Java 的计算能力有了大幅提升，与 J2SE 1.3 相比，其多了近 62%的类和接口，添加了新的关键字 assert、链式异常(chained exception)以及基于通道的 I/O 子系统。该版本还提供广泛的 XML 支持、安全套接字(Socket)支持(通过 SSL 与 TLS 协议)、全新的 I/O API、正则表达式等。

3. J2SE 5

J2SE 1.4 之后的下一个发布版本是 J2SE 5(内部版本号 1.5.0)，该版本也是革命性的，于 2004 年 9 月 30 日发布，成为 Java 语言发展史上的又一里程碑。它与先前的大多数 Java 升级不同，因为那些升级提供了重要但却有规律的改进，而 J2SE 5 从根本上扩展了 Java 语言的应用领域、功能和范围。J2SE 5 的新特性如下：

- 泛型
- 注解(annotation)
- 自动装箱和自动拆箱
- 枚举
- 增强的 for-each 风格的 for 循环
- 可变长度参数(varargs)
- 静态导入
- 格式化的 I/O
- 并发实用工具

上述新特性不是细枝末节的改动或增量式的升级，列表中的每一项都表示对 Java 语言的重大弥补。某些新特性，比如泛型、增强的 for-each 风格的 for 循环以及可变长度参数，引入了新的语法元素；自动装箱和自动拆箱，改变了 Java 语言的语义；注解为编程增加了一个全新的维度。所有这些新增特性的影响都超出了它们的直接效果。

4. Java SE 6

2005 年 6 月，在 Java One 大会上，Sun 公司发布了 Java SE 6，内部的开发版本号是 1.6。此时，Java 的各种版本已经更名，已取消其中的数字 2，如 J2EE 更名为 Java EE，J2SE 更名为 Java SE，J2ME 更名为 Java ME。Java 开发工具包叫作 JDK 6。

2006 年 11 月 13 日，Java 技术的发明者 Sun 公司宣布，将 Java 技术作为免费软件对外发布。Sun 公司正式发布有关 Java 平台标准版的第一批源代码，以及 Java 迷你版的可执行源代码。从 2007 年 3 月起，全世界所有的开发人员均可对 Java 源代码进行修改。

Java SE 6 建立在 J2SE 5 的基础之上，进行了一些增量式的改进。Java SE 6 没有为 Java

语言添加真正重要的新特性，但它确实增强了 API 库，添加了几个新的包，并且对运行时进行了改进。随着几次升级，在漫长的生命周期中，Java SE 6 还进行了几次更新。总之，Java SE 6 进一步巩固了 J2SE 5 的发展成果。

5. Java SE 7

2009 年，Oracle 公司宣布收购 Sun 公司。2010 年，Java 编程语言的共同创始人之一詹姆斯 • 高斯林从 Oracle 公司辞职。2011 年，Oracle 公司举行了全球性的活动，以庆祝 Java 7 的推出，随后 Java SE 7 正式发布，内部版本号为 1.7。Java SE 7 是自从 Sun 被 Oracle 公司收购之后第一个重要的发布版本。Java SE 7 包含许多新特性，包括为 Java 语言增加的重要特性和 API 库，并且对 Java 运行时系统进行了升级，升级的内容包括对非 Java 语言的支持。不过对于 Java 开发人员来说，他们最感兴趣的还是为语言和 API 增加的特性。

尽管这些新特性被集中描述为“小的”修改，但就它们对代码的影响而言，这些修改产生的影响却相当大。对于许多开发人员，这些修改可能是 Java SE 7 中最重要的新特性：

- String 能够控制 switch 语句。
- 二进制整型字面值。
- 数值字面值中的下画线。
- 扩展的 try 语句，称为带资源的 try(try-with-resources)语句，这种 try 语句支持自动资源管理(例如，当流(stream)不再需要时，现在能够自动关闭它们)。
- 构造泛型实例时的类型推断(借助菱形运算符“<>”)。
- 对异常处理进行了增强，单条 catch 子句能够捕获两个或更多个异常(multi-catch)，并且对重新抛出的异常提供了更好的类型检查。
- 对与某些方法(参数的长度可变)类型关联的编译器警告进行了改进，并且对警告具有更大的控制权。

Java SE 7 为 Java API 库新增了一些内容。其中最重要的两个方面是对 NIO 框架进行了增强并且增加了 Fork/Join 框架。NIO(New I/O)是在 1.4 版本中被添加到 Java 中的。然而，Java SE 7 对 NIO 的增强从根本上扩展了它的功能；Fork/Join 框架对并行编程(parallel programming)提供了重要支持。并行编程通常是指有效使用具有多个处理器(包括多核系统)的计算机的技术。多核环境提供的优点是可以在相当大的程度上提高程序的性能。

6. Java SE 8

2014 年 3 月，Oracle 发布 Java SE 8。这也是最新的 Java 发布版本，对应的 Java 开发工具包称为 JDK 8，内部版本号为 1.8。JDK 8 是 Java 语言的重要升级，包含了一个影响深远的新语言特性：lambda 表达式。

lambda表达式为Java添加了函数式编程特性。在这个过程中，lambda表达式可以简化并减少创建特定结构(如某些类型的匿名类)所需的源代码量。lambda表达式的引入对Java库也产生了广泛的影响，Java库中有一些新功能就是为了使用lambda表达式而添加的。其中最重要的是新的流API，包含在java.util.stream包中。流API支持对数据执行管道操作，并针对lambda表达式做了优化。另外一个重要的新包是java.util.function，它定义了许多函数式接口，为lambda表达式提供了额外的支持。在整个API库中，还可以找到许多与lambda

表达式相关的新功能。

从 JDK 8 开始，可以为接口指定的方法定义默认实现。如果没有为默认方法创建实现，就使用接口定义的默认实现。这种特性允许接口随着时间优雅地演化，因为在向接口添加新方法时，不会破坏现有代码。在默认实现更加合适时，这也有助于简化接口的实现。

JDK 8 中的其他新特性包括新的时间和日期 API、类型注解，以及在对数组进行排序时使用并行处理等。JDK 8 也捆绑了对 JavaFX 8 的支持，JavaFX 8 是 Java 新的 GUI 应用框架的最新版本。预计 JavaFX 很快会在几乎全部 Java 应用程序中扮演重要的角色，并最终取代 Swing，成为大多数基于 GUI 的项目的首选。

最后，Java SE 8 大大扩展了 Java 语言的功能，并改变了编写 Java 代码的方式。其影响将在随后多年的 Java 世界中持续存在。本书的内容将使用最新版本 Java SE 8，并体现 Java SE 8 的新特性。

1.2　Java 的特点

促使 Java 诞生的基本动力是可移植性和安全性，但是在 Java 语言最终成型的过程中，其他因素也扮演了重要角色。下面就来看一下 Java 语言的一些特点。

1.2.1　简单性

Java 的设计目标之一是让专业程序员能够高效地学习和使用。Java 继承了 C/C++的语法以及许多面向对象特性，设计者们把 C++语言中一些复杂且容易出错的特征去掉了，例如，Java 不支持 goto 语句，代之以提供 break 和 continue 语句以及异常处理：Java 还剔除了 C++的操作符重载和多继承特征；另外，因为 Java 没有结构，数组和字符串都是对象，所以不需要指针；Java 能够自动处理对象的引用和间接引用，实现自动的无用单元收集，使用户不必为存储管理问题烦恼，将更多的时间和精力花在研发上。

对于一位有经验的 C++程序员，只需要非常少的努力就可以使用 Java 进行程序开发。对于初学者，只要理解了面向对象编程的基本概念，学习 Java 也会变得非常容易。

1.2.2　面向对象

C++是一种经典的面向对象程序设计语言，Java 继承了 C++中面向对象的理论，但是简化了这种面向对象的技术，去掉了一些复杂的技术，例如多继承、运算符重载等。经过这样的处理，Java 中的面向对象技术变得更简单。

通过大量借鉴过去几十年中的诸多对象软件环境，Java 设法在纯进化论者的“任何事物都是对象”模式和实用主义者的“够用就好”模式之间找到了平衡。Java 中的对象模型既简单又易于扩展，而基本类型(例如整型)仍然是高性能的非对象类型。

在一个面向对象的系统中，类(class)是数据和操作数据的方法的集合。数据和方法一起描述对象(Object)的状态和行为。每一个对象是其状态和行为的封装。类是按一定体系和层次安排的，子类可以从父类继承行为。

Java 还包括一个类的扩展集合，分别组成各种程序包(package)，用户可以在自己的程序中使用。例如，Java 处理输入/输出的类通常位于 java.io 包中。

1.2.3　可移植性

可移植性(跨平台)是 Java 语言最大的优势，在 Java 中，并不是直接把源文件编译成硬件可以识别的机器指令，Java 的编译器把 Java 源代码编译为字节码文件，这种字节码文件就是编译 Java 源程序时得到的 class 文件，Java 语言的跨平台主要是指字节码文件可以在任何软硬件平台上运行，而执行这种 class 文件的就是 Java 虚拟机，Java 虚拟机是软件模拟出的计算机，可以执行编译 Java 源文件后得到的字节码文件，而各种平台的差异就是由 Java 虚拟机来处理的，由 Java 虚拟机把字节码文件解释成目标平台可以识别的机器指令，从而实现了 Java 的“一次编译，多处运行”的优势。

1.2.4　安全性

在 C/C++中，指针的使用是一个高级话题，熟练掌握指针可以给程序的开发带来很大的方便，但是如果使用不当，就有可能造成系统资源泄漏。更严重的是，错误的指针操作有可能非法访问系统的地址空间，从而给系统带来灾难性的破坏。所以，在 C/C++中，在使用指针的时候，需要非常小心。

Java 语言放弃了指针操作，不提供对存储空间直接访问的方法，所有的存取过程都由 Java 语言自身处理，这样就可以保证系统的地址空间不会被有意或无意破坏。而且经过这样的处理，也可以避免系统资源的泄漏。例如在 C\C++中，如果指针不及时释放，就会占用系统内存空间，大量的指针不及时释放就有可能耗尽可用的内存空间。在 Java 中就不用担心这样的问题，Java 提供了一套有效的资源回收机制，会自动回收不再使用的系统资源，从而保证了系统的安全性和稳定性。

另外，Java 虚拟机在运行字节码文件时，会把 Java 程序的代码和数据限制在具体的内存空间内，不允许 Java 程序占用指定内存地址之外的空间，这样就可以保证 Java 程序不会破坏系统的内存空间，从而保证系统的安全性。

1.2.5　分布式

Java 是针对 Internet 的分布式环境而设计的，因为它能处理 TCP/IP 协议。实际上，使用 URL 访问资源与访问文件没有多大区别。Java 既支持各种层次的网络连接，又以 Socket 类支持可靠的流(stream)网络连接，所以用户可以产生分布式的客户机和服务器。

Java 还支持远程方法调用(Remote Method Invocation，RMI)。这个特性允许程序通过网络调用方法。

1.2.6　解释执行和高性能

Java 通过将源代码编译成 Java 字节码的中间表示形式，可以创建跨平台的程序。Java 字节码提供对体系结构中性的目标文件格式，代码被设计成可有效地传送到多个平台，可以在所有实现了 Java 虚拟机的系统上运行。

在 Java 以前，大部分对跨平台解决方案的尝试对性能的影响太大；而 Java 字节码经过了仔细设计，通过使用即时编译器，可以很容易地将字节码直接转换为高性能的本机代码。Java 运行时系统提供了这个特性，并且没有丢失平台独立代码的优点。

1.2.7 健壮性

Web 的多平台环境对程序有特别的要求，因为程序必须在各种系统中可靠地执行。因此，在设计 Java 时，使其具备创建健壮程序的能力被提到了高优先级的地位。为了获得可靠性，Java 在一些关键领域进行了限制，从而迫使程序员在程序开发中及早地发现错误。Java 是一门强类型语言，具有允许扩展编译时检查潜在类型不匹配问题的功能。Java 要求显式的方法声明，不支持 C 语言风格的隐式声明。这些严格的要求保证编译程序能捕捉调用错误，这就导致更可靠的程序。

在传统的编程环境中，内存管理是一项困难、乏味的工作。例如，在 C/C++中，程序员必须手动分配和释放所有动态内存，这就可能导致一些问题，因为程序员可能会忘记释放以前分配的内存，或者更糟糕的是，试图释放程序其他部分仍然在使用的内存。而 Java 的垃圾回收机制从根本上消除了这些问题，因为 Java 为不再使用的对象提供了垃圾回收功能，释放内存完全是自动的。

异常处理是 Java 使得程序更稳健的另一个特征。异常是某种类似于错误的异常条件出现的信号。在 Java 程序设计中，可以使用 try/catch/finally 语句，对各种异常和错误进行处理，例如空指针异常、数组越界异常、类型错误等。这种异常机制，可以捕捉到程序中的所有异常，针对不同的异常，可以采取具体的处理方法，从而保证应用程序在用户的控制下运行，继而保证程序的稳定性和健壮性。

1.2.8 多线程

Java 的设计目标之一是满足对创建交互式、网络化程序的现实需求。为了满足这一目标，Java 支持多线程编程，允许编写同时执行许多工作的程序。Java 运行时系统为多线程同步提供了完善的解决方案，能够创造出运行平稳的交互式系统。Java 提供了易用的多线程方法，使得程序开发人员只需要考虑程序的特定行为，而不需要考虑多任务子系统。

1.2.9 动态性

Java 语言被设计成适应于变化的环境，是一门动态语言。Java 程序本身带有大量的运行时类型信息，这些信息可以用于在运行时验证和解决对象访问问题。对于那些可以在运行的系统中动态更新小段字节码的 Java 环境的健壮性来说，这一特性也是很关键的。

1.3 Java 虚拟机

Java 语言的一个非常重要的特点就是平台无关性，使用 Java 虚拟机(Java Virtual Machine，JVM)是实现这一特点的关键。下面就来看一下什么是 JVM 以及 JVM 的工作原理。

1.3.1　什么是 JVM

JVM 是一种用于计算设备的规范，是一台虚构出来的计算机，是通过在实际的计算机上仿真模拟各种计算机功能来实现的。Java 虚拟机包括一套字节码指令集、一组寄存器、一个栈、一个垃圾回收堆和一个存储方法域。JVM 屏蔽了与具体操作系统平台相关的信息，使 Java 程序只需生成在 Java 虚拟机上运行的目标代码(字节码)，就可以在多种平台上不加修改地运行，这就是 Java 能够实现“一次编译，到处运行”的原因。JVM 在执行字节码时，实际上最终还是把字节码解释成具体平台上的机器指令来执行。

JVM 是 JRE 的一部分，它有自己完善的硬件架构，如处理器、堆栈、寄存器等，还具有相应的指令系统；而 JRE(Java Runtime Environment，Java 运行环境)，也就是 Java 平台，所有的 Java 程序都要在 JRE 下才能运行。普通用户要运行已开发好的 Java 程序，只需要安装 JRE 即可。

JDK(Java Development Kit)是程序开发者用来编译、调试 Java 源程序的开发工具包。JDK 中的工具也是 Java 程序，也需要 JRE 才能运行。为了保持 JDK 的独立性和完整性，在 JDK 的安装过程中，JRE 也是安装的一部分。所以，在 JDK 的安装目录中会有一个名为 jre 的子目录，用于存放 JRE 文件。

1.3.2　JVM 的工作原理

JVM 是 Java 的核心与基础，是一种利用软件方法实现的、抽象的计算机基于底层的操作系统和硬件平台，可以在上面执行 Java 的字节码程序。

Java 程序的编译和运行过程如图 1-1 所示。

Java 编译器只要面向 JVM，生成 JVM 能理解的字节码文件，然后通过 JVM 将每一条指令翻译成不同平台的机器码，通过特定平台来运行。

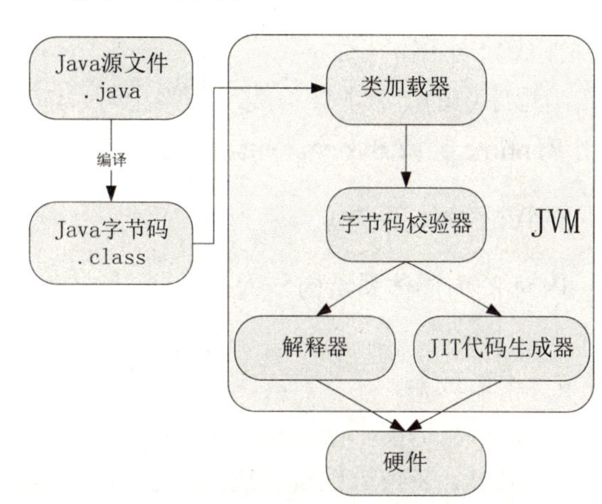

图 1-1　Java 程序的编译和运行过程

1. JVM 执行程序的过程

JVM 是 Java 程序的运行环境，但是它同时也是操作系统的一个应用程序。因此，它也有自己运行的生命周期，并且有自己的代码和数据空间。JVM 在整个 JDK 中处于最底层，负责与操作系统交互，用来屏蔽操作系统环境，提供完整的 Java 运行环境，因此也叫作虚拟计算机。

为操作系统装入 JVM 是通过 JDK 中的 java.exe 来完成的，通过下面 4 个步骤来完成 JVM 环境的搭建：

(1) 创建 JVM 装载环境和配置。

(2) 装载 JVM.dll。

(3) 初始化 JVM.dll 并挂接到 JNIEnv(JNI 调用接口)实例。

(4) 调用 JNIEnv 实例，装载并处理 class 类。

JVM 执行程序的过程如下：

(1) 加载.class 文件。

(2) 管理并分配内存。

(3) 执行垃圾收集。

2. JVM 的生命周期

一个运行中的 JVM 有着一个清晰的任务：执行 Java 程序。程序开始执行时它才运行，程序结束时它就停止。如果在同一台机器上运行 3 个 Java 程序，就会有 3 个运行中的 JVM。

一个 JVM 实例对应一个独立运行的 Java 程序，它是进程级别的；JVM 执行引擎实例则对应属于用户运行程序的线程，它是线程级别的。

1) JVM 实例的诞生

当启动一个 Java 程序时，一个 JVM 实例就产生了，任何一个拥有 public static void main(String[] args)函数的类都可以作为 JVM 实例运行的起点。在程序执行时，必须给 JVM 指明这个包含 main( )方法的类的名称。

2) JVM 实例的运行

main( )方法作为程序初始线程的起点，任何其他线程均由该线程启动。JVM 内部有两种线程：守护线程和非守护线程。main( )方法属于非守护线程，守护线程通常由 JVM 自己使用，Java 程序也可以标明自己创建的线程是守护线程。只要 Java 虚拟机中还有普通的线程在执行，JVM 就不会停止。

3) JVM 实例的消亡

当程序中的所有非守护线程都终止时，JVM 才退出；若安全管理器允许，程序也可以使用 Runtime 类或 System.exit( )来退出。

3. JVM 的体系结构

JVM 的内部体系结构分为三部分：类装载器(Class Loader)、执行引擎和运行时数据区。如图 1-2 所示。

- 类装载器

类装载器的作用是用来装载.class 文件。JVM 将整个类加载过程分为 3 个步骤：

(1) 装载。装载过程负责找到二进制字节码并加载至 JVM 中，JVM 根据类名、类所在的包名通过 Class Loader 来完成类的加载。同样，也采用以上 3 个元素来标识一个被加载的类：类名+包名+Class Loader 实例 ID。

(2) 链接。链接过程负责对二进制字节码的格式进行校验、初始化装载类中的静态变量以及解析类中调用的接口、类。在完成校验后，JVM 初始化类中的静态变量，并将其值赋为默认值。

(3) 初始化。初始化过程即执行类中的静态初始化代码、构造器代码以及静态属性的初始化，在如下 4 种情况下初始化过程会被触发执行：调用了 new；反射调用了类中的方法；子类调用了初始化类；在 JVM 启动过程中指定了初始化类。

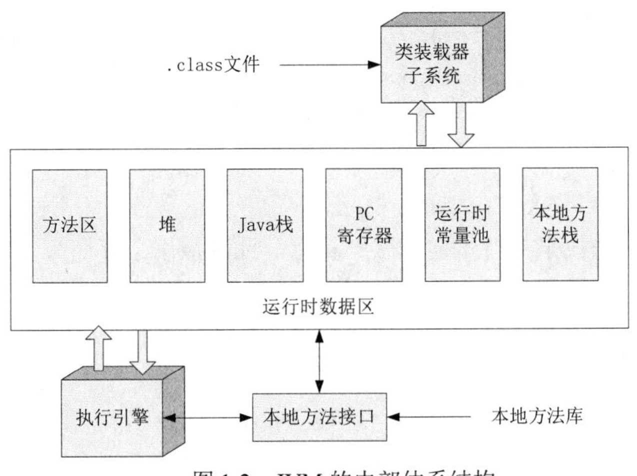

图 1-2　JVM 的内部体系结构

- 执行引擎

执行引擎的作用是执行字节码或本地方法。在执行过程中，JVM 采用的是自己的一套指令系统，每个线程在创建后，都会产生程序计数器(PC)和栈(Stack)。其中，在程序计数器中存放了下一条将要执行的指令，在栈中存放 Stack Frame，表示当前正在执行的方法，每个方法的执行都会产生 Stack Frame，Stack Frame 中存放了传递给方法的参数、方法内的局部变量以及操作数栈。操作数栈用于存放指令运算的中间结果，指令负责从操作数栈中弹出参与运算的操作数，指令执行完毕后再将计算结果压回到操作数栈。当方法执行完毕后则从栈中弹出，继续其他方法的执行。

- 运行时数据区

JVM 在运行时将数据划分为 6 个区域来存储，而不仅仅是大家熟知的 Heap 区域，如图 1-3 所示。

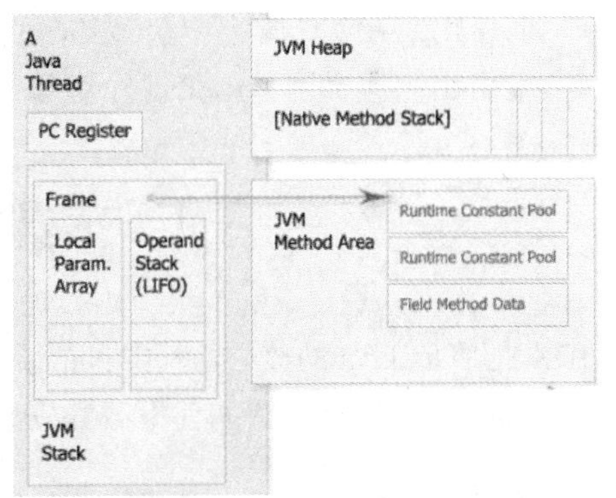

图 1-3　JVM 内存结构

第一块：PC 寄存器(PC Register)

PC 寄存器用于存储每个线程下一步将执行的 JVM 指令，如果方法为本地的，则 PC 寄存器中不存储任何信息。

第二块：JVM 栈(JVM Stack)

JVM 栈是线程私有的，每个线程创建的同时都会创建 JVM 栈。JVM 栈中存放的为当前线程中局部基本类型的变量、部分返回结果以及 Stack Frame。非基本类型的对象在 JVM 栈中仅存放一个指向堆的地址。

第三块：堆(Heap)

堆是 JVM 用来存储对象实例以及数组值的区域，可以认为 Java 中所有通过 new 创建的对象的内存都在此分配。Heap 中对象的内存需要等待垃圾回收机制进行回收。

第四块：方法区域(Method Area)

方法区域存放了所加载的类的信息(名称、修饰符等)、类中的静态变量、类中定义为 final 类型的常量、类中的 Field 信息、方法信息。当开发人员在程序中通过 Class 对象中的

getName( )、isInterface( )等方法来获取信息时，这些数据都来源于方法区域。

第五块：运行时常量池(Runtime Constant Pool)

运行时常量池中存放的是类中固定的常量信息、方法和 Field 的引用信息等，其空间从方法区域中分配。

第六块：本地方法栈(Native Method Stacks)

JVM 采用本地方法栈来支持本地方法的执行，此区域用于存储每个本地方法调用的状态。

1.3.3　JVM 垃圾回收

JVM 中自动的对象内存回收机制称为垃圾回收(Garbage Collection，GC)。

GC 是对内存中不再使用的对象进行回收。GC 中用于回收的方法称为收集器，由于 GC 需要消耗一些资源和时间，Java 在对对象的生命周期特征进行分析后，按照新生代、旧生代的方式来对对象进行收集，以尽可能缩短 GC 对应用造成的暂停。

对新生代对象的收集称为 minor GC；对旧生代对象的收集称为 Full GC；程序中主动调用 System.gc( );语句以强制执行的 GC 为 Full GC。

不同的对象引用类型，GC 会采用不同的方法进行回收。JVM 对象的引用分为 4 种类型：

- 强引用：默认情况下，对象采用的均为强引用(只有在这个对象的实例没有其他对象引用时，GC 时才会被回收)。
- 软引用：软引用是 Java 中提供的一种比较适合于缓存场景的应用(只有在内存不够用的情况下才会被 GC)。
- 弱引用：在 GC 时一定会被 GC 回收。
- 虚引用：虚引用只用来得知对象是否被 GC。

1.4　下载并安装 JDK

JDK 是整个 Java 的核心，其中包括了 Java 运行时环境 JRE、一些 Java 工具和 Java 基础类库(rt.jar)。本节将介绍如何下载并安装 JDK，以及环境变量的配置。

1.4.1　安装 JDK

JDK 的安装文件可以从 http://www.oracle.com/technetwork/java/javase/downloads/index.html 下载，目前的 JDK 版本为 8.0。JDK 的安装文件有 3 个不同操作系统版本，Windows 版本的 JDK 下载下来的文件为 jdk-8u111-windows-i586.exe。如果需要之前的版本，也可以在前面的下载页面中寻找相应的链接地址。

下面以在 Windows 7 环境中安装 JDK 8 为例，介绍 JDK 的安装过程。

(1) 双击运行下载的安装文件，启动安装向导，如图 1-4 所示。

(2) 单击“下一步”按钮，进入如图 1-5 所示的安装功能选择界面。在此可以选择需要安装的功能，接受默认的安装即可，默认的安装中已经提供了基本的 Java 开发和运行环境。

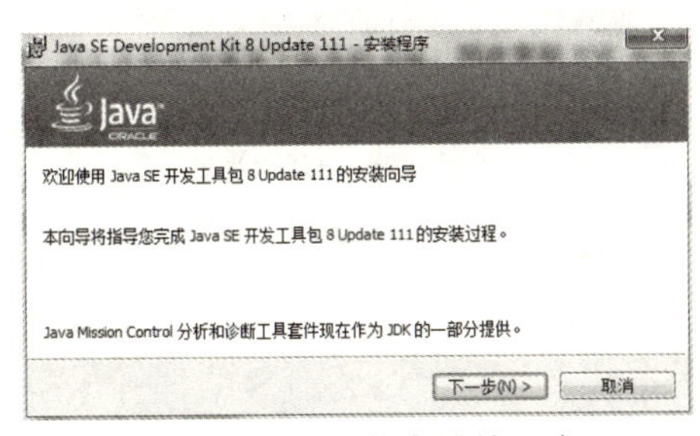

图 1-4　JDK 安装向导第一步

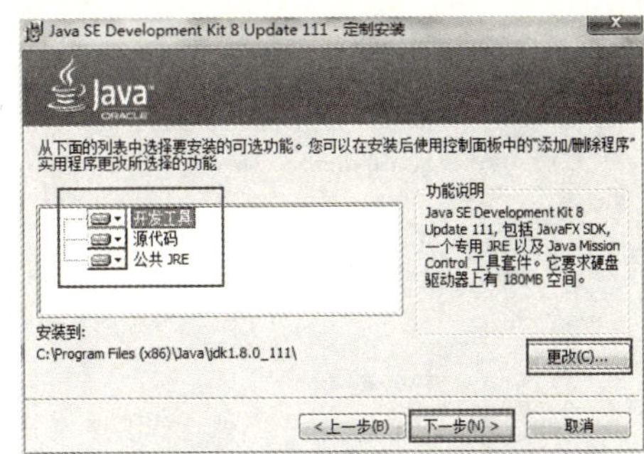

图 1-5　选择要安装的功能

(3) 单击“下一步”按钮，开始安装 JDK。在安装过程中会自动弹出 JRE 的安装窗口，如图 1-6 所示，在该界面中选择所需的 JRE 功能，然后设置其安装路径。

(4) 单击“下一步”按钮，开始 JRE 的安装。几分钟后出现如图 1-7 所示的成功安装界面，单击“完成”按钮，完成 JDK 的安装。

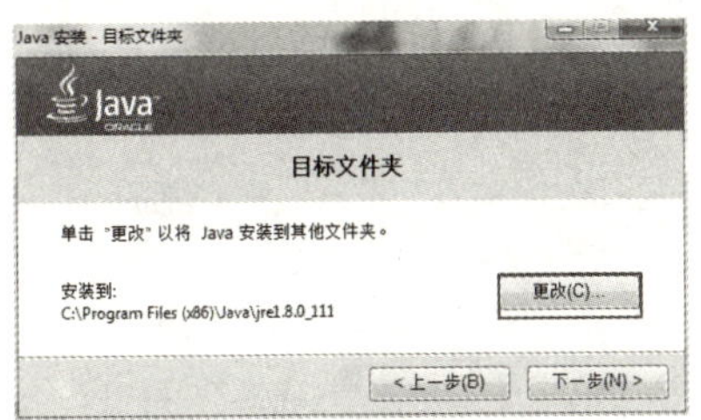

图 1-6　安装 JRE

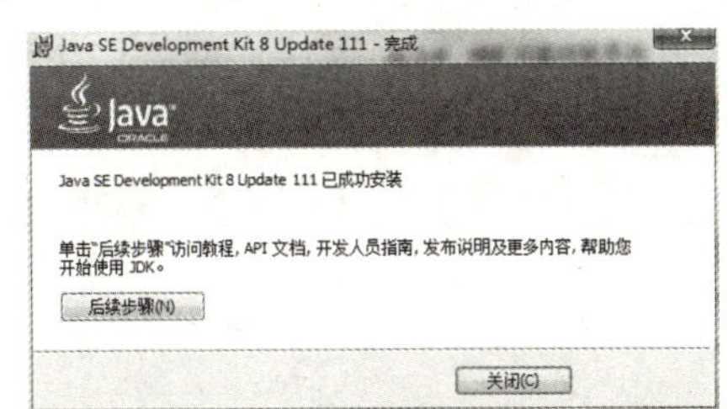

图 1-7　成功安装 JDK

此时，JDK 和 JRE 的安装工作已经全部结束，但是现在还不能马上使用 JDK 中提供的开发工具。JDK 安装结束之后，必须设置必要的环境变量，然后才能正常使用。在接下来的章节中将介绍 JDK 环境变量的设置方法。

1.4.2　配置环境变量

在上面的章节中，介绍了 JDK 的安装方法，但是在 JDK 安装结束之后，必须进行环境变量的设置，然后才可以使用 JDK 提供的开发工具。下面对环境变量的设置步骤进行详细介绍：

(1) 在桌面上右击“我的电脑”，从弹出的快捷菜单中选择“属性”命令，打开“系统属性”对话框，然后切换到“高级”选项卡，如图 1-8 所示。

(2) 单击“环境变量”按钮，打开“环境变量”对话框，在该对话框中可以对系统的环境变量进行设置。如图 1-9 所示，该对话框分为两部分，上半部分用于设置用户环境变量，下半部分则用于设置系统环境变量。

(3) 将 JDK 的环境变量配置到系统环境变量中，单击下半部分的“新建”按钮，打开“新建系统变量”对话框。在“变量名”文本框中输入需要新建变量的名称“JAVA_HOME”，它用于指明 JDK 的安装路径；在“变量值”文本框中输入变量的值，即 JDK 在系统中的安装路径“C:\Program Files (x86)\Java\jdk1.8.0_111”，如图 1-10 所示，单击“确定”按钮，完成系统变量“JAVA_HOME”的新建。

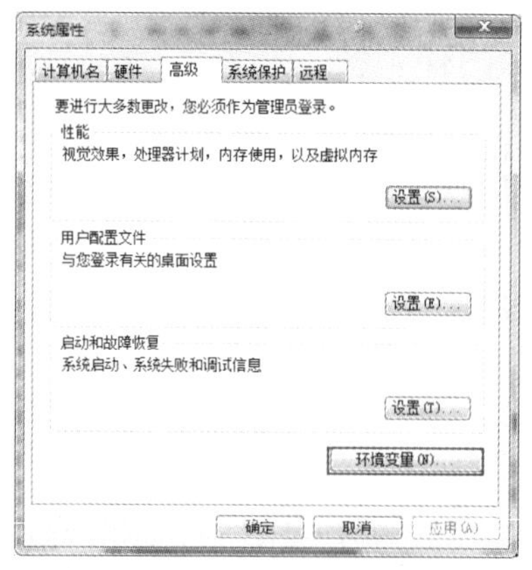

图 1-8　“系统属性”对话框

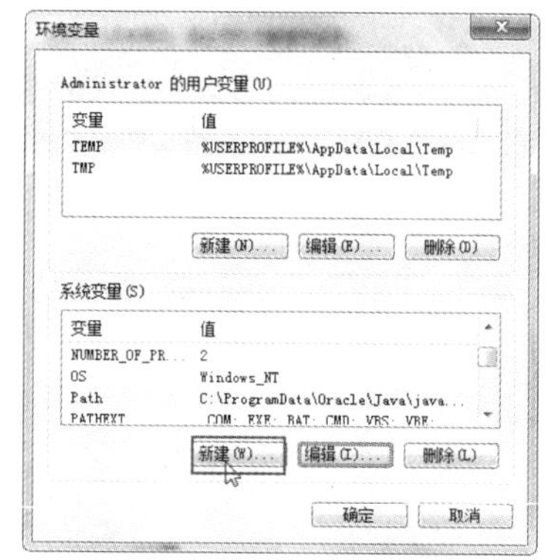

图 1-9　“环境变量”对话框

(4) 用同样的方法，新建系统变量 classpath，该变量用于设置类的路径。在“新建系统变量”对话框的“变量名”文本框中输入 classpath，然后在“变量值”文本框中输入“.;%JAVA_HOME%\lib\dt.jar; %JAVA_HOME%\lib\tools.jar”，如图 1-11 所示，单击“确定”按钮，完成系统变量 classpath 的新建。

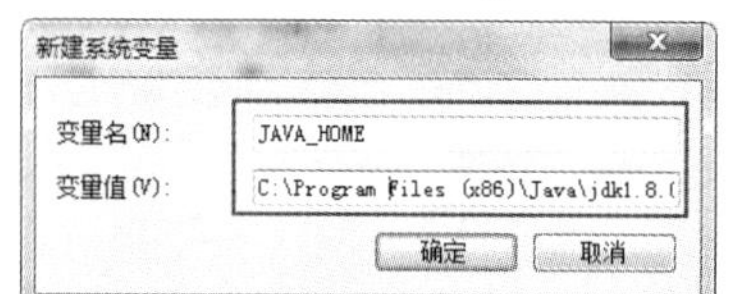

图 1-10　“新建系统变量”对话框

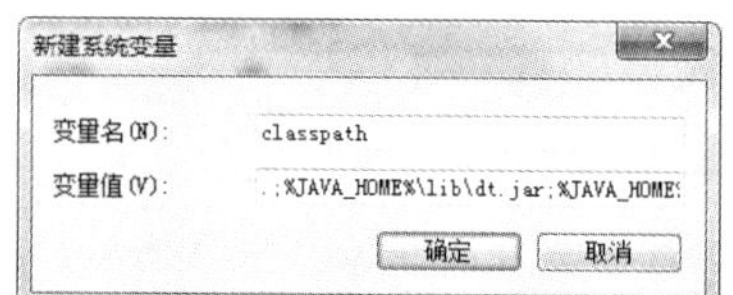

图 1-11　新建 classpath 系统变量

(5) 最后，将 JDK 的 bin 目录配置到环境变量 Path 中。在底部的“系统变量”列表框中，找到 Path 变量，如图 1-12 所示。然后单击“编辑”按钮，打开“编辑系统变量”对话框，在“变量值”文本框中的最前面加入如下内容：“%JAVA_HOME%\bin;”，如图 1-13 所示。

注意：

在引号包围的内容中，最后有一个分号，这个分号一定不能缺少。

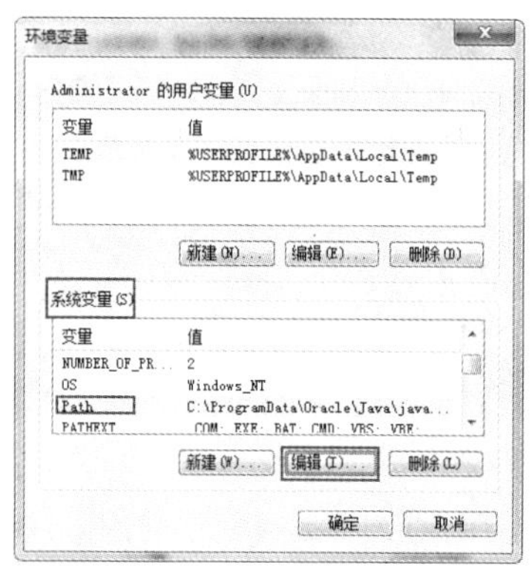

图 1-12　找到系统变量 Path

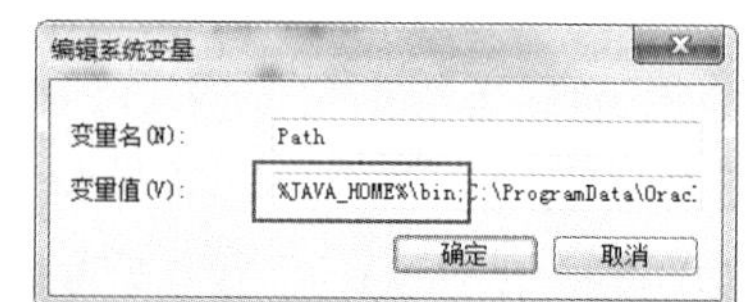

图 1-13　编辑 Path 变量的值

配置完 JDK 的环境变量后，可以在 DOS 命令行中测试 JDK 是否安装并配置成功。单击“开始”菜单，选择“运行”命令，打开“运行”窗口，在“打开”文本框中输入 cmd

后按回车键，打开命令行窗口。在这个界面中输入 java -version，如果可以得到如图 1-14 所示的界面，就说明 JDK 的安装及配置已经成功。

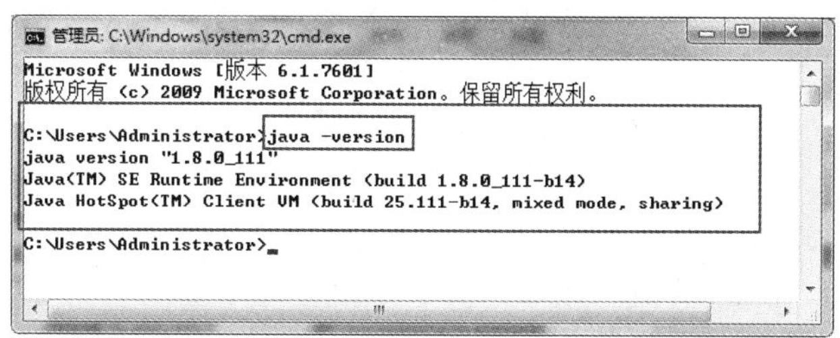

图 1-14　测试 JDK 的安装及配置是否成功

1.4.3　Hello World 程序

安装完 JDK，配置好环境变量，此时就可以开始编写 Java 程序了，我们从最简单的 Hello World 程序开始。

学习一门新的编程语言时，编写的第一个程序通常都是在屏幕上输出“Hello World”，我们也从 Hello World 程序开始学习。

【案例 1-1】使用 Java 语言编写 Hello World 程序，在屏幕上输出“Hello World”。

Java 语言的 Hello World 程序的代码如下：

```
public class Hello {
    public static void main(String[] args) {
        System.out.println("Hello World");
    }
}
```

1. 输入程序

对于大多数计算机语言来说，包含程序源代码的文件的名称是任意的。但是，在 Java 中，源文件的名称非常重要。Java 编译器要求源文件的后缀名为.java，并且文件的名称要与该文件中包含的公有类(使用 public 修饰的类)的名称一致(包括大小写也要一致，因为 Java 是大小写敏感的)。对于上面的 Hello World 程序，public 类名为 Hello，所以源文件的名称应当是 Hello.java。

在 Java 中，源文件的正式称谓是编译单元(compilation unit)，是包含一个或多个类定义(本例中只包含一个类)的纯文本文件。我们可以使用任意文本编辑器来输入上述代码，如记事本、NotePad++、UltraEdit、EditPlus、gVim 等。此时我们可以使用记事本来输入上述代码，在保存文件时，需要在弹出的“另存为”对话框中选择“保存类型”为“所有文件(*.*)”，然后输入文件名 Hello.java，如图 1-15 所示。

2. 编译并运行程序

为了编译 Hello 程序，执行编译器 javac，在命令行上指定源文件的名称。例如，本例中 Hello.java 位于 C 盘根目录，可以将命令行目录切换至 C 盘根目录，然后输入如下命令：

```
C:\>javac Hello.java
```

图 1-15　使用记事本保存 Java 源文件

javac 编译器会根据源文件生成字节码文件 Hello.class(名称为类名，后面扩展名为.class)。前面已经讨论过，Java 字节码是程序的中间表示形式，其中包含了 Java 虚拟机将要执行的指令。为了实际运行程序，必须使用 JDK 中的 java.exe 来装载 JVM 环境并加载.class 文件，命令行语句如下：

```
C:\>java Hello
```

此时，将输出“Hello World”信息，如图 1-16 所示。

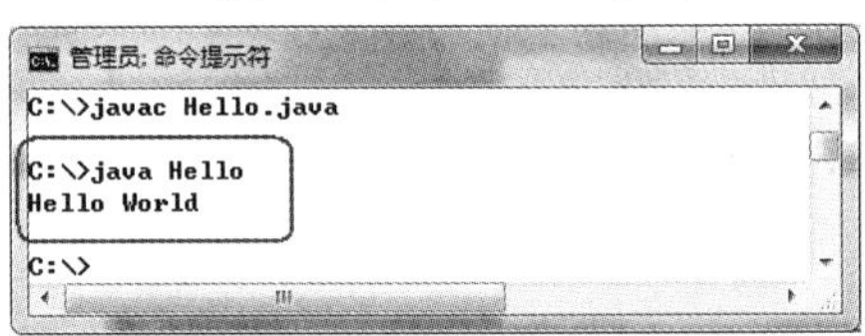

图 1-16　程序运行结果

3. 分析程序

尽管 Hello.java 相当短，但是它包含了几个所有 Java 程序都具有的关键特征。第一行使用 class 关键字定义了一个新类，类名为 Hello。在 class 前的 public 关键字是一个修饰符，将这个词放在这儿是为了让 Hello 类可以被外界和其他类访问。public 类总是保存在与类同名的文件中，本例中就保存在 Hello.java 文件中。

整个类的定义(包括类的所有成员)都位于一对大括号“{”和“}”之间。接下来的一行代码如下：

```
public static void main(String[] args)
```

初学者可能会对这行代码比较陌生，学习过 C 语言的读者可能容易理解。这是 main( ) 方法的定义，与 C 语言类似。Java 应用程序都是通过调用 main( )方法开始执行的，以后我们编写的每一个程序都会包含一个带有这行代码的类。

注意：

Java 应用程序中必须包含一个具有 main( )方法的类，这是程序开始运行的位置。程序由 main( )方法的第一条指令开始执行，然后按顺序执行每条指令(除非指令本身让其跳转到程序的某个其他位置)。计算机执行完 main( )方法中的最后一条指令后，程序终止运行。

关键字 public 用于控制类成员的可见性，表示可以在声明该成员的类的外部访问它。在 Java 中，必须将 main( )方法声明为 public，因为当程序启动时，必须从声明 main( )方法的类的外部调用它。关键字 static 表示不必先实例化类的特定实例就可以调用 main( )方法，这也是必需的，因为 Java 虚拟机要在创建任何对象之前调用 main( )方法。关键字 void 表示 main( )方法不返回任何值。后面将会介绍，方法也可以返回值。

在 main( )方法中有一个参数，String args[ ]声明了一个名为 args 的参数，该参数是 String 类的实例数组(数组的概念将在后面详细介绍)。

该行的最后一个字符是“{”，它表示 main( )方法体的开始。构成方法的所有代码也用一对大括号括起来。在 main( )方法中，有一条语句用于在屏幕上输出“Hello World”。这行代码如下：

```
System.out.println("Hello World");
```

输出实际上是通过内置的 println( )方法完成的，println 是“print line”的缩写。在本例中，println( )方法显示传递给它的字符串。println( )方法也可用于显示其他类型的信息。在 println( )方法的前面有 System.out。其中，System 是一个预定义类，提供了访问系统的功能，out 是连接到控制台的输出流。控制台 I/O 主要用于简单的实用程序、演示程序以及服务器端程序，本书很多案例都会使用 println( )方法来输出一些信息。该行代码的最后是一个分号“;”，这是 Java 中的语句结束标识。

接下来的两行都只有“}”，第一个“}”结束了 main( )方法，而最后一个“}”结束了 Hello 类的定义。

4. 为程序添加注释

与大多数其他编程语言一样，Java 也允许在程序的源代码中输入注释。注释只是为了帮助阅读和维护源代码，帮助其他人理解程序代码的功能。编译器会忽略注释的内容。

Java 支持 3 种风格的注释：

1) 对于较短的注释，注释内容可以放在一行中，称为单行注释。单行注释以“//”开头，并在行的末尾结束，编译器会忽略双斜线后到本行结束之间的内容。单行注释可以是一个完整的代码行，也可以出现在普通语句的后面。比如下面的注释语句：

```
//这一行都是注释；下面一行的前边是普通语句，后面才是注释
      System.out.println("Hello World");  //输出 Hello World
```

2) 对于较长的注释(也就是跨越多行的注释)通常采用另一种方法。这种注释类型必须以“/*”开头，并以“*/”结束。编译器会忽略这两个注释符号之间的所有内容。正如名称所暗示的，多行注释可能有若干行。

3) 第三种类型的注释是文档注释，这种类型的注释用于制作程序文档。文档注释以“/**”开头，并以“*/”结束。文档注释其实是多行注释的一种特例，也可以包含多行。

1.5　使用 Eclipse 开发 Java 程序

前面我们使用记事本编写了一个简单的 Java 程序，但是对于较复杂的应用程序，通常需要借助集成开发环境(Integrated Development Environment，IDE)来简化开发工作，从而提高开发效率。Eclipse 是一款主要用 Java 编写的免费 Java IDE，使用 Eclipse 可以创建各种跨平台的可用于手机、网络、桌面和企业领域的 Java 应用程序。本节将简要介绍 Eclipse 的安装与使用。

1.5.1　Java IDE 简介

IDE 是一种用于辅助开发人员开发应用程序的应用软件，一般包括代码编辑器、编译器、调试器和图形用户界面工具，有的还包括版本控制系统、性能分析器等更多辅助工具，因此 IDE 都具有编写、编译、调试等多种功能。正是基于这些功能，使用 IDE 开发应用程序才能够大大减轻程序员的工作，减少项目的开发周期，从而提高应用程序的开发效率。

IDE 的种类非常多，有的 IDE 能同时支持多种应用程序的开发，例如，Eclipse 能用于 Java、PHP、C++等多种语言的开发；有的 IDE 只针对特定语言的开发，如 JSource 只能用于 Java 的开发，Zend Studio 只能用于 PHP 的开发。本节将介绍几种常用的 Java IDE。

1. IntelliJ IDEA

IntelliJ IDEA 是 JetBrains 公司的产品，是 Java 语言开发的集成环境，IntelliJ 在业界被公认为最好的 Java 开发工具之一，尤其在智能代码助手、代码自动提示、重构、J2EE 支持、各类版本工具(git、svn、github 等)、JUnit、CVS 整合、代码分析、创新的 GUI 设计等方面的功能可以说是超常的。

该软件的官方下载地址为 http://www.jetbrains.com/idea/download/index.html。它的旗舰版本还支持 HTML、CSS、PHP、MySQL、Python 等。免费版只支持 Java 等少数语言。IntelliJ IDEA 的开发界面如图 1-17 所示。

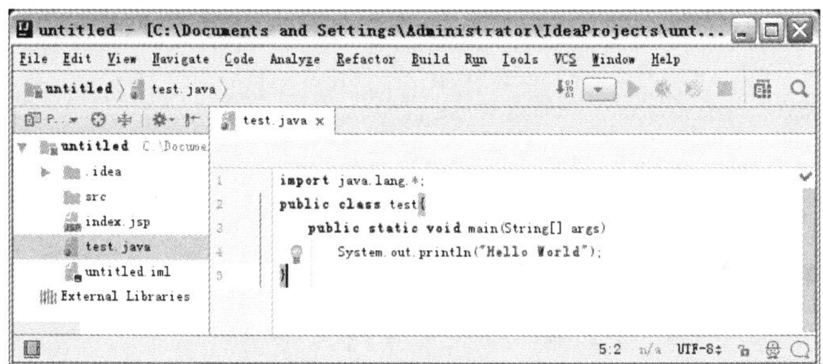

图 1-17　IntelliJ IDEA 开发界面

2. Eclipse

Eclipse 是一个开放源代码的、基于 Java 的可扩展开发平台。就其本身而言，它只是一个框架和一组服务，用于通过插件组件构建开发环境，它的最大特点就是其扩展性，几乎能够集成开发人员编写的任何开发源代码的插件。Eclipse 最早是由 IBM 开发的，后来

IBM 将 Eclipse 作为一个开放源代码的项目，献给了开源组织 Eclipse.org，但仍由 IBM 的子公司 OTI(主要从事 Eclipse 开发的人员)继续 Eclipse 的开发。其官方下载地址为 http://www.eclipse.org/downloads/，本书所有的案例都是使用 Eclipse 来开发的。

3. NetBeans

NetBeans 是一款屡获殊荣的 Java IDE，可以方便地在 Windows、Mac、Linux 和 Solaris 中运行。

NetBeans IDE 支持所有 Java 应用类型(Java SE、JavaFX、Java ME、网页、EJB 和移动 App)标准开箱即用式的开发。NetBeans 的模块化设计意味着它可以由第三方创建功能提升的插件来扩展 NetBeans。

NetBeans功能是基于Ant的项目系统，支持Maven、重构、版本控制。NetBeans项目由一个活跃的开发者社区提供支持，NetBeans开发环境提供了丰富的产品文档和培训资源以及大量的第三方插件。该软件的官方下载地址为https://netbeans.org/downloads/index.html，其开发界面如图 1-18 所示。

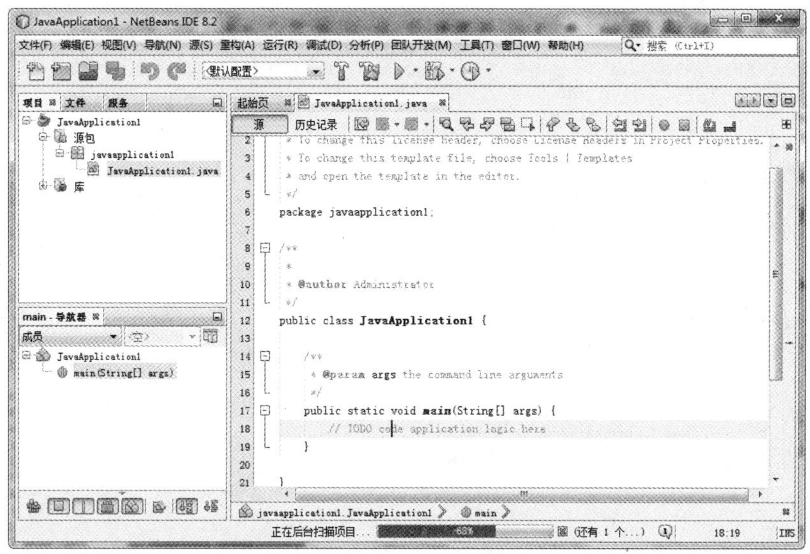

图 1-18　NetBeans 开发界面

4. Android Studio

谷歌的 Android Studio 主要被设计用于 Android 平台上的开发，并且还可以运行和编辑一些 Java 代码。

起初 Android Studio 是 JetBrains 公司在 IntelliJ IDEA Community Edition(社区版)基础上创建的。同时它也基于 Gradle 的编译系统、变量设置以及多个 APK 的生成系统，另外还支持可扩展的模板和多种设备类型。其丰富的布局编辑器还可以满足对不同主题的布局编辑，它提供的 Android Lint 工具可用来对 Android 项目源代码进行扫描和检查，发现潜在的问题。

Android Studio 可以在 Apache 2.0 协议下免费使用，也可以通过 Windows、Mac OS X 和 Linux 下载，它取代 Eclipse 成为谷歌用于原生 Android 应用开发的主要 IDE。其官方下载地址为 http://developer.android.com/sdk/index.html。

Java 的 IDE 还有很多，读者可根据自己喜好选择其中一个，本书使用的是 Eclipse 的用于 Java 开发的最新版本 Eclipse 4.6(代号 Neon)。

1.5.2　使用 Eclipse 新建 Java 工程

Eclipse 是一个开放源代码、基于 Java 的可扩展开发平台。就其本身而言，它只是一个框架和一组服务，用于通过插件构建开发环境。但是，Eclipse 附带了一个标准的插件集，包括 Java 开发工具(Java Development Tools，JDT)，这就使其功能变得非常强大。

1. 下载并安装 Eclipse

Eclipse 的官方下载地址为 http://www.eclipse.org/downloads，从该网站上可下载最新版本的 Eclipse，最新版本代号为 Eclipse Neno。在 Get Eclipse Neon 中，有用于不同开发的多个版本，我们选择其中的“Eclipse IDE for Java Developers”，该版本适合 Java 开发者，集成了 CVS、Git、XML 编辑器、Mylyn、Maven Integration 和 WindowBuilder 等插件。可根据需要选择 Windows 平台的 64 位或 32 位版本，下载成功后会得到一个名如“eclipse-java-neon-3-win32.zip”的压缩包，将其解压后得到 eclipse 文件夹，这样就完成了 Eclipse 的安装。

2. 新建 Java 工程

本节将使用 Eclipse 新建一个 Java 工程，然后在该工程中输入 Hello World 程序，通过该应用来学习如何使用 Eclipse 来创建 Java 工程，以及工程的运行与调试。

(1) 双击 Eclipse 安装目录下的 eclipse.exe 文件即可启动 Eclipse，此时会加载所需文件，之后会显示工作空间选择界面，该界面用于设置应用程序的默认存储位置，如图 1-19 所示。

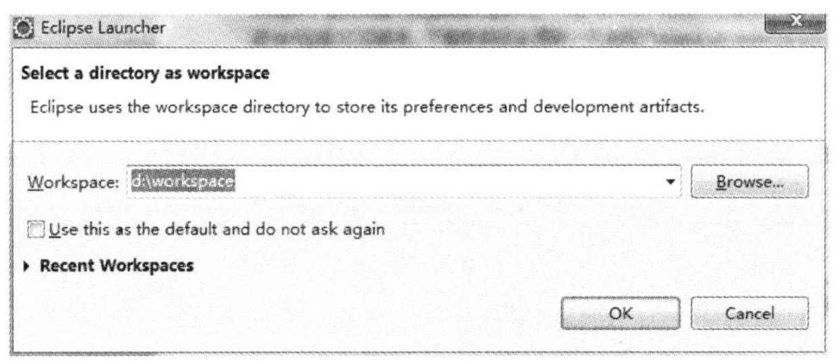

图 1-19　选择工作空间

提示：

如果选中了“Use this as the default and do not ask again”复选框，则在下次启动 Eclipse 时默认使用本次设置的工作空间，并且不再出现选择工作空间的对话框。

(2) 设置好工作空间后，单击 OK 按钮进入 Eclipse 欢迎界面，如图 1-20 所示。

(3) 选择 File | New | Java Project 命令，打开如图 2-23 所示的 New Java Project 对话框，如图 1-21 所示。

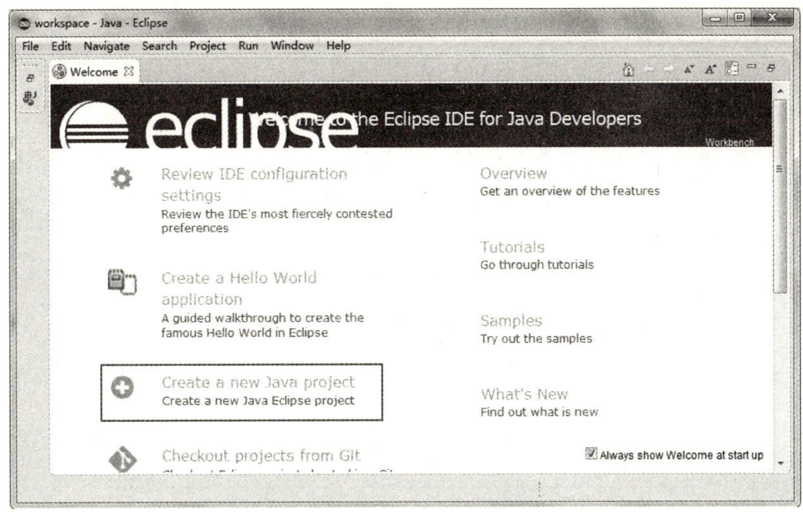

图 1-20 Eclipse 欢迎界面

提示：

单击欢迎界面中的“Create a new Java Project”链接，可以直接打开图 1-21 所示界面。

(4) 在“Project name”文本框中输入工程名 ch01，在 JRE 区域选中“Use an execution environment JRE”单选按钮，然后从后面的下拉列表中选择“Java SE-1.8”。

(5) 单击 Finish 按钮，完成工程的创建。

(6) 接下来，我们可以在该工程内新建一个 Java 类，用来输出 Hello World。选择 File | New | Class 命令，打开“New Java Class”对话框。新建类的文件默认存放的路径为“{工程名}/src”，默认的包名(Package name)为“{工程名}”，如图 1-22 所示。

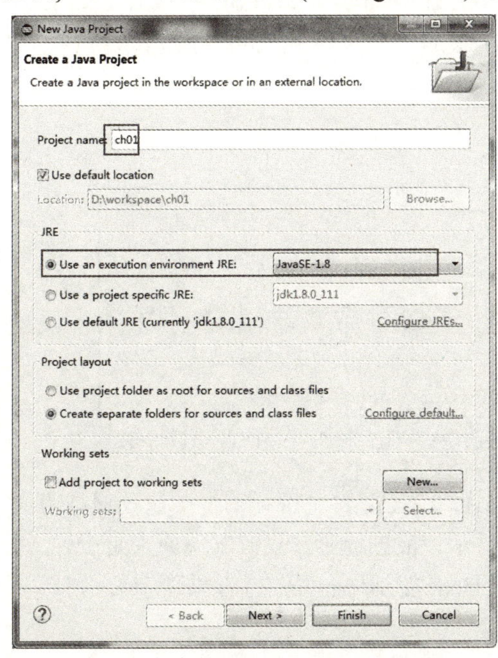

图 1-21 “New Java Project”对话框

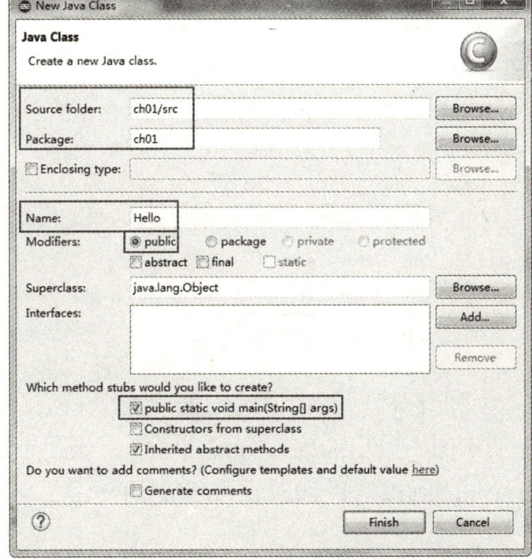

图 1-22 “New Java Class”对话框

(7) 本例中，在 Name 文本框中输入新建的类名 Hello，使用默认修饰符 public，因为我们的类中需要 main( )方法，所以可以选中下面的“public static void main(String[] args)”复选框。这样，系统会默认生成一个 main( )方法。

(8) 单击 Finish 按钮，完成类的创建，从 Package Explorer(包浏览器)窗格中可以看到，生成的 Hello.java 文件位于 src 目录的 ch01 包中，在该文件中默认生成了一个空的 main( )方法，如图 1-23 所示。

图 1-23　新建 Java 类中的代码

(9) 与前面创建的 Hello.java 不同的是，这里的第一行有一条包声明语句，有关包的相关知识将在第 4 章详细介绍，此时我们只需了解即可。我们需要编写的代码只有 main( )方法中用于输出 Hello World 的一行语句：

```
System.out.println("Hello World");
```

(10) 输入完成后，单击工具栏中的“保存”按钮即可。

使用 Eclipse 编写 Java 程序时，系统默认会自动编译已保存的 Java 源代码。如果要取消自动编译，可以在 Project 菜单中选择“Build Automatically”菜单命令，如图 1-24 所示。自动编译时，该菜单命令的前面会有一个复选框，再次选择该菜单命令，其前面的复选框将消失。对于初学者建议保持自动编译，这样当我们的代码输入有误时，系统会及时给出错误提示。例如，我们在输入 println 时，漏掉了最后一个字母 n，此时系统就会立刻出现红色的错误提示，如图 1-25 所示。

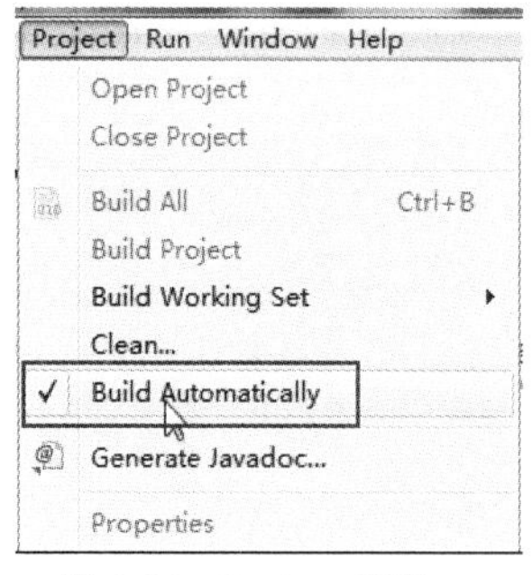

图 1-24　Project 菜单

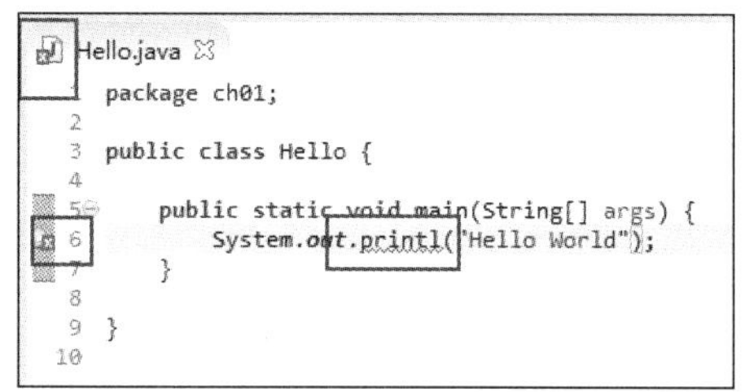

图 1-25　代码输入有误时的错误提示

将光标停留在错误代码处，会出现该错误的详细信息，以及推荐的一些快速修改方案。比如本例中给出的修改方案有 3 个，如图 1-26 所示，根据提示，我们发现原来是少输入了一个 n，所以可以通过选择下面的修改方案 2 “Change to 'pringln(...)'” 来快速修改代码。

3. 运行与调试程序

代码输入正确后，系统会自动完成编译工作，此时将在工程的bin/ch01目录下生成

Hello.class文件。接下来将介绍如何运行或调试程序。

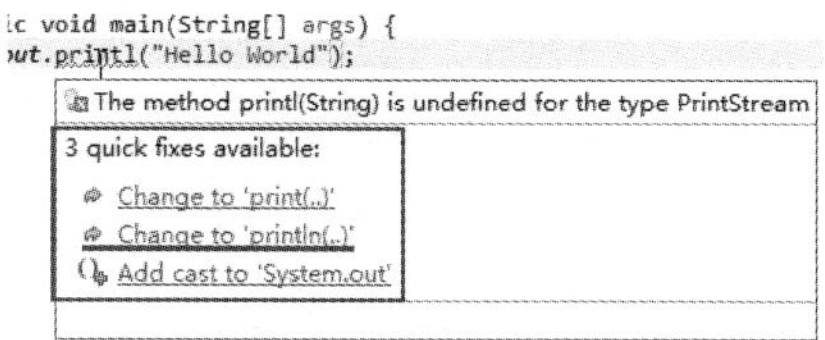

图 1-26　错误的详细信息及推荐的快速修改方案

选择 Run 菜单中的 Run、“Run As”或“Run History”菜单命令可以直接运行指定的程序，比如在本例中选择 Run |“Run As”|“Java Application”菜单命令即可运行 Hello 程序，将在控制台(Console)窗口中输出“Hello World”信息，如图 1-27 所示。

除了直接运行程序，还可以在程序中添加断点，进行调试。具体步骤如下：

(1) 在要设置断点的代码行的最左侧双击鼠标，即可添加一个断点，该行左侧会出现一个实心圆点。如图 1-28 所示，在 Hello.java 的第 6 行添加了一个断点。

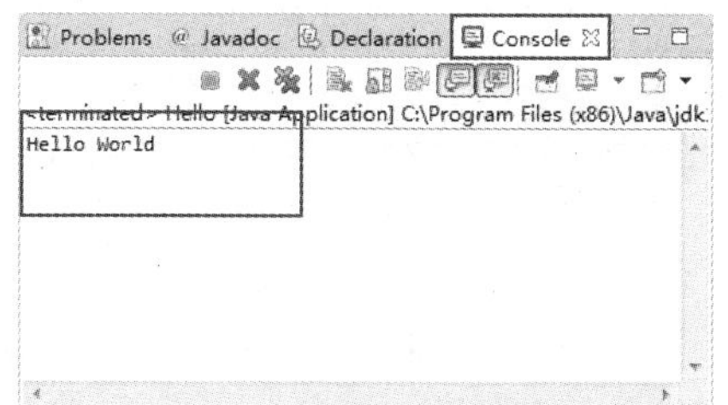

图 2-27　在 Console 窗口中输出程序运行结果

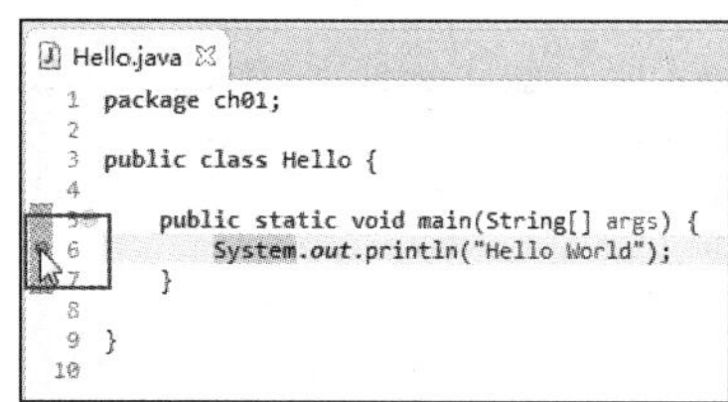

图 1-28　添加断点

提示：

再次双击可以删除断点。

(2) 选择 Run 菜单中的 Debug、“Debug As”或“Debug History”菜单命令即可启动程序调试，在运行到断点位置的语句时，程序将被挂起。

因为 Eclipse 有专门的调试视图，调试视图更方便程序员在调试程序时，监视和查看一些信息，所以会弹出对话框询问是否切换到调试视图，如图 1-29 所示。

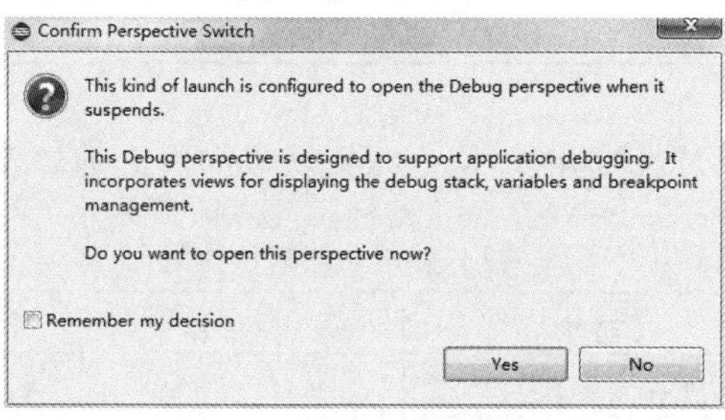

图 1-29　询问是否切换视图

(3) 在调试视图中，各窗口的布局会发生一些变化，读者可根据自己的喜好单击 Yes 或 No 按钮决定是否切换到调试视图。启动调试模式后，程序将在第一个断点处停止，如图 1-30 所示。

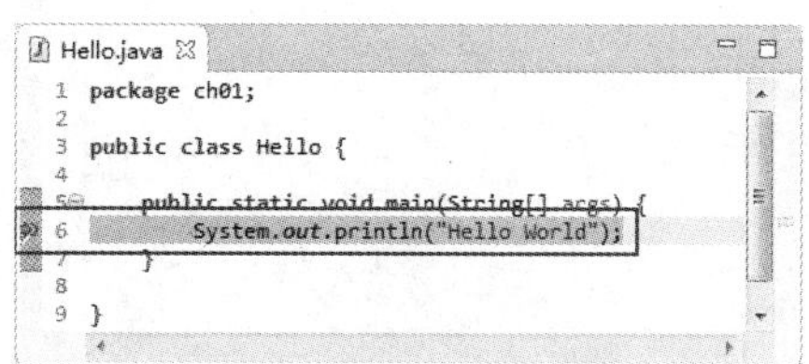

图 1-30　程序在断点处挂起

(4) 进入调试模式后，可以单击工具栏中的 按钮继续执行程序到下一个断点，也可以单步执行程序(图标)或进入某个方法的内部(图标)，或者单击 按钮终止调试。

(5) 终止调试后，可单击工具栏最右侧的 Java 按钮，切换回原来的 Java 视图。

说明：

直接单击工具栏中的 Debug 按钮 也可以直接启动调试模式；类似地，Run 按钮 用于直接运行程序。

1.5.3 Eclipse 的常用快捷键

Eclipse 提供了丰富的辅助开发功能，而且很多常用的功能都提供了快捷键，使用这些快捷键可以帮助我们更熟练地使用 Eclipse，提高开发效率，对于今后走向工作岗位也大有裨益。

编辑功能的快捷键如表 1-1 所示。

表 1-1　编辑功能的快捷键

快捷键	功能	快捷键	功能
Ctrl+F	查找、替换	Ctrl+A	全部选中
Ctrl+C	复制	Ctrl+V	粘贴
Ctrl+Shift+K	查找上一个	Ctrl+K	查找下一个
Ctrl+Z	撤销	Ctrl+Y	重做
Ctrl+X	剪切	Delete	删除
Alt+/	内容辅助	Ctrl+1	快速修正
Alt+Shift+↓	恢复上一个选择	Alt+?	上下文信息
Ctrl+Shift+J	增量逆向查找	Ctrl+J	增量查找
F2	显示工具提示描述	Alt+Shift+↑	选择封装元素
Alt+Shift+←	选择上一个元素	Alt+Shift+→	选择下一个元素
Ctrl+S	保存文件	Ctrl+Shift+S	全部保存
Ctrl+F4	关闭文件	Ctrl+Shift+F4	全部关闭

Eclipse 提供了强大的搜索功能，这些搜索功能的快捷键如表 1-2 所示。

表 1-2　搜索功能的快捷键

快捷键	功能	快捷键	功能
Ctrl+Shift+U	出现在文件中	Ctrl+H	打开搜索对话框
Ctrl+G	工作空间中的声明	Ctrl+ Shift+G	工作空间中的引用

Eclipse 是一个多窗口的编辑器，在操作每个窗口的时候也提供了对应的快捷键，如表 1-3 所示。

表 1-3　Eclipse 中的窗口快捷键

快捷键	功能	快捷键	功能
F12	激活编辑器	Ctrl+Shift+W	切换编辑器
Ctrl+Shift+F6	上一个编辑器	Ctrl+F6	下一个编辑器
Ctrl+Shift+F7	上一个视图	Ctrl+F7	下一个视图
Ctrl+Shift+F8	上一个透视图	Ctrl+F8	下一个透视图
Ctrl+W	显示标尺上下文菜单	Ctrl+F10	显示视图菜单

Eclipse 提供的导航相关操作的快捷键如表 1-4 所示。

表 1-4　Eclipse 中的导航快捷键

快捷键	功能	快捷键	功能
Ctrl+F3	打开结构	Ctrl+Shift+T	打开类型
F4	打开类型层次结构	F3	打开声明
Shift+F2	打开外部 javadoc	Ctrl+Shift+R	打开资源
Alt+←	后退历史记录	Alt+→	前进历史记录
Ctrl+,	上一个	Ctrl+.	下一个
Ctrl+O	显示大纲	Ctrl+Shift+H	在层次结构中打开类型
Ctrl+Shift+P	转至匹配的括号	Ctrl+Q	转至上一个编辑位置
Ctrl+Shift+↑	转至上一个成员	Ctrl+Shift+↓	转至下一个成员
Ctrl+L	转至指定行		

Eclipse 中对 Java 源代码的操作也提供了一系列的快捷键，如表 1-5 所示。

表 1-5　Eclipse 中的源代码快捷键

快捷键	功能	快捷键	功能
Ctrl+Shift+F	格式化	Ctrl+Shift+O	组织导入
Ctrl+/	注释	Ctrl+Shift+M	添加导入

Eclipse 中对调试应用程序的操作也提供了一系列的快捷键，如表 1-6 所示。

表 1-6　Eclipse 中的调试快捷键

快捷键	功能	快捷键	功能
F7	单步返回	F6	单步跳过
F5	单步进入	Ctrl+F5	单步跳入选择
F11	调试上次启动	F8	继续
Shift+F5	使用过滤器单步执行	Ctrl+Shift+B	添加/去除断点
Ctrl+F11	运行上次启动	Ctrl+R	运行至指定行
Ctrl+U	执行		

1.6　本章小结

本章全面讲述了 Java 语言的起源与发展历程，以及如何使用 Eclipse 开发 Java 应用程序。首先，介绍了 Java 的起源与发展史，包括程序语言的发展阶段、Java 的家世、Java 的发展历程等。接下来，分析了 Java 语言的特点以及 Java 虚拟机的工作原理。之后，讲述了 JDK 的安装与配置，并通过 Hello World 案例介绍 Java 程序的开发、编译和运行过程。最后，重点介绍了使用 Eclipse 开发 Java 应用程序的基本步骤，以及 Eclipse 的常用操作。

1.7　思考和练习

1. 简述 Java 的发展历程。

2. Java 语言有哪些特点？

3. 什么是 Java 虚拟机，简述其工作原理？

4. 配置 JDK 环境变量时，需要新建哪两个环境变量？

5 上机练习：使用 Eclipse 新建一个 Java 工程，然后新建 Hello 类，输出“Hello World”信息。

6. 练习在 Eclipse 中运行和调试 Java 应用程序。

第2章　Java编程基础

学习一门语言，总是从它的基本语法学起，本章将从 Java 程序的基本元素讲起，详细介绍 Java 的基本语法，包括标识符与关键字、变量及其类型、Java 运算符与表达式、流程控制语句以及数组。

本章学习目标：

- 了解 Java 程序的基本元素
- 掌握变量的声明与使用
- 理解变量的作用域
- 掌握 Java 的运算符及其优先级
- 掌握 Java 的选择结构与循环结构
- 掌握数组的声明与引用

2.1　Java 程序的基本元素

Java 程序是由空白符、分隔符、标识符、关键字、字面值(常量)、注释以及运算符等组合而成的。上一章已经介绍过注释，运算符将在 2.3 节中进行描述，本节将介绍其他几项内容。

2.1.1　空白符

Java 是一种格式自由的语言，每行代码不需要遵循特定的缩进规则。例如，可以将上一章中 Hello.java 中的所有代码写在一行，两行代码之间也可以有任意空白行，或者进行任意缩进，只要不分隔指定的关键字和标识符，并在(未被运算符或分隔符限定的)标记之间至少有一个空白符即可。在 Java 中，空白符可以是空格、制表符或换行符。

2.1.2　分隔符

在 Java 中，有一些字符被用作分隔符。最常用的分隔符是分号(;)。你在 Hello World 程序中已经看到过，分号用于结束语句。

表 2-1 所示为 Java 中的所有分隔符及其说明。

注意：

所有分隔符都需要以英文半角输入，如果误写为中文符号，编译器会提示“illegal character”(非法字符)错误信息。

表 2-1　Java 的分隔符

符号	名称	用途
( )	小括号	在定义和调用方法时用于包含参数列表，也可用于在表达式中定义优先级、在控制语句中包含表达式以及执行强制类型转换
{}	大括号	用于包含自动初始化数组的值，也可用于定义代码块、类、方法以及局部作用域
[ ]	方括号	用于声明数组类型，也可用于访问数组元素
;	分号	结束语句
,	逗号	在变量声明中分隔连续的多个标识符，也可用于 for 循环中，将小括号中的多个表达式链接到一起
.	句号	用于将包的名称与子包以及类的名称分隔开，也可用于将变量或方法与引用变量分隔开
::	冒号	用于创建方法或构造函数引用(在 JDK 8 中引入)

2.1.3　标识符

简单地说，标识符是由程序设计人员或开发人员定义的，用来标识类名、变量名、方法名、类型名、数组名或文件名的有效字符序列。

标识符必须遵循一定的语法规则并且有必要遵守一定的规范。Java 中的标识符必须符合下列规则：

- 标识符可以由字母、下画线、美元符号$和数字组成。但是，从 JDK 8 开始，不建议使用下画线作为标识符。
- 标识符的第一个字符不能是数字。
- 标识符不能是 Java 的关键字和保留字。

另外，在定义合法的标识符的前提下，对于类名、接口名或枚举名建议采用“驼峰”命名方式，即每个单词的首字母要大写，如 MyPen；对于变量名和方法名，一般建议采用“匈牙利”命名法，即从第二个单词开始首字母大写，如 userName；对于常量名全部要大写，单词组合用下画线进行连接，如 PI；包名则全部小写。

另外需要强调的是，Java 是大小写敏感的，所以 VALUE 与 Value 是不同的标识符。下面是一些合法的标识符：

```
AvgTemp  count a3   $test   this_is_ok
```

下面的是标识符都是非法的：

```
2count    high-temp  Not/ok    if
```

2.1.4　关键字

和其他语言一样，Java 也有许多保留关键字。在 Java 语言中，目前定义了 50 个关键字，如表 2-2 所示。这些关键字与运算符和分隔符的语法一起形成了 Java 语言的基础。关键字不能用作标识符。因此，它们不能用作变量、类或方法的名称。

Java 保留了 const 和 goto 关键字，但是没有使用，所以也不能用 const 和 goto 作为标识符。

表 2-2　Java 关键字

abstract	assert	boolean	break	byte	case
catch	char	class	const	continue	default
do	double	else	enum	extends	final
finally	float	for	goto	if	implements
import	instanceof	int	interface	long	native
new	package	private	protected	public	return
short	static	strictfp	super	switch	synchronized
this	throw	throws	transient	try	void
volatile	while				

除了上述关键字，Java 还保留了下面这些关键字：true、false 和 null。这些关键字是由 Java 定义的字面值，因此，也不能将它们用作变量名、类名等。

2.1.5　字面值

在 Java 中，常量就是在程序中其值不能改变的量。常量的值是通过使用表示常量的字面值(literal)创建的。例如，下面是一些字面值：

```
100   98.6  'X'    "This is a test"    true
```

从左向右，依次为整数、浮点数、字符常量、字符串和布尔值。在可以使用某种类型的值的任何地方，都可以使用对应类型的字面值。

2.2　变量及其作用域

在 Java 程序中，变量是基本的存储单元，变量的值在程序运行过程中可以改变。本节将详细介绍变量的声明及其作用域。

2.2.1　基本数据类型

Java 是一种强类型化的语言，强类型化意味着什么呢？首先，每个变量要具有一种类型，每个表达式具有一种类型，并且每种类型都是严格定义的；其次，所有赋值，不管是显式的还是在方法调用中通过参数传递的，都要进行类型兼容性检查。任何类型不匹配都会产生编译错误。本节就来看一下 Java 的基本数据类型。

Java 中内建了 8 种基本数据类型：byte、short、int、long、char、float、double 和 boolean。基本类型通常也称为简单类型，这些类型可以被分成 4 组：

- 整型：这一组包括 byte、short、int 和 long，它们用于表示有符号整数。
- 浮点型：这一组包括 float 和 double，它们表示带小数位的数字。

- 字符型：这一组包括 char，表示字符集中的符号，比如字母和数字。
- 布尔型：这一组包括 boolean，这是一种用于表示真或假的特殊类型。

基本类型表示单个值——而不是复杂对象。尽管 Java 在其他方面是完全面向对象的，但是基本类型不是面向对象的，它们与大多数其他非面向对象语言中的简单类型类似。这样设计的原因是为了提高效率。

与 C 和 C++语言不同的是，Java 的基本数据类型在任何操作系统中都具有相同的大小和属性。例如，无论在哪种特定平台上，int 类型总是 32 位的，这也是 Java 可移植性的一方面。

1. 整型

Java 定义了 4 种整数类型：byte、short、int 和 long。它们具有不同的宽度和取值范围，如表 2-3 所示。

表 2-3　整数类型的宽度和范围

类型	宽度	范围
byte	8	-128～127
short	16	-32 768～32 767
int	32	-2 147 483 648～2 147 483 647
long	64	-9 223 372 036 854 775 808～9 223 372 036 854 775 807

所有这些类型都是有符号的整数。Java 不支持无符号的、只是正值的整数。

2. 浮点型

浮点数也称为实数(real number)，当计算需要小数精度的表达式时使用。Java 实现了 IEEE-754 标准集的浮点类型和运算符。有两种浮点类型——float 和 double，它们分别表示单精度和双精度浮点数，其宽度和取值范围如表 2-4 所示。

表 2-4　浮点型的宽度和范围

类型	宽度	范围
float	32	1.4e-045～3.4e+038，-1.4e-045～-3.4e+038
double	64	4.9e-324～1.8e+308，-4.9e-324～-1.8e+308

在某些处理器上，单精度运算速度更快，并且占用的空间是双精度的一半，但是当数值非常大或非常小时会变得不精确。在针对高速数学运算进行了优化的某些现代处理器上，实际上双精度数值的运算速度更快。大部分数学函数，如 sin( )、cos( )和 sqrt( )，都返回双精度值。如果需要在很多次迭代运算中保持精度，或是操作非常大的数值，则需要使用 double 类型。

3. 字符型

用于存储字符的数据类型是 char。但是，Java 中的 char 与 C 或 C++中的 char 是不同的。在 C/C++中，char 的宽度是 8 位；而在 Java 中 char 的宽度是 16 位(两个字节)。这是因为 Java 使用 Unicode 表示字符。Unicode 定义了一个完全国际化的字符集，能够表示全部人类语言中的所有字符。Unicode 是数十种字符集的统一体，比如拉丁字符集、希腊字符集、阿拉伯字符集、斯拉夫语字符集、希伯来语字符集、日文字符集、韩文字符集等。

在 Java 的正式规范中，char 被当作整数类型，它的取值范围为 0～65 536。没有负的 char 值。ASCII 标准字符集的范围仍然是 0～127。字符型字面值使用位于一对单引号中的字符来表示。所有可见的 ASCII 字符都可以直接输入到单引号中，如'a'、'@'等。对于那些不能直接输入的字符，可以使用转义字符序列输入需要的字符，例如'\''表示单引号、'\n'表示换行符，或者以八进制或十六进制直接输入字符的 Unicode 编码值，表 2-5 所示为 Java 的转义字符及其说明。

表 2-5　Java 的转义字符及其说明

转义字符	说明	转义字符	描述
\ddd	八进制字符(ddd)	\r	回车符
\uxxxx	十六进制 Unicode 字符(xxxx)	\n	换行符
\'	单引号	\f	换页符
\"	双引号	\t	制表符
\\	反斜杠	\b	退格符

例如，'\141'是八进制表示法，八进制数 141 对应 ASCII 码值 97，对应字符为字母'a'；'\u4e2d'是十六进制表示法，表示汉字'中'。

对于英语、德语、西班牙语或法语这类语言，使用 Unicode 在一定程度上会降低效率，但这是为了在全球获得可移植性而必须付出的代价。

4. 布尔型

Java 中使用 boolean 类型来表示逻辑值。它的取值只有两个：true 或 false。所有关系运算(例如 a<b)都返回这种类型的值。对于 if 和 for 这类控制语句的条件表达式，也需要 boolean 类型。

2.2.2　变量的声明与赋值

变量是数据存储空间的表示。通过变量名可以简单快速地找到存储的数据。变量是存储数据的基本单元，不同的变量相互独立。

在 Java 中，所有变量在使用之前必须先声明。声明变量的基本形式如下：

```
type　varName1 [ = value1 ][, varName2 [= value2 ] …];
```

其中，type 可以是 Java 的原子类型、类或接口的名称(类和接口类型将在后面章节中讨论)；varName1是变量的名称，可以是任意合法的标识符；可以通过指定一个等号和一个值来初始化变量；如果要同时声明相同类型的多个变量，可以使用逗号将它们分隔开。

例如，下面是声明各种类型变量的一些示例：

```
int a, b, c;                  // 声明3个整型变量a、b、c。
int d = 3, e, f = 5;          // 声明3个整型变量d、e、f，且对d和f进行初始化。
byte z = 22;                  // 声明byte型变量z并初始化。
double pi = 3.14159;          // 声明双精度浮点型变量pi。
char x = '堃';                // 声明字符型变量x并初始化为'堃'。
```

其中有些变量声明包含了初始化值，需要注意的是：初始化值或表达式结果的类型必须与变量的类型相同(或兼容)。

说明：

因为 Java 中的 char 类型使用 Unicode，所以字符型变量可以保存一个汉字。

除了在声明变量的时候初始化变量的值以外，还可以在声明变量后的任意地方通过赋值语句来修改变量的值。最简单的赋值语句是使用赋值运算符(=)，形式如下：

```
varName = value;
```

例如，要将值 92 赋予变量 a，可以使用如下赋值语句：

```
a = 92;
```

可以读作“将 a 的值设置为 92”或“令 a 等于 92”，实际上这是将 92 放置在变量 a 所指向的内存中。

2.2.3　常量的声明

常量是在程序运行时不会被修改的量。

在 Java 中使用 final 关键字来修饰常量，声明方式和变量类似。例如，下面声明了一个 double 类型的常量 PI：

```
final double PI = 3.1415927;
```

该值在程序运行过程中不能被修改。例如，下面企图给 PI 赋值的语句将产生编译错误：

```
PI=3.1415926535898;
```

说明：

虽然常量名也可以用小写字母，但为了便于识别，通常使用大写字母命名常量。

2.2.4　数据类型转换

在对变量进行赋值时，经常会遇到将某种类型的值赋给另外一种类型的变量的情况。如果这两种类型是兼容的，那么 Java 会自动进行类型转换。例如，总是可以将 int 类型的值赋给 long 类型的变量。如果两种类型是不兼容的，那么需要使用强制类型转换。

1. 自动类型转换

当将某种类型的数据赋给另外一种类型的变量时，如果满足如下两个条件，就会发生自动类型转换：

- 两种类型是兼容的。
- 目标类型大于源类型。

例如，当 byte 类型向 int 类型转换时，就会发生自动类型转换。

数值类型(包括整型和浮点型)是相互兼容的，只要目标类型的范围大于源类型就会发生自动类型转换。然而，不存在从数值类型到 char 或 boolean 类型的自动转换。char 和 boolean 之间是不兼容的，也不存在自动转换。

当将字面整数常量保存到 byte、short、long 或 char 类型的变量中时，Java 也会执行自动类型转换。需要特别说明的是，在 Java 中，使用 long 类型的数据一定要在数值的后面加上 L，否则将作为整型解析。例如，下面声明一个 long 型变量并将其初始化为一个很大的整数：

```
long g = 9223372036854775807;
```

输入上述代码将出现如下编译错误：The literal 9223372036854775807 of type int is out of range。提示这个数字超出了 int 类型的范围，解决方法就是在数值的后面加上 L：

```
long value = 9223372036854775807L;
```

2. 强制类型转换

自动类型转换很简单，但是它们不能完全满足全部需要。当两种类型不兼容或者目标类型的范围小于源类型时，就必须使用强制类型转换。

强制类型转换是一种显式类型转换，它的一般形式如下：

```
target-type    varName=(target-type) value
```

下面来看一个简单的类型转换示例。

【案例 2-1】 编写程序，演示数据类型的自动转换和强制转换。

(1) 启动 Eclipse，默认会打开最后一次关闭 Eclipse 时打开的工程 ch01。本章将新建另外一个 Java 工程，所以此时可以关闭 ch01。

(2) 新建 Java 工程 ch02，本章所有的案例都将在该工程中完成。

(3) 新建 Java 类 TypeConversion，默认包名为工程名 ch02。

(4) 在 TypeConversion 中输入如下测试代码：

```
public class TypeConversion {
    public static void main(String[] args) {
        char c = 'a';           // 定义一个 char 变量
        int i = c;              // 将 char 自动类型转换为 int 类型
        System.out.println("将 char 自动类型转换为 int 类型。");
        System.out.println("c = " + c + " ; i = " + i);
        c = 'A';                // 为 char 变量 c 赋予另一个值。
        i = c + 3;              // 对 char 类型和 int 类型的值进行计算。
        System.out.println("对 char 和 int 计算");
        System.out.println("c = " + c + " ; c+3 = " + i);
        byte b;
        i = 130;
```

```
        double d = 123.987;
        System.out.println("将 int 类型转换为 byte 类型。");
        b = (byte) i;          // 将 int 类型强制转换为 byte。
        System.out.println("i = " + i + " ; b = " + b);
        i = -248;
        System.out.println("将 int 类型转换为 byte 类型。");
        b = (byte) i;          // 将 int 类型强制转换为 byte 类型。
        System.out.println("i = " + i + " ; b = " + b);
        System.out.println("将 double 类型转换为 int 类型。");
        i = (int) d;           // 将 double 类型强制转换为 int 类型后，小数部分丢失。
        System.out.println("d = " + d + " ; i = " + i);
    }
}
```

提示：

本例在输出结果时，使用加号(+)将一个字符串与其他类型相连，得到一个新的字符串。

(5) 运行程序，在 Console 窗口中输出如下信息：

```
将 char 自动类型转换为 int 类型。
c = a ; i = 97
char 和 int 计算
c = A ; c+3 = 68
将 int 类型转换为 byte 类型。
i = 130 ; b = -126
将 int 类型转换为 byte 类型。
i = -248 ; b = 8
将 double 类型转换为 int 类型。
d = 123.987 ; i = 123
```

从输出结果可以看出，char 类型被自动转换为 int 类型，并且 char 类型可以进行算术运算；将 int 类型强制转换为 byte 类型时，如果整数的值超出了 byte 类型的范围(-128~127)，则高位数据丢失，结果为低 8 位数据对应的数值，本例中 i=130，对于二进制(00000000 10000010)，低 8 位对应的为-126 的补码(注意第一个 1 位符号位)；将 double 类型转换成 int 类型时，小数部分将丢失。

3. 表达式中的自动类型提升

除了赋值外，还有另外一个地方也可能会发生类型转换：在表达式中。例如下面的代码段：

```
byte a = 40;
byte b = 50;
byte c = 100;
int d = a * b / c;
```

在计算 a*b 的结果时，很容易超出 byte 操作数的范围。为了解决这类问题，当对表达式求值时，Java 自动将每个 byte、short 或 char 操作数提升为 int 类型。因此，尽管 a 和 b

都被指定为 byte 类型，中间表达式(50*40)的结果 2000 也是合法的。这就是表达式中的自动类型提升。

尽管自动类型提升很有用，但是有时也会导致难以理解的编译时错误。例如，下面的代码看起来是正确的，但是却会产生编译错误：

```
byte b = 50;
b = b - 2;
```

上面的代码试图将 50−2，将一个完全有效的 byte 值保存到一个 byte 变量中。但是，编译器会提示“Type mismatch: cannot convert from int to byte”(类型不匹配，不能将 int 转换为 byte)。这是因为，当计算表达式的值时，操作数被自动提升为 int 类型，所以结果也被提升为 int 类型。因此，应当使用显式的强制类型转换，如下所示：

```
byte b = 50;
b = (byte)(b - 2);
```

Java 定义了几条应用于表达式的类型提升规则，它们如下：

1) 所有 byte、short 和 char 类型的值都被提升为 int 类型。

2) 如果有一个操作数是 long 类型，就将整个表达式提升为 long 类型。

3) 如果有一个操作数是 float 类型，就将整个表达式提升为 float 类型。

4) 如果有一个操作数为 double 类型，结果将为 double 类型。

【案例 2-2】表达式中的自动类型提升。

(1) 在 ch02 工程中新建一个 Java 类 TypePromote，输入如下代码：

```
public class TypePromote {
    public static void main(String[] args) {
        byte b = 25;
        char c = 'a';
        short s = 1024;
        int i = 510;
        long l = 987601;
        float f = 5.97f;
        double d = 28.234;
        System.out.println("i / b = " + (i/b));
        l=l*b;
        System.out.println("l * b = " + l);
        double result = (f * b) + (i / c) - (d * s);
        System.out.println("f * b = "+(f * b) + "; i / c = " + (i / c));
        System.out.println("result = " + result);
    }
}
```

(2) 运行 TypePromote，结果如下：

```
i / b = 20
l * b = 24690025
f * b = 149.25; i / c = 5
result = -28757.366
```

在上述程序中，计算 i/b 时，b 被提升为 int 类型，并且结果也是 int 类型；计算 l/b 时，b 被提升为 long 类型，并且结果也是 long 类型。在计算 result 的表达式时，对于第一个子表达式 f*b，b 被提升为 float 类型，并且该子表达式的结果也是 float 类型；在子表达式 i/c 中，c 被提升为 int 类型，并且结果也是 int 类型；在 d*s 中，s 的值被提升为 double 类型，并且该子表达式的类型为 double；最后对 3 个中间值(类型分别为 float、int 和 double)进行计算，float 操作数加上 int 操作数的结果是 float 操作数，然后减去最后的 double 操作数，所以表达式的最终结果为 double 类型。

说明：

在同一个 Java 工程中，如果有多个含有 main( )方法的 public 类，可以分别执行，它们是彼此独立的。

2.2.5　变量的作用域

到目前为止，我们的 main( )方法中都是一些顺序执行的语句，变量从声明开始，到 main( )方法结尾都是可访问的。然而，Java 允许在任何代码块中声明变量。代码块是指用一对大括号括起来的部分，代码块定义了作用域。每开始一个新的代码块，就创建了一个新的作用域。作用域决定了对象对程序其他部分的可见性，同时也决定了这些对象的生存期。

在作用域中声明的变量，对于在作用域之外定义的代码是不可见的(即不可访问)。因此，当在某个作用域中声明变量时，就局部化了该变量，并保护它免受未授权的访问和/或修改。在 Java 中，两种主要的作用域分别是由类和方法定义的。对类作用域(以及在其中声明的变量)相关的内容将在第 3 章介绍，这里只分析由方法定义以及在方法中定义的作用域。

作用域是可以嵌套的，出现嵌套时，外层的作用域包围了内层的作用域。即在外层作用域中声明的对象对于内层作用域中的代码是可见的。而反过来则不行，在内层作用域中声明的变量，在内层作用域之外是不可见的。

【案例 2-3】变量的作用域的示例程序。

在 ch02 工程中新建一个 Java 类 VarScope，输入如下代码：

```
public class VarScope {
    public static void main(String[] args) {
        int x = 10;
        { // 开始新的作用域
            int y = 20;                         // 只在块中有效
            System.out.println("x = " + x + "; y = " + y);
            x = y * 2;
        }
        // y = 100;                             // 超出 y 的作用域
        System.out.println("x = " + x);         // x 仍然可访问
    }
}
```

正如注释指出的，变量 x 是在 main( )方法作用域的开始处声明的，因此 main( )方法中的所有后续代码都可以访问变量 x；而变量 y 是在代码块中声明的，所以只有在代码块中可见，代码块后面的“y=100;”如果不注释，就会产生编译错误，因为此时 y 是不可见的。

注意：

尽管可以嵌套代码块，但在内层代码块中不能声明与外层代码块相同的变量。

2.3　运算符与表达式

计算机最基本的用途之一就是执行数学运算，作为一门计算机语言，Java 提供了丰富的运算符来操纵变量。按功能可把运算符分为 6 组：算术运算符、关系运算符、逻辑运算符、位运算符、赋值运算符和其他运算符。

2.3.1　基本概念

运算符操作的对象叫操作数。根据运算符所操作的操作数的个数，可以把运算符分为单目运算符、双目运算符和三目运算符。

用运算符把操作数按照 Java 的语法规则连接起来的式子称为表达式。例如，“b－2”就是一个表达式，其中 b 和 2 是操作数，通过双目运算符减号(−)连接起来，表示对操作数 b 执行减法操作，减数为 2。

接下来的几个小节将分别介绍 Java 的各类运算符及其表达式的基本用法。

2.3.2　算术运算符

算术运算符用在数学表达式中，其使用方法与在数学中的用法相同。表 2-6 列出了 Java 的算术运算符。

表 2-6　算术运算符

运算符	描述	示例
+	单目运算符，表示正数，直接返回操作数的值	+ a
−	单目运算符，表示负数，对操作数取反	− a
+	双目运算符加法	a + b
−	双目运算符减法	a − b
*	双目运算符乘法	a * b
/	双目运算符除法	a / b
%	双目运算符求模，两个操作数相除后的余数	a % b
++	单目运算符：自增运算，将操作数加 1	a++或++ a
--	单目运算符：自减运算，将操作数减 1	a --或-- a

关于算术运算符需要注意以下几点：

1) 算术运算符的操作数必须是数值类型。不能为 boolean 类型，但可以是 char 类型，因为在 Java 中，char 类型在本质上是 int 类型的子集。

2) 当将除法运算符用于两个整数类型时，结果也是整数，小数部分会丢失。

3) 求模运算%可以返回除法操作的余数，既可以用于浮点数，也可以用于整数。

4) 求模运算结果的符号与第一个操作数相同，如-5%2的结果为-1，5%-2的结果为1。

5) 自增和自减运算符的操作数只能是变量，即不能出现(a+b)++；而其他几个算术运算符的操作数可以是变量、字面值、表达式或函数调用。

6) 自增和自减都有两种形式：前缀形式和后缀形式。前缀形式是指自增或自减运算符位于变量的前面，如++a、--b，这种形式出现在表达式中时，先将操作数的值进行自增或自减运算，再使用操作数的值进行表达式运算；后缀形式是指自增或自减运算符位于变量的后面，如 a++、b--，执行的时候先使用操作数的值进行表达式运算，再对操作数进行自增或自减运算。

【案例 2-4】 算术运算符示例程序。

在 ch02 工程中新建一个 Java 类 MathOper，输入如下代码：

```
public class MathOper {
    public static void main(String[] args) {
        int a = 50,b=6;
        double d=21.25;
        System.out.println("a = " + a +"; b = " + b + "; d = " + d);
        System.out.println("a + b = " + (a + b));
        System.out.println("a - b = " + (a - b));
        System.out.println("a * b = " + (a * b));
        System.out.println("a / b = " + (a / b));
        System.out.println("d / b = " + (d / b));
        System.out.println("a % b = " + (a % b));
        System.out.println("-a % b = " + (-a % b));
        System.out.println("d % b = " + (d % b));
        int i = a++ *2;
        System.out.println("a = " + a +"; i = " + i);
        i = ++a *2;
        System.out.println("a = " + a +"; i = " + i);
        d = d % --b;
        System.out.println("d = " + d +"; b = " + b);
    }
}
```

程序运行结果如下：

```
a = 50; b = 6; d = 21.25
a + b = 56
a - b = 44
a * b = 300
a / b = 8
d / b = 3.5416666666666665
a % b = 2
-a % b = -2
d % b = 3.25
a = 51; i = 100
a = 52; i = 104
d = 1.25; b = 5
```

从运行结果可以看出，整数相除的结果还是整数，小数部分丢失；求模运算结果的符号与第一个操作数的相同；程序中的 i=++a*2 使用的是前缀形式的自增运算，所以先对操作数 a 自增，然后使用自增后的值进行表达式的计算，等价于下面两条语句：

```
a=a+1;
i=a*2;
```

2.3.3　关系运算符

关系运算符用来判定一个操作数与另一个操作数之间的大小关系，其运算结果为一个布尔(boolean)值，要么是 true，要么是 false。表 2-7 所示为 Java 的关系运算符。

表 2-7　关系运算符

运算符	描述	示例
==	等于，检查两个操作数的值是否相等，如果相等，结果为真	a == b
!=	不等于，检查两个操作数的值是否相等，如果值不相等，结果为真	a != b
>	大于，检查左操作数的值是否大于右操作数的值，如果是，那么结果为真	a > b
<	小于，检查左操作数的值是否小于右操作数的值，如果是，那么结果为真	a < b
>=	大于或等于，检查左操作数的值是否大于或等于右操作数的值，如果是，那么结果为真	a >= b
<=	小于或等于，检查左操作数的值是否小于或等于右操作数的值，如果是，那么结果为真	a <= b

关系运算符最常用于 if 语句和各种循环语句的控制表达式中。前面学过的任何数据类型，包括整数、浮点数、字符以及布尔值，都可以使用等于运算符“==”和不等于运算符“!=”进行比较。但是其余 4 个关系运算符则只有数值类型才能使用，即只有整型、浮点型以及字符型操作数，才可以进行判定相互之间大小的比较。

提示：
在 Java 中，“相等”是用两个等号而不是一个等号表示的，单个等号是赋值运算符。

2.3.4　逻辑运算符

逻辑运算符要求操作数的数据类型为布尔型，其运算结果也是布尔型。表 2-8 所示为 Java 的逻辑运算符。

表 2-8　逻辑运算符

<table>
<tr><th>运算符</th><th>描述</th></tr>
<tr><td>&</td><td>逻辑与，只有两个操作数都为 true 时，结果才为 true，否则为 false</td></tr>
<tr><td>|</td><td>逻辑或，只要有一个操作数为 true，结果就为 true，否则为 false</td></tr>
<tr><td>^</td><td>逻辑异或，两个操作数不同时，结果为 true，否则为 false</td></tr>
<tr><td>&&</td><td>条件与，和逻辑与类似，不同的是：如果第一个操作数为 false，则不计算第二个操作数</td></tr>
<tr><td>||</td><td>条件或，和逻辑或类似，不同的是：如果第一个操作数为 true，则不计算第二个操作数</td></tr>
<tr><td>!</td><td>逻辑非，单目运算符，对操作数的值取反，如果操作数为 true，则结果为 false；如果操作数为 false，则结果为 true</td></tr>
</table>

逻辑运算符的运算真值表如表 2-9 所示。

表 2-9　逻辑运算符的运算真值表

操作数 A	操作数 B	A & B	A | B	A ^ B	! A
true	true	true	true	false	false
true	false	false	true	true	false
false	true	false	true	true	true
false	false	false	false	false	true

条件与、条件或和逻辑与、逻辑或的区别主要体现在第二个操作数为表达式的时候，例如下面的代码段：

```
int a=2,b=3;
boolean flag1 = (a++ >= b) && (b++ >0);
boolean flag2 = (a>0) || (++b<0);
```

这里参与逻辑运算的操作数都是关系表达式，在(a++ >= b) && (b++ >0)中，a++ >=b 的结果为 false(++后缀，先引用 a 的值 2，进行关系运算 2>=3，然后才自增)。此时，无论第 2 个操作数是什么，&&的运算结果一定为 false。因此，这种情况不计算第 2 个操作数的值，即 b++>0 不会被执行，所以 b 的值不会自增。

同样，在(a>0) || (++b<0)中，a>0 的结果为 true，无论第 2 个操作数是什么，||运算的结果都是 true，所以这里的++b<0 也不会被执行。

下面来看逻辑运算符的一个简单例子。

【案例 2-5】逻辑运算符示例程序。

在 ch02 工程中新建一个 Java 类 LogicOper，输入如下代码：

```
public class LogicOper {
    public static void main(String[] args) {
        int i=2,j=3;
        System.out.println("i = " + i + " j = " + j);
        System.out.println("i>0 = " + (i>0));
        System.out.println("i>j = " + (i>j));
        System.out.println("(i>0)&(i>j) = " + ((i>0)&(i>j)));
        System.out.println("(i>0)|(i>j) = " + ((i>0)|(i>j)));
        System.out.println("(i>0)^(i>j) = " + ((i>0)^(i>j)));
        System.out.println("!(i>j) = " + !(i>j));
        System.out.println("初始值 i = " + i + " j = " + j);
        System.out.println("(i++==j)&(--j==2) = " + ((i++==j)&(--j==2)));
        System.out.println("逻辑与操作后 i = " + i + " j = " + j);
        i=2;j=3;
        System.out.println("初始值 i = " + i + " j = " + j);
        System.out.println("(i++==j)&&(--j==2) = " + ((i++==j)&&(--j==2)));
        System.out.println("条件与操作后 i = " + i + " j = " + j);
        i=2;j=3;
        System.out.println("初始值 i = " + i + " j = " + j);
```

```
            System.out.println("(i>=0|(--j>2) = " + ((i>=0)|(--j>2)));
            System.out.println("逻辑或操作后 i = " + i + " j = " + j);
            i=2;j=3;
            System.out.println("初始值 i = " + i + " j = " + j);
            System.out.println("(i>=0||(--j>2) = " + ((i>=0)||(--j>2)));
            System.out.println("条件或操作后 i = " + i + " j = " + j);
    }
}
```

程序运行结果如下：

```
i = 2 j = 3
i>0 = true
i>j = false
(i>0)&(i>j) = false
(i>0)|(i>j) = true
(i>0)^(i>j) = true
!(i>j) = true
初始值 i = 2 j = 3
(i++==j)&(--j==2) = false
逻辑与操作后 i = 3 j = 2
初始值 i = 2 j = 3
(i++==j)&&(--j==2) = false
条件与操作后 i = 3 j = 3
初始值 i = 2 j = 3
(i>=0|(--j>2) = true
逻辑或操作后 i = 2 j = 2
初始值 i = 2 j = 3
(i>=0||(--j>2) = true
条件或操作后 i = 2 j = 3
```

2.3.5 位运算符

位运算是以二进制位为单位进行的运算，其操作数和运算结果都是整型值。表 2-10 所示为 Java 的位运算符。

表 2-10 位运算符

运算符	描述
&	按位与，如果对应位都是 1，则结果为 1，否则为 0。与逻辑与写法一样，但操作数类型不同
|	按位或，如果对应位都是 0，则结果为 0，否则为 1。与逻辑或写法一样，但操作数类型不同
~	按位取反，翻转操作数的每一位，即 0 变成 1，1 变成 0
^	按位异或，如果对应位的值相同，则结果为 0，否则为 1
<<	左移，左操作数按位左移右操作数指定的位数
>>	右移，左操作数按位右移右操作数指定的位数，移动得到的空位补符号位
>>>	无符号右移，左操作数的值按右操作数指定的位数右移，移动得到的空位以零填充

在 Java 中，所有整数类型都是有符号的(Java 中没有无符号的数据类型)，不同的数据

类型，由不同宽度的二进制数字表示，最高位为符号位，0 表示正数，1 表示负数。例如，byte 型数值 42 的二进制形式是 00101010，-42 的二进制表示为 11010110，这是-42 的补码。负数的补码表示方法为：首先反转数值中的所有位(1 变为 0，0 变为 1)，然后再将结果加 1。

-42 的补码通过反转 42 中的所有位(00101010)，得到 11010101，然后加 1 而得到。

1. 左移

因为最高位为符号位，所以在进行左移操作时，原来的符号位会被移出并丢失，右边的空位用 0 补齐，如 byte 型数值 42(00101010)左移 2 位后变为(10101000)，这个结果对应 byte 类型的十进制数-88。但是 Java 的自动类型提升会将 byte 型数值提升为 int 型，这个运算结果也是 int 型，这就意味着对 byte 和 short 型数值进行左移操作的结果为 int 型，并且移动的位不会丢失，除非它们超过 31 位。

此外，当将负的 byte 和 short 型数值提升为 int 型时，会进行符号扩展。左移的高阶位都将使用 1 填充。所以，对 byte 和 short 型数值进行左移操作，必须抛弃 int 型结果的高阶字节。例如，如果左移 byte 型数值，会先将该数值提升为 int 型，然后左移。如果我们只想要移位后的 byte 型数值，就必须将结果强制转换为 byte 类型。

通常，每左移一位相当于将原始值乘以 2，所以程序员经常利用这个事实作为乘以 2 的高效替代方法。但需要注意的是，如果将二进制 1 移进符号位，结果会变为负数。

2. 右移

右移运算符“>>”在移动的时候会连同符号位一起右移，空出来的高位使用原来的符号位填充，被“移出”的位上的数值将丢失。例如，将 35 右移两位，从而导致两个低阶位丢失，结果为 8。用二进制形式，可以清晰地看出操作过程：

```
00100011    35
>> 2
00001000     8
```

每次右移一个值，相当于将该值除以 2，并丢弃所有余数。可以利用这一特性，实现高性能的整数除以 2 操作。有趣的是，如果对-1 进行右移，结果将总是-1，因为-1 的补码是所有位全是 1，右移后，高位还是补 11。

3. 无符号右移

执行右移操作时，每次移位后，会使用原来的符号位填充高位。这个特性可以保持数值的符号。但是，有时这不是期望的效果。例如，对那些表示非数值的内容进行移位操作，可能不希望发生符号扩展。当操作基于像素的值和图形时，这种情况非常普遍。对于这些情形，不管符号位的初始值是什么，通常会希望用 0 来填充空出的高位，这就是无符号右移，其运算符为“>>>”。

例如，int 型数值-1，进行无符号右移 24 位，将得到 255。

```
11111111 11111111 11111111 11111111          -1 作为 int 型数值的二进制表示
>>>24
0000000 00000000 00000000 11111111          255 作为 int 型数值的二进制表示
```

4. 位运算符示例

【案例 2-6】 位运算符示例程序。

在 ch02 工程中新建一个 Java 类 BitOper，输入如下代码：

```
public class BitOper {
    public static void main(String[] args) {
        int a = 60; /* 60 = 0011 1100 */
        int b = -13; /* -13 = 1111 0011 */
        int c = 0;
        c = a & b; /* 48 = 0011 0000 */
        System.out.println("a & b = " + c);
        c = a | b; /* -1 = 1111 1111 */
        System.out.println("a | b = " + c);
        c = a ^ b; /* -49 = 1100 1111 */
        System.out.println("a ^ b = " + c);
        c = ~a; /*-61 = 1100 0011 */
        System.out.println("~a = " + c);
        c = a << 2; /* 240 = 1111 0000 */
        System.out.println("a << 2 = " + c);
        c = a >> 2; /* 15 = 1111 */
        System.out.println("a >> 2   = " + c);
        byte m = -42;/* -42 = 1101 0110 */
        c = m << 2;
        System.out.println("m << 2: " + c);
        System.out.println("(byte)(m << 2): " + (byte)(m << 2));
        System.out.println("m >> 2: " +(m>>2));
        c = a >>> 2; /* 15 = 0000 1111 */
        System.out.println("a >>> 2 = " + c);
    }
}
```

程序运行结果如下：

```
a & b = 48
a | b = -1
a ^ b = -49
~a = -61
a << 2 = 240
a >> 2   = 15
m << 2: -168
(byte)(m << 2): 88
m >> 2: -11
a >>> 2 = 15
```

2.3.6 赋值运算符

赋值运算符的作用是将一个值赋给一个变量。最常用的赋值运算符是“=”，前面的很多案例中都在使用该运算符。

除了前面程序中出现的赋值运算符形式以外，还可以在一条语句中创建赋值链，同时为多个变量赋值。例如：

```
int x, y, z;
x = y = z = 100;        // x、y、z 都被赋值为 100
```

这段代码使用一条语句将变量 x、y 和 z 都设置为 100。赋值运算符的结合性是从右到左，所以上述赋值链首先计算右侧表达式的值，这样 z 的值被设置为 100，同时 z=100 的值是 100，然后将该值赋给 y，接下来赋给 x。

另外，赋值运算符还可以与二元算术运算符和位运算符组合成复合赋值运算符，从而可以简化一些常用表达式的书写，如表 2-11 所示。

表 2-11　复合赋值运算符

<table>
<tr><th>运算符</th><th>描述</th></tr>
<tr><td>+ =</td><td>把左操作数和右操作数相加赋值给左操作数　a + = b 等价于 a = a + b</td></tr>
<tr><td>- =</td><td>把左操作数和右操作数相减赋值给左操作数　a − = b 等价于 a = a − b</td></tr>
<tr><td>* =</td><td>把左操作数和右操作数相乘赋值给左操作数　a * = b 等价于 a = a * b</td></tr>
<tr><td>/ =</td><td>把左操作数和右操作数相除赋值给左操作数　a / = b 等价于 a = a / b</td></tr>
<tr><td>%=</td><td>把左操作数和右操作数取模后赋值给左操作数　a % = b 等价于 a = a % b</td></tr>
<tr><td>&=</td><td>把左操作数和右操作数按位与或逻辑与后赋值给左操作数　a & = b 等价于 a = a & b</td></tr>
<tr><td>|=</td><td>把左操作数和右操作数按位或或逻辑或后赋值给左操作数　a | = b 等价于 a = a | b</td></tr>
<tr><td>^=</td><td>把左操作数和右操作数按位异或或逻辑异或后赋值给左操作数　a ^ = b 等价于 a = a ^ b</td></tr>
<tr><td><<=</td><td>把左操作数按位左移右操作数指定的位数后赋值给左操作数　a << = b 等价于 a = a << b</td></tr>
<tr><td>>>=</td><td>把左操作数按位右移右操作数指定的位数后赋值给左操作数　a >> = b 等价于 a = a >> b</td></tr>
<tr><td>>>>=</td><td>把左操作数无符号右移右操作数指定的位数后赋值给左操作数　a >>> = b 等价于 a = a >>> b</td></tr>
</table>

赋值运算符的应用比较简单，这里就不举例说明了。

2.3.7　其他运算符

除了前面几类运算符，Java 还提供其他一些运算符，包括条件运算符、对象运算符、点运算符、数组运算符等。

1. 条件运算符

条件运算符是 Java 中唯一一个三目(三个分支)运算符，它需要 3 个操作数，可以替代简单的条件分支(if-else 语句)。该运算符由问号(?)和冒号(:)组成，语法格式如下：

```
<表达式 1> ? <表达式 2>: <表达式 3>
```

其中，<表达式 1>可以是任何结果为布尔值的表达式。首先计算<表达式 1>的值，如果其值为 true，就对<表达式 2>进行求值并作为整个条件表达式的值；否则对<表达式 3>进行求值并作为整个条件表达式的值。

使用条件运算符时需要注意以下两点：

- <表达式 2>和<表达式 3>都需要返回相同(或兼容)的类型，并且不能为 void。
- <表达式 2>和<表达式 3>只有一个被执行，例如，a=0; a>0?a++:--a，因为 a>0 的值为 false，所以执行--a，表达式 2(a++)不会被执行。

下面是一条使用条件运算符的简单语句：

```
ratio = denom == 0 ? 0 : num / denom;
```

当 Java 对这条赋值语句进行求值时，首先分析“？”左侧的表达式(denom==0)。如果 denom 的值为 0，就对问号和冒号之间的表达式进行求值，并将其作为整个条件表达式的值；如果 denom 不等于 0，就对冒号后面的表达式进行求值，并作为整个条件表达式的值。最后，将条件表达式的结果赋给变量 ratio。

2. instanceof 运算符

instanceof(注意中间没有空格)运算符又叫对象运算符，该运算符用于操作对象实例，检查该对象是否是某个特定类型(类类型或接口类型)。

instanceof 运算符的语法格式如下：

```
(variable) instanceof(class/interface type)
```

如果运算符左侧变量所指的对象，是操作符右侧的类或接口(class/interface)的一个对象，那么结果为真。

下面是该运算符的简单例子：

```
String name = "赵智堃";
boolean result = name instanceof String;        // 由于 name 是 String 类型，因此返回真
```

3. 点运算符

点运算符就是英文输入法中的句点“.”，它的功能有两个：一是引用类中的成员，二是指示包的层次等级。例如前面我们用得最多的输出语句 System.out.pringln 中就有点运算符，这里的功能就是引用类中的成员。

使用点运算符指示包的层次等级的应用将在第 4 章学习包的时候介绍。

4. 方括号[ ]和圆括号( )运算符

方括号[ ]是数组运算符，方括号[ ]中的数值是数组的下标，整个表达式就代表数组中该下标所在位置的元素值，该运算符的用法将在 2.5 节学习数组时详细介绍。

圆括号( )运算符用于强制类型转换和改变表达式中运算符的优先级。就像我们在数学运算中增加括号来改变优先级一样。

除了改变运算符的正常优先级之外，有时还使用圆括号帮助理清表达式的含义。对于复杂的表达式可能不容易阅读和理解，这时，就可以添加额外的括号来提高代码的清晰度，以方便其他开发人员阅读。例如，下面的两个表达式是等价的，但是第 2 个表达式明显更容易阅读：

```
a | 4 + c >> b & 7
(a | (((4 + c) >> b) & 7))
```

说明：

额外的圆括号不会降低程序的性能。因此，为了让代码清晰而添加圆括号，不会对程序造成负面影响。

5. 字符串相加运算符

当操作数是字符串时，加(+)运算符用来合并两个字符串。如果加(+)运算符的一边是字符串，另一边是数值或其他数据类型，系统会自动将另一边的操作数转换为字符串，然后连接为一个字符串。

例如前面程序中出现的代码：

```
System.out.println("i = " + i + " j = " + j);
```

2.3.8　运算符的优先级

在实际的程序开发中，经常是在一个表达式中出现多个运算符。这时，就需要按照运算符的优先级高低进行计算，级别高的运算符先运算，级别低的运算符后计算。

表 2-12 所示是 Java 运算符的优先级。从上到下，优先级越来越低，同一行中的运算符具有相同的优先级。其中的箭头运算符(->)是 JDK 8 新增的，用于 lambda 表达式。

表 2-12　运算符的优先级

优先级	描述	运算符	结合性
1	分隔符	[ ]　( )　.(点运算符)	
2	单目运算符	++　--　!　~　+(正数)　−(负数)	从右到左
3	算术乘除与求模	*　/　%	从左到右
4	算术加减	+　−	从左到右
5	移位	>>　>>>　<<	从左到右
6	大小关系运算符、对象运算符	>　>=　<　<=　instanceof	从左到右
7	相等关系运算符	==　!=	从左到右
8	按位与	&	从左到右
9	按位异或	^	从左到右
10	按位或	|	从左到右
11	逻辑与、条件与	&　&&	从左到右
12	逻辑或、条件或	|　||	从左到右
13	条件运算符	? :	从左到右
14	箭头运算符	->	从右到左
15	赋值运算符、复合赋值运算符	=　+=　-=　*=等等	从右到左

2.4　Java 流程控制

从结构化程序设计的角度出发，程序有 3 种结构：顺序结构、选择结构、循环结构。

前面的程序都是顺序结构的例子，这种程序的执行顺序是从上到下，按顺序执行每一条语句，直至程序结束。

而选择结构则可以根据某个条件，有选择地执行或跳过某些程序段，从而可以改变程序的执行流程；循环结构能使程序重复执行一条或多条语句。这两种结果都是根据程序的状态变化来控制程序执行流程的。有了这两种结构，再结合跳转语句，就能够开发出具有更复杂业务流程的应用程序。

2.4.1　选择结构

Java 支持两种选择结构：if 语句和 switch 语句。这两种语句都非常灵活并且功能强大，下面分别介绍这两种选择结构。

1. if 语句

一条 if 语句包含一个布尔表达式和一条或多条语句，其一般形式如下：

```
if (condition)
    statement1;
else
    statement2;
```

其中，statement1和statement2既可以是单条语句，也可以是复合语句(即代码块)。condition是返回布尔值的任何表达式。

if语句的工作流程如下：如果condition的值为true，就执行statement1；否则执行statement2(如果存在的话)。也可以没有else子句，此时，如果if子句的condition的值为false，就跳过statement1。

例如，求一个数的绝对值，可以使用如下省略默认 else 子句的 if 语句：

```
if(a<0)
    a = -a;
```

如果求两个数中的最大值，可以使用如下 if 语句：

```
if(a<b)
    max=b;
else
    max=a;
```

像这种简单的 if-else 结构也可以用前面我们学习的条件运算符来实现：

```
max=a<b?b:a;
```

如果程序的分支比较多，可以使用多重 if 语句，语法格式如下：

```
if(condition1)
  statement1;
else if(condition2)
  statement2;
```

```
else if(condition3)
    statement3;
...
else
    statementN;
```

在多重 if 语句中，首先判断 condition1 是否为 true，如果为 true，则执行 statement1；否则向下执行，判断 condition2，如果为 true，就会执行 statement2；否则继续向下执行，直至找到为 true 的条件语句，然后执行与之关联的语句；如果所有的条件都为 false，则执行最后的 else 子句中的 statementN。流程图如图 2-1 所示。

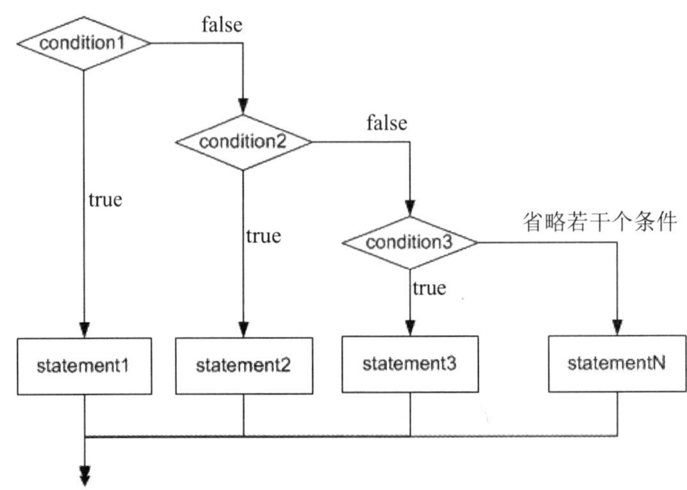

图 2-1　多重 if 语句流程图

在多重 if 语句中，statement1、statement2、...、statementN 中将只有一个被执行，一旦找到值为 true 的条件语句，就执行与之关联的 statement 语句，并略过其他剩余的所有语句。如果所有条件都为 false，就执行最后的 else 子句。如果没有最后的 else 子句，并且所有其他条件都为 false，那么就什么都不执行。

【案例 2-7】if 语句的简单应用。使用多重 if 语句，根据输入的分数，输出分数等级。

在 ch02 工程中新建一个 Java 类 IfDemo，输入如下代码：

```
import java.util.Scanner;
public class IfDemo {
    public static void main(String[] args) {
        System.out.println("请输入一个分数");
        double score;
        Scanner scanner = new Scanner(System.in);
        score = scanner.nextDouble( );
        if (score < 0 || score > 100) {
            System.out.println("输入有误！ ");
            System.exit(0);
        }
        if (score >= 90)
            System.out.println("等级 为  \'A\' ");
```

```
        else if (score >= 80)
            System.out.println("等级 为  \'B\' ");
        else if (score >= 70)
            System.out.println("等级 为  \'C\' ");
        else if (score >= 60)
            System.out.println("等级 为  \'D\' ");
        else
            System.out.println("等级 为  \'E\' ");
    }
}
```

在本例中，输入分数用到了 Scanner 类，这是从 Java 5.0 才开始提供的一个类，以方便程序获取来自键盘输入的信息。Scanner 类位于 java.util 包中，为此，在程序开始加上如下代码：

```
import java.util.*;
```

星号表示编译器可以调用这个包中的所有类，也可以只限定 Scanner 类，例如上面代码中就是只引入 Scanner 类：

```
import java.util.Scanner;
```

在导入 util 包之后，使用如下语句创建 Scanner 类的一个对象 scanner：

```
Scanner scanner = new Scanner(System.in)
```

这里的 System.in 表示标准输入设备键盘，将 Scanner 对象与 System.in 结合起来，就是让程序从键盘获得输入信息。

接下来调用 scanner.nextDouble( );方法以获取键盘输入的一个双精度数值，类似的方法还有 nextInt( )、nextFloat( )等，分别用于获取相应类型的数据。本例要求输入一个介于 0~100 之间的浮点数，然后根据输入的分数，输出相应的等级。程序运行情况如下：

```
请输入一个分数
89.2    ↙ (这里表示程序运行过程中输入 89.2，然后按回车键)
等级 为  'B'
```

除了上面几种形式，if 语句还可以嵌套，即 if 或 else 子句的执行语句又是一条 if 语句。在实际编程中，嵌套的 if 语句是非常普遍的。当出现嵌套 if 语句时，需要记住的是：else 语句总是与位于同一代码块中离它最近(且还没有匹配的 else 子句)的 if 语句匹配。例如，下面的嵌套 if 语句中，if 和 else 的匹配如注释所描述的那样：

```
if(i == 10) {
  if(j < 20)         // 这个 if 没有 else 子句
      a = b;
  if(k > 100)        // 与 else a=c 匹配
      c = d;
  else               // 离它最近且没匹配 else 的 if 是 if(k>100)
      a = c;
```

```
}
else                    // 与最上面的 if(i == 10)匹配
    a = d;
```

正如注释所说明的，最后的 else 语句不是和 if(j<20)相关联，尽管它是最近的没有 else 子句的 if 语句，但是因为它们不在同一个代码块中，所以它们不是一对。

2. switch 语句

switch 语句是多分支语句。它从某种程度上能替换前面的多重 if 语句，但 switch 语句看起来更清晰。下面是 switch 语句的一般形式：

```
switch (expression) {
  case value1:
        // statement1
        break;
  case value2:
        // statement 2
        break;
...
  case valueN :
        // statement N
        break;
  default:
       // default statements
}
```

使用 switch 语句时需要遵循如下规则：

1) 对于 JDK 7 以前的版本，expression 必须是 byte、short、int、char 或枚举类型(枚举类型将在后面学习)。从 JDK 7 开始，expression 也可以是 String 类型。

2) switch(expression)后面是一对大括号，大括号内可以包含多条 case 语句。每个 case 后面跟一个要比较的值和冒号。

3) case 语句中值的数据类型必须与 expression 的数据类型兼容，而且必须是唯一的常量或字面值。

4) 将 expression 的值与 case 语句中的值从上到下开始比较，如果遇到相等的，就会执行该 case 语句之后的所有语句，直到 break 语句出现才会跳出 switch 语句。

5) switch 语句可以包含可选的 default 分支，该分支必须是 switch 语句的最后一个分支。default 在没有 case 语句中的值和 expression 的值相等的时候执行。default 分支不需要 break 语句。

6) 在每条 case 子句中，可以使用 break 语句跳出 switch 结构，转而执行 switch 结构后面的语句。break 语句不是必需的，如果没有 break 语句，那么程序在执行完匹配的 case 语句后，继续执行下一条 case 语句，直到出现 break 语句或 switch 语句结束。

注意：

与 if 语句不同的是，switch 语句只能进行相等性测试，if 语句可以对任何类型的布尔表达式进行求值，而 switch 语句只查看表达式的值是否和某个 case 常量相匹配。

【案例 2-8】 使用 switch 语句实现案例 2-7 的功能。

在 ch02 工程中新建一个 Java 类 SwitchDemo，输入如下代码：

```
import java.util.Scanner;
public class SwitchDemo {
    public static void main(String[] args) {
        System.out.println("请输入一个分数");
        double score;
        Scanner scanner = new Scanner(System.in);
        score = scanner.nextDouble( );
        if (score < 0 || score > 100) {
            System.out.println("输入有误！  ");
            System.exit(0);
        }
        switch ((int) score / 10) {
        case 9:
            System.out.println("等级 为  \'A\' ");
            break;
        case 8:
            System.out.println("等级 为  \'B\' ");
            break;
        case 7:
            System.out.println("等级 为  \'C\' ");
            break;
        case 6:
            System.out.println("等级 为  \'D\' ");
            break;
        default:
            System.out.println("等级 为  \'E\' ");
        }
    }
}
```

因为 switch 语句中表达式的类型不能是 double，所以在 switch 中不是直接使用 score，而是通过强制类型转换，将其转换为 int 型，然后除以 10(为了减少 case 的数量)，结果也是 int 型。与 case 中的字面值做比较，如果匹配 case 9，则说明输入的分数大于或等于 90 分，输出等级为'A'，依此类推。

前面我们提到过，break 语句是可选的。如果在输入代码时遗漏了 break 语句，编译器不会提示我们，但是运行程序时，可能得不到我们期望的结果。例如在上例中，如果 case 子句中没有 break 语句，如下所示：

```
switch ((int) score / 10) {
case 9:
    System.out.println("等级 为  \'A\' ");
case 8:
    System.out.println("等级 为  \'B\' ");
case 7:
```

```
        System.out.println("等级 为  \'C\' ");
    case 6:
        System.out.println("等级 为  \'D\' ");
    default:
        System.out.println("等级 为  \'E\' ");
    }
```

当运行程序时，如果输入分数为 89，将得到下面的结果：

```
请输入一个分数
89 ↙
等级 为  'B'
等级 为  'C'
等级 为  'D'
等级 为  'E'
```

很显然，这不是我们期望的结果。所以，在输入代码时，一定注意不要漏掉 break 语句。但是，在实际应用中，没有 break 语句的 case 仍然有许多应用场景。下面来看一个具体应用。

【案例 2-9】输入某个日期，格式为 YYYYMMDD，即 8 位数字，前 4 位表示年份，接着 2 位表示月份，后 2 位表示天。输出该日期是所在年的第几天。

在 ch02 工程中新建一个 Java 类 SwitchDemo2，输入如下代码：

```
import java.util.Scanner;
public class SwitchDemo2 {
    public static void main(String[] args) {
        System.out.println("请输入一个日期(YYYYMMDD)格式");
        Scanner scanner = new Scanner(System.in);
        String strDate = scanner.next( );
        int year,month,day,dday;
        year=Integer.parseInt(strDate.substring(0,4));
        month=Integer.parseInt(strDate.substring(4,6));
        day=Integer.parseInt(strDate.substring(6,8));
        boolean isLeap=false;
        if(year%4==0&&year%100!=0||year%400==0)
            isLeap=true;
        if(month>12||month<1){
            System.out.println("月份输入错误");
            System.exit(0);
        }
        dday=day;
        switch(month){
        case 12:
            dday+=30;
        case 11:
            dday+=31;
        case 10:
            dday+=30;
```

```
        case 9:
            dday+=31;
        case 8:
            dday+=31;
        case 7:
            dday+=30;
        case 6:
            dday+=31;
        case 5:
            dday+=30;
        case 4:
            dday+=31;
        case 3:
            dday+=isLeap?29:28;
        case 2:
            dday+=31;
        case 1:
        }
        System.out.println(year+"年"+month+"月"+day+"日是这一年的第"+dday+"天");
    }
}
```

本例中的 case 子句都没有 break 语句，switch 语句的表达式是 month，根据 month 的值增加 dday。例如，如果是 12 月的某一天，则需要添加 11 月份(30)天，因为没有 break 语句，所以继续添加 case 11 中 10 月份的天数(31)，然后是 case 10 中 9 月份的天数(30)，依此类推，直至 switch 语句结束。

与 if 语句可以嵌套一样，switch 语句也可以嵌套，因为 switch 语句定义有自己的代码块，所以内部 switch 语句中的 case 常量和外部 switch 语句中的 case 常量之间可以出现相同的值，彼此不会引起冲突。例如，下面的代码段是合法的：

```
switch(count) {
  case 1:
    switch(target) {   // 嵌套的 switch
      case 0:
        System.out.println("target is zero");
        break;
      case 1:          // 内层 switch 可以出现与外层 switch 相同的 case 标号
        System.out.println("target is one");
        break;
    }
    break;
  case 2: // ...
```

说明：

尽管从 JDK 7 开始，可以使用字符串控制 switch 语句。但是，根据字符串进行分支更加耗时。所以，如果可以的话，在 switch 语句中不要使用字符串。

2.4.2 循环结构

循环结构可以将某个语句块执行多次，直到遇到结束条件。Java 中有 3 种主要的循环结构：while 循环、do...while 循环、for 循环。

1. while 循环

while 循环是 Java 中最基础的循环。其语法格式如下：

```
while(condition) {
    // 循环体语句
}
```

condition 可以是任意的布尔表达式，只要表达式的值为 true，就会执行循环体语句；然后再次判断 condition 的值，如果为 true，就继续执行循环体语句；直至 condition 的值为 false 时，程序控制会转移到循环之后的下一行代码。如果循环体语句只有一条，可以省略大括号。

【案例 2-10】使用 while 循环，计算 1+2+3+...+100 的和。

在 ch02 工程中新建一个 Java 类 WhileDemo，输入如下代码：

```
public class WhileDemo {
    public static void main(String[] args) {
        int i=1,sum=0;
        while(i<=100){
            sum+=i;
            i++;
        }
        System.out.println("1~100 的和为  "+sum);
    }
}
```

程序输出结果如下：

```
1~100 的和为  5050
```

在循环中通过自增运算来改变循环变量 i 的值，当 i 增加到 101 时，条件表达式为 false，结束循环。

提示：

while 表达式的括号后面一定不要加分号(;)，如果加了分号，编译器不会报错，程序将认为循环体语句是一条空语句，从而进入无限循环。另外，循环体语句中一定要有能修改循环变量的操作，否则也会使程序无法退出循环。

上述循环体语句也可以合并为如下一条语句：

```
sum+=i++;
```

2. do...while 循环

在 while 循环中，如果控制 while 循环的条件表达式最初为 false，那么循环体就不会执行。然而，有时希望循环体至少执行一次，即使条件表达式最初为 false。do...while 循环就是这样的循环。do...while 循环的条件表达式位于循环的底部，所以循环体至少执行一次，这是 while 循环与 do...while 循环的重要区别。它的一般形式如下：

```
do {
  // 循环体语句
} while (condition);
```

do...while循环首先执行循环体，然后才对条件表达式进行判断。如果条件表达式为 true，就继续执行循环；否则终止循环。

使用 do...while 循环编写 1~100 累加求和的循环语句如下：

```
do {
  sum+=i++;
} while (i<=100);
```

提示：

do...while循环表达式的括号后面必须带有分号(;)，这是整个do...while循环的结束标志。

3. for 循环

for 循环是一种强大且非常灵活的循环。通常用在循环次数已经确定的场景中。传统 for 循环的一般形式如下：

```
for(initialization; condition; iteration) {
  // 循环体语句
}
```

执行过程如下：

(1) 当第一次开始循环时，执行循环的初始化部分 initialization。通常该部分用来初始化循环控制变量，循环控制变量作为控制循环的计数器。这部分只执行一次。

(2) 接下来，对 condition 进行求值。该部分必须是布尔表达式，通常是包含循环控制变量的一个关系表达式。如果这个关系表达式的值为 true，就执行循环体；如果值为 false，就终止循环。

(3) 循环体执行完以后，执行循环的迭代部分 iteration。该部分通常是一个递增或递减循环控制变量的表达式。

(4) 重新对 condition 表达式进行求值，回到步骤(2)。

使用 for 循环实现 1~100 累加求和的代码如下：

```
for(i=0;i<=100;i++) {
  sum+=i;
}
```

如果 for 循环的控制变量只用于控制循环，那么可以在 for 循环的初始化部分声明该变量。例如下面的程序段，在 for 循环初始化部分声明 int 型循环变量 n：

```
for(int n=10; n>0; n--)
    System.out.println("循环变量的值 " + n);
```

注意：

在 for 循环内部声明变量，当 for 循环结束时，变量的作用域也随之结束。在 for 循环之外，变量将不再存在。

for 循环是一个非常灵活的结构，主要体现在它的各个部分并非只能用于它们的原始目的。只要设计合理，它们可以用于我们所期望的任何其他目的，而且每个部分都可以省略。

例如，在初始化部分和迭代部分都可以包含多条语句，语句之间用逗号分隔。我们可以把初始化 sum 的代码也放在 for 循环中，如下所示：

```
for(i=1,sum=0;i<=100;i++) {
  sum+=i;
}
```

类似的，如果循环中有多个循环变量，迭代部分也可以包含多条语句。

当然，for 循环的各个部分也可以省略，例如下面的代码，将初始化语句放在了 for 循环的前面，将迭代部分的代码放在了循环体中，这两部分都是空语句：

```
i=0;
for(;i<=100;) {
  sum+=i++;
}
```

注意：

for 循环括号中的 3 部分都可以省略，但两个分号不能省略。

for 循环的循环体也可以为空语句，例如下面的代码把求和语句放到了迭代部分：

```
for(i=0;i<=100; sum+=i,i++) {
  ;
}
```

如果 for 循环的 3 个部分同时设置为空，如下所示：

```
for( ; ; ) {
  // ...
}
```

看上去，这是一个“无限循环”，因为不存在可以使循环终止的条件，这个循环会一直运行。下一节，我们将介绍一种终止循环的方式。即使是类似上面这样的“无限循环”，也是可以被终止的。

4. for 循环的 for-each 版本

从 JDK 5 开始，定义了 for 循环的第二种形式，这种形式实现了“for-each”风格的循环。现代语言理论已经接受 for-each 的概念，并且很快变成了程序员期待的一个标准特性。

for-each 风格的循环被设计为以严格的顺序方式、从头到尾循环遍历一个对象集合，例如数组。某些语言(例如 C#)通过使用关键字 foreach 来实现 for-each 循环，但 Java 则是通过增强 for 语句来实现 for-each 功能。这种方法的优点是不需要新的关键字，并且以前的代码不会被破坏。for-each 风格的 for 循环也被称为增强的 for 循环。

for 循环的 for-each 版本的一般形式如下：

```
for(type itr-var : collection) {
        statement-block;
}
```

在此，type 指定了类型，itr-var 指定了迭代变量的名称，迭代变量用于接收来自集合的元素，从开始到结束，每次接收一个。collection 指定了要遍历的集合。循环的每次迭代，都会检索出集合中的下一个元素，并存储在 itr-var 中，直到得到集合中的所有元素。

说明：

任何实现了 Iterable 接口的集合对象都可以使用 for 循环来遍历，包括本章后面要学习的数组，也可以使用 for 循环来遍历。

因为迭代变量接收来自集合的值，所以迭代变量的类型必须和集合中保存的元素的类型相同(或兼容)。下面来看一个简单的示例。

【案例 2-11】使用 for 循环遍历集合元素。

在 ch02 工程中新建一个 Java 类 ForEach，输入如下代码：

```
import java.util.List;
import java.util.ArrayList;
public class ForEach {
    public static void main(String[] args) {
        List<Integer> list=new ArrayList<Integer>( );
        for(int i=1;i<=5;i++)
            list.add(i*i);
        for(int item : list)
            System.out.println(item);
    }
}
```

上述代码中用到了两个集合类 List 和 ArrayList，有关集合类的使用将在本书第 5 章介绍。这里只要理解 for 循环可以遍历集合对象即可，程序的运行结果如下：

```
1
4
9
16
25
```

5. 循环的嵌套

与所有其他编程语言一样，Java 也允许循环的嵌套。也就是说，一个循环的循环体语句还可以包含另一个循环。例如，下面是一个嵌套的 for 循环，该循环的功能是输出九九乘法表：

```
for(int i=1;i<=9;i++){
    for(int j=1;j<=i;j++){
        System.out.print(j+"*"+i+"="+i*j+" ");
    }
    System.out.println( );
}
```

2.4.3　跳转语句

Java 支持 3 种跳转语句：break 语句、continue 语句和 return 语句。这些语句将控制转移到程序的其他部分。

1. break 语句

前面我们学习 switch 语句时，就使用过 break 语句。它可以跳出 switch 结构，接下来将学习使用 break 语句退出循环。

使用 break 语句可以强制程序立即终止循环，绕过条件表达式和循环体中剩余的所有语句。例如，计算 1~100 的和，如果缺少 for 语句的 3 个部分，可以使用 break 语句在循环体中终止循环，代码如下：

```
int i=1,sum=0;
for(;;) {
 if(i > 100)
  break;
 sum+=i++;
```

上述代码段在循环体中使用了if语句，如果if条件成立，则执行break语句，终止循环。

关于 break 语句，需要牢记以下两点：

- 在嵌套的循环中如果使用 break 语句，那么 break 语句只中断当前层的循环。
- 如果循环体内有 switch 结构，那么 switch 语句中的 break 语句只会影响该 switch 语句，不会结束任何外层循环。

2. continue 语句

continue 语句只能出现在循环控制结构中，其作用是让程序立刻终止本次循环，跳过循环体的剩余语句，进行下一次循环的迭代。

- 在 for 循环中，continue 语句使程序立即跳转到 for 语句的迭代部分。
- 在 while 或 do…while 循环中，程序立即跳转到控制循环的布尔表达式。

【案例 2-12】使用 continue 语句，计算 100 以内的偶数和，即 2+4+6+...+100 的和。

在 ch02 工程中新建一个 Java 类 ContinueDemo，输入如下代码：

```
public class ContinueDemo {
    public static void main(String[] args) {
```

```
        int sum=0;
        for(int i=1;i<=100;i++){
            if(i%2==1)
                continue;
            sum+=i;
        }
        System.out.println("100 以内的偶数和为  " +sum);
    }
}
```

程序运行结果如下：

```
100 以内的偶数和为  2550
```

在上述程序中，使用 if (i%2 == 1) 检查 i 是否为奇数。如果是奇数，则执行 continue 语句，跳过后面的 sum+=i，然后进入下一次循环。

3. return 语句

最后一种跳转语句是 return，return 语句表示要显式地从方法返回，该语句导致程序的执行控制转移给方法的调用者。因此，我们将它归类到跳转语句。该语句的用法将在第 3 章学习方法时详细介绍。

2.5　数组

前面我们学习了如何声明变量和在变量中存储数据。每个变量都只能存储一个数据项，如果需要存储大量的数据项，例如，如果需要读取 100 个数，那么就需要定义 100 个变量，这显然是难以接受的方案。为此，人们设计出了更好的解决方案——数组。

数组对于一门编程语言来说重要的数据结构之一，不同语言对数组的实现及处理也不尽相同。Java 语言提供的数组用来存储固定大小的同类型元素。前面说的读取 100 个数的程序就可以声明一个可存储 100 个元素的数组变量，例如用 numbers[100]来代替直接声明 100 个独立变量 number0、number1、....、number99。

2.5.1　创建数组

数组是多个相同类型数据的组合，数组中的每一个数据也叫数组的一个元素。可以创建任意类型的数组，并且数组可以是一维或多维的。一维数组本质上是一连串类型相同的变量。

数组的创建可分为两个步骤：

(1) 声明数组变量。

(2) 为数组元素分配存储空间。

声明一维数组变量的一般形式有如下两种：

```
type var-name[];
```

```
type [] var-name;
```

其中，type 声明了数组的元素类型(也称为基本类型)，元素类型决定了构成数组的每个元素的类型；var-name 是任意合法的标识符。

说明：

建议使用 type[] var-name 的声明风格来声明数组变量。type var-name[]风格来自 C/C++语言，在 Java 中采用是为了让 C/C++程序员能够快速理解 Java 语言。

声明数组变量与声明简单变量非常类似，只是在数组变量声明时多了一对方括号。例如，下面的语句声明了一个整型数组变量 array：

```
int[] array;
```

与声明普通变量类似，也可以同时声明多个同类型的数组变量。下面的语句声明了 3 个整型数组，分别为 arr1、arr2 和 arr3：

```
int[] arr1,arr2,arr3;
```

而如果使用另一种形式，则需要在每个数组名的后面都加方括号，等价的语句如下：

```
int arr1[], arr2[],arr3[];
```

上面的语句只是声明了数组变量，它与一系列 int 类型的值相关。但是，存储这些 int 类型值的存储空间还没有被分配。为数组元素分配存储空间是创建数组的第二步。

为了给数组的所有元素分配足够的存储空间，必须使用 new 运算符分配一个数组，并将之赋给前面声明的数组变量。new 是一个用于分配内存的特殊运算符，第 3 章将详细介绍其用法。使用 new 运算符为一维数组分配存储空间的一般形式如下：

```
array-var = new type [size];
```

其中，type 指定了将要分配的数据的类型，size 指定了数组的大小，即数组中元素的个数。array-var 是链接到数组的数组变量。通过 new 运算符分配的数组，其元素会被自动初始化为 0(对于数值类型)、false(对于布尔类型)或 null(对于引用类型，引用类型将在后面的章节中描述)。

例如，如果我们要将 array 指向一个包含 10 个整数的数组，可以使用下面的语句：

```
array = new int[10];
```

注意：

数组大小一旦确定后，就不能再更改，所以一定要确保创建的数组能够满足需要。

创建数组的两个步骤(声明并且为数组元素分配内存空间)也可以合并为一步，如下所示：

```
int[] array = new int[10];
```

2.5.2　访问数组元素

一旦创建好数组，数组中的元素就可以像 Java 中其他类型的变量一样使用。可以通过在方括号中指定索引的方法来访问数组中的特定元素。需要注意的是：数组元素的索引从 0 开始，到数组大小值减 1，如前面的 array 数组的 10 个元素为 array[0]、array[1]、...array[9]。

通常，可以使用 for 循环来初始化数组元素的值，使用增强的 for 循环来遍历数组的每个元素。

【案例 2-13】 创建和访问数组元素。

在 ch02 工程中新建一个 Java 类 ArrayDemo，输入如下代码：

```
import java.util.Random;
public class ArrayDemo {
    public static void main(String[] args) {
        int[] array= new int[5];
        for(int i=0;i<array.length;i++){
            Random rd=new Random( );
            array[i]=rd.nextInt(100);
        }
        for(int item:array){
            System.out.println(item);
        }
    }
}
```

程序运行结果如下：

```
94
52
23
86
22
```

本例创建了一个含有 5 个 int 类型元素的数组，通过 for 循环为数组元素赋值，循环次数通过数组变量的 length 属性获得，元素的值为一个 100 以内的随机数，然后使用增强的 for 循环输出数组中的所有元素。

说明：

Random 类是一个用于产生随机数的工具类，该类位于 java.util 包中。

2.5.3　数组的静态初始化

声明数组、分配存储空间、为数组元素赋值，这些操作也可以全部在声明数组时完成，就像声明简单类型变量的同时进行初始化一样。数组初始化器是一个位于大括号中由逗号分隔的表达式列表。逗号用来分隔每个数组元素的值。Java 会根据初始化器中的值，自动创建足够大的数组，以容纳所有数组元素。例如，下面的代码创建了一个已初始化的 double 型数组：

```
double[] nums = {10.1, 11.2, 12.3, 13.4, 14.5};
```

此时，不需要 new 运算符，等号右边相当于产生了一个数组对象，该数组有 5 个浮点型元素，数组变量 numbs 的长度为 5，5 个元素的值分别为 nums[0]=10.1、nums[1]=11.2、nums[2]=12.3、nums[3]=13.4、nums[4]=14.5。也可以使用 new 运算符，例如下面的形式：

```
double[] nums = new double[]{10.1, 11.2, 12.3, 13.4, 14.5};
```

无论使用哪种形式定义数组，都不能指定其长度，下面的语句会产生编译错误：

```
int a[4];
```

2.5.4　多维数组

在 Java 中，多维数组实际上是数组的数组。例如，二维数组可以看成特殊的一维数组，其中每一个元素都是一个一维数组。例如，下面是声明了一个名为 twoDim 的二维数组的两种形式：

```
int[][] twoDim = new int[4][5];
int twoDim[][] = new int[4][5];
```

这条语句分配了一个 4×5 的数组，并将之赋给 twoDim。在内部，这个矩阵是作为 int 数组的数组实现的。从概念上讲，这个数组看起来如图 2-2 所示。

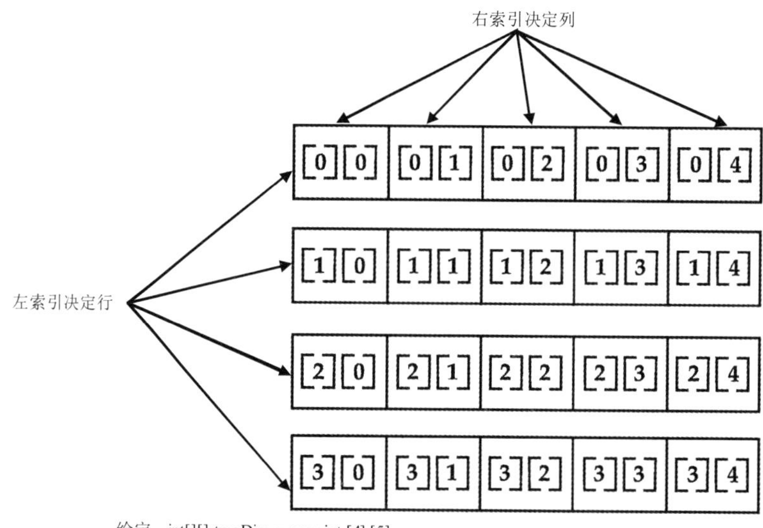

图 2-2　4×5 二维数组的概念视图

如前所述，既然多维数组实际上是数组的数组，那么我们可以为每一维分配不同数量的元素，比如二维数组就可以不是规则矩阵的形式。例如，下面程序创建的二维数组，其中第二维的长度就是不同的。

【案例 2-14】创建不规则的二维数组。

在 ch02 工程中新建一个 Java 类 ArrayDemo2，输入如下代码：

```
public class ArrayDemo2 {
    public static void main(String[] args) {
```

```
        int twoDim2[][] = new int[4][];
        twoDim2[0] = new int[1];
        twoDim2[1] = new int[2];
        twoDim2[2] = new int[3];
        twoDim2[3] = new int[4];
        int i, j, k = 0;
        for (i = 0; i < 4; i++)
            for (j = 0; j < i + 1; j++) {
                twoDim2[i][j] = k++;
            }
        for (i = 0; i < 4; i++) {
            for (j = 0; j < i + 1; j++)
                System.out.print(twoDim2[i][j] + " ");
            System.out.println( );
        }
    }
}
```

程序的运行结果如下：

```
0
1 2
3 4 5
6 7 8 9
```

这个二维数组如图 2-3 所示。

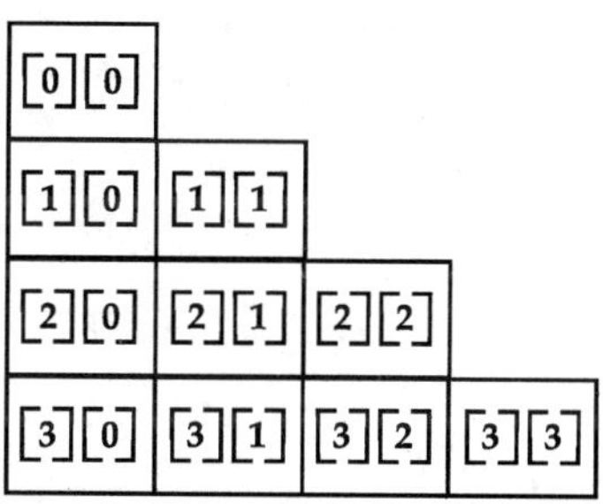

图 2-3　不规则的二维数组

与一维数组的静态初始化一样，多维数组也可以在声明时给出各元素的初值，只需在一连串的大括号中包含每一维的初始化器。例如，下面的数组初始化值与案例 2-14 为数组元素赋值后的值等价：

```
int[][] twoDim2 ={{0},{1,2},{3,4,5},{6,7,8,9}};
```

除了二维数组，还可以创建三维、四维等多维数组。例如，下面的语句定义了一个三维数组：

```
int[][][] b = {{{1,2,3},{1,2,3}},{{3,4,1},{2,3,4}}};
```

2.6　本章小结

本章全面讲述了 Java 语言的基本语法。首先，从 Java 程序的基本元素讲起，介绍了 Java 标识符和关键字等基本组成。接下来，讲述了变量及其作用域，包括基本数据类型、变量的声明与使用等内容。后面的运算符和表达式是程序语句的基础，详细介绍了 Java 的所有运算符的运算规则和注意事项，以及运算符的优先级。然后重点介绍了 Java 的流程控制，包括选择结构、循环结构以及跳转语句，这是程序设计的几个核心流程。最后，简要介绍了 Java 中的数组，包括创建数组、访问数组元素、数组的初始化以及多维数组等内容。

2.7　思考和练习

1. 简述 Java 标识符的命名规则。
2. 什么是变量？请声明一个整型变量。
3. 如何将 float 类型的数据转换为 int 类型？
4. 自增和自减运算的两种形式有何区别？
5. 下列的(　　)不是合法的标识符？

   A. $million　　B. $_million　　C. 2$_million　　D. $2_million
6. 表达式 1+2+ "aa"+3 的值是(　　)。

   A. "12aa3"　　B. "3aa3 "　　C. "12aa"　　D. "aa3"
7. 下列说法中，不正确的是(　　)。

   A. switch 语句的功能可以由 if…else if 语句来实现

   B. 若用于比较的数据类型为 double 型，则不可以用 switch 语句来实现

   C. switch 语句必须有 default 子句，并且 default 子句位于所有 case 子句的后面

   D. case 子句中可以有多条语句，并且不需要用大括号{}括起来
8. 表达式 5&2 的值为_______。
9. 下列循环体执行的次数是(　　)。

```
int x=10, y=30;
do{ y -= x;  x++; }
while(x++<y--);
```

   A. 1　　B. 2　　C. 3　　D. 4
10. continue 语句必须用于 _________语句中。
11. 在 for 循环语句中可以声明变量，其作用域是___________。
12. 编写程序，打印九九乘法表。
13. 编写程序找出所有水仙花数并输出，水仙花数是一个三位数，它的各位数字的立方和等于这个三位数本身，如 $371=3^3+7^3+1^3$，371 就是一个水仙花数。

第3章　面向对象程序设计基础

面向对象编程是目前主流的一种编程思想，Java 是一种面向对象的编程语言。本章将从面向对象编程的基本思想讲起，详细介绍面向对象程序设计的基础知识，包括类的定义、对象的创建与使用、修饰符的使用方法与限制、继承与多态以及内部类等内容。本章内容是面向对象编程的基础，知识点比较多，理解并掌握这些基础知识对于今后的编程有重要意义。

本章学习目标：

- 理解面向对象编程思想
- 掌握类的定义与实例化
- 理解方法重载的意义
- 掌握 Java 修饰符的含义与用法
- 理解面向对象中的继承与多态
- 了解 Object 类的作用和常用方法
- 掌握内部类的创建与使用

3.1　面向对象编程概述

面向对象编程(OOP，Object Oriented Programming)是一种把面向对象的思想应用于软件开发过程中，指导开发活动的系统方法，是建立在“对象”概念基础上的方法学。

3.1.1　什么是面向对象

自 20 世纪 90 年代以来，面向对象技术的发展越来越受关注，本书第 1 章就提到过 Java 是一种面向对象的编程语言。下面就详细讲一下什么是面向对象。

1. 面向过程

要想深入了解面向对象，不得不先提一下面向过程。面向过程(Procedure Oriented)是一种以过程为中心的编程思想。它是最为实际的一种思考方式，就算是面向对象的方法也含有面向过程的思想。可以说面向过程是一种基础的方法，它考虑的是实际地实现。

一般的面向过程是从上往下逐步求精，所以面向过程最重要的是模块化的思想方法。当程序规模不是很大时，面向过程的方法还会体现出一种优势。因为程序的流程很清楚，按着模块与函数的方法可以得到很好的组织。典型的面向过程编程语言是 C 语言。

2. 面向对象

面向对象是基于对象概念，以对象为中心，以类和继承为构造机制，进而认识、理解、刻画客观世界的编程思想。

对比面向过程，面向对象的方法主要是把现实世界中的事物对象化，在面向对象思想中，一切皆对象。

面向对象编程中两个最基本的概念就是对象和类：

- 对象：对象就是要研究的任何事物。现实世界中的一切都可看作对象，它不仅能表示有形的实体，也能表示无形的(抽象的)规则、计划或事件。对象由数据(描述事物的属性)和作用于数据的操作(体现事物的行为)构成一个独立整体。例如，名为张三的学生就是一个对象，他有姓名、电话、地址等属性，其行为有吃饭、上课、睡觉等。
- 类：类是对象的模板。对相同类型的对象进行分类、抽象后，得出共同的特征就形成了类。一个类所包含的方法和数据描述了一组对象的共同属性和行为。类是在对象之上的抽象，对象则是类的具体化，是类的实例。例如，所有的学生可以抽象为一个类，而张三则是该类的一个实例。

面向对象编程就是定义我们抽象出来的这些类。类定义好之后将作为数据类型用于创建类的对象。程序的执行表现为一组对象之间的交互通信。对象之间通过公共接口进行通信，从而完成系统功能。

3. 抽象

面向对象编程的本质元素之一就是抽象(abstraction)。人们通过抽象管理复杂性。例如，人们不会将一辆汽车想象成一系列相互独立的部分，而是将它想象成一个定义良好的具有自己独特行为的对象。通过这种抽象人们可以驾驶汽车到商场购物，而不会因为汽车零部件的复杂性而不知所措。人们可以忽略引擎、传动以及刹车系统的工作细节，而作为一个整体使用这个对象。

使用层次化分类是管理抽象的一种强有力方式。这种方式允许对复杂系统的语义进行分层，将它们分解为多个更易于管理的部分。从外部看，汽车是单个对象。而从内部看，汽车是由几个子系统构成的：驾驶系统、制动系统、音响系统、安全带，等等。如果继续细分，每个子系统又由更多特定的单元组成。

面向对象的概念形成了 Java 的核心，就如同它们形成了人类理解事物的基础一样。理解这些概念是如何被迁移到程序中的非常重要。面向对象编程是一种强大且自然的范式，所有比较大的软件项目都要经历如下生命周期：概念提出、成长和衰老。例如，如果具有定义良好的对象，并且这些对象的接口清晰可靠，那么就可以孤立地废除或替换旧系统的某些部分，而不会影响其他功能。

3.1.2 面向对象编程的主要特征

面向对象编程的 3 大特征是封装、继承和多态。

1. 封装

封装(encapsulation)是将代码及其操作的数据绑定到一起的机制，并且保证代码和数据既不会受到外部干扰，也不会被误用。理解封装的一种方法是将它想象成一个保护性的包装盒，可以阻止在盒子外部定义的代码随意访问内部的代码和数据。对盒子内代码和数据的访问是通过精心定义的接口严格控制的。例如，汽车上的自动传动装置，其中封装了引擎的数百位信息，包括当前的加速度、路面的坡度以及目前的挡位等。而作为用户，只有一个方法可以影响这个复杂的封装：换挡。因此，换挡就是一个定义良好的传动系统接口。

封装代码的优点是每个人都知道如何访问，因此可以随意访问而不必考虑实现细节，也不必担心会带来意外的负面影响。在 Java 中，封装的基础是类。类(class)定义了一组对象共享的结构和行为(数据和代码)。给定类的每个对象都包含该类定义的结构和行为。因此，类是一种逻辑结构，而对象是物理实体。

2. 继承

继承(inheritance)是子类自动共享父类之间数据和方法的机制，由类的派生功能体现。继承具有传递性。一个类直接继承其他类的全部描述，同时可修改和扩充。被继承的类称为基类或父类，新类称为派生类或子类。

继承分为单继承(一个子类只有一父类)和多重继承(一个类有多个父类)，在Java中支持单继承。例如，学生和教师是不同的分类，但他们具有共同的属性：姓名、电话、地址等。所以，我们可以定义一个人类Person，该类具有所有人都具有的属性(姓名、电话、地址等)和行为(吃饭、睡觉等)；然后，从该类派生出学生类Student和教师类Teacher。Student和Teacher类都将继承Person类的所有属性和行为，同时还可以定义自己特有的属性和行为。

继承使面向对象程序的复杂性呈线性增长而非几何性增长。

3. 多态

多态(polymorphism，来自希腊语，表示“多种形态”)是允许将一个接口用于一类通用动作的特性。具体使用哪个动作与应用场合有关。利用多态性，用户可发送一条通用的消息，而将所有的实现细节都留给接受消息的对象自行决定。

多态的概念经常被表达为“一个接口，多种方法”。这意味着可以为一组相关的动作设计一个通用接口。多态允许使用相同的接口指定通用类动作(general class of action)，从而有助于降低复杂性。选择应用于每种情形的特定动作(即方法)是编译器的任务，程序员不需要手动进行选择，只需要记住并使用通用接口即可。

多态性的实现受到继承性的支持，利用类继承的层次关系，把具有通用功能的协议存放在类层次中尽可能高的地方，而将实现这一功能的不同方法置于较低层次。这样，在这些低层次上生成的对象就能给通用消息以不同的响应。在 OOP 中，可通过在派生类中重定义基类函数(定义为重载函数或虚函数)来实现多态性。

4. 多态、封装与继承协同工作

如果应用得当，由多态、封装和继承联合组成的编程环境与面向过程模型环境相比，能支持开发更健壮、扩展性更好的程序。精心设计的类层次结构是重用代码的基础，在这个过程中，需要投入时间和精力进行开发和测试。通过多态可以创建出清晰、易懂、可读和灵活的代码。通过应用面向对象原则，可以将复杂系统的各个部分组合到一起，形成健壮、可维护的整体。

在面对对象方法中，类和继承是适应人们一般思维方式的描述范式。方法是允许作用于该类对象上的各种操作。这种对象、类、消息和方法的程序设计范式的基本点在于对象的封装性和类的继承性。通过封装能将对象的定义和对象的实现分开，通过继承能体现类与类之间的关系，以及由此带来的动态联编和实体的多态性，从而构成面向对象的基本特征。

3.2　类与对象

类在 Java 中处于核心地位。类定义了对象的行为和属性，它是一种逻辑结构，整个 Java 语言都是基于类而构建的。在 Java 程序中实现的任何功能，都必须被封装到类中。

本节将详细介绍类的基本元素，如何定义类以及如何使用类来创建对象等内容。

3.2.1　类的定义

从本书的一开始就已经用到了类。前面几章创建的类，它们的主要目的都是封装 main( ) 方法，以演示 Java 的基本语法。类的更强大功能是它定义了一种新的数据类型。一旦定义一个类，就可以使用这种新的类型创建该类型的对象。因此，类是对象的模板，对象是类的实例。

说明：

因为对象是类的实例，所以经常会看到交换使用“对象”和“实例”这两个词。

1. 类的声明

类通过 class 关键字来声明，语法格式如下：

```
[public][abstract | final] class <class_name> [extends <supperClass>][implements <interface_name>]{
        // 类的主体
}
```

其中，各部分的含义说明如下：

- public 是访问修饰符，如果由 public 修饰，则表示可以被其他类或程序访问，每个 Java 程序的主类都必须是 public 的。一个.java 源文件中只能有一个 public 类，且该类的类名与文件名相同。
- abstract | final 是类修饰符，这两个修饰符最多使用一个，如果使用 abstract，则该类为抽象类，抽象类不能被实例化；如果使用 final，则该类不允许被继承，即不能作为其他类的父类。
- <class_name>是类的名称，类名要求是合法的标识符，建议采用“驼峰”命名方式。
- 在 extends <supperClass>中，extends 是关键字，用来表明该类是<supperClass>派生

的子类。如果没有指明父类，则表示该类是 Object 类的直接子类。

- implements <interface_name>为该类实现的接口，一个类可以实现一个或多个接口。如果有多个接口，接口名之间用逗号分隔。

在类的主体部分可以包含成员变量、成员方法、构造函数等内容，下面分别介绍。

2. 成员变量

类的成员变量通常表示类的属性，成员变量也称为实例变量。当类被实例化为对象时，每个对象都有自己的属性信息。定义成员变量与前面学习的声明普通变量类似，只是成员变量的类型前面可以添加访问修饰符和修饰符，其一般格式如下：

```
[访问修饰符][修饰符]type var-name;
```

其中，type 是成员变量的数据类型，可以是 Java 中的任何数据类型，包括简单数据类型、数组、类和接口等；var-name 是变量名，在一个类中，成员变量应该是唯一的；[访问修饰符]可以是 public、private 和 protected，[修饰符]可以是 static、final、transient 和 volatile。这些修饰符的含义将在后面的小节中详细介绍。

【案例 3-1】新建人类 Person，添加成员变量 name(姓名)、gender(性别)和 age(年龄)。

启动 Eclipse，关闭 ch02 工程，新建一个 Java 工程 ch03，在该工程中新建一个 Java 类 Person，输入如下代码：

```
public class Person {
    String name;
    String gender;
    int age;
}
```

这样一个简单的类就完成了，当然，这个类还没什么用，接下来我们会继续向其中添加更多的内容。

3. 成员方法

类的成员方法定义了类的行为，一般用于对类的成员变量进行操作。定义成员方法的一般格式如下：

```
[访问修饰符][修饰符]type methodname(parameter-list){
    method-body;
}
```

其中，type是成员方法的返回值类型，其类型可以是Java中的任何数据类型；methodname是方法名，可以是任何一个合法的标识符，方法名最好做到见名知义，以增强程序的可读性；parameter-list是方法的参数列表，参数的类型可以是简单数据类型，也可以是引用数据类型(数组类型、类和接口)；[访问修饰符]与成员变量的访问修饰符一样；[修饰符]可以是static、final、abstract、synchronized和native。

【案例 3-2】在 Person 类中添加一个打印个人信息的方法 printInfo( )。

打开 Person 类，在成员变量的后面添加如下代码：

```
    public void printInfo(){
        System.out.println("姓名："+name+"  性别："+gender+"  年龄："+age);
    }
```

为了演示 Person 类的成员变量和方法，我们在工程 ch03 中新建一个测试类 Test，在 Test 类中添加 main( )方法，然后编写如下测试程序：

```
public class Test {
    public static void main(String[] args){
        Person p=new Person();
        p.name="赵智堃";
        p.gender="男";
        p.age=1;
        p.printInfo();
    }
}
```

程序的运行结果如下：

```
姓名：赵智堃  性别：男    年龄：1
```

在测试程序中，使用 new 运算符创建了一个 Person 类的实例，下一节将详细介绍如何创建对象。

3.2.2　创建对象

创建一个类，就是创建了一种新的数据类型。可以使用这个类来声明该类型的对象。创建该类的对象与创建数组类似：首先，必须声明类类型的一个变量，这个变量没有定义对象，它只是一个引用对象的变量；然后，使用 new 运算符动态地(在运行时)为对象分配存储空间，并返回指向对象的引用，然后将这个引用存储在变量中。

在上面的示例程序中，使用类似下面的一行代码声明 Person 类型的对象：

```
Person p=new Person();
```

也可以将上述语句分成两条语句，以便更清晰地展示每个步骤：

```
Person p;             // 声明变量
p= new Person();      // 分配存储空间
```

第一行代码将 p 声明为对 Person 类型对象的引用。执行这行代码后，p 不指向实际的对象。第二行代码则分配实际的对象，并将对该对象的引用赋给变量 p。执行第二行代码后，就可以使用变量 p 了，就好像它是一个 Person 对象。但实际上，p 只是保存了实际 Person 对象的内存地址。

new 运算符后面带有圆括号的类名表示类的构造函数。构造函数定义了当创建类的对象时发生的操作。构造函数是所有类的重要组成部分，并且具有许多重要的特性。大多数真实的类，都会在它们的类定义中显式地定义自己的构造函数。如果没有显式指定构造函数，那么 Java 会自动提供默认构造函数。本例中我们使用的是默认构造函数。稍后我们会介绍如何定义自己的构造函数。

说明：

为什么不需要为整数或布尔型使用new运算符呢？答案是Java的基本类型不是作为对象实现的，而是作为“常规”变量实现的。这样做的目的是提高效率。对象拥有许多特征和属性，为对象应用的开销与为基本类型应用的开销不同，因此 Java 可以更高效地实现基本类型。

3.2.3　方法的返回值与参数

方法也可以具有返回值，上面的 printInfo( )方法的返回类型为 void，表示没有返回值。该方法会输出某个人的基本信息，但是，有的时候我们可能是想获取这些基本信息，而不是输出信息。这时，就可以提供一个获取信息的方法，向调用者返回。相应的方法定义如下：

```
public String getInfo(){
    return  "姓名："+name+"  性别："+gender+"  年龄："+age;
}
```

虽然有些方法不需要参数，但是大多数方法都带有参数。参数可以使方法更加通用。在上面的例子中，Person 对象的每个属性都使用一系列的赋值语句来设置，例如：

```
p.name="赵智堃";
p.gender="男";
p.age=1;
```

如果有多个对象，那么每个对象都需要 3 条这样的语句。这显得非常笨拙并且容易出错，而且设计良好的 Java 程序，应当只通过类的方法来访问类的实例变量。因此，可以创建一个方法用来设置 Person 对象的属性信息，该方法的参数为 Person 对象的姓名、性别和年龄，并相应地设置每个实例变量。该方法的完整代码如下：

```
public void setInfo(String name,String gender,int age){
    this.name=name;
    this.gender=gender;
    this.age=age;
}
```

此时，可以修改测试程序，通过调用 setInfo( )方法设置对象的属性值，然后通过 getInfo( )方法获取 Person 对象的基本信息，代码如下：

```
public static void main(String[] args){
    Person p=new Person();
    p.setInfo("赵智堃", "男", 1);
    String info=p.getInfo();
    System.out.println(info);
}
```

方法的调用形式为“对象名.方法名(参数列表)”。如果是有返回值的方法，可以将其放到赋值语句的右侧，比如上面调用 getInfo( )方法，左侧是变量 info，该变量将接收 getInfo( )方法返回的值。

注意：
方法返回值的类型必须和方法指定的返回类型兼容，用于接收方法返回值的变量，也必须和方法指定的返回类型兼容。

事实上，上面的程序还可以采用更加高效的方式进行改写，因为此处实际上不需要 info 变量。对 getInfo( )方法的调用可以直接用于 println( )语句，如下所示：

```
System.out.println(p.getInfo());
```

如果方法需要传递参数，在调用方法时，需要根据方法定义中所列参数列表，传递相应的参数。比如上面的 setInfo( )方法，在方法定义时指定了三个参数(在方法名后面的括号中)：String name、String gender、int age。这种在方法定义中声明的，当调用方法时用于接收数值的变量称为形式参数，简称形参；与形参对应的是实参(实际参数)，是指在调用时传递给方法的参数，实参可以是常量、变量、表达式、函数等。无论实参是何种类型的形式，在进行方法调用时，它们都必须具有确定的值，以便把这些值传送给形参。

在上面的方法调用语句“p.setInfo("赵智堃", "男", 1);”中，3 个实参分别为"赵智堃"、"男"和 1，它们的值将分别传递给形参 name、gender 和 age。

综上所述，形参和实参的区别主要有如下几点：

(1) 形参出现在方法定义中，在整个方法体内都可以使用，离开该方法则不能使用。而实参出现在主调方法中，进入被调方法后，实参变量也不能使用。

(2) 形参和实参的功能是进行数据传送。发生方法调用时，主调方把实参的值传送给被调方法的形参，从而实现主调方法向被调方法的数据传送。

(3) 形参变量只有在被调用时才分配内存单元，在调用结束时，即刻释放所分配的内存单元。因此，形参只在方法内部有效。

(4) 实参可以是常量、变量、表达式、方法调用等，无论实参是何种类型的形式，在进行方法调用时，它们都必须具有确定的值，以便把这些值传送给形参。

(5) 实参和形参的数量、类型、顺序应严格一致，否则会产生“类型不匹配”错误。

(6) 方法调用时发生的数据传送是单向的(数组作为参数除外)。即只能把实参的值传送给形参，而不能把形参的值反向地传送给实参。因此，在方法调用过程中，形参的值发生改变，而实参中的值不会变化。如果参数传递的是数组对象的引用，那么对数组元素的修改，会传递给实参中的原始数组。

3.2.4　this 关键字

有时，方法需要引用调用它的对象。为了能够进行这种操作，Java 定义了 this 关键字。可以在任何方法中使用 this 引用当前对象。也就是说，this 总是引用调用方法的对象。可以在允许使用当前类对象引用的任何地方使用 this。

对于在类的内部访问实例变量和方法来说，this引用是非常有意义的，即使它们的名称被局部变量声明所隐藏，利用this引用也能够访问它们。

在 Java 中，在同一个或所包含的作用域内声明两个同名的变量是非法的。但是有一个例外——局部变量，包括方法的形参，可以和类的实例变量重名。当局部变量和实例变量具有相同的名称时，局部变量隐藏了实例变量。例如，前面的 setInfo( )方法的形参名称与实例变量名称一样。实例变量具有类作用域，因此它们在类的任何方法中都是可访问的。但在 setInfo( )方法中无法使用名称 name、gender 和 age 来访问实例变量。取而代之的是使用 this.name、this.gender 和 this.age 来访问实例变量。

3.2.5　构造函数

每次创建一个类的实例时，都要去初始化它的所有成员变量是乏味而枯燥的。如果一个对象在被创建时就完成了所有的初始化工作，将会很简洁。因此，Java 在类中提供了一个特殊的成员方法——构造函数。当根据类创建对象时，Java 会自动调用该类的构造函数。构造函数中主要包含一些用于初始化工作的代码，这些代码可以对类的成员变量进行初始化工作。

构造函数是一种特殊的方法，它看起来有些奇怪，因为它没有返回类型，也不返回 void 类型，而且它的名称必须与类的名称相同，这是因为一个类的构造函数的返回值类型就是类本身。另外，构造函数一般不能由编程人员显式地直接调用。

仍以 Person 类为例，我们可以通过构造函数来替代 setInfo( )方法，这样创建 Person 对象时就完成了成员变量的初始化工作。构造函数也可以带参数，本例中我们的构造函数带 3 个参数，分别用于初始化 3 个成员变量，代码如下：

```
public Person(String name,String gender,int age){
      this.name=name;
      this.gender=gender;
      this.age=age;
}
```

定义好构造函数后，测试程序中创建 Person 对象的语句行将出现编译错误，提示构造函数 Person( )未定义。这是因为，我们已经显式地为 Person 类定义了带参数的构造函数，所以系统不会再提供默认的构造函数，我们需要修改测试程序，使用新的构造函数来创建 Person 对象，代码如下：

```
public class Test {
      public static void main(String[] args){
            Person p=new Person("赵智堃", "男 ", 1);
            System.out.println(p.getInfo());
      }
}
```

说明：

默认的构造函数自动地将所有实例变量初始化为其默认值。对于数值类型、引用类型和 boolean 类型，默认值分别是 0、null 和 false。对于简单类，默认的构造函数通常是足够的，但是对于更加复杂的类，默认的构造函数通常不能满足需要。

3.2.6　方法重载

与 C++一样，Java 也支持方法重载。方法重载就是在一个类的定义中有多个名称相同的成员方法，但每个方法的参数类型、参数的个数、返回值类型可以不同，即类对自身已有的同名方法的重新定义。

方法重载是 Java 支持多态性的方式之一。当调用一个重载方法时，JVM 会自动分析当前调用中的参数类型和参数个数，然后在类中找到并执行参数类型和参数个数与调用相匹配的方法，即 JVM 是根据参数的类型和个数来区分应该调用哪一个方法的。因此，重载的方法在参数的类型和数量方面必须有所区别。虽然重载的方法可以返回不同的类型，但是单靠返回类型不足以区分方法的多个版本。

我们使用最多的输出语句 System.out.println( )中的 println( )方法就有多个版本的重载，它可以接受几乎任意类型的参数，输出参数对应的字符形式。

1. 成员方法的重载

【案例 3-3】利用方法重载，编写一个方法，根据参数的不同，输出不同内容。

在 ch03 工程中新建一个 Java 类 SayHello，在其中添加名为 Hello( )的方法。该方法可以接收多种类型的参数，根据不同的参数将输出不同的内容，完整的代码如下：

```
public class SayHello {
    public void Hello(){
        System.out.println("Hello World");
    }
    public void Hello(String name){
        System.out.println("Hello "+name+"  欢迎使用 Java 程序设计案例教程");
    }
    public void Hello(String name,int i){
        System.out.println("Hello "+name+"  你的幸运数字是  " +i);
    }
    public static void main(String[] args) {
        SayHello obj=new SayHello();
        obj.Hello();
        obj.Hello("李知诺");
        obj.Hello("邱淑娅", 3);
    }
}
```

程序的运行结果如下：

```
Hello World
Hello  李知诺  欢迎使用 Java 程序设计案例教程
Hello  邱淑娅  你的幸运数字是  3
```

在本例中，方法Hello( )被重载了 3 次，调用重载的方法时，JVM会根据实参的类型和个数查找匹配的方法。

2. 构造函数的重载

构造函数作为一种特殊的方法，也可以进行重载。在一个类中，如果有重载的构造函数，当用户使用 new 关键字创建对象时，JVM 也会自动根据用户提供的初始化参数对构造函数进行匹配，执行匹配成功的构造函数。

例如，前面的 Person 类的构造函数需要 3 个参数，而有的时候我们创建对象的时候并不确定该对象的所有数据信息，也就无法提供 3 个完整的参数来构造对象。这时，应用构造函数的重载就能解决问题。代码如下所示：

```
public class Person {
    String name;
    String gender;
    int age;
    public Person(){
    }
    public Person(String name){
        this.name=name;
    }
    public Person(String name,String gender){
        this.name=name;
        this.gender=gender;
    }
    public Person(String name,String gender,int age){
        this.name=name;
        this.gender=gender;
        this.age=age;
    }
...//省略其他代码
}
```

3.2.7 finalize( )方法

对象是使用 new 运算符动态创建的，那么对象是如何销毁的，以及如何释放它们占用的存储空间呢？在第 1 章讨论 JVM 的时候就提到过，对于不再使用的对象，JVM 会自动进行垃圾回收(garbage collection)。

事实上，在程序运行期间，不会简单地因为一个或几个对象不再需要就进行垃圾回收。不同的 Java 运行时实现会采用不同的方法进行垃圾回收，程序员在编写程序的过程中不需要考虑这个问题。

有时，对象销毁时需要执行一些动作。例如，如果对象包含一些非 Java 资源，比如文件句柄或字符字体，那么可能希望确保这些资源在对象销毁之前释放。为了处理这种情况，Java 提供了一种称为“终结”(finalization)的机制。通过使用终结机制，可以定义当对象即将被垃圾回收器回收时发生的特定动作。

给类添加终结器(finalizer)的方法是在类中添加 finalize( )方法。当即将回收类的对象时，Java 运行时会调用该方法。在 finalize( )方法内部，可以指定在销毁对象之前必须执行的那些动作。finalize( )方法的一般形式如下：

```
protected void finalize(){
// finalization code here
}
```

其中，关键字 protected 是访问修饰符，防止在该类之外定义的代码访问 finalize( )方法。

finalize( )方法只有在垃圾回收前才被调用。通常，在内存足够用的时候，JVM 是不会浪费时间进行垃圾回收的。这就意味着我们不知道什么时候会执行 finalize( )方法，甚至也不知道是否会执行 finalize()方法。所以，对于常规的程序操作不应依赖于 finalize( )方法。

3.2.8　匿名对象

当对象对方法仅进行一次调用的时候，可以不声明相应的变量，而直接调用这个对象的方法，这样的对象叫作匿名对象。

例如，通过 Person 类的构造函数创建了一个对象后，只调用了一次 getInfo( )方法，这种情况就可以使用匿名对象，代码如下：

```
new Person("赵智堃","男",1).getInfo();
```

这个方法执行完毕后，这个对象就变成了垃圾。

在以下两种情况下可以使用匿名对象：

- 如果对一个对象只需要进行一次方法调用，那么就可以使用匿名对象。
- 将匿名对象作为实参传递给一个函数调用。

3.3　修饰符

在定义类以及类的成员变量和成员方法时，可以指定一些修饰符。本节主要介绍这些修饰符的用法。

3.3.1　访问修饰符

在讲述类的定义时曾经介绍过，定义类、成员变量和成员方法时，可以指定访问修饰符。其中类的访问修饰符只有 public，而成员变量和成员方法都有 3 种访问修饰符可以选择：public、private 和 protected。

说明：

用 public 修饰的类能被所有的类访问，class 关键字之前没有修饰符的类，只能被同一包中的所有类访问。

1. public

如果将一个成员变量或成员方法声明为 public，即声明为公有时，任何对象的任何方法都可以访问该成员变量或成员方法。

2. private

如果一个成员变量或成员方法被 private 修饰，即声明为私有时，该成员变量或成员方法只能在声明它们的类中访问。

【案例 3-4】将 Person 类中的成员变量修改为私有的，以防止其他类中的代码直接操作成员变量。

打开 Person 类，为成员变量添加 private 修饰符，同时提供设置和获取成员变量的 getxxx( )和 setxxx( )方法，完整的 Person 类代码如下：

```
public class Person {
    private String name;
    private String gender;
    private int age;
    public Person(String name,String gender,int age){
        this.name=name;
        this.gender=gender;
        this.age=age;
    }
    public String getName() {
        return name;
    }
    public void setName(String name) {
        this.name = name;
    }
    public String getGender() {
        return gender;
    }
    public void setGender(String gender) {
        this.gender = gender;
    }
    public int getAge() {
        return age;
    }
    public void setAge(int age) {
        this.age = age;
    }
    public void printInfo(){
        System.out.println("姓名："+name+"  性别："+gender+"  年龄："+age);
    }
    public String getInfo(){
        return "姓名："+name+"  性别："+gender+"  年龄："+age;
    }
    public void setInfo(String name,String gender,int age){
        this.name=name;
        this.gender=gender;
        this.age=age;
    }
}
```

修改测试程序代码：

```
public static void main(String[] args){
    Person p=new Person("赵智堃", "男", 1);
    System.out.println(p.getInfo());
    // p.age=2;    //编译错误，提示 age 不可访问
    p.setAge(2);  //通过方法来修改成员变量的值
    System.out.println(p.getInfo());
    System.out.println(new Person("","",2).getInfo());
}
```

Person 类中的成员变量设置为私有的，所以在测试类中不能通过 p.age 修改私有成员变量 age，而要通过 setAge( )方法来操作成员变量。

上面程序的运行结果如下：

```
姓名：赵智堃  性别：男    年龄：1
姓名：赵智堃  性别：男    年龄：2
```

3. protected

如果将一个成员变量或成员方法的访问类型声明为 protected，则该成员变量或成员方法只能够被该类的子类和相同包中的类访问。如果其子类位于不同的包中，则需要使用 import 语句导入相应的包或类。

通常只有涉及继承时才会使用 protected，该修饰符的使用将在学习继承时详细讲述。

4. 无访问修饰符

如果没有使用访问修饰符，那么类成员在它所在的包中默认是公有的，但是在包外不能访问。

学习了访问修饰符，就可以理解为什么在 main( )方法之前总是带有 public 修饰符了。因为 main( )方法要由程序之外的代码访问，也就是由 Java 运行时系统访问。

3.3.2　static 修饰符

static不仅可以修饰成员变量和成员方法，而且还可以修饰类，甚至可以修饰代码块。

1. 静态类

如果一个类要被声明为 static，那么只有一种情况，就是静态内部类。如果在外部类前使用 static 修饰符，将会产生编译错误。有关静态类的用法将在学习内部类时详细介绍。

2. 静态成员变量

当定义一个类时，其实就是在描述其对象的属性和行为，而并没有产生实际的对象，只有通过 new 关键字才会产生对象，这时系统才会分配内存空间给对象，其方法才可以供外部调用。

有时候，我们希望无论是否产生了对象或无论产生了多少对象，某些特定的数据在内存中只有一份。例如，为了统计程序中一共创建了多少个 Person 对象，可以在该类中添加

一个静态成员变量 count，当实例化 Person 类后，这些对象都共享这个静态变量的值，不必在每个对象中都单独分配一个 count 变量。

静态变量的声明是在变量的类型前面加上 static 关键字。可以在类的非静态成员方法中像访问其他非静态成员变量一样去访问静态变量。静态变量在某种程度上与其他语言的全局变量相似，如果不是私有的静态变量，还可以在类的外部直接使用类名进行访问，而不需要产生类的实例对象。在 System.out.println( )语句中，out 就是 System 类的静态成员变量。

用 static 修饰的变量，它们在被类载入时创建，只要类存在，静态变量就存在。由于静态成员变量被各个实例对象所共享，因此可以用它来实现一些特殊功能。

在 Person 类中添加静态变量的示例代码如下：

```
public class Person {
    private String name;
    private String gender;
    private int age;
    private static int count =0;
    public Person(String name,String gender,int age){
        this.name=name;
        this.gender=gender;
        this.age=age;
        count++;
    }
    ......//省略其他代码
}
```

在上面的程序中，每产生一个 Person 类的实例对象，都会调用 Person 类的构造函数，在构造函数中将 count 加 1，这样就可以统计出一共创建了多少个 Person 类的实例对象。为了防止外面的程序直接修改 count 变量，用 private 关键字限定 count 变量的访问权限。

3. 修饰成员方法

当用 static 修饰成员方法时，该方法称为静态方法。和静态变量一样，可以通过类名直接访问静态方法，也可以用类的实例对象来访问静态方法，还可以在类的非静态成员方法中像访问其他非静态方法一样去访问静态方法。在 Person 类中，我们可以添加如下静态方法来获取静态变量 count 的值：

```
public static int getCount(){
    return count;
}
```

在外部类中，可以直接通过 Person.getCount( )来调用该方法，也可以创建 Person 类的对象，然后通过对象来访问该方法。

在使用类的静态方法时，要注意以下几点：

- 在静态方法里只能直接调用同类中其他的静态成员(包括变量和方法)，而不能直接访问类中的非静态成员。这是因为，对于非静态方法和变量，需要先创建类的实例对象后才可使用，而静态方法在使用前不用创建任何对象。

- 静态方法不能以任何方式引用 this 和 super 关键字。与上面的道理一样，因为静态方法在使用前不用创建任何实例对象，this 所引用的对象根本不存在。
- main( )方法是静态的，因此 JVM 在执行 main( )方法时不创建 main( )方法所在类的实例对象，因为在该方法中，不能直接访问该类中的非静态成员，必须创建该类的一个实例对象后，才能通过这个对象去访问类中的非静态成员。

4. 静态代码块

静态代码块是由关键字 static 修饰的由一对大括号括起来的、独立于类成员的静态语句块，可以有多个，位置可以随便放，不在任何方法体内，JVM 加载类时会执行这些静态代码块。如果静态代码块有多个，JVM 将按照它们在类中出现的先后顺序依次执行它们，每个静态代码块只会被执行一次。

它的作用与类的构造函数有些类似，都用来完成初始化工作，但是，静态代码块与构造函数在以下几方面有着本质的区别：

- 构造函数是对每个新创建的对象初始化，而静态代码块是对类自身进行初始化。
- 构造函数是在用 new 运算符创建新对象时由系统自动执行，而静态代码块则是在它所属的类加载到内存中时由系统调用执行。
- 不同于构造函数，静态代码块不是方法，没有方法名、返回值和参数列表。

例如，在 Person 类中，再声明一个表示平均年龄的静态变量 avgOld，然后在静态代码块中初始化这两个静态变量的值。每次实例化该类时，在构造函数中重新为静态变量赋新值，代码如下：

```
public class Person {
    private String name;
    private String gender;
    private int age;
    private static int count ;
    private static double avgOld;
    static{
        count=0;
        avgOld=0;
    }
    public Person(String name,String gender,int age){
        this.name=name;
        this.gender=gender;
        this.age=age;
        count++;
        avgOld=(avgOld*(count-1)+age)/count;
    }
  ……
}
```

3.3.3　final 修饰符

final 修饰符用于定义类、成员变量和成员方法的非继承性。

1. 修饰类

如果在类的定义中加上 final 修饰符，则说明该类是最终类。最终类不能被其他类继承，即最终类不能有子类。如果把一个应用中有继承关系的类组织成一棵倒长的树，所有类的父类是树根，每一个子类是一个分支，那么声明为 final 的类就是这棵树上的叶子结点，即它的下面不可能再有分支子类。

被定义为 final 的类通常是一些有固定作用、用来完成某种标准功能的类，例如 Java 系统定义好的用来表示字符串的类 String 就是一个 final 类。

如果我们新建一个 Java 类，指定其父类为 String，则会产生编译错误：

```
class MyString extends String{     // 产生编译错误。String 是 final 类，不能派生新类
    ……
}
```

2. 修饰成员变量

用 final 修饰变量的场景在第 2 章介绍常量声明的时候就见过了。在类的定义中，如果用 final 来修饰成员变量，则说明该变量是最终变量，即常量，程序中的其他部分可以访问，但不能修改该成员的值。例如，在涉及数学计算的某个类中，可以将圆周率 π 定义为常量：

```
class myclass {
    final double PI = 3.1415926;     // 定义为 double 型常量
    ……
}
```

3. 修饰方法

final 也可以修饰方法，但是含义与应用于变量有本质上的区别。被声明为 final 的成员方法不可以被子类重写(有关重写的概念将在学习继承时重点介绍)。

下面的代码段演示了这种情况：

```
class A {
    final void meth( ) {
        System.out.println("This is a final method.");
    }
}
class B extends A {
    void meth( ) {                    // ERROR! Can't override.
        System.out.println("Illegal!");
    }
}
```

在类 A 中，meth( )被声明为 final 方法，所以在子类 B 中不能重写该方法。如果试图这么做，就会导致编译错误。

将方法声明为 final，有时可以提高性能：编译器可以自由地内联对这类方法的调用，因为编译器知道这些方法不能被子类重写。当调用小的 final( )方法时，Java 编译器通常可以复制子例程的字节码，直接和调用方法的编译代码内联到一起，从而可以消除方法调用所需要的开销。内联是 final 方法才有的一个选项。通常，Java 在运行时动态分析对方法的调用，这称为后期绑定。但是，因为 final 方法不能被重写，所以对 final 方法的调用可以在编译时解析，这称为早期绑定。

3.3.4　抽象类和抽象方法

用 abstract 修饰符修饰的类称为抽象类，类似地，用 abstract 修饰符修饰的方法称为抽象方法。

在某些情况下，我们希望定义这样一种超类：只声明已知抽象内容的结构，而不提供每个方法的完整实现。也就是说，只定义被所有子类共享的一般形式，而让每个子类去填充细节。例如有一个表示二维图形的类 Figure，在 Figure 类中，定义一个计算图形面积的方法 area( )。由于不同的图形计算面积的方法也不同，因此 area( )方法必须被子类重写，而在 Figure 类中，就可以将其声明为抽象方法。“抽象方法”属于一种不完整的方法，只有声明，没有方法主体。

任何包含一个或多个抽象方法的类都必须声明为抽象类。抽象类没有具体的对象，也就是说，不能使用 new 运算符直接实例化抽象类。这种对象是无用的，因为抽象类的定义是不完整的。此外，不能声明抽象的构造函数，也不能声明抽象的静态方法。抽象类的所有子类，要么实现超类中的所有抽象方法，要么自己也声明为抽象类。

【案例 3-5】声明一个表示二维图形的抽象类，然后在其子类中重写抽象方法 area( )。

在 ch03 工程中新建抽象类 Figure，该类的完整代码如下：

```
public abstract class Figure {
    double dim1;
    double dim2;
    Figure(double a, double b) {
        dim1 = a;
        dim2 = b;
    }
    // 抽象方法 area
    abstract double area();
}
```

在该类的下面声明两个 Figure 类的子类，一个表示矩形，另一个表示三角形。在子类中重写父类的抽象方法 area( )，代码如下：

```
class Rectangle extends Figure {
    Rectangle(double a, double b) {
        super(a, b);
    }
    // 子类重写 area( )方法
    double area() {
```

```
            System.out.println("矩形面积：");
            return dim1 * dim2;
        }
    }
    class Triangle extends Figure {
        Triangle(double a, double b) {
            super(a, b);
        }
        // 子类重写 area( )方法
        double area() {
            System.out.println("三角形面积：");
            return dim1 * dim2 / 2;
        }
    }
```

这里我们创建的源文件名为 Figure.java，但是在该文件中，定义了 3 个 Java 类——Figure、Rectangle 和 Triangle。这是可以的，Java 并没严格要求每个类为一个独立的源文件，当编译该程序时，会得到 3 个.class 文件：Figure.class、Rectangle.class 和 Triangle.class。Java 编译器自动将每个类放到各自的.class 文件中。

接下来，创建一个测试类 TestAbstract，编写测试代码，以更好地理解抽象类和抽象方法：

```
public class TestAbstract {
    public static void main(String[] args) {
        Rectangle r = new Rectangle(12, 5);
        Triangle t = new Triangle(10, 8);
        Figure figref;                  // 声明指向抽象类的引用
        figref = r;
        System.out.println("Area is " + figref.area());
        figref = t;
        System.out.println("Area is " + figref.area());
    }
}
```

尽管抽象类不能用于实例化对象，但是可以使用它们创建对象引用，例如上面代码中的变量 figref 被声明为指向 Figure 对象的引用，这意味着可以使用该变量引用所有派生自 Figure 的类对象。程序的运行结果如下：

```
矩形面积：
Area is 60.0
三角形面积：
Area is 40.0
```

定义抽象类时，需要注意以下几点：

- 抽象类必须用 abstract 关键字来修饰，抽象方法也必须用 abstract 来修饰。
- 抽象类不能被实例化，也就是不能用 new 关键字去创建该类的对象。
- 抽象方法只需声明，不需实现。

- 含有抽象方法的类必须声明为抽象类，抽象类的子类必须在覆盖所有的抽象方法后才能被实例化，否则这个子类还是个抽象类。
- 在抽象类中可以包含非抽象方法。

abstract 和 final 修饰符不能同时修饰一个类，因为 abstract 类自身没有具体的对象，需要在派生出子类后，再创建子类的对象；而 final 类则不可能有子类，这样，abstract final 类就无法使用，也就没有意义了。但是，abstract 和 final 可以各自与其他修饰符合用。例如，一个类可以是 abstract 的，也可以是 public final 的。这里的 public 是访问控制符，当使用一个以上的修饰符修饰类或类中的成员时，这些修饰符之间以空格分开，写在 class 关键字之前，修饰符之间的先后次序对类没有影响。

3.3.5 其他修饰符

除了上面几个修饰符，在定义类的成员变量时还可以使用 transient 和 volatile 修饰符；对成员方法还可以使用 synchronize 和 native 修饰符。

1. transient

transient 修饰符只能用来修饰成员变量。在对象序列化的过程中，标记为 transient 的变量不会被序列化。例如，下面的类中有一个用 transient 修饰的成员变量：

```
class Test {
    transient String pwd;    // 不会被持久化
    String login;            // 持久化
}
```

当类 Test 的实例对象被序列化(比如将 Test 类的实例对象 t 写入硬盘的文本文件 t.txt 中)时，变量 pwd 的内容不会被保存，变量 login 的内容则会被保存。

说明：

把一个对象的表示转换为字节流的过程称为串行化，也称为序列化；从字节流中把对象重建出来称为反串行化，也称为反序列化。

2. volatile

volatile 修饰符只能用来修饰成员变量，指定该变量可以同时被几个线程控制和修改。

用 volatile 修饰的成员变量在每次被线程访问时，都强迫从共享内存中重读该成员变量的值；而且当成员变量发生变化时，强迫线程将变化值回写到共享内存。这样在任何时刻，两个不同的线程总是看到某个成员变量的同一个值。

Java 语言规范指出：为了获得最佳速度，允许线程保存共享成员变量的私有拷贝，而且只当线程进入或离开同步代码块时才与共享成员变量的原始值对比。而 volatile 关键字就是告诉线程对于这个成员变量不能保存它的私有拷贝，而应直接与共享成员变量交互。

提示：

当要访问的变量已在 synchronized 代码块中或者为常量时，不必使用 volatile 修饰符。

3. synchronize

synchronize 为同步修饰符，用来修饰方法或代码块，能够保证在同一时刻最多只有一个线程执行方法或代码块。

有关 synchronize 的更多用法将在第 8 章学习多线程编程时重点介绍。

4. native

用 native 修饰符定义的方法在类中没有实现，而大多数情况下该方法的实现是用 C、C++编写的。Java 无法直接访问操作系统底层(如系统硬件等)，为此 Java 使用 native 方法来扩展 Java 程序的功能。

3.4　继承与多态

继承是面向对象程序设计的一个重要特征，通过继承可以实现代码的复用，使得程序的复杂性呈线性增长，而不是随规模呈几何级增长。

多态性是指允许不同类的对象对同一消息做出响应，即同一消息可以根据发送对象的不同而采用多种不同的行为方式。实现多态的技术称为动态绑定(dynamic binding)，是指在执行期间判断所引用对象的实际类型，根据其实际的类型调用相应的方法。

3.4.1　继承

在现实生活中我们对事物进行归类，比如动物类，如果继续细分，可以分为食草动物和食肉动物，其中食草动物又包括兔子、牛和羊等，食肉动物又包括狮子、老虎和豹等。这种类属关系就可以用面向对象中的继承来实现。

应用继承的两个类是“是一个”的关系，如牛是一个食草动物，父类更通用，子类更具体。虽然食草动物和食肉动物都属于动物，但是两者的属性和行为有差别，所以子类会具有父类的一般特性，但也会具有自身的特性。

类的继承是通过在类的定义过程中，用关键字 extends 来声明的。回想在类的定义过程中，类定义的一般格式如下：

```
[public][abstract | final] class <class_name> [extends <supperClass>][implements <interface_name>]{
        // 类的主体
}
```

其中，关键字 extends 指明了所定义的类要继承的父类，superClass 是被继承父类的名称，被继承的类称为父类或超类，进行继承的类称为子类。所以，子类是父类的特殊化版本。子类会继承由父类定义的所有非 private 成员，并添加自己特有的元素。例如前面介绍抽象类时就使用了继承，子类 Rectangle 和 Triangle 继承了父类 Figure 的所有成员。

【案例 3-6】声明一个表示笔的父类 Pen，然后定义一个表示铅笔的子类 Pencil，为子类 Pencil 在父类 Pen 的基础上添加自己特有的元素。

在 ch03 工程中新建 Java 类 Pen，该类比较简单，只包含两个成员变量，代码如下：

```
public class Pen {
    protected String color;
    int length;
}
```

接下来新建 Pen 类的子类 Pencil，代码如下：

```
public class Pencil extends Pen {
    double degree;
    Pencil(String color, int length, double degree) {
        this.color=color;
        this.length=length;
        this.degree = degree;
    }
    public void display() {
        System.out.println("我的铅笔是 "+color+" 的");
        System.out.println("铅笔的长度是 "+length);
        System.out.println("铅笔的直径是 "+degree);
    }
    public static void main(String[] args){
        Pencil obj=new Pencil("绿色",12,0.7);
        obj.display();
    }
}
```

在 Pencil 类中，可以直接访问父类中的非私有成员变量。如果 Pen 类中的成员定义为 private，Pencil 中的代码将产生编译错误。有关访问修饰符的用法在 3.3.1 节已经介绍过了。

程序的运行结果如下：

```
我的铅笔是 绿色 的
铅笔的长度是 12
铅笔的直径是 0.7
```

下面的几点注意事项对于理解类的继承很有帮助：

- 子类不是父类的子集，子类一般比父类包含更多的数据域(成员变量)和方法。
- 父类中的 private 数据域在子类中是不可见的，因此在子类中不能直接使用它们。
- 继承是为“是一个”的关系建模的，父类和其子类间必须存在“是一个”的关系，否则不能使用继承。
- 并不是所有“是一个”的关系都应该用继承。例如，正方形是一个矩形，但不能让 Square 类来继承 Rectangle 类，因为正方形不能从矩形扩展得到任何东西。正确的继承关系是 Square 类继承 Figure 类。
- Java 只允许单一继承，即一个子类只能有一个直接父类。

3.4.2　super 关键字

除了可以使用 this 关键字来引用当前对象以外，Java 还提供了一个能引用父类对象的关键字——super。super 的主要用法有两种：

- 调用父类的构造函数。
- 访问父类中被子类的某个成员隐藏的成员。

1. 调用父类的构造函数

调用父类的构造函数的语法如下：

```
super(参数列表);
```

其中，参数列表是父类中构造函数需要的全部参数，super 语句必须是子类构造函数中执行的第一条语句。

注意：

不能在子类中使用父类的构造函数名来调用父类的构造函数。父类的构造函数不被子类继承。调用父类的构造函数的唯一途径是使用 super 关键字，如果在子类中未显式调用，编译器自动将 super();作为子类构造函数的第一条语句。

在【案例 3-6】中，父类 Pen 没有构造函数，所以系统为其提供默认构造函数，而在子类的构造函数中没有 super 语句，所以编译器自动将 super();语句作为子类构造函数的第一条语句。如果我们为父类定义的非默认构造函数如下：

```
public Pen(String color, int length){
    this.color=color;
    this.length=length;
}
```

那么子类的构造函数也必须修改，否则将产生编译错误，因为父类有了非默认构造函数，系统不会为其提供默认构造函数，子类构造函数中就必须使用 super 语句显式调用父类的构造函数，修改后的子类构造函数如下：

```
Pencil(String color, int length, double degree) {
    super(color,length);
    this.degree = degree;
}
```

2. 调用父类被隐藏的成员

在研究使用 super 调用父类的隐藏成员之前，先来看一下什么是隐藏。

如果在子类中又定义了一个与从父类那里继承来的成员变量完全相同的变量，则称为成员变量的隐藏。这里所谓的隐藏，是指子类拥有两个相同名字的变量，一个继承自父类，另一个由子类定义；当子类执行继承自父类的操作时，处理的是继承自父类的变量，而当子类执行自己定义的方法时，所操作的就是它自己定义的变量，而把继承自父类的同名成员变量“隐藏”起来了。

类似地，如果子类的一个方法和父类的某个方法具有相同的名称和类型签名，那么称子类中的这个方法重写了父类中相应的方法。当在子类中调用被重写的方法时，总是调用由子类定义的版本，由父类定义的版本会被“隐藏”。

当出现上述父类成员被隐藏的时候，只有使用 super 关键字才能在子类中访问父类被隐藏的成员。其语法格式是 super 加点运算符，如下：

```
super.变量名;                    // 访问非私有成员变量
```

或

```
super.方法名(参数列表);    // 访问方法
```

【案例 3-7】在 Pen 类中声明一个表示品牌的成员变量 brand，然后定义一个 showBrand( )方法来输出该成员变量的值；在子类 Pencil 中，定义一个同名的成员变量，然后在子类中定义一个 showMyBrand( )方法来输出两个 brand 变量的值。

在 Pen 类中，添加 brand 变量成员和 showBrand( )方法，代码如下：

```
public class Pen {
    protected String color;
    int length;
    String brand="中华";
    public Pen(String color, int length){
        this.color=color;
        this.length=length;
    }
    public void showBrand(){
        System.out.println(brand);
    }
}
```

在 Pencil 类中也定义了同名的变量 brand，然后添加 showMyBrand( )方法。在 showMyBrand( )方法中，通过 super.brand 访问父类被隐藏的成员，代码如下：

```
public class Pencil extends Pen {
    double degree;
    String brand="晨光";
    Pencil(String color, int length, double degree) {
        super(color,length);
        this.degree = degree;
    }
    public void showMyBrand(){
        System.out.println("父类 brand "+super.brand);
        System.out.println("子类 brand "+brand);
    }
    public void display() {
        System.out.println("我的铅笔是 "+color+" 的");
        System.out.println("铅笔的长度是 "+length);
        System.out.println("铅笔的直径是 "+degree);
    }
    public static void main(String[] args){
        Pencil obj=new Pencil("绿色",12,0.7);
        obj.showBrand();          // 调用父类方法，输出父类 brand 变量的值
        obj.showMyBrand();     // 在子类方法中输出两个 brand 变量的值
    }
}
```

程序的运行结果如下：

```
中华
父类 brand  中华
子类 brand  晨光
```

从程序运行结果可以看出，当父类变量被隐藏时，通过继承的父类方法(showBrand( ))访问的是父类中的变量，而在子类的方法(showBrand( ))中直接使用变量名访问的是子类中的同名变量，通过 super 可以访问父类中被隐藏的变量。

关于 super 关键字，还需注意以下几点：

- 如果是继承的方法，没有必要使用 super 来调用，直接调用即可。
- 子类的静态方法中不能使用 super 关键字。

3.4.3　构造函数的调用时机

为了更好地理解类的继承，我们来看一下，在继承的类层次中，当创建子类对象时，对于构成整个层次的类来说，是以什么样的顺序调用这些类的构造函数的。

【案例 3-8】创建一个多级继承的类层次结构，查看构造函数的调用时机。

在 ch03 工程中新建一个 Java 类 CallingConsDemo，在该文件中新建类 A、B、C，其中 C 类是 B 类的子类，B 类是 A 类的子类，代码如下：

```
class A {                  // 父类 A
    A() {
        System.out.println(" A 的构造函数。");
    }
}
class B extends A {    // A 的子类 B
    B() {
        System.out.println(" B 的构造函数。");
    }
}
class C extends B {    // B 的子类 C
    C() {
        System.out.println(" C 的构造函数。");
    }
}
public class CallingConsDemo {
    public static void main(String[] args) {
        C c=new C();
    }
}
```

该程序的输出如下所示：

```
A 的构造函数。
B 的构造函数。
C 的构造函数。
```

可以看出，构造函数是按照继承顺序调用的。

如果对此稍加分析，就可以看出以继承顺序调用构造函数是合理的。因为超类不知道子类的任何情况，超类需要执行的任何初始化操作独立于子类执行的任何初始化操作，并且超类的初始化操作可能还是子类初始化操作的先决条件。所以，必须先执行超类的构造函数。

3.4.4　方法重写与运行时多态

前面在介绍方法重载时，介绍过编译时多态的概念，即用相同的名字来定义不同的方法，根据参数类型和个数加以区分。现在介绍因类继承的方法重写而引出的运行时多态。

1. 方法重写

如果子类的一个方法和超类的某个方法具有相同的名称和类型签名，那么称子类中的这个方法重写了超类中相应的方法。当在子类中调用被重写的方法时，总是调用由子类定义的版本，由超类定义的版本会被隐藏。

重写方法为 Java 支持运行时多态奠定了基础，是 Java 实现“一个接口，多种方法”这一多态特性的另一种方式。

方法的覆盖和成员变量的隐藏的不同之处在于：子类隐藏父类的成员变量只是使之不可见，父类的同名成员变量在子类对象中仍然占有自己的独立内存空间；而子类方法对父类方法的覆盖将清除父类方法占用的内存，从而使父类方法在子类对象中不复存在。

例如，在案例 3-7 的子类 Pencil 中，重写父类方法 showBrand( )，代码如下：

```
public void showBrand(){
    System.out.println("先调用父类的 showBrand()方法");
    super.showBrand();
    System.out.println("子类 brand "+brand);
}
```

则 main( )方法中的 obj.showBrand( );语句将调用子类中重写的方法。

2. 运行时多态

运行时多态是一种在运行时调用重写方法的机制。因为子类通过继承具备了父类的所有属性，所以子类对象可以作为父类对象使用，凡是在程序中可以使用父类对象的地方，都可以用子类对象来代替。对于重写的方法，Java 会根据调用该方法的实例的类型来决定选择哪个方法。

对于子类的实例，如果子类重写了父类的方法，则运行时系统调用子类的方法；如果子类没有重写该方法，则调用父类的方法。因此，一个父类对象可以通过引用子类的实例来调用子类的方法。

【案例 3-9】创建一个表示动物的类，然后派生两个子类，在子类中重写父类的方法，编写测试程序，理解运行时多态。

在 ch03 工程中新建一个 Java 类 PolymorphismDemo，在该文件中新建类 Animal、Cat 和 Dog，代码如下：

```
class Animal{
    void eat(){
        System.out.println("吃饭了");
    }
}
class Cat extends Animal {
    public void eat() {
        System.out.println("小猫吃鱼");
    }
    public void work() {
        System.out.println("抓老鼠");
    }
}
class Dog extends Animal {
    public void eat() {
        System.out.println("小狗吃骨头");
    }
    public void work() {
        System.out.println("看家");
    }
}
public class PolymorphismDemo {
    public static void main(String[] args) {
        show(new Cat());                // 以 Cat 对象调用 show( )方法
        show(new Dog());                // 以 Dog 对象调用 show( )方法
        Animal a = new Cat();           // 向上转型
        a.eat();                        // 调用的是 Cat 的 eat
        Cat c = (Cat)a;                 // 向下转型
        c.work();                       // 调用的是 Cat 的 work
    }
    public static void show(Animal a) {
        a.eat();
        // 类型判断
        if (a instanceof Cat) {         // 猫做的事情
            Cat c = (Cat) a;
            c.work();
        } else if (a instanceof Dog) {  // 狗做的事情
            Dog c = (Dog) a;
            c.work();
        }
    }
}
```

程序的输出结果如下：

```
小猫吃鱼
抓老鼠
小狗吃骨头
看家
```

```
小猫吃鱼
抓老鼠
```

本例中，方法 show( )的参数为 Animal 类型的对象，实际调用时传入的实参分别为 Cat 对象和 Dog 对象，在 show( )方法中 a.eat( )调用将根据实例的类型分别调用各自的方法。因为 work( )方法不是超类中的方法，所以不能直接使用对象 a 去调用，为此用到了前面学过的 instanceof 运算符，从而确定实参对象的具体类型。

3.4.5　Object 类

在 Java 中，创建的每个类都是从一个特殊的“超类”中派生而来的。这个超类就是 Object 类。在声明类的时候，如果没有指明父类，则表示该类是 Object 类的直接子类。

在 Java 中，每个对象都是 Object 类的一种，都可以继承或重写 Object 类中定义的非私有方法，这些方法的用途如表 3-1 所示。

表 3-1　Object 类中定义的方法

方法	用途
Object clone( )	创建一个与将要复制的对象完全相同的新对象
boolean equals(Object object)	判定一个对象是否和另外一个对象相等
void finalize( )	在回收不再使用的对象之前调用
Class<?> getClass( )	在运行时获取对象所属的类
int hashCode( )	返回与调用对象相关联的散列值
void notify( )	恢复执行在调用对象上等待的某个线程
void notifyAll( )	恢复执行在调用对象上等待的所有线程
String toString( )	返回一个描述对象的字符串
void wait( ) void wait(long milliseconds) void wait(long milliseconds, int nanoseconds)	等待另一个线程的执行

其中，方法 getClass( )、notify( )、notifyAll( )以及 wait( )被声明为 final，不能被重写。finalize( )方法前面已经介绍过了，其他用得比较多的方法有 clone( )、equals( )和 toString( )。

1. 对象的复制

Object类的clone( )方法用于产生调用对象的副本。因为复制可能导致问题，所以在Object类中，clone( )方法被声明为protected。只有实现了Cloneable接口的类才可以被复制。如果尝试为没有实现Cloneable接口的类调用clone( )方法，将抛出CloneNotSupportedException异常。Cloneable接口没有定义成员，用于指示可以按位复制对象。

复制是一项存在潜在危险的动作，因为可能会导致预料之外的负面效果。例如，如果被复制的对象包含命名为 obRef 的引用变量，那么当进行复制时，复制品中的 obRef 与原始对象中的 obRef 将引用同一个对象。如果复制品修改了 obRef 所引用对象的内容，那么也将会改变原始对象。

【案例 3-10】创建一个实现 Cloneable 接口的类，然后重写 clone( )方法。

在 ch03 工程中新建一个 Java 类 CloneDemo，在该文件中新建类 CloneClass，完整的代码如下：

```
class CloneClass implements Cloneable {
    int aInt;
    public Object clone() {
        CloneClass o = null;
        try {
            o = (CloneClass) super.clone();
        } catch(CloneNotSupportedException e) {
            e.printStackTrace();
        }
        return o;
    }
}
public class CloneDemo {
    public static void main(String[] args){
        CloneClass obj1 = new CloneClass();
        CloneClass obj2;
        obj1.aInt = 10;
        obj2 = (CloneClass) obj1.clone();
        System.out.println("obj1: " + obj1.aInt );
        System.out.println("obj2: " + obj2.aInt );
        obj2.aInt = 20;
        System.out.println("obj1: " + obj1.aInt );
        System.out.println("obj2: " + obj2.aInt );
    }
}
```

程序的运行结果如下：

```
obj1: 10
obj2: 10
obj1: 10
obj2: 20
```

说明：

当进行对象复制时，不会调用被复制对象的构造函数。复制品是原始对象的精确副本。

2. 对象的比较

equals( )方法用于比较两个对象。如果对象相等，返回 true；否则返回 false。相等性的精确定义是不同的，这取决于将要比较的对象的类型。

如果一个类自身没有定义 equals( )方法，那么它将继承 Object 类的 equals( )方法，Object 类的 equals( )方法的实现代码如下：

```
boolean equals(Object o){
    return this==o;
}
```

这说明，如果不重写 equals( )方法，默认的 equals( )方法(从 Object 类继承)就使用==运算符，也就是在比较两个变量指向的对象是否是同一对象。如果比较的是两个独立的对象，则总是返回 false。如果希望能够比较该类创建的两个实例对象的内容是否相同，那么就必须重写 equals( )方法。

上一章学习了将运算符“==”用于基本数据类型之间的比较。如果运算符两边的操作数是指向数组或对象的变量，那么变量的类型就是引用数据类型。对于“==”运算符用于比较两个引用数据类型变量的情况，初学者很容易产生混淆，下面来看一下【案例 3-11】。

【案例 3-11】使用“==”运算符比较两个字符串变量。

在 ch03 工程中新建一个 Java 类 CompareDemo，在 main( )方法中输入如下代码：

```
public class CompareDemo {
    public static void main(String[] args) {
        String str1 = new String("abcd");
        String str2 = new String("abcd");
        String str3 = str1;
        if (str1 == str2)
          System.out.println("str1==str2");
        else
          System.out.println("str1!=str2");
        if (str1 == str3)
          System.out.println("str1==str3");
        else
          System.out.println("str1!==str3");
    }
}
```

以上程序的输出结果如下：

```
str1!=str2
str1==str3
```

str1 和 str2 分别指向两个新创建的 String 实例对象，尽管创建的两个 String 实例对象看上去相同(内容都是 abcd)，但它们是两个彼此独立的对象，是两个占据不同内存地址的不同对象。str1 和 str2 分别是这两个对象的句柄，也就是 str1 和 str2 的值分别是这两个对象的内存地址，显然它们的值是不相等的。将 str1 中的值直接赋给 str3，所以它们的值是相等的。

通常，“==”运算符主要用于比较两个变量的值是否相等，而 equals( )方法则用于比较两个对象的内容是否一致。将上述程序中的“==”运算符改用 equals( )方法，代码如下：

```
public static void main(String[] args) {
    String str1 = new String("abcd");
    String str2 = new String("abcd");
    String str3 = str1;
    if (str1.equals(str2) )
      System.out.println("str1 equals str2");
    else
      System.out.println("str1 not equals str2");
```

```
        if (str1.equals(str3))
            System.out.println("str1 equals str3");
        else
            System.out.println("str1 not equals str3");
    }
```

改用 equals( )方法比较后，str1 与 str2 的比较结果为相等，运行结果如下：

```
str1 equals str2
str1 equals str3
```

以上程序中，equals( )方法是 String 类的一个成员方法，它覆盖了 Object 类中的 equals( )方法，用于比较两个引用变量所指向对象的内容是否相等。

3. toString( )

方法 toString( )返回一个字符串，该字符串包含对调用对象的描述。此外，当使用 println( )方法输出一个对象时，会自动调用该对象的 toString( )方法。许多类重写了 toString( )方法，从而可以为使用它们创建的对象提供特定的描述。

如本章前面成绩示例的 Person 类，如果重写了 toString( )方法，在输出 Person 对象信息时就不用调用 getInfo( )方法，直接将 Person 对象作为实参传递给 println( )方法即可。

在 Person 类中重写 toString( )方法：

```
public String toString(){
    return "姓名："+name+"   性别："+gender+"   年龄："+age;
}
```

输出 Person 对象的语句如下：

```
Person p=new Person("赵智堃", "男", 1);
System.out.println(p);
```

3.5　内部类

在一个类内部定义的类，就是内部类，也叫嵌套类。嵌套类的作用域被限制在包含它的类之中。因此，如果类 B 是在类 A 中定义的，那么类 B 不能独立于类 A 而存在。

内部类可以直接访问嵌套它的类的成员，包括私有成员，但是内部类的成员却不能被嵌套它的类直接访问。

3.5.1　定义和使用内部类

内部类可以直接在包含类中作为成员进行声明，也可以在代码块中进行声明。无论使用哪种形式，需要注意的是，内部类的类名不能与包含它的类名相同。

1. 作为类的成员声明

内部类的定义和普通类的定义没有什么区别，它可以直接访问和引用外部类的所有变量和方法，功能就像外部类中的其他非静态成员一样。

提示：

在 3.3.1 节我们曾讲过，类的访问修饰符只有 public; 但内部类是特例，除了 public 外，内部类还可以声明为 private 或 protected。当使用这两个访问修饰符修饰内部类时，内部类的可见性与相同修饰符的成员变量和成员方法一样。

【案例 3-12】 创建一个含有内部类的类，然后演示内部类的使用。

在 ch03 工程中新建类 InnerClassDemo，在该类的源文件中定义一个 People 类，在该类中包含一个内部类 Car，完整的代码如下：

```
class People {
    String name;
    int age;
    People(String name, int age) {
        this.name = name;
        this.age = age;
    }
    void showCar() {
        Car car = new Car("奥迪");    // 创建一个内部类对象
        car.display();                // 使用内部类对象的方法
    }
    class Car {                       // 声明一个内部类 Car
        String name;
        Car(String name){
            this.name=name;
        }
        void display() {
            System.out.println("我叫 " + People.this.name + ", 今年 " + age +"岁了");
            System.out.println("我的车是 " + name );
        }
    }
}
public class InnerClassDemo {
    public static void main(String[] args) {
        People p =new People("时运",21);
        p.showCar();
    }
}
```

编译并运行程序，结果如下：

```
我叫 时运，今年 21 岁了
我的车是 奥迪
```

在程序中，内部类 Car 定义在 People 类的作用域之内。因此，Car 类的 display( )方法可以直接访问 People 类的变量。值得一提的是，内部类和外部类都有名为 name 的成员变量，在内部类中通过 People.this.name 来访问外部类的成员变量。

注意：

一个内部类可以访问它的外部类的成员，但反过来就不成立。内部类的成员只在内部类的作用域之内是可知的，并不能被外部类使用(可通过创建内部类的对象来访问)。

2. 内部类如何被外部引用

内部类也可以通过创建对象从外部类之外调用，只要不将内部类声明为 private 即可在相同的包内引用它。如果将内部类声明为 public，则可以在任意外部类可用的地方引用它。例如，案例 3-12 中的内部类也可以在 main( )方法中通过创建对象来调用：

```
public static void main(String[] args) {
    People p =new People("时运",21);
    People.Car c=p.new Car("宝马");
    c.display();
}
```

在这个程序中，先创建外部类 People 的实例对象，再通过 People 的实例对象创建内部类 Car 的实例对象，然后可以直接使用内部类对象来调用内部类 Car 的 display( )方法。程序运行结果如下：

```
我叫 时运，今年 21 岁了
我的车是 宝马
```

3. 在方法中定义的内部类

内部类并非只能在类中定义，也可以在某个程序块的作用域之内定义内部类。例如，在方法中，甚至在 for 循环体内部，都可以定义内部类。例如，案例 3-12 中的内部类可以放到 showCar( )方法内定义。

```
    void showCar() {
        class Car {                     // 声明一个内部类 Car
            String name;
            Car(String name){
                this.name=name;
            }
            void display() {
                System.out.println("我叫 " + People.this.name + "，今年 " + age +"岁了");
                System.out.println("我的车是 " + name );
            }
        }
        Car car = new Car("奥迪");   // 创建一个内部类对象
        car.display();               // 使用内部类对象的方法
    }
```

需要注意的是，此时内部类不是作为类的成员声明的，所以不能通过创建对象从外部类之外调用它。

在方法中定义的内部类只能访问方法中 final 类型的局部变量，因为用 final 定义的局部变量相当于常量，它的生命周期超出了方法运行的生命周期。例如，如果 showCar( )方法中有一个普通的局部变量 i，那么该方法内的内部类试图访问变量 i 将产生编译错误：

```
void showCar() {
    int i=0;
    final double PI=3.14;
    class Car { // 声明一个内部类 Car
        String name;
        Car(String name){
            this.name=name;
        }
        void display() {
            System.out.println(PI);
            System.out.println(i);        //编译错误 不能访问非 final 局部变量
            System.out.println("我叫 " + People.this.name + "，今年 " + age +"岁了");
            System.out.println("我的车是 " + name );
        }
    }
    Car car = new Car("奥迪");            // 创建一个内部类对象
    car.display();                        // 使用内部类对象的方法
}
```

在内部类的 display( )方法中，可以访问 final 变量 PI 和外部类的成员变量，但不能访问 showCar( )方法中声明的非 final 变量 i。

3.5.2 匿名内部类

匿名内部类就是没有名字的局部内部类，不使用关键字class、extends、implements，并且没有构造函数。Java中匿名内部类用得最多的地方是添加事件监听器Listener，比如为某控件添加鼠标单击事件。

通常，如果满足下面一些条件，使用匿名内部类是比较合适的：

- 只用到类的一个实例。
- 类在定义后马上用到。
- 类非常小。

在使用匿名内部类时，要记住以下几条原则：

- 匿名内部类不能有构造函数。
- 匿名内部类不能定义任何静态成员、方法和类。
- 匿名内部类不能声明为 public、protected、private、static。
- 只能创建匿名内部类的一个实例。
- 匿名内部类一定是在 new 的后面，隐含实现一个接口或类。
- 因为匿名内部类为局部内部类，所以局部内部类的所有限制对其都生效。

匿名内部类由于没有名字，因此创建方式有点儿奇怪。一般格式如下：

```
new 父类构造器(参数列表) | 实现接口()  {
    //匿名内部类的类体部分
}
```

在这里我们看到，匿名内部类是直接使用 new 运算符和父类构造函数来生成对象的引用，所以匿名内部类必须继承一个父类或者实现一个接口，当然也只能继承一个父类或者实现一个接口。

1. 匿名内部类示例

【案例 3-13】 通过为 applet 添加鼠标事件，理解匿名内部类的创建与使用。

在 ch03 工程中新建类 AnonymousInnerClass，并设置其父类为 Applet 类，在该类中重写 init( )方法，通过匿名内部类添加鼠标事件监听器，完整的代码如下：

```
import java.applet.*;
import java.awt.event.*;
public class AnonymousInnerClass extends Applet {
  public void init() {
    addMouseListener(new MouseAdapter() {
      public void mousePressed(MouseEvent me) {
        showStatus("单击鼠标事件.");
      }
    });
  }
}
```

在这个程序中，有一个顶级类，名为 AnonymousInnerClass。init( )方法调用 addMouseListener( )方法。addMouseListener( )方法的参数是一个用于定义并实例化内部类的表达式。下面仔细分析这个表达式。

语法 new MouseAdapter(){…}告诉编译器，大括号中的代码定义了一个匿名内部类，并且该类是抽象类 MouseAdapter 的子类。没有对这个新类进行命名，但是当执行这个表达式时会自动实例化这个新类。

因为匿名内部类是在 AnonymousInnerClass 类的作用域内定义的，能够访问 AnonymousInnerClass 类中的所有变量和方法，所以可以直接调用 AnonymousInnerClass 类的 showStatus( )方法(继承自父类的方法)。

Applet 是 Java 程序的另一种形式，稍候我们会介绍如何运行这种程序。

2. applet 简介

本书前面的所有例子都是 Java 控制台应用程序。除了控制台应用程序，还有一种 Java 程序就是 applet，也叫小程序。applet 是在 Internet 服务器上访问、通过 Internet 传输、自动安装并作为 Web 文件的一部分而运行的一类小程序。applet 到达客户端后，只有有限的资源访问权限，从而可以产生图形用户界面并运行各种计算，但又不存在危害或破坏数据完整性的风险。

有两种类型的 applet，它们都基于 Applet 类。

- 第一种是直接基于 Applet 类的 applet，这种 applet 使用抽象窗口工具包(Abstract Window Toolkit，AWT)提供 GUI(或者根本不使用 GUI，比如案例 3-6 就没有使用 GUI)。Java 自首次发布以来，就可以使用这种风格的 applet。

- 第二种类型是基于 Swing 类 JApplet 的 applet，JApplet 继承了 Applet 类。Swing applet 使用 Swing 类提供 GUI。与 AWT 相比，Swing 提供了更加丰富，并且通常易于使用的用户界面。因此，基于 Swing 的 applet 现在更流行。

因为 JApplet 继承自 Applet，所以 Applet 的所有特性在 JApplet 中也能使用，关于 AWT 和 Swing 等的相关知识将在本书第 7 章详细介绍。

applet 没有 main( )方法。不像 Java 应用程序，applet 不是从 main( )方法开始执行的。实际上，大部分 applet 甚至没有 main( )方法。可以通过两种方式来运行 applet：

- 在与 Java 兼容的 Web 浏览器中执行 applet。
- 使用 Applet Viewer，例如标准工具 appletviewer(JDK 自带)。Applet Viewer 在窗口中执行 applet。一般来说，这是测试 applet 最快、最简单的方式。

大多数 applet 都重写一套用来提供基本机制的方法，浏览器或 Applet Viewer 通过这套方法连接到 applet，并控制 applet 的执行。其中的 4 个方法——init( )、start( )、stop( )和 destroy( )，可以应用于所有 applet，这 4 个方法是由 Applet 类定义的。所有这些方法都提供了默认实现。applet 不需要重写不使用的那些方法。

基于 AWT 的 applet 经常还会重写 paint( )方法，该方法是由 AWT Component 类定义的。

当开始运行 applet 时，会按照下面的顺序调用下列方法：

(1) init( )

(2) start( )

(3) paint( )

当 applet 终止时，会按如下顺序调用下列方法：

(1) stop( )

(2) destroy( )

在 Web 浏览器中执行 applet 的方式需要编写一个包含标签(用于加载 applet)的简短 HTML 文本文件。例如下面是执行 AnonymousInnerClass 的 HTML 文件，该文件使用 <applet>标签：

```
<applet code="AnonymousInnerClass" width=200 height=60>
</applet>
```

code 指定了 applet 字节码文件的路径和名称，width 和 height 属性指定了 applet 所使用区域的大小。创建好这个文件后，就可以用浏览器打开该 HTML 文件来加载 applet。

也可以使用 Applet Viewer 来执行包含 applet 的 HTML 文件。例如，如果前面的 HTML 文件被命名为 RunApp.html，那么下面的命令行会运行 AnonymousInnerClass：

```
C:\>appletviewer RunApp.html
```

而在 Eclipse 中，我们不需要编写 HTML 文件，也可以快速测试 applet 的运行效果。选择 Run |“Run As”|“Java Applet”命令即可启动 appletviewer 来快速测试 applet 的运行效果。事实上，对于我们开发的 applet 小程序，直接执行 Run 命令，Eclipse 也能自动将其以小程序启动运行。

案例 3-13 的运行结果如图 3-1 所示，在空白窗口内的任意地方单击鼠标，可以看到状态栏将显示“单击鼠标事件”。

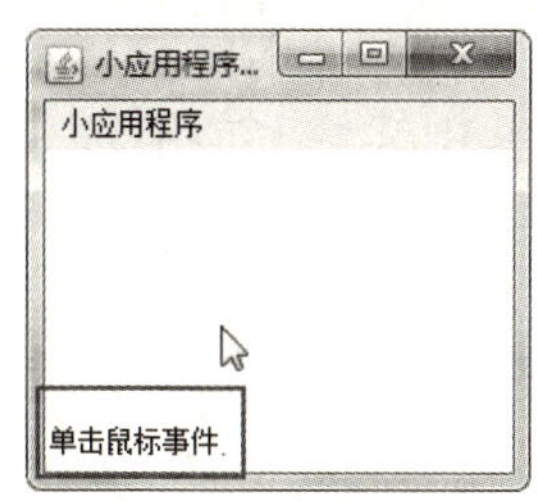

图 3-1　applet 运行结果

3.5.3　静态内部类

前面曾经讲过，如果一个类要被声明为 static，只有一种情况，就是静态内部类。在开发过程中，内部类中使用最多的还是非静态的成员内部类。不过在特定的情况下，静态内部类也能够发挥其独特的作用。

普通的内部类可以获得外部对象的引用，所以在普通内部类中能够访问外部对象的成员变量，也就能够使用外部类的资源，可以说普通内部类依赖于外部类，普通内部类与外部类是共生共死的。创建普通内部类的对象之前，必须先创建外部类的对象。

创建普通内部类的代码如下：

```
Outer o = new Outer();
Outer.Inner inner = o.new Inner();
```

而在静态内部类中没有外部对象的引用，所以无法获得外部对象的资源，当然好处是，静态内部类无须依赖外部类，它可以独立于外部对象而存在。创建静态内部类的代码如下：

```
Outer.Inner inner = new Outer.Inner();
```

1. 使用场景

在以下场合可以使用静态内部类:

(1) 外部类需要使用内部类，而内部类无须使用外部类的资源。

(2) 内部类可以独立于外部类创建对象。

使用静态内部类的好处是加强了代码的封装性以及提高了代码的可读性。

2. 与非静态内部类的区别

与非静态内部类相比，将某个内部类定义为静态类，有如下几个地方要引起注意：

(1) 静态内部类可以有静态成员，而非静态内部类则不能有静态成员。这也是静态内部类之所以要存在的一个重要原因。

(2) 静态内部类的非静态成员可以访问外部类的静态变量，但不可访问外部类的非静态变量。而非静态内部类，则可以随意访问外部类中的成员变量与成员方法。

(3) 创建静态内部类时，不需要将静态内部类的实例绑定到外部类的实例上。

总之，静态内部类在 Java 中是一种很特殊的类，程序开发人员需要牢记静态内部类与非静态内部类的差异，并在实际工作中的合适地方使用合适的类。

3. 应用静态内部类

【案例 3-14】使用静态内部类遍历一次数组，找出数组元素的最大值和最小值。

在 ch03 工程中新建一个 Java 类 StaticInnerClassDemo，然后定义一个名为 ArrayMaxMin 的类，该类含有一个静态内部类 Pair。Pair 有两个成员：min 和 max。在 ArrayMaxMin 类中再定义一个静态方法，该方法接收一个数组参数。找出数组元素的最大值和最小值，并用这个最大值和最小值创建一个 Pair 对象作为方法的返回结果。完整的代码如下：

```
import java.applet.*;
class ArrayMaxMin{
    public static class Pair {
        public Pair(double f, double s) {
            min = f;
            max = s;
        }
        public double getMin() {
            return min;
        }
        public double getMax() {
            return max;
        }
        private double min;
        private double max;
    }
    public static Pair maxMin(double[] array) {
        double min = Double.MAX_VALUE;
        double max = Double.MIN_VALUE;
        for (double item : array) {
            if (min > item)
                min = item;
            if (max < item)
                max = item;
        }
        return new Pair(min, max);
    }
}
public class StaticInnerClassDemo {
    public static void main(String[] args) {
        double[] d=new double[10];
        System.out.println("初始化数组元素: ");
        for (int i = 0; i < d.length; i++) {
            d[i] = 1000 * Math.random();
            System.out.println("num " + i + ":    " + d[i]);
        }
        ArrayMaxMin.Pair p = ArrayMaxMin.maxMin(d);
        System.out.println("min= " + p.getMin());
        System.out.println("max= "+p.getMax());
    }
}
```

程序的运行结果如下：

```
初始化数组元素：
num 0:   62.829197694430626
num 1:   514.5673324234134
num 2:   261.0415210896608
num 3:   607.56735246451
num 4:   910.8765388358574
num 5:   66.88707691235707
num 6:   860.8642748369277
num 7:   283.0007725801246
num 8:   392.9820888484609
num 9:   167.3084789437651
min= 62.829197694430626
max= 910.8765388358574
```

3.6　本章小结

本章全面讲述了面向对象程序设计的基础知识。首先，从面向对象编程思想讲起，介绍了面向对象的基本概念及其主要特征。接下来，介绍了类的定义以及对象的创建与使用，重点讲述了类的成员变量和成员方法、各种修饰符的含义及其使用技巧。后面的继承和多态是面向对象编程思想中的两个重要特征，理解并掌握继承和多态在类的设计中的具体体现，也就掌握了面向对象编程的精髓。最后，介绍了 Java 的内部类，包括成员内部类、方法中的内部类、匿名内部类和静态内部类等几种形式。

3.7　思考和练习

1. 简述面向对象编程与面向过程编程的区别。
2. 面向对象编程的主要特征是什么？
3. 什么是构造函数，有什么用？
4. 什么是方法重载？
5. finalize( )方法在什么时候调用？
6. 下面关于类方法的描述中错误的是( )。

A. 声明类方法使用关键字 static
B. 类方法和实例方法一样，均占用对象的内存空间
C. 类方法能用实例和类名调用
D. 类方法只能处理类变量或调用类方法

7. 编译下面的源程序会得到哪些文件(　)？

```
class A1{
}
class A2{
```

```
}
public class B{
    public static void main(String[] args){
    }
}
```

A. 只有 B.class 文件　　B. 只有 A1.class 和 A2.class 文件

C. 编译不成功　　D. A1.class、A2.class 和 B.class 文件

8. 下列哪种类成员修饰符修饰的变量只能在该类中被访问(　　)?

A. protected　　B. public　　C. default　　D. private

9. 下列程序的运行结果是(　　)。

```
public class test extends x{
  int ab(){
    static int aa=10;
        aa++;
    System.out.println(aa);
  }
  public static void main(String[] args) {
    test x=new test();
    x.ab();
  }
}
```

A. 10　　B. 11

C. 编译错误　　D. 运行成功，但不输出

10. 关于内部类，下列说法中不正确的是(　　)。

A. 内部类不能有自己的成员方法和成员变量

B. 内部类可用 private 或 protected 修饰符修饰

C. 内部类可以作为其他类的成员，而且可访问它所在类的成员

D. 除静态内部类外，不能在类内声明静态成员

11. 下面说法中不正确的是(　　)。

A. 抽象类既可以是父类，也可以是子类

B. abstract 和 final 能同时修饰一个类

C. 抽象类中可以没有抽象方法，有抽象方法的类一定是抽象类或接口

D. 声明为 final 类型的方法不能在其子类中重新定义

12. 编写一个人类 Person，其中包含姓名、性别和年龄属性，还包含构造函数以及显示姓名、性别和年龄的方法。再编写一个学生类 Student，它继承 Person 类，其中包含学号属性，还包含构造函数以及显示学号的方法。最后编写一个主类 TestClass，包含 main( )方法，在 main( )方法中定义两个学生 s1 和 s2 并给他们赋值，最后显示他们的学号、姓名、性别以及年龄。

第4章　面向对象高级特性

上一章学习了面向对象编程的基础知识，理解了什么是类与对象，并学会了如何定义和实例化类。本章将继续学习面向对象的高级特性，包括包与接口、枚举、类型封装器、自动装箱/拆箱、注解以及方法的参数与返回值等内容，其中很多知识都是 JDK 5 以后才有的特性，还有一些是 JDK 8 新增的特性。通过本章的学习，读者将更深入地理解什么是面向对象，更好地理解面向对象的一些特性，为后续学习打下良好的基础。

本章学习目标：

- 掌握包的声明
- 掌握接口的定义与实现
- 掌握接口中的默认方法和静态方法
- 掌握枚举的定义与使用
- 理解 Java 中的枚举是类类型
- 了解类型封装器
- 掌握自动装箱/拆箱
- 了解 Java 注解的使用
- 掌握方法参数的传递方式
- 了解命令行参数

4.1　包

利用面向对象技术开发具体的系统时，通常需要定义许多类，为了更好地管理这些类，Java 引入了包的概念。就像文件夹把各种文件组织在一起，使文件结构更清晰、更有条理一样，Java 中的包把各种类组织在一起，使得程序功能清楚、结构分明。

4.1.1　包的声明

包(package)是多个类的容器，一般不要求处于同一个包中的类有明确的相互关系，如包含、继承等，但是由于同一包中的类默认情况下可以互相访问，所以为了方便编程和管理，通常把需要在一起工作的类放在同一个包中。

创建包的语句需要使用关键字 package，而且 package 语句必须是整个.java 文件的第一行语句，每个.java 文件中最多只能有一条 package 语句。创建包的一般语法格式如下：

```
package 包名;
```

利用这条语句就可以创建一个具有指定名称的包，当前.java 文件中的所有类都被放到这个包中。如果没有 package 语句，那么类将被放到默认包中，默认包没有名称，所以不能被其他包所引用。

例如，下面的语句创建了一个名为 MyPackage 的包：

```
package   MyPackage;
```

Java 使用文件系统目录存储包。例如，对于所有声明为属于 MyPackage 包的类来说，它们的.class 文件必须存储在 MyPackage 目录中，而且目录名称必须和包的名称精确匹配，包括大小写。

也可以创建层次化的包。为此，简单地使用点运算符(.)来分隔每个包的名称。多层级包语句的一般形式如下：

```
package pkg1[.pkg2[.pkg3]];
```

例如，如下声明的包：

```
package com.zhao.entity;
```

需要存储在 Windows 环境下的 com\zhao\entity 目录中。

4.1.2　包查找与 CLASSPATH

包是通过路径反映的，那么在运行 Java 程序时，JVM 如何才能知道在什么地方查找所需要的包呢？答案有 3 部分。首先，默认情况下，JVM 使用当前工作目录作为起始点。如果包位于当前目录的子目录中，就能够找到它。其次，可以通过设置 CLASSPATH 环境变量来指定目录或路径。最后，可以为 java 和 javac 命令使用-classpath 选项，进而指定搜索路径。

例如，对于下面的包：

```
package MyPack
```

程序为了查找 MyPack，下面的三件事情之一必须为真。要么程序从 MyPack 的上一级目录执行，要么 CLASSPATH 被设置为包含到 MyPack 的路径，要么当通过 java 命令运行该程序时，使用-classpath 选项指定到 MyPack 的路径。

当使用后两个选项时，类路径不能包含 MyPack 本身。例如，在 Windows 环境中，如果到 MyPack 的路径是“C:\MyPrograms\Java\MyPack”，那么到 MyPack 的类路径就是“C:\MyPrograms\Java”。

在 Eclipse 中开发 Java 应用程序时，只要程序中不涉及本工程外的包的引用，就无须考虑包的查找问题。

4.1.3　import 语句

将类组成包的目的是更好地使用包中的类。当一个类引用同一包中的其他类时，只需在要使用的属性或方法名前加上类名作为前缀即可；而对于其他包中的类，则需要使用包的名称进行完全限定。例如，要使用 java.util 包中的 Date 类创建一个日期对象：

```
java.util.Date   d =new java.util.Date();
```

很显然，这个类名太长了，如果要使用多次，每次输入这个很长的包路径会让人厌烦。为此，Java 提供了 import 语句。事实上，在第 2 章就曾经使用过该语句来导入 Scanner 类。

一旦使用 import 语句导入类或包后，就可以直接使用类名来引用类。对于程序员来说，使用 import 语句只是为了方便，并非编写完整 Java 程序的技术需求。

在 Java 源文件中，import 语句紧跟在 package 语句(如果有的话)之后，并且在所有类定义之前。如果要引入的包或类有多个，则需要多条 import 语句。

import 语句可以显式地指定一个类名或星号(*)，星号表示引入整个包，该包中的所有类都可以通过类名直接访问。下面的代码段演示了这两种方式的应用：

```
import java.util.Date;
import java.io.*;
```

说明：

Java 基本的语言函数存储在 java.lang 包中，通常，一个 Java 程序会用到 java.lang 包中的很多类。也就是说，每个 Java 程序都要导入该包。为此，编译器隐式地为所有程序导入了 java.lang 包。我们编写 Java 程序时无须再添加 import java.lang.*;语句。

如果使用带星号的 import 语句导入的两个包中具有相同名称的类，那么在使用时，必须显式地使用包名进行限定，否则会产生编译错误。

4.1.4 JDK 中常用的包

JDK 为用户提供了大量的实用类，通常称之为 API(Application Programming Interface)，这些类按功能的不同分别被放进不同的包中，供用户编程使用。其中常用的一些如下：

- java.lang：包含 Java 语言的一些核心类，如 String、Math、Integer、System 和 Thread 等，用于提供一些常用的功能。这个包中的类会被自动导入，对于其中的类，不需要 import 语句即可直接使用。
- java.awt：包含了构成抽象窗口工具集(abstract window toolkits)的多个类，这些类被用来构建和管理应用程序的图形用户界面(GUI)。
- java.applet：包含 applet 运行所需的一些类，其中最重要的一个类是 Applet。
- java.net：包含执行与网络相关的操作的类，如 Socket 类和 ServerSocket 类。
- java.beans：Java Beans 包，该包中的类和接口使得程序员能够创建可重用软件组件。
- java.rmi：Java 远程方法调用包，还包含几个子包，这些包中包含的类和接口使得程序员能够创建分布式的 Java 程序。程序能够使用 RMI 调用其他程序中的方法，不管这些方法是位于同一台计算机中，还是位于网络上的其他计算机中。
- java.security：Java安全包，还包含几个子包，这几个包中包含的类和接口使得程序可以加密数据，并且可以控制访问Java程序的权限。
- javax.swing：这个包及其子包中包含支持 Swing 图形用户界面所需要的许多类和接口。
- java.text：这个包中包含一些用于格式化信息的类，如 DecimalFormat 类。该包还提供了 Java 的国际化能力。
- java.io：包含能提供多种输入/输出功能的类。

- java.util：包含一些实用工具类和聚合类，如定义系统特性、与日期日历相关的函数。
- java.sql：包含许多用于与数据库通信的类，如 DriverManager 类和 Connection 类。

关于以上各个包中的内容，感兴趣的读者请自行参考相关的 Java 文档，限于篇幅，本书不再详细介绍。

4.2　接口

接口是方法定义和常量值的集合，Java 通过接口使得处于不同层次甚至互不相关的类可以拥有相同的行为。一旦定义了接口，就可以由任意数量的类来实现接口。同时，一个类也可以实现任意数量的接口。

4.2.1　接口与类

接口在语法上和类相似，但是它们没有实例变量，并且它们的方法没有方法体。从本质上来看，接口是一种特殊的抽象类，通过关键字 interface 来指明一个类必须做什么，但不需要明确该怎么做。

1. 接口与类的区别

除了没有实例变量和方法体之外，接口和类还有以下不同之处：

1) 接口不能用于实例化对象。

2) 接口没有构造函数。

3) 接口中所有的方法会被隐式地指定为 public abstract。

4) 接口中的变量会被隐式地指定为 public static final，并且只能是 public，用 private 修饰会产生编译错误。

5) 接口不是被类继承了，而是要被类实现。

6) 接口支持多重继承。

2. 抽象类和接口的区别

从本质上来看，接口跟抽象类有很多相似的地方，两者的区别主要体现在以下方面：

1) 抽象类中的方法可以是任意访问类型，并且可以有方法体；而接口中的方法只能是 public，接口中的方法没有方法体(JDK 8 开始支持默认方法)。

2) 抽象类中可以有常量，也可以有变量；接口中只能有常量。

3) 从设计层面讲，抽象类是对类的抽象，接口是对行为的抽象。抽象类是对整个类进行抽象，而接口是对类局部(行为)进行抽象，接口和实现类并不要求在本质上是一样的(“是一个” 的关系)，仅仅只是实现了接口的契约而已。

4) 一个类只能继承一个抽象类，而一个类却可以实现多个接口。利用类可以实现多个接口的特征，可以实现在 Java 中没有定义的多继承功能。

4.2.2 接口的定义

定义接口的一般格式如下：

```
[public] interface interfaceName[extends superInterface]{
    //接口体……
}
```

其中，各字段的含义如下：

- public 是可选项，如果将接口定义为 public 类型，则处于任何位置的类都能够访问该接口，此时该接口必须是当前文件中声明的唯一公有接口，并且文件名必须与接口同名。如果没有指明接口的访问类型，则默认只有相同包中的类可以访问。
- interface 是定义接口的关键字。
- interfaceName 为定义的接口的名称，该名称为合法的 Java 标识符。
- extends 子句表示该接口有父接口，与类的 extends 子句不同的是，一个类只能有一个父类，而一个接口可以有多个父接口，父接口之间用逗号分隔。
- 接口体包含常量定义和方法定义，在接口中定义的常量可以被多个类共享，具有 public、final、static 属性，也就是说，任意类可以访问该常量；接口中只对方法进行声明，没有方法体，而且是用分号结尾，声明的方法具有 public 和 abstract 属性。

说明：

从 JDK 8 开始，可以在接口方法中添加默认实现。然而，默认实现只是构成了一种特殊用途，接口最初的目的没有改变。一般来说，最常创建和使用的仍是不包含默认方法的接口。

按照上面的接口定义标准，定义一个简单的接口，代码如下：

```
interface SayHello {
    final String INFO="Java 程序设计案例教程";
    void printHelloInfo();
}
```

在上面的接口定义中，定义的接口名称为 SayHello，在接口中定义了常量 INFO 和方法 printHelloInfo( )。

提示：

如果在子接口中定义了与父接口同名的常量或者相同的方法，则父接口中的常量被隐藏，方法被重写。

4.2.3 接口的实现

一个类可以实现多个接口。回忆一下，定义类的一般格式如下：

```
[public][abstract | final] class <class_name> [extends <supperClass>][implements <interface_name>]{
        //类主体
}
```

上述定义中，implement <interface_name>就是需要实现的接口。如果要实现的接口有多个，不同接口之间用逗号分开。

一个类要实现接口时，需要注意以下问题：

- 在类的声明部分，用 implements 关键字声明该类将要实现哪些接口。
- 如果实现某接口的类不是 abstract 的抽象类，则在类的定义部分必须实现指定接口中定义的所有抽象方法，即为所有抽象方法定义方法体。
- 如果实现某接口的类是 abstract 的抽象类，则它可以不实现该接口的所有方法。但是该抽象类的任何一个非抽象子类，都必须实现其父类所实现的接口中的所有抽象方法。
- 一个类在实现某接口的抽象方法时，必须使用完全相同的方法头。如果所实现的方法与抽象方法有相同的方法名和不同的参数列表，则只是在重载一个新的方法，而不是实现已有的抽象方法。
- 接口中方法的访问控制符都已指定为 public，所有类在实现方法时，必须显式地使用 public 修饰符，否则系统将警告缩小了接口中定义的方法的访问控制范围。

【案例 4-1】新建两个 Java 类，这两个类均实现前面创建的 SayHello 接口。

在 Eclipse 中新建 Java 工程 ch04，在该工程中首先新建一个接口 SayHello，代码如前所述。然后新建类 People 和 Dog，这两个类都实现了 SayHello 接口。

在“New Java Class”对话框中，单击 Interface 后面的 Add 按钮，如图 4-1 所示，将打开如图 4-2 所示的选择类要实现的接口的对话框，在该对话框中可以输入要实现的接口名，或者从下面的匹配列表中选择，然后单击 OK 按钮，即可将其添加到“New Java Class”对话框的 Interface 列表中。

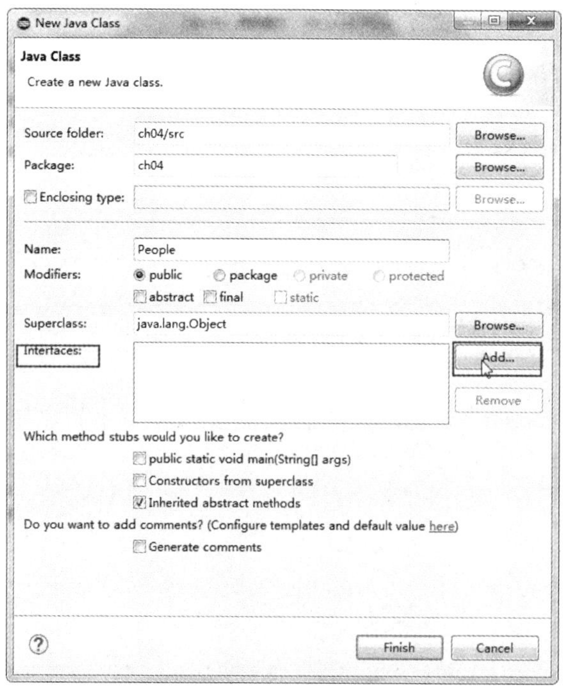

图 4-1　“New Java Class”对话框

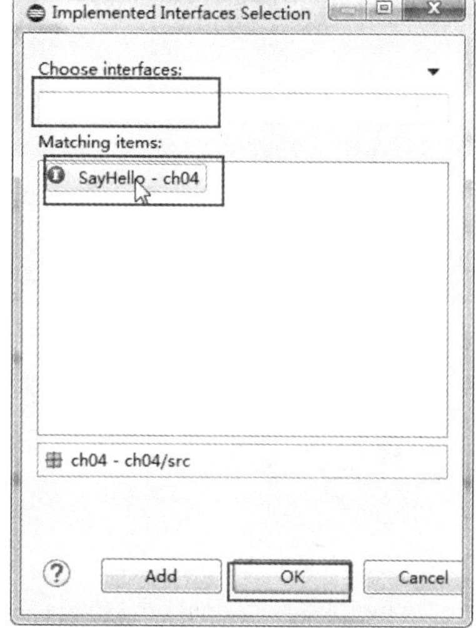

图 4-2　选择类要实现的接口

此时新建的类将自动生成要实现的接口中的方法，如下所示：

```
public class People implements SayHello {
    @Override
    public void printHelloInfo() {
        // TODO Auto-generated method stub

    }
}
```

接下来，只需在方法体内添加具体的实现代码即可。

在 People 类中，我们添加一个成员变量和构造函数，同时添加 printHelloInfo 的实现代码，完整的代码如下：

```
public class People implements SayHello {
    private String name;
    public People(String name){
        this.name=name;
    }
    @Override
    public void printHelloInfo() {
        System.out.println("我叫"+name);
        System.out.println("我正在学习  "+INFO);
    }
}
```

Dog 类的完整代码如下：

```
public class Dog implements SayHello {
    private String breed;
    public Dog(String breed){
        this.breed=breed;
    }
    @Override
    public void printHelloInfo() {
        System.out.println("我是一只" + breed);
        System.out.println("我的主人正在学习  "+INFO);
    }
}
```

接着，创建一个测试类 Test，在该类中添加 main( )方法，编写测试代码，如下：

```
public class Test {
    public static void main(String[] args) {
        People p=new People("齐果果");
        Dog d=new Dog("贵宾犬");
        p.printHelloInfo();
        d.printHelloInfo();
    }
}
```

程序的运行结果如下：

```
我叫齐果果
我正在学习　Java 程序设计案例教程
我是一只贵宾犬
我的主人正在学习　Java 程序设计案例教程
```

本例中的两个实现类是完全没有任何联系的，通过这个例子，读者可以更好地理解接口是对行为进行抽象，实现接口的类与接口不存在“是一个”的关系。

4.2.4　嵌套接口

与内部类类似，接口也可以声明为某个类或另外一个接口的成员，这种接口称为成员接口或嵌套接口。与顶级接口不同的是，嵌套接口可以被声明为 public、private 或 protected；而顶级接口要么被声明为 public，要么使用默认访问级别。

在声明嵌套接口的类或接口之外，必须使用包含它的类或接口进行限定。

【案例 4-2】嵌套接口示例。

在 ch04 工程中新建类 NestIntfDemo，在该文件中添加一个类 A，在类 A 中内嵌接口 NestIntf，然后定义一个类 B 来实现类 A 中的接口，完整的代码如下：

```
class A {
    public interface NestIntf {
        boolean isPass(int x);
    }
}
class B implements A.NestIntf {
    public boolean isPass(int x) {
        return x < 60 ? false : true;
    }
}
public class NestIntfDemo {
    public static void main(String args[]) {
        A.NestIntf nif = new B();
        if (nif.isPass(70))
            System.out.println("考试通过");
        else
            System.out.println("考试不及格");
    }
}
```

程序运行结果如下：

```
考试通过
```

本例中，在类 A 中定义了成员接口 NestIntf，并且将之声明为 public。接下来，类 B 实现了嵌套接口，implements 后面跟的是使用类名限定的接口名 A.NestIntf。

在 main( )方法中，创建了接口 A.NestIntf 的一个引用，命名为 nif，并且将其赋值为对 B 对象的引用。因为类 B 实现了 A.NestIntf，所以这是合法的。

4.2.5　默认方法和静态方法

默认方法和静态方法都是 JDK 8 为接口添加的新功能。在 JDK 8 之前，接口指定的方法都是抽象方法，不包含方法体，当然这样的方法也就不能是静态方法。JDK 8 的发布改变了这一点。

1. 默认方法

默认方法是指允许为接口方法定义默认实现，使其不再是抽象方法。推出默认方法的主要动机是提供一种扩展接口的方法，而不破坏现有代码。例如，如果为一个使用广泛的接口添加一个新方法，那么由于找不到新方法的实现，现有实现该接口的类都需要添加这个新方法的实现(即使新方法对有的类没有用，也必须添加一个空的方法体实现)。而有了默认方法后，就不用显式地去修改所有现有的实现类了。

添加默认方法并没有改变接口的关键特征：不能维护状态信息。例如，接口仍然不能有实例变量。因此，接口与类之间决定性的区别是类可以维护状态信息，而接口不可以。

为接口定义默认方法，类似于为类定义方法。主要区别在于，默认方法的声明前面带有关键字 default。例如，为案例 4-1 中的 SayHello 接口添加一个默认方法：

```
public interface SayHello {
    final String INFO="Java 程序设计案例教程";
    void printHelloInfo();
    default String getInfo(){
        return "这是默认方法";
    }
}
```

新增的默认方法 getInfo( )包含一个默认实现。因为该方法包含默认实现，所以实现该接口的类不需要重写这个方法。换句话说，现有实现接口的类无须修改代码即可保持原有功能；而如果没有默认方法，为接口新增一个方法后，所有实现该接口的类都需要添加新方法的实现，否则将产生编译错误。

2. 静态方法

JDK 8 为接口添加的另一项新功能是可以定义一个或多个静态方法。类似于类中的静态方法，接口定义的静态方法可以独立于任何对象调用。因此，在调用静态方法时，不需要实现接口，也不需要接口的实例。相反，通过使用接口名加点运算符(.)即可调用静态方法。

在 SayHello 接口中添加一个静态方法，以展示接口中静态方法的使用。这个静态方法将返回一个 double 类型的 PI 值，如下所示：

```
public interface SayHello {
    final String INFO="Java 程序设计案例教程";
    void printHelloInfo();
    default String getInfo(){
        return "这是默认方法";
    }
```

```
    //定义一个静态方法
    static double getPI() {
        return 3.1415926;
    }
}
```

此时，无须实现接口的类，也不需要任何实例，就可以通过如下语句来调用 getPI( )方法：

```
double pi=SayHello.getPI();
```

提示：
实现接口的类或子接口不会集成接口中的静态方法。

4.2.6　适配器

通过前面的学习我们了解到，使用一个接口意味着必须为该接口的所有方法编码，即使有些方法程序中并不需要。如果不需要的方法太多，这会给程序员带来很多无用的编码工作。解决这一问题的一种方法就是将方法都声明为默认方法，但这对于以前的版本来说需要做一些额外的工作。另一种解决该问题的方法就是使用适配器(adapter)。

适配器是一个特殊的类，它扮演类与接口之间的中介角色，适配器类为接口中的所有方法添加空的实现，这样，我们就可以继承适配器类，然后重写需要的方法即可。

在标准 Java 程序包中为每个接口都提供了一个适配器。例如，与鼠标事件相关的适配器为 MouseAdapter，它实现了多个鼠标监听器接口： MouseListener、MouseWheelListener 和 MouseMotionListener。该类为接口中的所有方法提供了空实现，如下所示：

```
public abstract class MouseAdapter implements MouseListener, MouseWheelListener,
MouseMotionListener {
        public void mouseClicked(MouseEvent e) {}
        public void mousePressed(MouseEvent e) {}
        public void mouseReleased(MouseEvent e) {}
        public void mouseEntered(MouseEvent e) {}
        public void mouseExited(MouseEvent e) {}
        public void mouseWheelMoved(MouseWheelEvent e){}
        public void mouseDragged(MouseEvent e){}
        public void mouseMoved(MouseEvent e){}
}
```

读者或许会产生这样的疑问：为什么不一直使用适配器呢？原因是 Java 只允许继承一个超类，如果我们要扩展的类已经继承了其他类，则不能再继承适配器类，此时只能通过实现接口的方式。

4.3　枚举

枚举(enumeration)是从 JDK 5 开始被添加到 Java 中的。形式最简单的枚举是一系列具有名称的常量。在 Java 中，枚举定义了一种类类型。通过将枚举定义为类，极大地扩展了枚举的功能。例如在 Java 中，枚举可以具有构造函数、成员方法以及成员变量。

4.3.1　定义和使用枚举

枚举的创建和使用都比较简单，下面通过一个简单的示例讲解如何定义和使用枚举。

1. 创建枚举

创建枚举需要使用关键字 enum。例如，下面是一个简单的枚举，其中列出了一个星期中的每一天：

```
enum Week{
    Monday,Tuesday,Wednesday,Thursday,Friday,Saturday,Sunday
}
```

标识符 Monday、Tuesday 等被称为枚举常量。每个枚举常量被隐式声明为 Week 的 public static final 成员。此外，枚举常量的类型是声明它们的枚举的类型，本例为 Week。在 Java 语言中，这些常量被称为是“自类型化的”(self-typed)，其中的“自”是指封装常量的枚举。

2. 使用枚举

定义了枚举之后，可以创建枚举类型的变量。但是，尽管枚举定义了类类型，却不能使用 new 运算符来实例化枚举。枚举变量的声明和使用方式与基本类型有些相似。例如，下面声明了一个 Week 枚举类型的变量 wk：

```
Week wk;
```

因为 wk 是 Week 类型，所以只能被赋值为 Week 枚举中定义的那些值。例如：

```
wk = Week.Friday;
```

注意：
使用枚举中定义的值给枚举变量赋值时，需要使用枚举类型名称加点运算符(.)。

可以使用关系运算符“==”和“!=”来比较两个枚举常量的相等性，但是不能使用“>”、“<”、“>=”和“<=”运算符。例如：

```
if(wk == Week.Monday);           // 不会产生编译错误
if(wk >= Week.Monday);           // 产生编译错误，不能使用>=运算符
```

如果使用 println( )语句来输出枚举常量，例如下面的语句：

```
System.out.println(Week.Sunday);
```

会输出 Sunday，而没有“Week.”。

枚举值也可用于 switch 语句。当然，所有 case 语句使用的常量的枚举类型，都必须与 switch 表达式使用的枚举类型相同。

【案例 4-3】声明一个表示星期的枚举类型，利用该枚举类型演示将枚举值应用于 switch

语句的用法。

在 ch04 工程中新建类 EnumDemo，在该类所在文件中添加枚举类型的定义，在 EnumDemo 的 main( )方法中编写测试代码，完整的代码如下：

```
enum Week{
    Monday,Tuesday,Wednesday,Thursday,Friday,Saturday,Sunday
}
public class EnumDemo {
    public static void main(String[] args) {
        Week wk = Week.Friday;
        System.out.println("wk 的值为：" + wk);
        System.out.println("wk == Week.Monday 的值为：" + (wk == Week.Monday));
        switch (wk) {
        case Monday:
            System.out.println("星期一");
            break;
        case Tuesday:
            System.out.println("星期二");
            break;
        case Wednesday:
            System.out.println("星期三");
            break;
        case Thursday:
            System.out.println("星期四");
            break;
        case Friday:
            System.out.println("星期五");
            break;
        case Saturday:
            System.out.println("星期六");
            break;
        case Sunday:
            System.out.println("星期日");
            break;
        }
    }
}
```

注意在case语句中，枚举常量的名称没有使用枚举类型的名称进行限定(没有“Week.”)。这是因为switch表达式中的枚举类型已经隐式指定了case常量的枚举类型，所以在case语句中不需要使用枚举类型的名称对常量进行限定。

该程序的输出结果如下：

```
wk 的值为：Friday
wk == Week.Monday 的值为：false
星期五
```

3. values( )和 valueOf( )方法

所有枚举都自动包含两个预定义方法：values( )和 valueOf( )。它们的一般形式如下所示：

```
public static enum-type [ ] values( )
public static enum-type valueOf(String str )
```

其中，enum-type 是枚举类型。values( )方法返回一个包含枚举常量列表的数组，valueOf( )方法返回与传递到参数 str 的字符串相对应的枚举常量。

例如，对于前面的 Week 枚举，Week.valueOf("Monday")返回的是枚举值 Monday。Week.values( )返回一个枚举数组，可以通过增强的 for 循环遍历其结果，例如下面的代码段将输出枚举中定义的所有值：

```
Week[] wks=Week.values();
for(Week w:wks)
    System.out.println(w);
```

4.3.2 为枚举添加类成员

在 Java 中，枚举是类类型。虽然不能使用 new 运算符实例化枚举，但是枚举却有许多和类相同的功能。枚举定义了类，这为 Java 枚举提供了超乎寻常的功能。例如，可以为枚举提供构造函数、添加实例变量和方法，甚至可以实现接口。

每个枚举常量都是所属枚举类型的对象。因此，如果为枚举定义了构造函数，那么当创建每个枚举常量时都会调用该构造函数。此外，对于枚举定义的实例变量，每个枚举常量也都有自己的副本。

【案例 4-4】为前面创建的 Week 枚举添加类成员。

打开类 EnumDemo，修改 Week 枚举的定义，为枚举添加一个字符变量 cnValue，表示中文的星期几，然后添加一个构造函数，在构造函数中初始化该成员变量，然后添加一个返回 cnValue 值的 getxxx( )方法，修改后的代码如下：

```
enum Week {
    Monday("星期一"), Tuesday("星期二"), Wednesday("星期三"), Thursday("星期四"), Friday("星期五"), Saturday("星期六"), Sunday("星期日");        //对象之间以逗号分隔，最后以分号结束
    String cnValue;
    private Week(String value) {
        cnValue = value;
    }
    public String getCnValue() {
        return cnValue;
    }
}
```

前面提到过，每个枚举常量都是所属枚举类型的对象。因此，当创建每个枚举常量时都会调用该构造函数。上述代码中的 Monday("星期一")就是创建 Monday 时，传入实参“星期一”调用构造函数。

此时，下面的测试代码段将输出所有枚举常量的中文值：

```
Week[] wks=Week.values();
for(Week w:wks)
    System.out.println(w.getCnValue());
```

输出如下所示：

```
星期一
星期二
星期三
星期四
星期五
星期六
星期日
```

因为每个枚举常量都有自己的 cnValue 变量副本，所以可以调用 getCnValue( )方法来获取不同的中文值。

也可以为枚举提供多个重载的构造函数，就像其他类那样。另外，枚举和类还有一些不同的地方：第一，枚举不能继承其他类；第二，枚举不能是父类。

说明：
每个枚举常量都是定义它的枚举类的对象。

4.3.3 Enum 类

尽管声明枚举时不能继承超类，但是所有枚举都自动继承超类 java.lang.Enum，这个类定义了所有枚举都可以使用的一些方法。Enum 是一个泛型类，有关泛型的知识将在第 6 章介绍集合框架时详细讨论，在此先讨论 Enum 类的 3 个常用方法。

- final int ordinal( )：该方法返回调用常量的序数值，序数值是指枚举常量在常量列表中的位置，从 0 开始依次递增。
- final int compareTo(enum-type e)：比较相同类型的两个枚举常量的序数值，调用常量和 e 必须是相同的枚举。如果调用常量的序数值小于 e 的序数值，那么 compareTo( )方法返回负值；如果两个序数值相同，就返回 0；如果调用常量的序数值大于 e 的序数值，就返回正值。
- final boolean equals(Object other)：比较枚举常量和其他对象的相等性，该方法重写了 Object 类定义的 equals( )方法。尽管 equals( )方法可以将枚举常量和任意其他对象进行比较，但是只有当两个对象都引用同一个枚举中相同的常量时，它们才相等。如果两个常量来自不同的枚举，那么即使它们的序数值相同，equals( )方法的比较结果也是 false。

对于前面的枚举类型 Week，下面的测试代码段演示了 ordinal( )、compareTo( )以及 equals( )方法的使用情况：

```
public static void main(String[] args) {
    Week wk1,wk2,wk3;
    wk1=Week.Monday;
    wk2=Week.Saturday;
```

```
        wk3=Week.Monday;
        System.out.println("Monday 的序数值为 "+wk1.ordinal());
        System.out.println("Saturday 的序数值为 "+wk2.ordinal());
        System.out.println(wk1.compareTo(wk2));
        System.out.println(wk1.compareTo(wk3));
        System.out.println(wk1.equals(wk3));
        System.out.println(wk1==wk3);
}
```

该程序的输出结果如下：

```
Monday 的序数值为 0
Saturday 的序数值为 5
-5
0
true
true
```

从运行结果可以看出，可以使用 compareTo( )、equals( )和“==”比较两个枚举引用的相等性，其中 compareTo( )方法返回的是整型值，需要进一步判断返回值的大小，确定两个枚举的大小，而 equals( )方法和“==”运算符直接返回布尔值 true 或 false。

4.4　类型封装器

前面已经学习过，出于性能考虑，Java 使用的基本类型不是面向对象的。这些基本的数据类型通过值传递给方法，不能直接通过引用进行传递。但有时候，需要创建表示这些基本类型的对象。为了满足这一需求，Java 提供了类型封装器，用来将基本类型封装到对象中。类型封装器是与每种基本类型对应的类，包括 Double、Float、Long、Integer、Short、Byte、Character 以及 Boolean。这些类提供了大量的方法，通过这些方法可以完全将基本类型集成到 Java 的对象层次中。

4.4.1　数值类型封装器

最常用的类型封装器是那些表示数值的封装器，包括 Byte、Short、Integer、Long、Float 以及 Double。

1. 抽象类 Number

用于封装数值类型 byte、short、int、long、float 以及 double 的类都派生自抽象类 Number。Number 定义了一些以不同数字格式从对象返回数值的方法，如下所示：

```
byte byteValue( )
double doubleValue( )
float floatValue( )
int intValue( )
long longValue( )
short shortValue( )
```

这些方法返回的值可能会被舍入，也有可能被截断。例如，doubleValue( )方法返回 double 类型的值，floatValue( )方法返回 float 类型的值，等等。每个数值类型封装器都实现了这些方法。

所有数值类型封装器都定义了用于从给定数值或数值的字符串表示形式构造对象的构造函数。例如，下面是为 Integer 类型封装器定义的构造函数：

```
Integer(int num)
Integer(String str)
```

如果 str 没有包含有效的数值，就会抛出 NumberFormatException 异常。

所有类型封装器都重写了 toString( )方法，用来返回封装器所包含数值的人类可以阅读的形式，从而可以通过将封装器对象传递给 println( )方法来输出数值。例如，不必将之转换为基本类型。

2. 整数类型封装器

Byte、Short、Integer 和 Long 类分别是整数类型 byte、short、int 以及 long 的封装器。这些类都定义了如表 4-1 所示的常量。

表 4-1　整数类型封装器中定义的常量

常量	描述
BYTES	使用字节数表示的整数类型的宽度(JDK 8 新增)
MIN_VALUE	最小值
MAX_VALUE	最大值
SIZE	被封装的值的位宽
TYPE	byte、short、int 或 long 的 Class 对象

数值类型封装器用得最多的就是将数字的字符串表示形式转换成相应的内部二进制格式。Byte、Short、Integer 以及 Long 类分别提供了 parseByte( )、parseShort( )、parseInt( )以及 parseLong( )方法。这些方法将返回数值字符串的 byte、short、int 或 long 类型的等价形式(Float 和 Double 类也有类似的方法)。

为了将整数转换为十进制字符串，可以使用 Byte、Short、Integer 或 Long 类定义的 toString( )方法。Integer 和 Long 类还定义了 toBinaryString( )、toHexString( )和 toOctalString( )方法，这些方法相应地将数值转换为二进制、十六进制或八进制字符串。

【案例 4-5】使用整数类型封装器完成整数与字符串的相互转换。

在 ch04 工程中新建 Java 类 StringConvert，在 main( )方法中添加如下测试代码：

```
public class StringConvert {
    public static void main(String[] args) {
        String strNum = "987654321";
        Integer intObj = new Integer(23456);
        int num = intObj.intValue();
        long lNum = Long.parseLong(strNum);
        System.out.println(num + " " + lNum);
```

```
            System.out.println(num + "的二进制表示: " + Integer.toBinaryString(num));
            System.out.println(num + "的八进制表示: " + Integer.toOctalString(num));
            System.out.println(num + "的十六进制表示: " + Integer.toHexString(num));
            System.out.println(lNum + "的二进制表示: " + Long.toBinaryString(lNum));
            System.out.println(lNum + "的八进制表示: " + Long.toOctalString(lNum));
            System.out.println(lNum + "的十六进制表示: " + Long.toHexString(lNum));
        }
    }
```

程序的输出结果如下：

```
23456 987654321
23456 的二进制表示: 101101110100000
23456 的八进制表示: 55640
23456 的十六进制表示: 5ba0
987654321 的二进制表示: 111010110111100110100010110001
987654321 的八进制表示: 7267464261
987654321 的十六进制表示: 3ade68b1
```

本例中将整型值 23456 封装到 Integer 对象中，然后调用 intValue( )方法以获取这个数值；而 long 型数值则是通过 parseLong( )方法将字符串形式的数值转换为 long 型数值。接下来使用 toBinaryString( )、toOctalString( )和 toHexString( )方法将 int 和 long 型数值转换为二进制、八进制和十六进制表示的字符串。

3. 浮点型类型封装器

Double 和 Float 分别是 double 和 float 浮点值的封装器。Float 和 Double 类中定义的常量如表 4-2 所示。

表 4-2　浮点型类型封装器中定义的常量

常量	描述
BYTES	使用字节数表示的 float 或 double 的宽度(JDK 8 新增)
MAX_EXPONENT	最大指数值
MAX_VALUE	最大正数值
MIN_EXPONENT	最小指数值
MIN_NORMAL	最小正标准值
MIN_VALUE	最小正数值
NaN	非数字
POSITIVE_INFINITY	正无穷大
NEGATIVE_INFINITY	负无穷大
SIZE	被封装的值的位宽
TYPE	float 或 double 的 Class 对象

Float 和 Double 类都提供了 isInfinite( )和 isNaN( )方法，这两个方法用于测试 IEEE 浮点规范定义的两个独特的值：无穷值和 NaN(Not a Number，非数字)。如果测试的值在数

量上为无穷大或无穷小，那么 isInfinite( )方法返回 true。如果测试的值不是数字，那么 isNaN( )方法返回 true。

【案例 4-6】演示 Float 和 Double 类中 isInfinite( )和 isNaN( )方法的用法。

在 ch04 工程中新建 Java 类 InfiniteNaN，在 main( )方法中添加如下测试代码：

```
public class InfiniteNaN {
    public static void main(String[] args) {
        Double d1 = new Double(1/0.);
        Double d2 = new Double(0/0.);
        System.out.println(d1 + "是无穷值：" + d1.isInfinite());
        System.out.println(d2 + "是无穷值：" + d2.isInfinite());
        System.out.println(d1 + "是非数字：" + d1.isNaN());
        System.out.println(d2 + "是非数字：" + d2.isNaN());
    }
}
```

该程序生成的输出如下所示：

```
Infinity 是无穷值：true
NaN 是无穷值：false
Infinity 是非数字：false
NaN 是非数字：true
```

4.4.2　Character 封装器

Character 是 char 类型的封装器。Character 类的构造函数为：

```
Character(char ch)
```

其中，ch 指定了由即将创建的 Character 对象封装的字符。

使用该类的 charValue( )方法可以获取 Character 对象中的 char 值，该类定义的常量如表 4-3 所示。

表 4-3　Character 类定义的常量

常量	描述
BYTES	使用字节数表示的 char 的宽度(JDK 8 新增)
MAX_RADIX	最大基数
MIN_RADIX	最小基数
MAX_VALUE	最大字符值
MIN_VALUE	最小字符值
TYPE	char 的 Class 对象

Character 类提供了一些对字符进行分类以及改变字符大小写的静态方法，常用的方法有：

- isDigit(char ch)：如果 ch 是数字，就返回 true；否则返回 false。
- isLetter(char ch)：如果 ch 为字母，就返回 true；否则返回 false。
- isLetterOrDigit(char ch)：如果 ch 为字母或数字，就返回 true；否则返回 false。
- sLowerCase(char ch)：如果 ch 为小写字母，就返回 true；否则返回 false。

- isSpaceChar(char ch)：如果 ch 为 Unicode 空格字符，就返回 true；否则返回 false。
- isUpperCase(char ch)：如果 ch 为大写字母，就返回 true；否则返回 false。
- isWhitespace(char ch)：如果 ch 为空白字符，就返回 true；否则返回 false。
- toLowerCase(char ch)：返回与 ch 等价的小写形式。
- toUpperCase(char ch)：返回与 ch 等价的大写形式。

4.4.3 Boolean 封装器

Boolean 类是用来封装布尔值的封装器，其构造函数如下：

```
Boolean(boolean boolValue)
Boolean(String boolString)
```

在第一个构造函数中，boolValue必须是true或false；在第二个构造函数中，如果boolString包含字符串“true”(大写或小写形式都可以)，那么新的Boolean对象将为true，否则将为false。

可以使用 booleanValue( )方法从 Boolean 对象获取布尔值。

Boolean 类包含两个常量：TRUE 和 FALSE，它们定义了真假 Boolean 对象。Boolean 还定义了 TYPE 域变量，也就是布尔类型的 Class 对象。

4.4.4 自动装箱

从 JDK 5 开始，Java 增加了两个重要特性：自动装箱和自动拆箱。自动装箱是指：无论何时，只要需要基本类型的对象，就将基本类型自动封装(装箱)到与之等价的类型封装器中，而不需要显式地构造对象。自动拆箱则是当需要时自动抽取(拆箱)已装箱对象的数值，不需要调用 intValue( )或 doubleValue( )这类方法。

自动装箱和自动拆箱特性极大地简化了一些算法的编码，移除了单调乏味的手动装箱和拆箱数值操作。有了自动装箱特性，封装基本类型将不必再手动创建对象。只需要将数值赋给类型封装器引用即可，Java 会自动创建对象。例如，前面构造 Integer 对象的语句可以不使用 new 运算符，下面是构造具有数值 100 的 Integer 对象的现代方式：

```
Integer intObj = 23456;             // 自动装箱
```

为了拆箱对象，可以简单地将对象引用赋值给基本类型的变量，而无须使用 intValue( )方法。例如：

```
int i = intObj;                     // 自动拆箱
```

1. 表达式中的自动装箱/拆箱

无论何时，当需要将基本类型转换为对象或将对象转换为基本类型时，都会发生自动装箱和自动拆箱。在表达式中也是如此。

【案例 4-7】数值对象直接参与表达式计算。

在 ch04 工程中新建 Java 类 AutoBox，在 main( )方法中添加如下测试代码：

```
public class AutoBox {
    public static void main(String[] args) {
```

```
        Integer intObj;
        Double dObj = 98.6;
        int i;
        intObj = 100;
        System.out.println("intObj 的值为：" + intObj);
        ++intObj;    //数值对象 自增运算
        System.out.println("++intObj 后的值为：" + intObj);
        i = intObj / 3;
        System.out.println("intObj /3 的值为：" + i);
        intObj += (intObj / 3);
        System.out.println("表达式计算后 intObj 的值为：" + intObj);
        System.out.println(" dObj 的值为：" + dObj);
        dObj *=intObj;
        System.out.println("表达式计算后 dObj 的值为：" + dObj);
    }
}
```

程序的运行结果如下：

```
intObj 的值为：100
++intObj 后的值为：101
intObj/3 的值为：33
表达式计算后 intObj 的值为：134
dObj 的值为：98.6
表达式计算后 dObj 的值为：13212.4
```

从程序运行结果可以看出，通过自动装箱与拆箱，表达式中的数值对象就像基本数据类型的变量一样。在++intObj;语句中，首先将 intObj 自动拆箱，然后将值递增，最后将结果自动装箱。

2. 布尔型和字符型数值的自动装箱/拆箱

如前所述，Java 也为布尔和字符类型提供了封装器，它们是 Boolean 和 Character。这些封装器也应用自动装箱/拆箱特性。例如，下面的语句都是合法的：

```
Boolean b = true;
if(b)
    System.out.println("b is true");
Character ch = 'D';          // box a char
char ch2 = ch;               // unbox a char
```

因为提供了自动装箱/拆箱特性，所以在 if 语句或循环结构的条件表达式中，都可以使用 Boolean 对象。

3. 不滥用自动装箱/拆箱

既然 Java 提供了自动装箱/拆箱特性，有些程序员可能会专门使用类型封装器，而完全放弃基本类型。例如，可能使用自动装箱/拆箱编写类似下面的代码：

```
Double a, b, c;
```

```
a = 10.0;
b = 4.0;
c = Math.sqrt(a*a + b*b);
System.out.println("斜边长为 " + c);
```

在这个例子中，使用Double类型的对象保存用于计算直角三角形斜边的值。尽管这段代码从技术上讲是正确的，并且可以很好地工作，但这是对自动装箱/拆箱的滥用。与使用基本类型double编写的等价代码相比，上面代码的效率低很多。原因是每次进行自动装箱/拆箱都会增加开销，而使用基本类型不需要这些开销。

通常，应当限制类型封装器的使用，只有当需要基本类型的对象表示形式时才使用。

4.5　注解(元数据)

从 JDK 5 开始，Java 支持在源文件中嵌入补充信息，这类信息称为注解(annotation)。注解不会改变程序的动作，因此也就不会改变程序的语义。但是在开发和部署期间，各种工具可以使用这类信息。例如，源代码生成器可以处理注解。

说明：

术语“元数据”(metadata)也用于表示这个特性，但是“注解”更具描述性并且更常用。

4.5.1　声明和使用注解

注解是一种代码级别的说明。它与类、接口、枚举在同一个层次。它可以声明在包、类、字段、方法、局部变量、方法参数等的前面，用来对这些元素进行说明、注释。

1. 声明注解

注解是通过基于接口的机制创建的。例如，下面的代码声明了注解 MyAnno：

```
@interface MyAnno {
   String str();
   int val();
}
```

首先，注意关键字 interface 前面的@，这告诉编译器正在声明一种注解类型。该注解有两个成员：str( )和 val( )。所有注解都只包含方法声明。但是，不能为这些方法提供方法体，而是由 Java 实现这些方法。后面即将看到，这些方法的行为更像是成员变量。

注解不能包含 extends 子句。所有注解类型都自动扩展了 java.lang.annotation.Annotation 接口。因此，Annotation 是所有注解的超接口。该接口重写了 hashCode( )、equals( )以及 toString( )方法，这些方法是由 Object 类定义的。另外还指定了 annotationType( )方法，该方法返回表示调用注解的 Class 对象。

2. 应用注解

在 JDK 8 之前，注解只能用于声明，JDK 8 添加了使用注解类型的功能，稍候会单独介绍。这里先来看一下如何将注解应用于声明。

所有类型的声明都可以有与之关联的注解。例如，类、方法、域变量、参数以及枚举常量都可以带有注解。甚至注解本身也可以应用注解。

应用注解时，注解要放在声明的最前面，并且要为注解的成员提供值。例如，将前面声明的 MyAnno 应用到某个方法的声明中：

```
@MyAnno(str = "我的注解", val = 100)
public static void myMeth() {              // ...
```

应用注解时，注解的名称以@作为前缀，后面跟一对圆括号，括号内是成员初始化列表。成员初始化的方式类似于赋值语句，并且在这条赋值语句中，只使用成员的名称，后面没有括号。因此，在这个上下文中，注解成员看起来更像是域变量。

3. 指定保留策略

在进一步介绍注解之前，有必要讨论一下注解保留策略。保留策略决定了在什么位置丢弃注解。Java 定义了 3 种策略：SOURCE、CLASS 和 RUNTIME，它们被封装到 java.lang.annotation.RetentionPolicy 枚举中。

- 使用 SOURCE 保留策略的注解，只在源文件中保留，在编译期间会被抛弃。
- 使用 CLASS 保留策略的注解，在编译时被存储到.class 文件中。但是，在运行时通过 JVM 不能得到这些注解。
- 使用 RUNTIME 保留策略的注解，在编译时被存储到.class 文件中，并且在运行时可以通过 JVM 获取这些注解。因此，RUNTIME 保留策略提供了最永久的注解。

注意：
局部变量声明的注解不能存储在.class文件中。

保留策略是通过 Java 的内置注解——@Retention 指定的，它的一般形式如下：

```
@Retention(retention-policy)
```

其中，retention-policy 必须是上面 3 个枚举常量之一。如果没有为注解指定保留策略，将使用默认策略 CLASS。

修改 MyAnno 的声明，使用@Retention 注解指定其保留策略为 RUNTIME，如下所示：

```
@Retention(RetentionPolicy.RUNTIME)
@interface MyAnno {
    String str();
    int val();
}
```

4. 使用默认值

可以为注解成员提供默认值，应用注解时如果没有为注解成员指定值，就会使用默认值。默认值是通过为成员声明添加 default 子句指定的，一般形式如下所示：

```
type member() default value;
```

其中，value 的类型必须与 type 兼容。

为@MyAnno 注解的两个成员分别添加默认值，代码如下：

```
@Retention(RetentionPolicy.RUNTIME)
@interface MyAnno {
  String str() default "默认注解";
  int val() default 100;
}
```

这个声明为 str 提供了默认值“默认注解”，并为 val 提供了默认值 100。这意味着使用@MyAnno 时可以不用指定这两个值。当然，也可以指定其中的一个或两个值。所以，通过以下 4 种方式使用@MyAnno 都是合法的：

```
@MyAnno()                              // 两个成员都使用默认值
@MyAnno(str = "我的注解")              // 只指定 str 的值，val 使用默认值
@MyAnno(val = 10)                      // str 使用默认值
@MyAnno(str = "我的注解", val = 10) // 指定两个成员的值
```

4.5.2　使用反射获取注解

尽管设计注解的目的主要是用于其他的开发和部署工具，但是如果为注解指定 RUNTIME 保留策略，那么任何程序在运行时都可以使用反射来查询注解。反射是能够在运行时获取类相关信息的特性。反射 API 位于 java.lang.reflect 包中。

1. 获取方法关联的注解

使用反射的第一步是获取 Class 对象，表示希望获取其中注解的类。Class 是 java.lang 包中的一个泛型类。可以使用多种方式来获取 Class 对象。其中最简单的方式是调用 Object 类的 getClass( )方法，它的一般形式如下所示：

```
final Class<?> getClass()
```

该方法返回用来表示调用对象的 Class 对象。Class 后面的<?>表示通用泛型。

获得 Class 对象后，可以使用其方法获取与类声明中各个条目相关的信息，包括注解。如果希望获取与类声明中特定条目关联的注解，那么首先必须获取表示该特定条目的对象。例如，Class 泛型类提供的 getMethod( )、getField( )以及 getConstructor( )方法分别用于获取与方法、域变量以及构造函数相关的信息，这些方法返回 Method、Field 以及 Constructor 类型的对象。

【案例 4-8】使用反射显示与某个方法关联的注解。

在 ch04 工程中选择 File | New | Annotation 命令，新建一个注解 MyAnno，完整的代码如下：

```
import static java.lang.annotation.RetentionPolicy.RUNTIME;
import java.lang.annotation.Retention;
@Retention(RUNTIME)
public @interface MyAnno {
        String str() default "默认注解";
        int val() default 100;
}
```

新建一个 Java 类 UseAnnotation，为在该类中声明的方法 fun1 应用@MyAnno 注解。在 main( )方法中编写代码，通过反射获取注解信息，完整的代码如下：

```
import java.lang.reflect.Method;
public class UseAnnotation {
    @MyAnno(str = "方法带参数")
    public void fun1(double d,String s) {
    }
    public static void main(String[] args) {
        UseAnnotation obj = new UseAnnotation();
        try {
            Class<?> c = obj.getClass();
            Method m = c.getMethod("fun1", double.class, String.class);
            MyAnno anno = m.getAnnotation(MyAnno.class);
            System.out.println(anno.str() + " " + anno.val());
        } catch(NoSuchMethodException exc) {
            System.out.println("方法不存在.");
        }
    }
}
```

在 main( )方法中，声明了一个 UseAnnotation 类的对象，然后获取表示类的 Class 对象，接着调用 Class 对象的 getMethod( )方法。getMethod( )方法的一般形式如下：

```
Method getMethod(String methName, Class<?> ... paramTypes)
```

方法的名称被传递到 methName 中。如果方法有参数，那么必须通过 paramTypes 指定表示这些参数类型的 Class 对象，如本例中的 double.class 和 String.class。getMethod( )方法返回表示方法的 Method 对象。如果没有找到方法，就抛出 NoSuchMethodException 异常。

注意：

paramTypes 是可变长度参数，需要根据方法的形参个数来指定，如果没有参数，则不使用 paramTypes。

对 Class、Method、Field 以及 Constructor 对象调用 getAnnotation( )方法，可以获得与对象关联的特定注解。该方法的一般形式如下：

```
<A extends Annotation> getAnnotation(Class<A> annoType)
```

其中，annoType 是表示注解的 Class 对象。该方法返回对注解的一个引用，使用这个引用可以获取与注解成员关联的值。如果没有找到注解，或者注解的保留策略不是 RUNTIME，该方法会返回 null。

获取到注解对象后，使用方法调用语法来获取与 str 和 val 关联的数值。

程序的输出结果如下：

```
方法带参数 100
```

2. 获取所有注解

前面例子中使用的 getAnnotation( )方法是由 java.lang.reflect.AnnotatedElement 接口定义的，这个接口支持注解反射，并且类 Method、Field、Constructor、Class 以及 Package 也都实现了该接口。

除了 getAnnotation( )方法以外，还有一个获取所有注解的 getAnnotations( )方法，该方法返回一个注解数组。可以针对 Class、Method、Constructor 以及 Field 类型的对象调用 getAnnotations( )方法。

【案例 4-9】使用 getAnnotations( )方法获取所有注解。

打开 MyAnno.java，在 MyAnno 注解的下方添加一个新的注解 MyAnno2，代码如下：

```
@Retention(RUNTIME)
@interface MyAnno2 {
  String description();
}
```

新建一个 Java 类 GetAnnotation，使用两个注解来注解该类和类中的方法 fun1( )，然后编写代码获取所有注解，代码如下：

```
import java.lang.annotation.Annotation;
import java.lang.reflect.Method;
@MyAnno2(description="测试类")
@MyAnno()
public class GetAnnotation {
    @MyAnno2(description="测试方法")
    @MyAnno(str = "方法带参数",val=2000)
    public void fun1() {
    }
    public static void main(String[] args) {
        GetAnnotation ob = new GetAnnotation();
        try {
            Annotation annos[] = ob.getClass().getAnnotations();
            System.out.println("GetAnnotation 类的所有注解：");
            for (Annotation a : annos)
                System.out.println(a);
            System.out.println();
            Method m = ob.getClass().getMethod("fun1");
            annos = m.getAnnotations();
            System.out.println("fun1 的所有注解：");
            for (Annotation a : annos)
                System.out.println(a);
        } catch (NoSuchMethodException exc) {
            System.out.println("Method Not Found.");
        }
    }
}
```

程序的输出结果如下：

```
GetAnnotation 类的所有注解：
@ch04.MyAnno2(description=测试类)
@ch04.MyAnno(val=100, str=默认注解)

fun1 的所有注解：
@ch04.MyAnno2(description=测试方法)
@ch04.MyAnno(val=2000, str=方法带参数)
```

该程序使用 getAnnotations( )方法来获取与类 GetAnnotation 和方法 fun1( )相关联的所有注解，并将它们保存到数组中。输出时，直接调用 Annotation 对象的 toString( )方法来生成描述注解的字符串。

AnnotatedElement 接口还定义了另外一些方法。常用的主要有如下两个方法：

- Annotation[ ] getDeclaredAnnotations( )：返回调用对象中存在的所有非继承注解。
- boolean isAnnotationPresent(Class<? extends Annotation> annoType)：用来判断是否使用了某个注解。如果 annoType 指定的注解与调用对象相关联，那么返回 true，否则返回 false。

除此之外，JDK 8 又添加了 getDeclaredAnnotation( )、getAnnotationsByType( )和 getDeclaredAnnotationsByType( )方法。其中，最后两个方法自动使用重复注解。

4.5.3　特殊的注解

本节将介绍两个比较特殊的注解：标记注解和单成员注解。

1. 标记注解

标记注解是特殊类型的注解，其中不包含成员。标记注解的唯一目的就是标记声明，确定标记注解是否存在的方法是使用 AnnotatedElement 接口的 isAnnotationPresent( )方法。

【案例 4-10】使用 isAnnotationPresent( )方法判断标记注解是否存在。

在 ch04 工程中新建一个 Java 类 MarkerAnnoDemo，在该类所在文件中声明一个标记注解 MyMarker，然后使用该标记注解来注解 MarkerAnnoDemo 类中的某个方法。编写代码，判断该标记注解是否存在，完整的代码如下：

```java
import java.lang.annotation.Retention;
import java.lang.annotation.RetentionPolicy;
import java.lang.reflect.Method;
@Retention(RetentionPolicy.RUNTIME)
@interface MyMarker {
}
public class MarkerAnnoDemo {
    @MyMarker
    public static void fun(){
        MarkerAnnoDemo obj = new MarkerAnnoDemo();
        try {
            Method m = obj.getClass().getMethod("fun");
            if (m.isAnnotationPresent(MyMarker.class))
```

```
                System.out.println("存在@MyMarker 注解。");
            } catch(NoSuchMethodException exc) {
                System.out.println("Method Not Found.");
            }
        }

        public static void main(String[] args) {
            fun();
        }
}
```

程序的输出结果如下：

```
存在@MyMarker 注解。
```

说明：

因为标记注解没有成员，所以应用标记注解时，后面不需要有圆括号。如果提供空的圆括号，也不会报错，但不是必需的。类似地，对于所有成员都使用默认值的注解也可以没有圆括号。

2. 单成员注解

单成员注解是指只包含一个成员的注解。它的工作方式和常规注解类似，所不同的是，应用这类注解时，可以简单地为该成员指定值，而不需要指定成员的名称。但是，为了使用这种缩写形式，成员名称必须是 value。

例如，下面创建了一个单成员注解：

```
@Retention(RetentionPolicy.RUNTIME)
@interface MySingle {
    int value();            // this variable name must be value
}
```

应用该注解时，可以不需要用“value=”来指定成员的值，而简写为下面的形式：

```
@MySingle(100)
```

当使用含有其他成员的注解时，也可以使用单值语法，但是其他成员必须都有默认值。例如，下面添加了成员 xyz，它有默认值 0：

```
@interface SomeAnno {
    int value();
    int xyz() default 0;
}
```

对于 xyz 使用默认值的情况，可以使用如下所示的方式应用@SomeAnno 注解：

```
@SomeAnno(98)
```

这样，xyz 默认为 0，value 的值为 98。

当然，如果为 xyz 指定不同的值，就需要显式地提供两个成员的名称，如下所示：

```
@SomeAnno(value = 98, xyz = 99)
```

4.5.4　内置注解

Java 提供了许多内置注解。大部分是专用注解，但是有 9 个用于一般目的。在这 9 个注解中，有 4 个来自 java.lang.annotation 包，分别是@Retention、@Documented、@Target 和@Inherited；另外 5 个来自 java.lang 包，分别是@Override、@Deprecated、@FunctionalInterface、@SafeVarargs 和@SuppressWarnings。下面逐一介绍这些注解。

注意：

JDK 8 在 java.lang.annotation 中添加了 Repeatable 和 Native 注解。Repeatable 支持重复注解，Native 用于注解本机代码可以访问的域变量。

1. @Retention

@Retention 被设计为只能用于注解其他注解。如前所述，@Retention 用于指定保留策略。

2. @Documented

@Documented 注解是标记注解，用于通知某个工具——注解将被文档化。@Documented 被设计为只能注解其他注解。

3. @Target

@Target 用于指定可以应用注解的声明的类型，被设计为只能注解其他注解。@Target 只有一个参数，这个参数必须是来自 ElementType 枚举的常量，这个参数指定了将为其应用注解的声明的类型。枚举常量以及与之对应的声明的类型如表 4-4 所示。

表 4-4　目标常量以及与之对应的声明的类型

常量	可应用注解的声明的类型	常量	可应用注解的声明的类型
ANNOTATION_TYPE	另外一个注解	METHOD	方法
CONSTRUCTOR	构造函数	PACKAGE	包
FIELD	域变量	PARAMETER	参数
LOCAL_VARIABLE	局部变量	TYPE	类、接口或枚举
TYPE_PARAMETER	类型参数(JDK 8 新增)	TYPE_USE	类型使用(JDK 8 新增)

在@Target 注解中可以指定这些值中的一个或多个。如果要指定多个值，需要使用大括号将多个值括起来。例如，为了指定注解只能应用于域变量和局部变量，可以使用下面这个@Target 注解：

```
@Target( { ElementType.FIELD, ElementType.LOCAL_VARIABLE } )
```

如果不使用@Target，那么除了类型参数以外，注解还可以应用于任何声明。因此，一般来说，显式指定目标可以明确说明注解的用途。

4. @Inherited

@Inherited是标记注解，只能用于另外一个注解声明。此外，@Inherited只影响用于类声明的注解。@Inherited会导致超类的注解被子类继承。所以，当查询子类的特定注解时，如果那种注解在子类中不存在，就会检查超类。如果那种注解存在于超类中，并且如果使用@Inherited进行了注解，就将返回那种注解。

5. @Override

@Override是标记注解，只能用于方法。使用带有@Override注解的方法时必须重写超类中的方法。如果不这样做的话，就会产生编译时错误。@Override注解用于确保超类方法被真正地重写，而不是简单地重载。

6. @Deprecated

@Deprecated 是标记注解，用于指示声明是过时的，并且已经被更新的形式取代。

7. @FunctionalInterface

@FunctionalInterface 是 JDK 8 新添加的一个标记注解，用于接口，指出被注解的接口是一个函数式接口。函数式接口是指仅包含一个抽象方法的接口，由 lambda 表达式使用。如果被注解的接口不是函数式接口，将报告编译错误。

8. @SafeVarargs

@SafeVarargs 是标记注解，只能用于方法和构造函数，指示没有发生与可变长度参数相关的不安全动作。如果不安全代码与不能具体化的 varargs 类型相关，或者与参数化的数组实例相关，那么@SafeVarargs 注解用于抑制“未检查不安全代码”警告(本质上，不能具体化的类是泛型类)。@SafeVarargs 注解只能用于 varargs 方法或者声明为 static 或 final 的构造函数。

9. @SuppressWarnings

@SuppressWarnings注解用于抑制一个或多个编译器可能会报告的警告。使用以字符串形式表示的名称来指定要被抑制的警告。

4.5.5　类型注解

如前所述，最早的注解只能应用于声明。但是，在 JDK 8 中，在能够使用类型的大多数地方，也可以指定注解。扩展后的这种注解称为类型注解。例如，可以注解方法的返回类型、方法内 this 的类型、强制转换、数组级别、被继承的类以及 throws 子句。还可以注解泛型，包括泛型参数边界和泛型类型参数。

类型注解必须使用@Target注解指定目标为ElementType.TYPE_USE。例如下面声明的这个标记注解就是一个类型注解：

```
@Target(ElementType.TYPE_USE)
@interface TypeAnno {
 }
```

类型注解需要放到应用该注解的类型的前面。例如，使用该类型注解来注解 throws 子句中的 NullPointerException：

```
void myMeth() throws @TypeAnno NullPointerException { // ...
```

类型注解很重要，因为它们允许工具对代码执行额外的检查，从而帮助避免错误。需要理解，javac 本身一般不执行这些检查，所以需要使用单独的工具，不过这种工具可能需要作为编译器插件发挥作用。关于类型注解本书不做过多介绍，感兴趣的读者可上网查询相关资料自行学习。

4.5.6　重复注解

JDK 8 中新增的另一注解特性是允许在相同元素上重复应用注解，这种特性称为重复注解。可重复的注解必须使用@Repeatable 进行注解。@Repeatable 定义在 java.lang.annotation 包中，其 value 成员指定了重复注解的容器类型。容器被指定为注解，对于这种注解，value 成员指定的是重复注解类型的数组。因此，要创建重复注解，必须创建容器注解，然后将注解的类型指定为@Repeatable 注解的参数。

【案例 4-11】将前面的 MyAnno 注解修改为使用重复注解，编写测试代码演示其用法。

打开 MyAnno.java，为 MyAnno 注解添加@Repeatable 注解，指定@Repeatable 注解的 value 成员值为容器注解 MyRepeatedAnnos，该容器注解的声明也包含在该文件内，代码如下：

```
import   java.lang.annotation.RetentionPolicy;
import java.lang.annotation.Repeatable;
import java.lang.annotation.Retention;
@Repeatable(MyRepeatedAnnos.class)
@Retention(RetentionPolicy.RUNTIME)
public @interface MyAnno {
        String str() default "默认注解";
        int val() default 100;
}
@Retention(RetentionPolicy.RUNTIME)
@interface MyRepeatedAnnos {
    MyAnno[] value();
}
```

在 ch04 工程中新建一个 Java 类 RepeatAnnoDemo，使用 MyAnno 注解来重复注解该类中的方法 myMethod( )，使用 getAnnotation( )方法获取方法关联的注解并输出，代码如下：

```
public class RepeatAnnoDemo {
        @MyAnno(str = "First annotation", val = -1)
        @MyAnno(str = "Second annotation", val = 100)
        public static void myMethod() {
                RepeatAnnoDemo obj = new RepeatAnnoDemo();
                try {
                        Class<?> c = obj.getClass();
                        Method m = c.getMethod("myMethod");
                        Annotation anno = m.getAnnotation(MyRepeatedAnnos.class);
                        System.out.println(anno);
                } catch(NoSuchMethodException exc) {
```

```
                System.out.println("Method Not Found.");
            }
        }
        public static void main(String args[]) {
            myMethod();
        }
}
```

程序的运行结果如下：

```
    @ch04.MyRepeatedAnnos(value=[@ch04.MyAnno(val=-1, str=First annotation),
@ch04.MyAnno(val=100, str=Second annotation)])
```

需要注意的是，本例中传递给 getAnnotation( )的是容器注解的类，而不是重复注解本身。如输出所示，重复注解之间用逗号分隔，它们不会单独返回。

获取重复注解的另一种方式是使用 JDK 8 添加到 AnnotatedElement 接口中的新方法：getAnnotationsByType( )。

使用 getAnnotationsByType( )来获取 MyAnno 重复注解的代码段如下：

```
Annotation[] annos = m.getAnnotationsByType(MyAnno.class);
for(Annotation a : annos)
    System.out.println(a);
```

这里传递给 getAnnotationsByType( )的参数是重复注解类型 MyAnno。返回的数组包含与 myMethod( )关联的所有 MyAnno 实例，然后可以使用增强的 for 循环加以输出，结果如下：

```
@ch04.MyAnno(val=-1, str=First annotation)
@ch04.MyAnno(val=100, str=Second annotation)
```

4.6　方法的参数与返回值

上一章学习了方法的声明与调用，方法可以通过参数的形式传递数据并且通过返回值的形式返回数据。到目前为止，我们的方法使用的参数都是简单类型(【案例 3-13】中出现过以数组参数和对象作为返回值的方法)，返回值通常也是比较简单的类型。本节将深入了解一下方法的参数和返回值。

4.6.1　将对象用作参数

学习了面向对象编程以后，对象的使用变得越来越频繁，为方法传递对象也是很普遍的。先来看一个简单的例子。

【案例 4-12】创建一个表示复数的类 Complex，在该类中声明一个比较两个复数是否相等的方法 equalsTo( )。

在 ch04 工程中新建 Java 类 Complex，该类包含两个成员变量：a，b。添加构造函数和 equalsTo( )方法，代码如下：

```
public class Complex {
    int a;
    int b;
    Complex(int a, int b) {
        this.a = a;
        this.b = b;
    }
    boolean equalsTo(Complex c){
        return c.a==this.a && c.b==this.b;
    }
}
```

Complex 类的 equalTo( )方法的参数就是一个对象，该方法对调用它的对象和参数中传递的对象进行比较。如果它们包含相同的值，就返回 true，否则返回 false。

将对象作为参数的另一种比较常用的场景是在构造函数中，通过一个已有对象来构造新的对象。例如，在 Complex 中，重载一个如下形式的构造函数：

```
Complex(Complex c){
    this.a=c.a;
    this.b=c.b;
}
```

可以通过如下测试代码来验证上述方法：

```
public static void main(String[] args){
    Complex c1=new Complex(21,4);
    Complex c2=new Complex(c1);
    Complex c3=new Complex(21,22);
    if(c1.equalsTo(c2))
        System.out.println("c1=c2");
    else
        System.out.println("c1!=c2");
    if(c1.equalsTo(c3))
        System.out.println("c1=c3");
    else
        System.out.println("c1!=c3");
}
```

运行结果如下：

```
c1=c2
c1!=c3
```

在Java中，参数传递的方式通常有两种：值传递(call-by-value)和引用传递(call-by-reference)。

1. 值传递

值传递是将实参的值复制到方法的形参中。所以，在方法中对参数的修改不会影响实参。当方法参数为基本类型时，使用值传递，因此会得到实参的副本，在方法内对形参所进行的操作，对方法外的实参没有影响。

【案例 4-13】 值传递示例。

在 ch04 工程中新建 Java 类 CallByValue，代码如下：

```
public class CallByValue {
	public void swap(int i,int j){
		System.out.println("i="+i+"; j="+j);
		int temp;
		temp=i;
		i=j;
		j=temp;
		System.out.println("i="+i+"; j="+j);
	}
	public static void main(String[] args) {
		int a=10,b=34;
		CallByValue obj=new CallByValue();
		System.out.println("a="+a+"; b="+b);
		obj.swap(a, b);
		System.out.println("a="+a+"; b="+b);
	}
}
```

该程序的输出如下所示：

```
a=10; b=34
i=10; j=34
i=34; j=10
a=10; b=34
```

可以看出，在 swap( )方法内部进行的操作不会影响用于调用该方法的变量 a 和 b 的值。

2. 引用传递

引用传递是将对实参的引用(而不是参数的值)传递给形参。此时，在方法中对形参进行的修改会影响调用方法的实参。

当方法的参数是数组或对象时，就是引用传递。当将引用传递给方法时，接收引用的形参所引用的对象与实参引用的是同一个对象。

【案例 4-14】 引用传递示例。

在 ch04 工程中新建 Java 类 CallByRef，在该类中定义两个静态方法 sort( )和 print( )，参数均为数组。sort( )方法用于对数组中的元素按从小到大排序，print( )方法用于输出数组信息，完整的代码如下：

```
public class CallByRef {
	public static void sort(int[] arr){
		for(int i=0;i<arr.length;i++){
			for(int j=0;j<arr.length-1-i;j++){
				if(arr[j]>arr[j+1]){
					int temp=arr[j];
```

```
                        arr[j]=arr[j+1];
                        arr[j+1]=temp;
                    }
                }
            }
        }
        public static void print(int[] a){
            for(int i:a)
                System.out.print(i+"    ");
        }
        public static void main(String[] args) {
            int[] array = {20,88,-593,236,4};
            System.out.println("原始数据");
            print(array);
            sort(array);
            System.out.println("\n 排序后的结果");
            print(array);
        }
    }
```

该程序生成的输出如下所示：

```
原始数据
20   88   -593   236   4
排序后的结果
-593   4   20   88   236
```

从运行结果可以看出，在 sort( )方法内部使用冒泡排序算法对数组元素进行排序，这一操作直接改变了实参数组 array 的值。

4.6.2　返回对象

除了方法的参数可以是对象和数组以外，方法的返回值也可以是任意类型的数据，包括类类型和数组。

【案例 4-15】返回值为类类型的方法。

在 ch04 工程中新建 Java 类 ReturnObj，演示方法返回值为自定义的类类型，代码如下：

```
public class ReturnObj {
    public static Complex CreateAComplex(int i,int j){
        return new Complex(i,j);
    }
    public static void main(String[] args) {
        Complex c1=new Complex(19,29);
        Complex c2=CreateAComplex(19,29);
        if(c1.equalsTo(c2))
          System.out.println("c1=c2");
    }
}
```

本例中的 CreateAComplex( )方法将根据参数创建一个 Complex 对象并返回。

方法返回对象还有另外一个重要之处：因为所有对象都是使用 new 运算符动态创建的，所以不需要担心由于在其中创建对象的方法结束而使得对象超出作用域。只要程序中存在对某个对象的引用，该对象就会一直存在。如果某个对象没有任何引用指向它，那么在进行下一次垃圾回收时，该对象将被回收。

4.6.3　命令行参数

当运行程序时，有时可能希望为程序传递一些信息，这可以通过为 main( )方法传递命令行参数来完成。

我们来看一下 main( )方法的声明：

```
public static void main(String[] args)
```

显然，main( )方法接受一个 String 对象的数组作为参数。本书前面的案例中还没有讨论过该参数的用法。

第一章介绍过从命令行使用 java 命令来运行指定的类，为 main( )方法传递参数的方法就是在 java 命令中的程序名称后面添加需要传递的信息。这些参数以字符串形式从命令行发送到 main( )方法中，在类的名称后依次排开：

```
java ClassName firstString secondString otherStrings
```

正如你所看到的，这些字符串通过空格分开。采用这种方式可以发送不限量的字符串。如果字符串中包含空格，则需要使用引号将其引起来以表示一个字符串。例如，向 Hello 程序传递两个字符串信息：

```
java Hello "The first String" second
```

第一个字符串"The first String"将被存储在 args[0]中，第二个是 second，被存储在 args[1]中。发送到 main( )方法中的字符串数量是可以变化的，main( )方法可以通过检查数组长度(args.length)来判断字符串的个数。

【案例 4-16】使用命令行参数运行程序。

在 ch04 工程中新建 Java 类 CommandLine，在 main( )方法中获取命令行参数信息，代码如下：

```
public class CommandLine{
    public static void main(String[] args) {
        System.out.println("共有 "+args.length+"个命令行参数");
        for(int i=0; i<args.length; i++)
            System.out.println("args[" + i + "]: " + args[i]);
    }
}
```

可以在命令行中通过如下命令执行该程序：

```
java ch04.CommandLine "第一个　参数" second this is
```

或者在 Eclipse 中，选择 Run | “Run Configurations”命令，打开“Run Configurations”

对话框，配置程序运行时的参数信息。

如图 4-3 所示，默认选中的是当前程序 CommandLine，单击 Arguments 选项卡，在该选项卡的 Program arguments 文本框中输入运行程序时的命令行参数即可。

单击 Run 按钮，控制台输出如下信息：

```
共有 4 个命令行参数
args[0]: 第一个    参数
args[1]: second
args[2]: this
args[3]: is
```

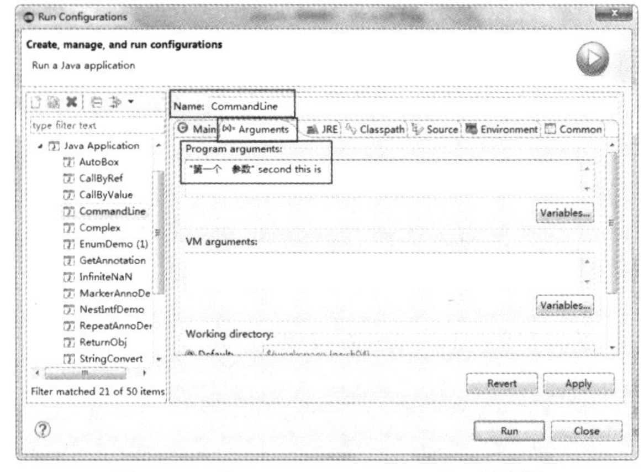

图 4-3 “Run Configurations”对话框

4.6.4 可变长度参数

从 JDK 5 开始，Java 中的方法可以使用可变长度参数。这个特性称为“varargs”(variable-length argument 的英文缩写)。

可变长度参数是指方法参数的数量可变。例如，求若干个整数中的最大者，因为具体多少个整数不确定，这时就可以使用可变长度参数来实现。在 JDK 5 之前，可变长度参数可以通过两种方式处理：1) 为方法重载多个版本；2) 使用数组作为参数。这两种处理方式都有一定的局限性。第一种处理方式下，当参数个数比较多时，需要重载的版本太多；第二种处理方式下，则需要手动构造一个数组，并将这些参数打包到数组中。

可变长度参数通过三个点(...)标识。例如，下面声明的 getMax( )方法使用了可变长度参数：

```
static int getMax(int ... v) {
```

这种语法告诉编译器，可以使用零个或多个整型参数调用 getMax( )方法。所以，v 被隐式地声明为 int[]类型的数组。在 getMax( )方法内部，可以使用常规的数组语法来操作 v。

【案例 4-17】声明一个使用可变长度参数的方法来返回若干整数中的最大者。

在 ch04 工程中新建 Java 类 VarArgsDemo，代码如下：

```
public class VarArgsDemo {
    public static int getMax(int... items) {
        int max = Integer.MIN_VALUE;          // int 能表示的最小值，值为-2147483648
        for (int item : items) {
            max = item > max ? item : max;    // 取大值
        }
        return max;
    }
    public static void main(String[] args) {
        int m=getMax(23,-87,990,340,3100,-290);
        System.out.println("最大值为 " + m);
    }
}
```

程序的输出结果如下：

```
最大值为 3100
```

使用可变长度参数的方法也可以具有“常规”参数。但是，可变长度参数必须是方法中的最后一个参数。例如，下面这个方法声明是合法的：

```
int myFun(int a, int b, double c, int ... vals) {
```

而下面的声明则是不正确的：

```
int doSome(int a, int b, double c, int ... vals, boolean stopFlag) {        // Error!
```

另外，一个方法中最多只能有一个可变长度参数。

使用可变长度参数的方法也可以重载。例如，可以在上面的类中再定义一个求若干双精度浮点数中最大者的 getMax( )方法：

```
public static double getMax(double... items) {
    double max = Double.MIN_VALUE;
    for (double item : items) {
        max = item > max ? item : max; //  取大值
    }
    return max;
}
```

这里重载的方法参数类型不同，也可以通过增加一个或多个常规参数来重载可变长度参数的方法。甚至可以通过常规方法来重载可变长度参数的方法。例如，可以重载一个求两个数中较大者的 getMax( )方法，如下所示：

```
public static int getMax(int a,int b) {
    return a>b?a:b;
}
```

但是，下面的重载可能会导致不明确的调用：

```
public static int getMax(int i,int... items) {
```

从方法重载的角度来看，这个重载完全正确。但是，对于下面的方法调用，编译器无法判断该调用哪个重载的方法：

```
getMax(3,22,12);
```

对于这种情况，有时需要放弃重载，而是使用两个不同的方法名。

4.7　本章小结

本章继续学习了面向对象编程的一些高级特性。首先，从包与接口讲起，包是多个类的容器，Java 通过包把各种类组织在一起，使得程序功能清楚、结构分明，方便编程和管理；接口是 Java 实现多继承的一种方式，JDK 8 为接口添加了新功能——默认方法和静态方法。接下来，介绍了 Java 的枚举类型。在 Java 中，枚举定义了一种类类型，枚举可以具有构造函数、成员方法以及成员变量，但是枚举又与类有很多不同。接着，简要介绍了Java 的类型封装器，Java 的基本类型不是面向对象的，但是 Java 为每种类型都提供了类型封装器，并且 JDK 5 以后引入了自动装箱/拆箱技术，简化了类型封装器的使用。然后详细介绍了 Java 的注解，这也是从 JDK 5 开始引入的一个特性，并在 JDK 8 中丰富了注解的一些功能。最后，深入学习了方法的参数与返回值，包括参数的传递方式、返回一个对象、命令行参数、可变长度参数等内容。

4.8　思考和练习

1. Java 为每个程序默认导入的包是什么？

2. 接口与抽象类有什么异同点？

3. 下面关于接口的说法中不正确的是(　　)。

   A. 接口中所有的方法都是抽象的

   B. 接口中所有的方法都拥有 public 访问权限

   C. 子接口继承父接口所用的关键字是 implements

   D. 接口是 Java 中的特殊类，包含常量和抽象方法

4. 什么是默认方法，如何为接口添加默认方法？

5. 在 Java 中定义枚举使用的关键字是________。

6. 枚举和类有什么不同？

7. 下列说法中不正确的是(　　)。

   A. 每个枚举常量都是定义它的枚举类的对象

   B. 使用枚举中定义的值给枚举变量赋值时，需要使用枚举类型名称加点运算符(.)

   C. 枚举不能继承其他类

   D. 枚举可以作为父类派生新的枚举

8. Double 类中的 isInfinite( )和 isNaN( )方法有什么作用？

9. 下列语句执行后，obj 的值是多少(　　)？

```
Integer obj =11;
obj++;
```

   A. 11　　　B. 12　　　C. 不确定　　　D. 编译错误

10. 如何声明注解？什么是标记注解？

11. Java 中的注解有几种保留策略，分别是什么含义？

12. 编写程序，新建一个接口 Work，该接口中含有一个方法 doWork( )。新建两个类：Student 和 Teacher，都实现 Work 接口，在不同类中给出 doWork( )方法的不同实现。

13. 编写一个使用可变长度参数的方法，计算若干个整数的平均值。

第5章　异 常 处 理

所谓“明枪易躲，暗箭难防”，对于本身或测试人员检验出来的语法及逻辑错误，只要遵循系统化的开发过程，配合细心的调试，问题大多可以迎刃而解。但对于用户操作不当派生的错误，往往是程序设计者最头痛的问题，这些错误往往只在运行期间发生。Java提供了丰富的出错和异常情况的处理措施，对可能发生错误的地方采取预防措施，并编写有足够弹性的代码来处理可能致命的错误。本章将详细介绍Java的异常处理技术。通过本章的学习，读者应该能够编写健壮的应用程序，并学会调试程序，从而解决程序的运行时错误。

本章学习目标：

- 理解Java的异常处理机制
- 了解Java的内置异常
- 掌握try语句的用法
- 掌握finally子句的用法
- 掌握throw和throws的用法
- 掌握如何定义自己的异常
- 了解多重捕获的实现

5.1　异常处理的基础知识

异常是运行时在代码序列中引起的非正常状况。换句话说，异常是运行时错误。在不支持异常处理的计算机语言中，必须手动检查和处理错误——通常是通过使用错误代码，等等。这种方式既笨拙，又麻烦。Java的异常处理机制避免了这些问题，并且在处理过程中采用面向对象的方式管理运行时错误。

5.1.1　Java的异常处理机制

异常是指程序在运行过程中发生了不正确或意想不到的错误，而使得程序无法继续执行下去的情况。例如，在内存不足、数组越界、文件找不到或分母为零的情况下，都会出现异常。

在传统的面向过程的程序设计中，通常依靠程序设计人员来预先估计可能出现的错误情况，并对出现的错误进行处理。这样，程序中通常要有多条条件判断语句。另外，由于程序员的经验不同，对出现错误的估计能力有所差别。因此，在面向过程的程序设计中，错误处理一直是影响程序设计质量的一个瓶颈。

Java 通过面向对象的方法来处理异常，引入了异常处理的概念。在程序运行过程中，如果发生了异常，就会创建用来表示异常的对象，并在引起错误的方法中抛出异常对象。方法可以选择自己处理异常，也可以继续传递异常。无论采用哪种方式，在某一点都会捕获并处理异常。

Java 异常处理通过 5 个关键字进行管理：try、catch、throw、throws 以及 finally。下面简要介绍它们的工作原理。在 try 代码块中封装可能发生异常的程序语句，对这些语句进行监视。如果在 try 代码块中发生异常，就会将异常抛出。代码可以使用 catch 语句捕获异常，并对其进行处理。系统生成的异常由 Java 运行时系统自动抛出。如果要手动抛出异常，需要使用 throw 关键字。从方法抛出的任何异常都必须通过 throws 子句进行指定。另外，在 try 代码块结束之后，无论是否发生异常都必须执行的代码需要放入 finally 代码块中。

在 Java 中，异常是一个对象。所有的异常都是 Exception 类或其子类的对象，产生异常就是产生一个异常对象。这个对象可能由应用程序本身产生，也可能由 JVM 产生，这取决于产生异常的类型。Java 异常处理的优点如下：

- 首先，引入异常处理后，可以使得异常处理代码和程序的其他部分分隔开，不仅增强了程序的清晰度、可读性，更重要的是明晰了程序的流程。
- 可以对各种不同的异常事件进行分类处理，从而有了良好的接口和层次性。
- 利用类的层次性，既可以根据不同的异常分别处理，也可以把具有相同父类的多个异常统一处理，从而具有灵活性。
- 引入异常后，可以从 try 与 catch 之间的代码段中快速定位异常出现的位置，提高错误处理的效率。

5.1.2　异常类型

在 Java 中，所有异常类型都是内置类 Throwable 的子类。Throwable 位于异常类层次的顶部，Throwable 有两个子类：Error 和 Exception。其中，Error 类由系统保留，一般不能由应用程序直接处理；而 Exception 类则供应用程序使用。

Exception 类既可以用于用户程序应当捕获的异常情况，也可以用于创建自定义异常类型的子类。Exception 的一个重要子类 RuntimeException 及其子类代表运行时异常，如数组越界异常类 ArrayIndexOutOfBoundsException 就是运行时异常；其他则是非运行时异常，如输入/输出异常 IOException。

顶级的异常层次如图 5-1 所示。

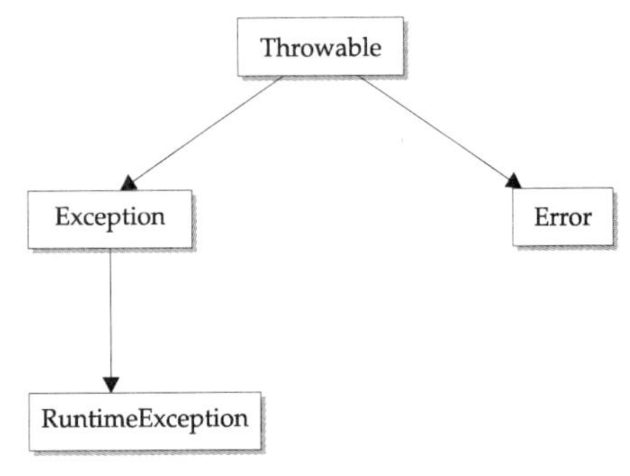

图 5-1　顶级的异常层次

1. Java 的内置异常

在 java.lang 包中，Java 定义了一些异常类。这些异常类中最常用的是 RuntimeException 异常类的子类。这些异常被称为未经检查的异常，因为编译器不检查方法是否处理或抛出这些异常。所以，在所有方法的 throws 列表中不需要包含这些异常。表 5-1 所示为 java.lang 中定义的未经检查的异常。

表 5-1 未经检查的 RuntimeException 异常类的子类

异常	含义
ArithmeticException	算术错误，例如除零
ArrayIndexOutOfBoundsException	数组索引越界
ArrayStoreException	使用不兼容的类型为数组元素赋值
ClassCastException	无效转换
EnumConstantNotPresentException	试图使用未定义的枚举值
IllegalArgumentException	使用非法参数调用方法
IllegalMonitorStateException	非法的监视操作，例如等待未锁定的线程
IllegalStateException	环境或应用程序处于不正确的状态
IllegalThreadStateException	请求的操作与当前线程状态不兼容
IndexOutOfBoundsException	某些类型的索引越界
NegativeArraySizeException	使用负数长度创建数组
NullPointerException	非法使用空引用
NumberFormatException	字符串到数值格式的无效转换
SecurityException	试图违反安全性
StringIndexOutOfBounds	试图在字符串边界之外进行索引
TypeNotPresentException	类型未找到
UnsupportedOperationException	遇到不支持的操作

除了表 5-1 中列出的异常外， java.lang 包还定义了其他异常。如果方法可能产生这些异常中的某个异常，并且方法本身不进行处理，那么必须在方法的 throws 列表中包含该异常，这些异常称为已检查的异常，如表 5-2 所示。

表 5-2 java.lang 中定义的已检查的异常

异常	含义
ClassNotFoundException	类未找到
CloneNotSupportedException	试图复制没有实现 Cloneable 接口的对象
IllegalAccessException	对类的访问被拒绝
InstantiationException	试图为抽象类或接口创建对象
InterruptedException	一个线程被另一个线程中断
NoSuchFieldException	请求的域变量不存在
NoSuchMethodException	请求的方法不存在
ReflectiveOperationException	与反射相关的异常的超类

2. 异常类 Exception

由于所有异常都是Exception类或其子类的对象，因此我们需要先了解一下Exception类。

Exception 类有 5 个构造函数，其中 3 个支持链式异常，另外两个如下所示：

```
public Exception()
public Exception(String s)
```

第一种形式创建一个不带任何参数的 Exception 对象；第二种形式创建一个新的对象，并指明一个错误消息字符串，这个错误消息字符串将被存储在对象中。

Exception 类没有自己的方法，从父类 Throwable 那里继承了很多方法，其中比较重要的两个方法是 getMessage( )和 printStackTrace( )，这两个方法在构建异常处理程序和调试程序时非常有用。

- public String getMessage( )：返回 Exception 对象中嵌入的错误消息，从而可以显示错误消息的内容。
- public void printStackTrace( )：打印出导向异常的方法调用序列的一个列表(包括异常的名称，及其跟踪标准错误流的堆栈中的内容)，这有助于识别出造成错误的原因。

5.2　捕获并处理异常

在 Java 中，异常处理是通过 try、catch、throw、throws 和 finally 等关键字来实现的。本节将详细讲述 Java 捕获异常、处理异常的具体操作规则。

5.2.1　未捕获的异常

学习如何在程序中处理异常之前，先看一看如果不处理异常，会发生什么情况。

【案例 5-1】下面的小程序包含一个故意引起除零错误的表达式，运行该程序将抛出异常并终止程序。

新建一个 Java 工程 ch05，在该工程中新建一个 Java 类 UnCatchException，代码如下：

```
package ch05;
public class UnCatchException{
   public static void main(String args[]) {
      int d = 0;
      int a = 42 / d;
   }
}
```

运行该程序，在控制台窗口中将出现如下异常信息：

```
Exception in thread "main" java.lang.ArithmeticException: / by zero
      at ch05.UnCatchException.main(UnCatchException.java:5)
```

上述程序在执行到 UnCatchException.java 的第 5 行代码时，遇到了除数为 0 的表达式，这导致一个 java.lang.ArithmeticException 异常。在这个例子中，没有提供任何处理异常程序，所以该异常会由 Java 运行时系统提供的默认处理程序捕获。默认处理程序会显示一个描述异常的字符串，输出异常发生点的堆栈踪迹并终止程序。根据输出的描述信息，可以很快定位产生异常的位置为 ch05.UnCatchException 类的 main( )方法，具体为 UnCatchException.java 的第 5 行代码。

堆栈踪迹总是会显示导致错误的方法调用序列。例如，对上面的程序稍做修改，将产生异常的语句放到一个独立的方法中：

```
package ch05;
public class UnCatchException {
    static void subroutine() {
        int d = 0;
        int a = 42 / d;
    }
    public static void main(String args[]) {
        UnCatchException.subroutine();
    }
}
```

默认异常处理程序产生的堆栈踪迹将显示整个调用堆栈过程，如下所示：

```
Exception in thread "main" java.lang.ArithmeticException: / by zero
    at ch05.UnCatchException.subroutine(UnCatchException.java:5)
    at ch05.UnCatchException.main(UnCatchException.java:8)
```

可以看出，堆栈的底部是 main( )方法中的第 8 行代码，该行调用 subroutine( )方法，该方法在第 5 行引起了异常。

调用堆栈对于调试非常有用，因为可以精确定位导致错误发生的步骤序列。

5.2.2　捕获异常

尽管对于调试而言，Java 运行时系统提供的默认异常处理程序很有用，但是默认异常处理程序通常会终止程序的运行，这会让最终用户感到困惑。更好的解决方案是由程序员编写代码自己处理异常。自己处理异常有两个优点：1) 允许修复错误；2) 阻止程序自动终止。

1. 使用 try 和 catch

使用 try 和 catch 关键字可以捕获异常。try 代码块中的代码通常是可能发生异常的语句，紧随 try 代码块之后，提供一个 catch 代码块，指定希望捕获的异常类型。try/catch 子句的语法格式如下：

```
try{
   // try 代码块
}catch(ExceptionName e1){
   // catch 代码块
}
```

【案例 5-2】为案例 5-1 中的程序添加 try/catch 子句，捕获并处理异常，使程序正常结束。

在 ch05 工程中新建一个 Java 类 CatchException，代码如下：

```
public class CatchException {
    public static void main(String[] args) {
        int a,d=0;
```

```
        try{
            a=42/d;
            System.out.println("这条语句不会被执行");
        }catch(ArithmeticException e) {
            System.out.println("发生了除数为 0 的错误。");
        }
        System.out.println("正常输出，程序运行结束。");
    }
}
```

程序的运行结果如下：

```
发生了除数为 0 的错误。
正常输出，程序运行结束。
```

注意，对 try 代码块中 println( )语句的调用永远都不会执行。一旦抛出异常，程序控制就会从 try 代码块中转移出来，进入 catch 代码块。换句话说，不是“调用”catch 代码块，所以执行控制永远不会从 catch 代码块“返回”到 try 代码块。执行完 catch 代码块后，程序控制就会进入到整个 try/catch 代码块的下一行，所以输出“正常输出，程序运行结束。”。

需要注意的是：由 try 保护的语句必须使用大括号括起来，即使只有一条语句，也不能省略大括号。

大部分设计良好的 catch 子句，都应当能够分辨出异常情况，然后继续执行，就好像错误根本没有发生一样。

2. 多条 catch 子句

有些情况下，一个 try 语句块可能会引发多个不同的异常，如果希望对不同的异常采取不同的处理方法，就需要使用多异常处理机制。

多异常处理是通过在一个 try 代码块的后面定义多条 catch 子句来实现的，每条 catch 子句捕获不同类型的异常。当 try 代码块中产生异常后，按顺序检查每条 catch 子句，判断异常对象是否由本 catch 代码块捕获。当异常对象与 catch 子句的参数满足下面任何一个条件时，异常对象将被捕获：

- 异常对象与参数属于相同的异常类
- 异常对象属于参数异常类的子类
- 异常对象实现了参数所定义的接口

如果第一条 catch 子句捕获了异常，程序将跳转到该 catch 代码块中，执行相应的异常处理，执行完毕后，程序将退出 try…catch 结构，其他的 catch 代码块将被忽略；如果异常对象与第一条 catch 子句不匹配，那么系统将自动转到第二条 catch 子句进行匹配；如果第二条 catch 子句仍不匹配，则转向第三条。依此类推，直到找到匹配的 catch 子句。

注意：

由于异常对象与 catch 子句的匹配是按照 catch 子句的先后顺序进行的，所以在处理多异常时，应正确设计各 catch 子句的排列顺序。

一般地，处理较具体的异常的 catch 子句应放在前面，catch 参数异常类的父类应该在其子类对应的 catch 子句的后面。通常在多 catch 子句中，最后一条 catch 子句的参数类型为 Exception 类，用于捕获所有类型的异常。

【案例 5-3】一个 try 代码块带有多条 catch 子句的示例。

在 ch05 工程中新建一个 Java 类 MultiCatch，代码如下：

```
public class MultiCatch {
    public static void main(String[] args) {
        int i = 0;
        int j = 0;
        try {
            i = Integer.parseInt(args[0]);
            j = Integer.parseInt(args[1]);
            System.out.println(i + "/" + j + " = " + i / j);
        } catch(NumberFormatException e) {
            System.err.println("数字转换异常,输入的参数不是数字 ");
            System.out.println("用法: java MultiCatch number1 number2");
        } catch(ArrayIndexOutOfBoundsException e) {
            System.err.println("数组越界异常,本程序运行需要命令行参数");
            System.out.println("用法: java MultiCatch number1 number2");
        } catch(ArithmeticException e) {
            System.err.println("算术运算异常 ");
            System.err.println(e.getMessage());
        } catch(Exception e) {
            System.err.println(e);
            System.err.println(e.getMessage());
        }
    }
}
```

该程序在运行时需要指定两个整型命令行参数，然后输出这两个整数的商(整数除法)。如果用户没指定参数、指定的参数少于两个，或者指定的参数不是整数，亦或第二个参数为零，都会产生异常。读者可自行编译并用不同的参数运行并测试。

另外需要注意本例中用到的 System.err.println( )语句，该语句与 System.out.println( )的运行方式类似，但 System.err 用来打印错误文本。在 Eclipse 中，为了让错误信息更加显眼，会将错误信息以红色文本的形式输出到控制台上。

说明：

当使用多条 catch 子句时，要重点记住异常子类必须位于所有超类之前，因为如果子类位于超类之后，永远也不会到达子类。而在 Java 中，不可到达的代码被认为是错误，程序将会编译不通过。

3. finally 子句

当有异常被抛出时，程序的执行就不再是线性的，这就有可能导致方法的执行中断。例如，在一个方法中打开了一个文件，当读取该文件的信息时抛出了一个异常，这时，程序将转向异常处理语句，中断该方法的执行，很可能就没有关闭文件，从而导致程序错误。

为了防止这种情况发生，我们可以在 try/catch 子句的后面使用 finally 子句。

使用 finally 子句可以创建一个代码块，无论 try 代码块中的程序是否抛出异常，也无论 catch 子句的异常类型是否与所抛出的类型一致，finally 代码块都会被执行，它提供了统一的出口。对于关闭文件句柄或是释放其他一些资源这样的工作，放在 finally 子句中就是很好的选择。

注意：
finally 子句是可选的。但是，每条 try 子句至少需要有一条 catch 子句或 finally 子句。

【案例 5-4】演示 finally 子句的用法。

在 ch05 工程中新建一个 Java 类 FinallyDemo，声明 4 个方法，以不同方式退出，查看 finally 子句的执行情况，代码如下：

```
public class FinallyDemo {
    static void funcA() {
        try {
            System.out.println("执行 funcA 方法，会抛出异常");
            int a=0;
            int b=22/a;
        } finally {
            System.out.println("funcA 方法中的 finally 子句");
        }
    }
    static void funcB() {
        try {
            System.out.println("执行 funcB 方法，在 try 语句块中直接 return");
            return;
        } finally {
            System.out.println("funcB 方法中的 finally 子句");
        }
    }
    static void funcC() {
        try {
            System.out.println("执行 funcC 方法，没有异常，正常结束");
        } finally {
            System.out.println("funcC方法中的finally句");
        }
    }
    static void funcD() {
        try {
            System.out.println("执行 funcD 方法，会抛出异常");
            int a=0;
            int b=22/a;
        }   catch(ArithmeticException e) {
            System.out.println("在 funcD 中捕获异常并处理 ");
        }finally {
            System.out.println("funcD 方法中的 finally 子句");
```

```
        }
    }
    public static void main(String args[]) {
        try {
            funcA();
        } catch(Exception e) {
            System.out.println("回到 main 方法中，捕获异常");
        }
        funcB();
        funcC();
        funcD();
    }
}
```

程序的运行结果如下：

```
执行 funcA 方法，会抛出异常
funcA 方法中的 finally 子句
回到 main 方法中，捕获异常
执行 funcB 方法，在 try 语句块中直接 return
funcB 方法中的 finally 子句
执行 funcC 方法，没有异常，正常结束
funcC 方法中的 finally 子句
执行 funcD 方法,会抛出异常
在 funcD 中捕获异常并处理
funcD 方法中的 finally 子句
```

在这个例子中，方法 funcA( )通过抛出异常过早地跳出了 try 代码块，在退出之后执行 finally 子句，因为没有 catch 子句，所以该异常继续被抛出。返回 main( )方法后，被 main( )方法中的 catch 子句捕获。方法 funcB( )通过 return 语句退出 try 代码块，在 funcB( )方法返回前执行了其 finally 子句。在方法 funcC( )中，try 代码块正常执行，没有异常发生，但是仍然会执行 finally 代码块。方法 funcD( )与方法 funcA( )的区别是，在 funcD( )中有 catch 子句，捕获了异常，在执行完 catch 子句后执行了其 finally 子句。

4. 嵌套的 try 子句

与其他程序结构类似，try 子句也可以嵌套。一个完整的 try/catch/finally 结构(至少有一条 catch 子句或 finally 子句)可以位于另一个 try 代码块中。每次遇到 try 子句时，异常的上下文就会被压入堆栈中。如果内层的 try 子句没有为特定的异常提供 catch 处理程序，堆栈就会弹出该 try 子句，检查其外层 try 子句的 catch 处理程序，查看是否匹配异常。这个过程会一直继续下去，直到找到一条匹配的 catch 子句，或直到检查完所有嵌套的 try 子句。如果没有找到匹配的 catch 子句，Java 运行时系统会处理异常。

【案例 5-5】嵌套的 try 子句。

在 ch05 工程中新建一个 Java 类 NestTry，演示异常的嵌套，代码如下：

```
public class NestTry {
    public static void main(String[] args) {
```

```
        try {
            int a = args.length;
            int b = 42 / a;
            System.out.println("a = " + a);
            try {
                if (a == 1)
                    a = a / (a - a);
                if (a == 2) {
                    int[] c = { 1 };
                    c[2] = 99; // 数组越界
                }
            } catch(ArrayIndexOutOfBoundsException e) {
                System.out.println("数组越界异常 : " + e);
            }
        } catch(ArithmeticException e) {
            System.out.println("除数为 0 异常: " + e);
        }
    }
}
```

该程序在一个 try 代码块中嵌套了另一个 try 代码块。程序执行时，如果没有提供命令行参数，那么外层的 try 代码块会产生除数为零异常；如果执行程序时提供了一个命令行参数，那么在嵌套的 try 代码块中会产生除数为零异常，该异常不能被内层的 try 代码块捕获，所以会将其传递到外层的 try 代码块，在此捕获异常进行处理；如果执行程序时提供了两个命令行参数，那么内层的 try 代码块会产生数组越界异常。请读者自行上机运行。

还有一种 try 子句的嵌套发生在方法调用时，例如，可能在一个 try 代码块中包含了对某个方法的调用，而在该方法内部又有另一条 try 子句。对于这种情况，方法内部的 try 子句仍然被嵌套在调用该方法的外层 try 代码块中。

除了以上嵌套形式，在 catch 子句或 finally 子句中，也可以包含 try 代码块。

5.2.3　抛出异常

在Java异常处理机制中共有5个关键字，前面已经学习了3个，本节将学习剩下的两个。

1. throw

到目前为止，捕获的都是由 Java 运行时系统抛出的异常。有的时候，我们也可以在自己的程序中使用 throw 子句显式地抛出异常。throw 子句的一般形式如下所示：

```
throw ThrowableInstance;
```

其中，ThrowableInstance 必须是 Throwable 类或其子类的对象。抛出的异常对象可以是通过 catch 子句捕获的，也可以是使用 new 运算符实例化的新对象。

【案例 5-6】使用 throw 子句抛出异常。

在 ch05 工程中新建一个 Java 类 ThrowException，输入如下代码：

```
public class ThrowException {
```

```
    public static void func(String[] args){
        try{
            int a=args.length;
            int b=93/a;
            String str=args[args.length];
        }catch(ArithmeticException e){
            throw new RuntimeException("除数为 0");
        }catch(ArrayIndexOutOfBoundsException e) {
            throw new RuntimeException("数组越界");
        }
    }
    public static void main(String[] args) {
        try {
            func(args);
        } catch(RuntimeException e) {
            System.out.println( e);
        }
    }
}
```

func( )方法中的 try 子句有两条 catch 子句，在这两条 catch 子句中，都是把捕获到的异常重新封装为一个 RuntimeException，然后使用 throw 子句抛出，所以在 main( )方法中，捕获一种异常类型就可以了。通过异常的描述信息来确定具体的异常情况。

当不提供命令行参数运行时，程序输出如下：

```
java.lang.RuntimeException: 除数为 0
```

如果提供了命令行参数，将输出数组越界的异常信息，如下所示：

```
java.lang.RuntimeException: 数组越界
```

前面介绍 Exception 类的时候提到过该类的两个构造函数：一个不带参数，另一个带有一个字符串参数。几乎所有内置的 Java 异常都有这样的构造函数。如果使用带一个字符串参数的构造函数构造一个异常对象，那么这个参数通常用来描述异常的信息。当将对象用作 print( )或 println( )方法的参数时，会显示该字符串。也可以调用 getMessage( )方法来获取这个字符串。

2. throws

如果一个方法没有捕获一个检查性异常，那么该方法必须使用 throws 关键字来声明。throws 关键字放在方法签名的尾部，后跟方法可能抛出的异常类型。

下面是包含 throws 子句的方法声明的一般形式：

```
type method-name(parameter-list) throws exception-list{
    // body of method
}
```

其中，exception-list 是方法可能抛出的异常列表，如果有多个异常类型，需要用逗号隔开。

在下面的程序中，func( )方法会抛出无法匹配的异常，而该方法没有指定 throws 子句来声明，所以程序会产生编译错误。

```
class ThrowsDemo {
   public void func() {
      System.out.println("Inside throwOne.");
      throw new IllegalAccessException("demo");
   }
}
```

解决的方法就是在方法声明中添加 throws 子句：

```
class ThrowsDemo {
   public void func() throws IllegalAccessException {
      System.out.println("Inside throwOne.");
      throw new IllegalAccessException("demo");
   }
}
```

5.3 用户自定义异常

尽管 Java 的内置异常处理了大部分常见错误，但是对于某个应用所特有的运行错误，需要编程人员根据程序的特殊逻辑在用户程序中创建自己的异常类和异常对象。用户定义的异常类型必须是 Throwable 的直接或间接子类，Java 推荐用户定义的异常类型以 Exception 为直接父类。通常，自定义的异常类不需要实际实现任何内容，只要它们存在于类型系统中，就可以将它们用作异常。

【案例 5-7】创建一个表示密码安全与否的异常类，并演示其用法。

在ch05 工程中新建一个Java类UserExceptionDemo，在该文件中先声明一个新的异常类UnSafePwdException，该类派生自Exception类，包含两个构造函数。在UserExceptionDemo类中编写判断密码是否安全的方法，如果密码的安全级别较低，则抛出UnSafePwdException异常，完整的代码如下：

```
import java.util.Scanner;
class UnSafePwdException extends Exception {
     public UnSafePwdException() {
          super("密码过于简单，安全密码的长度应大于 6，且必须包含数字、大写字母和小写字母");
     }
     public UnSafePwdException(String msg) {
          super(msg);
     }
}
public class UserExceptionDemo {
     // 抛出异常的方法
     void checkPassword(String strPassword) throws UnSafePwdException {
          if(strPassword.length() < 6)
```

```
            throw new UnSafePwdException("密码长度太短");
        boolean bNumber = false;
        boolean bUpper = false;
        boolean bLower = false;
        for(int i = 0; i < strPassword.length(); i++) {
            if(bUpper && bLower && bNumber)
                break;
            if(strPassword.charAt(i) >= 'a' && strPassword.charAt(i) <= 'z')
                bLower = true;
            if(strPassword.charAt(i) >= 'A' && strPassword.charAt(i) <= 'Z')
                bUpper = true;
            if(strPassword.charAt(i) >= '0' && strPassword.charAt(i) <= '9')
                bNumber = true;
        }
        if(bUpper && bLower && bNumber) {
            System.out.println("密码是安全的");
            return;
        } else
            throw new UnSafePwdException();
    }
    public static void main(String args[]) {
        UserExceptionDemo obj = new UserExceptionDemo();
        try {
            System.out.println("请输入密码：");
            Scanner scanner = new Scanner(System.in);
            String strPwd = scanner.next();
            obj.checkPassword(strPwd);
        } catch(UnSafePwdException e) {
            System.out.println(e.getMessage());
        } catch(Exception e) {
            System.out.println(e.getMessage());
        }
    }
}
```

上面的程序演示了用户异常的定义和使用方法，其中用户定义的异常类UnSafePwdException是由Exception类派生的，程序中的checkPassword用于判断用户输入的字符串是否可以作为安全的密码，判断的条件是字符串的长度是否大于6并且同时包含数字、大写字母和小写字母。如果不满足上述条件，则抛出UnSafePwdException异常。

运行该程序，当输入的字符串不满足上述安全密码的条件时，将抛出异常，运行情况如下：

```
请输入密码：
adfe31  ↙
密码过于简单，安全密码的长度应大于6，且必须包含数字、大写字母和小写字母
```

5.4　JDK 7 新增的异常特性

从 JDK 7 开始，为异常处理添加了 3 个有用的特性。第 1 个特性是带资源的 try 语句，当资源(例如文件)不再需要时能够自行释放，在第 7 章介绍文件时会对此进行描述；第 2 个特性是多重捕获；第 3 个特性是更精确的重新抛出。下面介绍后面两个特性。

5.4.1　多重捕获

这里提到的多重捕获是指允许通过相同的 catch 子句捕获两个或更多个异常。两个或更多个异常处理程序使用相同的代码序列来处理，而不必使用多条 catch 子句逐个捕获所有异常。这是从 JDK 7 开始添加的一个新特性。

使用多重捕获的方法是在 catch 子句中使用或运算符(|)分隔每个异常。每个多重捕获的参数都被隐式地声明为 final。因此，不能为它们赋新值。

例如，案例 5-3 中通过多条 catch 子句捕获不同异常的代码，也可以使用一条 catch 子句，将多个异常使用相同的代码来处理，修改后的代码如下：

```
public static void main(String[] args) {
    int i = 0;
    int j = 0;
    try {
        i = Integer.parseInt(args[0]);
        j = Integer.parseInt(args[1]);
        System.out.println(i + "/" + j + " = " + i / j);
    } catch (NumberFormatException |ArrayIndexOutOfBoundsException |ArithmeticException e) {
        System.err.println("运行该程序需要两个命令行参数,参数为两个整数 ");
        System.out.println("用法: java MultiCatch number1 number2");
    } catch (Exception e) {
        System.err.println(e);
        System.err.println(e.getMessage());
    }
}
```

上面的第一条 catch 子句可以同时捕获 3 种异常类型，代码相比之前的使用多条 catch 子句简化了很多，而且编译这段代码产生的字节码比编译多条 catch 子句产生的字节码要少。

5.4.2　更精确的重新抛出

更精确的重新抛出是指在方法声明的 throws 子句中指定更具体的异常类型。

来看下面的方法：

```
public void rethrow (String type) throws Exception {
  try {
    if(type.equals("IA")) {
      throw new IllegalAccessException();
    } else {
```

```
                throw new NoSuchFieldException();
            }
        } catch(Exception e) {
            throw e;
        }
    }
```

这个方法中的 try 代码块既可以抛出 IllegalAccessException 异常，也可以抛出 NoSuchFieldException 异常。如果我们在 rethrow 方法声明的 throws 子句中指定异常类型为这两种类型，在 JDK 7 之前的版本中会编译不通过。因为 catch 子句的异常参数 e 是 Exception 类型，并且 catch 代码块重新抛出了这个异常参数 e，所以在 rethrow 方法声明的 throws 子句中必须指定异常类型为 Exception。

而从 JDK 7 开始，编译器可以探测到由 throw e 语句抛出的异常必须来自于 try 代码块，并且 try 代码块抛出的异常只能是 IllegalAccessException 和 NoSuchFieldException 两种类型。即使 catch 子句的异常参数 e 的类型是 Exception，编译器也可以探测出它是 IllegalAccessException 还是 NoSuchFieldException 的实例，所以可以在 rethrow 方法声明的 throws 子句中指定异常类型为 IllegalAccessException 和 NoSuchFieldException。

```
public static void rethrow (String type) throws NoSuchFieldException, IllegalAccessException {
        try {
            if (type.equals("IA")) {
                throw new IllegalAccessException();
            } else {
                throw new NoSuchFieldException();
            }
        } catch (Exception e) {
            throw e;
        }
    }
```

在 JDK 7 之前的版本中，编译器在 throw e 语句这里会产生“unreported exception Exception; must be caught or declared to be thrown”错误。编译器会检查抛出的异常类型是否可指定给 rethrow 方法声明的 throws 子句中声明的任意类型。

5.5 本章小结

本章详细讲述了 Java 异常处理的有关知识。首先，讲述了 Java 的异常处理机制和内置的异常类，Java 通过面向对象的方法来处理异常。接下来，围绕 Java 处理异常的 5 个关键字 try、catch、throw、throws 以及 finally，详细介绍了如何在程序中捕获并处理异常。然后又介绍了如何创建自己的异常类，尽管 Java 的内置异常处理了大部分常见错误，但是对于某个应用所特有的运行错误，则需要创建自己的异常类和异常对象。最后，简要介绍了 JDK 7 以后的版本才有的几个异常特性，包括多重捕获和更精确的重新抛出。通过异常处理，不仅提高了程序运行的稳定性、程序的可读性，而且有利于程序版本的升级与维护。

5.6　思考和练习

1. 什么是异常？

2. 如果一个 try 代码块没有抛出异常，那么在 try 代码块执行完毕后，程序将从什么地方继续执行？

3. 编写一个程序，读取两个 int 类型的数值，计算并演示这两个数值的和、差、乘积、商和模数。在程序中包含一个 try/catch 结构，以捕获并报告可能出现的异常。

4. 观察以下程序，回答后面的问题：

```
import java.util.Scanner;
public class Exceptions {
    public static void main(String[] args) {
        int[] someArray = { 12, 9, 3, 11 };
        int position = getPosition();
        display(someArray, position);
        System.out.println("退出程序");
    }
    private static int getPosition() {
        System.out.println("输入要显示元素在数组中的位置 ");
        Scanner scanner = new Scanner(System.in);
        String positionEntered = scanner.next();
        return Integer.parseInt(positionEntered);
    }
    private static void display(int[] arrayIn, int posIn) {
        System.out.println("这个位置的元素是：" + arrayIn[posIn]);
    }
}
```

a) 该程序会出现编译错误吗？

b) 哪个方法会抛出异常？

c) 判断可能抛出的异常的名称，并且说明在什么情况下将会抛出该异常。

第6章　常用Java类库

Java 本身提供了大量的实用类库以方便程序员使用。通过使用 Java 标准 API，可以减少应用程序的代码量，提高代码的利用率，从而提高开发效率。本章将详细介绍 java.lang 包和 java.util 包中的常用类，重点介绍字符串的基本操作与集合框架的相关知识。通过本章的学习，读者应该了解如何使用 Java 提供的类库，并学会查阅和参考 Java API 文档，获取 Java 类库的基本用法。

本章学习目标：

- 掌握 Java 中字符串的常用操作
- 了解 System 类的常用方法
- 了解 Math 类的基本用法
- 理解泛型的本质
- 掌握 List 与 ArrayList 的基本用法
- 掌握 Set 与 HashSet 的基本用法
- 掌握 Map 与 HashMap 的基本用法

6.1　字符串处理

不像其他语言作为字符数组实现字符串，Java 将字符串实现为 String 类型的对象。在 Java 中，与字符串相关的类有 3 个：String、StringBuffer 和 StringBuilder。它们都在 java.lang 包中定义，因此，所有程序自动都可以使用它们。这 3 个类都被声明为 final，所以不能从它们派生子类。本节将讨论这 3 个类的具体使用方法和技巧。

除了 String、StringBuffer 和 StringBuilder 类，本节还要学习一个用于解析字符串的工具类 StringTokenizer，该类位于 java.util 包中。

6.1.1　String 类

String 是最常用的处理字符串的类，可以通过多种方式构造 String 对象，当需要时可以很容易地获取字符串。但是，有一点是需要明确并理解的：当创建 String 对象时，创建的字符串是不能修改的。乍一看，这好像是一个严重的限制。但是，情况并非如此。例如：

```
String name= "赵智暄";
System.out.println("name = " + name);
name = "李知诺";
System.out.println("name = " + name);
```

这段代码的输出结果如下：

```
name=赵智暄
name=李知诺
```

从结果上看是改变了，但为什么又说 String 对象是不可变的呢？原因在于实例中的 name 只是一个 String 对象的引用，并不是对象本身。当执行 name= "李知诺";时创建了一个新的对象"李知诺"，而原来的"赵智暄" 还存在于内存中，如图 6-1 所示。

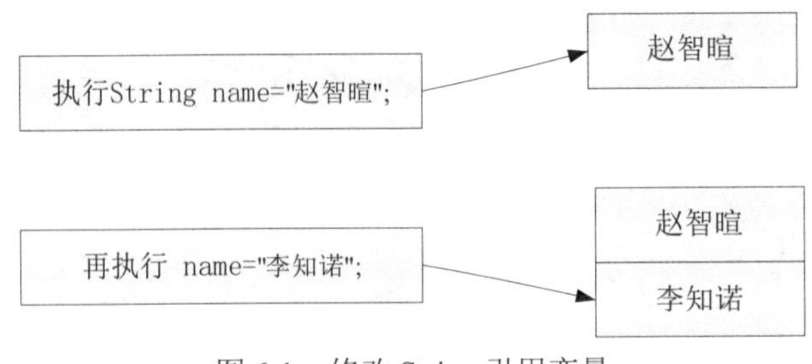

图 6-1　修改 String 引用变量

所谓 String 对象中的字符串是不可改变的，是指创建了 String 对象后不能修改 String 对象的内容。但是，在任何时候都可以修改 String 引用变量，使其指向其他 String 对象，原始字符串保持不变。使用这种方式的原因是：实现固定的、不能修改的字符串与实现能够修改的字符串相比效率更高。对于那些需要能够修改的字符串的情况，可以使用 StringBuffer 和 StringBuilder 类。这两个类用来保存在创建之后可以进行修改的字符串。

1. 构造函数

String类提供了十几个构造函数，这些构造函数提供不同的参数来构造字符串对象。其中比较常用的有如下几个：

- String(byte[] bytes)：通过 byte 数组构建字符串对象。
- String(byte[] bytes, Charset charset)：charset 指定了字符编码，以免出现乱码问题。
- String(byte[ ] bytes, int startIndex, int numChars)：startIndex 指定了开始位置的索引，numChars 指定了使用的字节数量。
- String(char[] value)：使用字符数组创建字符串对象。
- String(char[] value, int startIndex, int numChars)：使用字符数组创建字符串对象，startIndex 指定了开始位置的索引，numChars 指定了使用的字符数量。
- String(StringBuffer buffer)：使用 StringBuffer 对象创建字符串对象。
- String(int codePoints[ ], int startIndex, int numChars): codePoints 是包含 Unicode 代码点的数组。结果字符串从 startIndex 开始，截取 numChars 个字符。

除了使用构造函数，对于程序中的字符串字面值，Java 会自动构造 String 对象。因此，可以使用字符串字面值来初始化 String 对象，如本章开头出现的“String name= "赵智暄";”。

接下来介绍一些常用的字符串操作。

2. 取字符串的长度

字符串的长度是指字符串所包含字符的数量。获取字符串长度的方法是调用 length( )

方法。例如，下面的代码段将输出“3”，因为在字符串 s 中有 3 个字符：

```
String s = "赵智堃";
System.out.println(s.length());
```

说明：

因为会为每个字符串字面值创建 String 对象，所以在能够使用 String 对象的任何地方都可以使用字符串字面值。例如，可以直接对加引号的字符串调用方法，就好像它们是对象引用一样，如"赵智堃".length()。

3. 连接字符串

在 Java 中，有多种方法可用来实现字符串的连接操作。最简单的方法是使用“+”运算符。该运算符不仅可以连接多个字符串，而且还可以对字符串与其他数据类型进行连接，前面很多案例中都已经使用了这种方法。例如，下面的代码段将输出“他今年 9 岁了”。

```
int age = 9;
String s = "他今年 " + age + " 岁了";
System.out.println(s);
```

只要“+”运算符的一个操作数是 String 类型，编译器就会把其他的操作数转换为相应的字符串等价形式。

但是，当将其他类型的操作和字符串连接表达式混合到一起时，应当小心。例如下面的代码：

```
String s = "2+2=" + 2 + 2;
System.out.println(s);
```

将输出“2+2=22”。这是因为，运算符优先级导致首先连接“2+2=”和 2 的字符串等价形式，然后再将这个运算的结果和 2 的字符串等价形式连接起来。如果希望得到 2+2 的计算结果，则需要使用括号改变优先级，比如下面这样：

```
String s = "2+2=" + (2 + 2);
```

除了使用“+”运算符，还可以使用 concat( )方法来连接两个字符串，如下所示：

```
String concat(String str)
```

需要注意的是，该方法不是在源字符串的末尾添加要连接的字符串，而是创建一个新对象，这个新对象包含调用字符串并将 str 的内容追加到结尾。concat( )与“+”执行相同的功能。例如下面的代码：

```
String s1 = "赵智暄";
String s2 = s1.concat("长高了");
```

将字符串“赵智暄长高了”存放到字符串 s2 中。这与下面语句产生的结果相同：

```
String s1 = "赵智暄";
String s2 = s1 + "长高了";
```

除了 concat( )方法，JDK 8 还为 String 类添加了一个静态方法 join( )，用于连接两个或多个字符串，并使用分隔符分隔各个字符串，如空格或逗号。

join( )方法有如下两种形式：

```
static String join(CharSequence delim, CharSequence . . . strs)
static String join(CharSequence delim, Iterable<? extends CharSequence> elements)
```

其中，delim 指定了分隔符，用于分隔要连接的字符序列；CharSequence 是一个接口，该接口定义了允许以只读方式访问字符序列的方法，String、StringBuffer 和 StringBuilde 类都实现了该接口。第二种形式中的 Iterable 是一个泛型接口，对于实现该接口的类，可以通过扩展的 for 循环遍历其中的元素。

【案例 6-1】 演示 join( )方法的使用。

新建一个 Java 工程 ch06，在该工程中新建一个 Java 类 JoinDemo，输入如下测试代码：

```
import java.util.ArrayList;
import java.util.List;

public class JoinDemo {
    public static void main(String[] args) {
        String str1="赵智暄";
        String str2=new String("李知诺");
        char[] c= {'刘','嘉','晴'};
        String str3=new String(c);
        List<String> list=new ArrayList<String>();
        list.add(str1);
        list.add(str2);
        list.add(str3);
        list.add(str1);
        String result1=String.join(",", str1,str2,str3);
        String result2=String.join(" ", list);
        System.out.println(result1);
        System.out.println(result2);
    }
}
```

程序的输出结果如下：

```
赵智暄,李知诺,刘嘉晴
赵智暄 李知诺 刘嘉晴 赵智暄
```

第一次调用 join( )时，分隔符为逗号；第二次调用 join( )时，分隔符为空格。第 2 次的字符序列位于 List 对象中，List 是一个集合接口，本章后面会介绍其用法。

4. 格式化字符串

熟悉 C/C++语言的读者一定知道 C 语言中的 printf( )函数可以用来格式化输出信息。在 Java 中也有同样的 printf( )方法用于输出格式化信息。除了 printf( )方法，String 类还提供了一个静态方法 format( )，用来创建可复用的格式化字符串，而不仅仅是用于一次打印输出。这两种方法的格式说明中都包含一些控制符选项，这些选项的含义如表 6-1 所示。

表 6-1　格式控制符的含义

格式控制符	适用的转换	格式控制符	适用的转换
%s 或%S	字符串类型	%a 或%A	浮点型十六进制值
%e 或%E	科学记数法	%b 或%B	布尔类型
%h 或%H	哈希散列码	%f	十进制浮点类型
%d	十进制整数	%x 或%X	十六进制整数
%o	八进制整数	%c	字符类型
%g 或%G	浮点类型(f 和 e 类型中较短者)	%t 或%T	日期与时间类型
%%	百分比类型	%n	换行符

表 6-1 中有的格式控制符有大写和小写两种形式，大写版本与小写版本的区别在于转换得到的字母使用大写还是小写。例如%b 转换布尔值 true 得到的是小写的 true，而%B 得到的是 TRUE。

【案例 6-2】使用 printf( )和 format( )方法进行字符串的格式化输出。

在 ch06 工程中新建一个 Java 类 FormatString，输入如下测试代码：

```
public class FormatString {
    public static void main(String[] args) {
        String str=null;
        str=String.format("Hi，我叫%s，今年%d 岁了", "时运",19);    // 格式化字符串
        System.out.println(str);
        System.out.printf("字母 a 的大写是：%c %n", 'A');
        System.out.printf("3>7 的结果是：%b %n", 3>7);
        System.out.printf("123 的十六进制数是：%X %n", 123);
        System.out.printf("70 的八进制数是：%o %n", 70);
        System.out.printf("54 元的书打完 8.5 折后是：%f 元%n", 54*0.85);
        System.out.printf("上面价格的十六进制数是：%a %n", 54*0.85);
        System.out.printf("上面价格的指数表示：%E %n", 54*0.85);
        System.out.printf("上面价格的指数和浮点数结果的长度较短的是：%g %n", 54*0.85);
        System.out.printf("上面的折扣是：%d%% %n", 85);
        System.out.printf("Abcd 的散列码是：%H %n", "Abcd");
    }
}
```

程序的运行结果如下：

```
Hi，我叫时运，今年 19 岁了
字母 a 的大写是：A
3>7 的结果是：false
123 的十六进制数是：7B
70 的八进制数是：106
54 元的书打完 8.5 折是：45.900000 元
上面价格的 16 进制数是：0x1.6f33333333333p5
上面价格的指数表示：4.590000E+01
上面价格的指数和浮点数结果的长度较短的是：45.9000
上面的折扣是：85%
Abcd 的散列码是：1F0862
```

以上格式控制符在使用时，还可以在%和格式控制符之间添加一个整数，用来指定最小字段宽度。当要输出的数据宽度小于该整数时，会用空格填充输出，以确保输出达到特定的最小长度。如果要输出的数据宽度大于该最小宽度，则该最小宽度设置被忽略。

例如上面的格式字符串，如果指定了最小字段宽度：

```
str=String.format("Hi，我叫%3s，今年%10d 岁了", "时运",19);
```

该字符串的输出如下所示：

```
Hi，我叫 时运，今年         19 岁了
```

从输出可以看出，使用空格进行填充。如果希望使用 0 进行填充，可以在字段宽度说明符之前放置一个 0。例如，修改上面的某个格式化输出如下：

```
System.out.printf("70 的八进制数是：%07o %n", 70);
```

输出如下：

```
70 的八进制数是：0000106
```

说明：

字段宽度说明符可以用于除了%n 以外的所有格式说明符，但只有数字类型的数据可以指定使用 0 进行默认填充，其他格式说明符只能使用空格进行填充。

对于%f、%e、%g 以及%s，还可以使用精度说明符。精度说明符位于最小字段宽度说明符(如果有的话)之后，由一个小数点以及紧跟其后的整数构成。精度说明符的确切含义取决于所应用数据的类型。

- 当将精度说明符应用于使用%f或%e说明符的浮点数时，精度说明符决定了显示的小数位数。例如，%10.4f显示的数字至少有 10 个字符宽，并且带有 4 位小数。
- 当使用%g 时，精度决定了有效数字的位数，默认精度是 6。
- 如果应用于字符串，那么精度说明符可以指定最大字段宽度。例如，%5.7s 显示的字符串最少有 5 个字符宽，但是不会超过 7 个字符宽。如果字符串比最大字段宽度长，那么会截去字符串末端的字符。

例如，前面输出%f 的格式化输出，如果使用精度说明符：

```
System.out.printf("54 元的书打完 8.5 折后是：%010.3f 元%n", 54*0.85);
```

输出如下：

```
54 元的书打完 8.5 折后是：000045.900 元
```

小数点后保留 3 位，总宽度为 10，不足 10 位前面补 0。

除了格式控制符，格式化字符串还能够识别一组格式标志，这些格式标志可以控制转换的一些特殊效果，如表 6-2 所示。所有格式标志都是单个字符，并且在格式约定中，格式标志位于%的后面。

表 6-2　格式标志

标志	效果	标志	效果
-	左对齐	<	格式化前一个转换符所描述的参数
#	可选的转换格式	空格	在输出的正数前面加一个空格
,	在数值中包含组分隔符	+	在输出的正数前面加一个+符号
(	将负值放在括号内	$	被格式化的参数索引

【案例 6-3】 使用 printf( )和 format( )方法进行字符串的格式化输出，演示格式标志的用法。

在 ch06 工程中新建一个 Java 类 FormatString2，输入如下测试代码：

```
public class FormatString2 {
	public static void main(String[] args) {
		String str = String.format("|%10.2f|", 123.123);
		System.out.println(str);
		System.out.printf("|%-10.2f|%n", 123.123);
		System.out.printf("空格% d%n", -100);
		System.out.printf("空格% d%n", 100);
		System.out.printf("括号%(d%n", -200);
		System.out.printf("正号%+d%n", 200);
		str=String.format("数字分组 %,f", 4356783497.34);
		System.out.println(str);
		str=String.format("格式参数$按索引显示：%2$d,%1$s ,再次输出数字 %2$d ", "abc",99);
		System.out.println(str);
		System.out.printf("123 的十六进制数是：%#X 不带 0X 前缀:%<x %n", 123);
		System.out.printf("70 的八进制数是：%#o %n", 70);
	}
}
```

程序的运行结果如下：

```
|    123.12|
|123.12    |
空格-100
空格 100
括号(200)
正号+200
数字分组 4,356,783,497.340000
格式参数$按索引显示：99,abc ,再次输出数字 99
123 的十六进制数是：0X7B 不带 0X 前缀:7b
70 的八进制数是：0106
```

正常情况下，格式说明符和参数按顺序从左向右进行匹配。也就是说，第一个格式说明符与第一个参数匹配，第二个格式说明符与第二个参数匹配，依此类推。但是，使用参数索引，可以显式地控制格式说明符与哪个参数匹配；而且对于多次需要同一个参数的情况，可以只提供一次参数，例如上面示例中，两次%2$d 都使用第 2 个参数。

5. 比较字符串

String类提供了大量用来比较字符串或字符串中子串的方法，在此介绍其中常用的几个。

- boolean equals(Object str)：str 是将要与调用 String 对象进行比较的 String 对象。如果两者包含相同的字符串，该方法返回 true，否则返回 false。比较是大小写敏感的。
- boolean equalsIgnoreCase(String str)：与 equals 不同的是，该方法比较时忽略大小写，即“abc”与“aBC”的比较结果为 true。
- boolean regionMatches(int startIdx, String str2,int str2StartIdx, int len)：比较字符串中的某个特定部分与另一个字符串中的另一个特定部分是否相等。
- boolean regionMatches(boolean ignoreCase, int startIdx, String str2,int startIdx2, int len)：这个重载的版本支持忽略大小写的比较，如果 ignoreCase 为 true，那么忽略字符的大小写；否则，与上一个版本一样。
- boolean startsWith(String str)：测试此字符串是否以指定的前缀开始。
- boolean startsWith(String str, int startIndex)：这个重载版本可以指定开始位置。
- boolean endsWith(String str)：确定 String 对象是否以指定的字符串结束。
- int compareTo(String str)：按字典顺序比较两个字符串的大小，如果调用字符串小于 str，返回小于 0 的值；如果调用字符串大于 str，返回大于 0 的值；如果两个字符串相等，返回 0。
- int compareToIgnoreCase(String str)：与 compareTo 的区别是比较时忽略大小写。

另外需要再次强调的是：equals( )方法与“==”运算符执行不同的操作，equals( )方法比较 String 对象中的字符，而“==”运算符比较对两个对象的引用，查看它们是否指向相同的实例。第 3 章我们曾经比较过两者的区别。

【案例 6-4】使用 String 类的方法比较两个字符串的大小。

在 ch06 工程中新建一个 Java 类 CompareString，输入如下测试代码：

```
public class CompareString {
    public static void main(String[] args) {
        String s1 = "Hello";
        String s2 = "Hello";
        String s3 = "Hello everyone";
        String s4 = "HELLO";
        String s5 = new String(s1);
        System.out.println(s1 + " equals " + s2 + ":" + s1.equals(s2));
        System.out.println(s1 + " equals " + s5 + ":" + s1.equals(s5));
        System.out.println(s1 + " == " + s2 + ":" + (s1==s2));
        System.out.println(s1 + " == " + s5 + ":" + (s1==s5));
        System.out.println(s1 + " equals " + s3 + ":" + s1.equals(s3));
        System.out.println(s1 + " equals " + s4 + ":" + s1.equals(s4));
        System.out.println(s1 + " equalsIgnoreCase " + s4 + ":" + s1.equalsIgnoreCase(s4));
        System.out.println(s1 + " regionMatches " + s3 + "前 5 个字符:" + s1.regionMatches(0,s3,0,5));
        System.out.println(s3 + " startsWith " + s1 + " :" + s3.startsWith(s1));
        System.out.println(s3 + " startsWith every :" + s3.startsWith("every"));
        System.out.println(s3 + " startsWith every(6) :" + s3.startsWith("every",6));
        System.out.println(s3 + " endsWith every :" + s3.endsWith("every"));
```

```
            System.out.println(s1 + " compareTo " + s2 + ":" + s1.compareTo(s2));
            System.out.println(s1 + " compareTo " + s4 + ":" + s1.compareTo(s4));
        }
    }
```

程序的输出结果如下：

```
Hello equals Hello:true
Hello equals Hello:true
Hello == Hello:true
Hello == Hello:false
Hello equals Hello everyone:false
Hello equals HELLO:false
Hello equalsIgnoreCase HELLO:true
Hello regionMatches Hello everyone 前 5 个字符:true
Hello everyone startsWith Hello :true
Hello everyone startsWith every :false
Hello everyone startsWith every(6) :true
Hello everyone endsWith every :false
Hello compareTo Hello:0
Hello compareTo HELLO:32
```

从运行结果可以看出，s1 和 s2 是指向相同对象的引用，所以“s1==s2”的结果为 true，而 s5 是根据 s1 的内容创建的一个新的对象，尽管内容与 s1 相同，但它们是不同的对象，所以“s1==s5”的结果为 false。

6. 修改字符串

因为 String 对象是不可改变的，所以当希望修改 String 对象时，必须将之复制到 StringBuffer 或 StringBuilder 对象中，或者使用 String 类提供的方法来构造字符串修改后的新副本。常用的修改字符串的方法有如下几个：

- String substring(int startIndex)：截取子字符串，startIndex 指定子串开始时的位置索引，返回调用字符串中从 startIndex 位置开始到字符串结尾的子串副本。
- String substring(int startIndex, int endIndex)：这个重载版本允许同时指定子串的开始索引和结束索引，返回的字符串包含从开始索引到结束索引的字符，但不包含结束索引位置的字符。
- String trim( )：该方法返回调用字符串的副本，并移除开头和结尾的所有空白字符。
- String replace(char oldChar, char newChar)：将字符串中的所有 oldChar 指定的字符，全部替换为 newChar 字符，得到一个新的字符串对象并返回。
- String replace(CharSequence original, CharSequence replacement)：这个重载版本支持使用一个字符序列替换另一个字符序列。
- String replaceAll(String regex, String replacement)：使用给定的 replacement 替换此字符串所有匹配给定的正则表达式的子字符串。
- String replaceFirst(String regex, String replacement)：使用给定的 replacement 替换此字符串匹配给定的正则表达式的第一个子字符串。
- String toLowerCase( )：将字符串中的所有字符从大写改为小写，非字母字符(如数字)不受影响。

- String toUpperCase( )：将字符串中的所有字符从小写改为大写，非字母字符(如数字)不受影响。

【案例 6-5】使用 String 类提供的方法修改字符串。

在 ch06 工程中新建一个 Java 类 ModifyString，输入如下测试代码：

```
public class ModifyString {
    public static void main(String[] args) {
        String src = "My name is zhaozhikun. This is an apple.";
        System.out.println("src:"+src);
        System.out.println("src.substring(5):"+src.substring(5));
        System.out.println("src.substring(5,15):"+src.substring(5,15));
        System.out.println("is 改为 was: "+src.replace("is", "was"));
        System.out.println("第一个 is 改为 was: "+src.replaceFirst("is", "was"));
        System.out.println("全部大写: "+src.toUpperCase());
        System.out.println("全部小写: "+src.toLowerCase());
        System.out.println("邱        淑娅                    ".trim()+"--");
    }
}
```

程序的运行结果如下：

```
src:My name is zhaozhikun. This is an apple.
src.substring(5):me is zhaozhikun. This is an apple.
src.substring(5,15):me is zhao
is 改为 was: My name was zhaozhikun. Thwas was an apple.
第一个 is 改为 was: My name was zhaozhikun. This is an apple.
全部大写: MY NAME IS ZHAOZHIKUN. THIS IS AN APPLE.
全部小写: my name is zhaozhikun. this is an apple.
邱        淑娅--
```

7. 其他方法

除了前面的一些操作，String 类还提供了大量方法，包括从 String 对象中提取字符，查找某个子字符串以及判断字符串是否为空串等。其中使用比较多的有如下几个：

- char charAt(int where)：从字符串中提取单个字符，where 是希望获取的字符的索引。where 的值必须是非负的，并且能够指定字符串中的一个位置。
- void getChars(int start, int end, char dst[ ], int dstStart)：一次提取多个字符，start 指定子串的开始索引，end 指定子串的结束索引，dst 指定接收字符的数组，在 dst 中开始复制子串的索引由 dstStart 指定。
- byte[ ] getBytes( )：将字符保存在字节数组中，该方法有其他重载版本，当将 String 值导出到不支持 16 位 Unicode 字符的环境中时，通常使用该方法。
- char[ ] toCharArray( )：将 String 对象中的所有字符转换为字符数组。
- int indexOf(int ch)/int indexOf(int ch, int index)：查找单个字符 ch 第一次出现时的索引。带 index 参数的版本支持指定查找开始的位置。
- int lastIndexOf(int ch)/int lastIndexOf(int ch, int index)：查找单个字符 ch 最后一次出

现时的索引。带 index 参数的版本支持指定查找开始的位置。

- int indexOf(String str)/int indexOf(String str, int index)：查找子串第一次出现时的索引。带 index 参数的版本支持指定查找开始的位置。
- int lastIndexOf(String str)/int lastIndexOf(String str, int index)：查找子串最后一次出现时的索引。带 index 参数的版本支持指定查找开始的位置。
- boolean isEmpty( )：如果调用字符串没有包含任何字符并且长度为 0，就返回 true。

【案例 6-6】演示 String 类的常用方法。

在 ch06 工程中新建一个 Java 类 StringDemo，输入如下测试代码：

```
public class StringDemo {
    public static void main(String[] args) {
        String s = "原始字符串：我叫赵智堃  my name is zhaozhikun.";
        System.out.println(s.charAt(8));
        int start = 6;
        int end = 16;
        char[] buf = new char[end - start];
        s.getChars(start, end, buf, 0);
        System.out.println(buf);
        char[] array = s.toCharArray();
        System.out.println("字符数组的长度：" + array.length);
        System.out.println(array);
        System.out.println("indexOf(m) = " + s.indexOf('m'));
        System.out.println("lastIndexOf(n) = " + s.lastIndexOf('n'));
        System.out.println("indexOf(me) = " + s.indexOf("me"));
        System.out.println("lastIndexOf(zh) = " + s.lastIndexOf("zh"));
        System.out.println("indexOf(m, 10) = " + s.indexOf('m', 15));
        System.out.println("s.isEmpty(): "+ s.isEmpty());
    }
}
```

程序的输出结果如下：

```
赵
我叫赵智堃  my n
字符数组的长度：34
原始字符串：我叫赵智堃  my name is zhaozhikun.
indexOf(m) = 12
lastIndexOf(n) = 32
indexOf(me) = 17
lastIndexOf(zh) = 27
indexOf(m, 10) = 17
s.isEmpty(): false
```

6.1.2　StringBuffer 类

StringBuffer 类支持可修改的字符串。可以在源字符串的中间插入字符和子串，或者在末尾追加字符和子串。StringBuffer 类能够自动增长，从而为这类添加操作准备空间，并且通常会预先分配比实际需要更多的字符空间。

1. StringBuffer 类的构造函数

StringBuffer 类提供了以下 4 个构造函数：

```
StringBuffer( )
StringBuffer(int size)
StringBuffer(String str)
StringBuffer(CharSequence chars)
```

默认构造函数预留 16 个字符的空间，不需要再分配；第 2 个版本接收一个显式设置缓冲区大小的整型参数；第 3 个版本接收一个设置 StringBuffer 对象初始化内容的 String 参数，并额外预留 16 个字符的空间，不需要再分配，如果没有要求特定的缓冲区长度，StringBuffer 会为 16 个附加字符分配空间，因为再次分配空间是很耗时的操作，而且频繁分配空间会产生内存碎片，通过为一部分额外字符分配空间，StringBuffer 类减少了再次分配空间的次数；第 4 个构造函数创建包含指定字符序列的对象，并额外预留 16 个字符的空间。

2. 长度与容量

通过 length( )方法可以获得 StringBuffer 对象的当前长度，而通过 capacity( )方法可以获得已分配的容量。通常首次初始化 StringBuffer 对象时，因为自动添加了 16 个附加字符的空间，所以它的容量比字符串长度多 16。

在创建了 StringBuffer 对象后，如果希望为特定数量的字符预先分配空间，可以使用 ensureCapacity( )方法设置缓冲区的大小。ensureCapacity( )方法的一般形式如下：

```
void ensureCapacity(int minCapacity)
```

其中，minCapacity 指定了缓冲区的最小尺寸，出于效率方面的考虑，可能实际分配的缓冲区大小会比 minCapacity 大一些。

与 String 类不同的是，StringBuffer 类提供了一个 setLength( )方法，该方法可以设置 StringBuffer 对象中字符串的长度，一般形式如下：

```
void setLength(int len)
```

其中，参数 len 必须非负。当增加字符串的大小时，会向末尾添加 null 字符。如果调用 setLength( )方法时，使用的值小于 length( )方法返回的当前值，那么超出新长度的字符将丢失。

【案例 6-7】理解 StringBuffer 对象的长度与容量的区别。

在 ch06 工程中新建一个 Java 类 StringBufferDemo，输入如下测试代码：

```
public class StringBufferDemo {
    public static void main(String[] args) {
        StringBuffer sb = new StringBuffer("Hello  李知诺");
        System.out.println("字符串内容：" + sb);
        System.out.println("长度：" + sb.length());
        System.out.println("容量：" + sb.capacity());
```

```
        sb.setLength(30);
        System.out.println("setLength(30)后，长度：" + sb.length());
        System.out.println("setLength(30)后，容量：" + sb.capacity());
        sb.setLength(7);
        System.out.println("setLength(7)后，长度：" + sb.length());
        System.out.println("setLength(7)后，容量：" + sb.capacity());
        System.out.println("字符串内容：" + sb);
        sb.ensureCapacity(53);
        System.out.println("ensureCapacity(53)后，容量：" + sb.capacity());
    }
}
```

程序的输出结果如下：

```
字符串内容：Hello 李知诺
长度：9
容量：25
setLength(30)后，长度：30
setLength(30)后，容量：52
setLength(7)后，长度：7
setLength(7)后，容量：52
字符串内容：Hello 李
ensureCapacity(53)后，容量：106
```

因为 sb 在创建时是使用字符串“Hello 李知诺”初始化的，所以它的长度是 9。因为自动添加了 16 个附加字符的空间，所以它的容量是 25。如果通过 setLength( )增加字符串长度，那么容量可能也会自动增加；如果是缩短长度，容量通常不变，字符串会被截取。

3. 修改字符串

本章开始就提到过，用 StringBuffer 类创建的字符串对象是可以修改的，常用的修改操作包括：追加字符串、插入字符串、删除字符串、截取子字符串、替换指定内容以及字符串的反转等。相应的方法如下：

- append( )：该方法有多个重载版本，用于将各种其他类型数据的字符串形式追加到调用 StringBuffer 对象的末尾。
- insert( )：该方法将一个字符串插入到另一个字符串中。Java 对该方法进行了重载，以接收所有基本类型以及 String、Object 和 CharSequence 类型的值。与 append( )类似，该方法获取参数值的字符串表示形式，然后将字符串插入到调用 StringBuffer 对象中。
- substring( )：与 String 类的 substring( )方法类似，该方法可以截取 StringBuffer 对象的一部分，构造一个 String 对象并返回。该方法有两种重载形式，一种只指定起始索引，另一种是指定起始和结束索引。
- replace( )：该方法可以使用一个字符集替换 StringBuffer 对象中的另一个字符集。替换后的 StringBuffer 对象作为结果返回。
- delete( )和 deleteCharAt( )：这两个方法可以删除 StringBuffer 对象中的字符。delete( )方法从调用对象删除一连串字符。deleteCharAt( )方法删除指定索引位置的单个字符。

- reverse( )：该方法返回调用对象的反转形式，如源字符串为“abcd”，调用该方法后的字符串为“dcba”。

【案例 6-8】演示 StringBuffer 类提供的修改字符串的方法。

在 ch06 工程中新建一个 Java 类 ModifyStringBuffer，输入如下测试代码：

```
public class ModifyStringBuffer {
    public static void main(String[] args) {
        String s;
        int a = 42;
        StringBuffer sb = new StringBuffer("我是赵智堃");
        System.out.println(sb);
        sb.append("a = ").append(a);
        System.out.println("After append: "+sb);
        sb.append(" This is a test.");
        System.out.println("After append: "+sb);
        s=sb.substring(0,5);
        System.out.println("截取子字符串："+s);
        sb.delete(5, 11);
        System.out.println("After delete: "+sb);
        sb.insert(5, "，我爸爸在写<Java 程序设计案例教程> ");
        System.out.println("After insert: "+sb);
        sb.replace(2, 5, "齐果果");
        System.out.println("After replace: " + sb);
        sb.deleteCharAt(0);
        System.out.println("After deleteCharAt: " + sb);
        sb.reverse();
        System.out.println("After reverse: "+sb);
    }
}
```

程序的输出结果如下：

```
我是赵智堃
After append: 我是赵智堃 a = 42
After append: 我是赵智堃 a = 42 This is a test.
截取子字符串：我是赵智堃
After delete: 我是赵智堃 This is a test.
After insert: 我是赵智堃，我爸爸在写<Java 程序设计案例教程>  This is a test.
After replace: 我是齐果果，我爸爸在写<Java 程序设计案例教程>  This is a test.
After deleteCharAt: 是齐果果，我爸爸在写<Java 程序设计案例教程>  This is a test.
After reverse: .tset a si sihT  >程教例案计设序程 avaJ<写在爸爸我，果果齐是
```

4. 其他方法

除了以上介绍的方法外，StringBuffer 类也提供了其他一些方法，包括与 String 类具有相同功能的方法，如提取字符的方法 charAt( )和 getChars( )，以及查找字符串的方法 indexOf( )和 lastIndexOf( )。这些方法的使用都比较简单，这里不再赘述。

6.1.3　StringBuilder 类

StringBuilder 类是 JDK 5 开始引入的，以增强 Java 的字符串处理能力。StringBuilder 与 StringBuffer 类似，只有一个重要的区别：StringBuilder 不是同步的，这意味着它不是线程安全的。StringBuilder 的优势在于能得到更高的性能。但是，如果可以修改的字符串将被多个线程修改，并且没有使用其他同步措施的话，就必须使用 StringBuffer，而不能使用 StringBuilder。

在今后的编程工作中，遇到使用字符串对象时，如果要操作少量的数据，可以使用 String 类；而对于单线程操作字符串缓冲区下操作大量数据，建议使用 StringBuilder 类；如果是多线程操作字符串缓冲区下操作大量数据，就必须使用 StringBuffer 类。

6.1.4　StringTokenizer 类

StringTokenizer 类位于 java.util 包中，该类通常被称为字符分析器或扫描器，它封装了一系列对字符串进行分解的方法，以简化应用程序中的文本处理工作。

StringTokenizer 类提供了以下 3 个构造函数：

```
StringTokenizer(String str)
StringTokenizer(String str, String delim)
StringTokenizer(String str, String delim, boolean returnDelims)
```

其中，str 是需要分析的字符串；delim 是指定分隔符的字符串。默认情况下，分隔符列表是“\t\n\r\f”，即由空格符、制表符、换行符、回车符和进制符组成，也可以通过指定 delim 参数来设置用户分隔符；如果 returnDelims 为 true，则标记之间的分隔符也被当作标记返回，如果 returnDelims 为 false 或不使用该参数，则不返回标记之间的分隔符。

一旦创建了StringTokenizer对象，就可以使用nextToken( )方法提取连续的标记；然后可以使用hasMoreTokens( )方法判断是否还有更多的标记要被提取。因为StringTokenizer类实现了Enumeration接口，所以也实现了hasMoreElements( )和nextElement( )方法，它们的行为分别与hasMoreTokens( )和nextToken( )类似。StringTokenize类的常用方法如表 6-3 所示。

表 6-3　StringTokenize 类的常用方法

方法	描述
int countTokens( )	计算还有多少标记需要解析
boolean hasMoreTokens( )	如果字符串中还有更多的可用标记，则返回 true；否则返回 false
boolean hasMoreElements( )	返回与 hasMoreTokens( )方法相同的值
String nextToken( )	返回此 StringTokenizer 的下一个标记
Object nextElement( )	除了返回值是 Object 而不是 String 之外，其他与 nextToken 相同
String nextToken(String delim)	返回此 StringTokenizer 的下一个标记，并将分隔符设置为 delim

【案例 6-9】使用 StringTokenizer 类分析字符串。

在 ch06 工程中新建一个 Java 类 StringTokenizerDemo，输入如下测试代码：

```
import java.util.StringTokenizer;
public class StringTokenizerDemo {
```

```
    public static void main(String[] args) {
        String str = "书名=Java 程序设计案例教程;作者=赵艳铎;出版社=清华大学出版社;出版日期
=2017 年 10 月";
        StringTokenizer st1 = new StringTokenizer(str, "=;");
        System.out.println("分隔标记的次数： " + st1.countTokens());
        while(st1.hasMoreTokens()) {
          String key = st1.nextToken();
          String val = st1.nextToken();
          System.out.println(key + "\t" + val);
        }
        StringTokenizer st2 = new StringTokenizer("I love my mother", "o", true);
        System.out.println("分隔标记的次数： " + st2.countTokens());
        while (st2.hasMoreTokens()) {
          System.out.println(st2.nextToken());
        }
    }
}
```

本例中，第一个 StringTokenizer 对象，解析的字符串是一系列“键=值”对，由分号隔开，所以分隔符设置为“=;”；第 2 个 StringTokenizer 对象解析的是一句话，分隔符为“o”，并且分隔符要求作为标记返回。程序的运行结果如下：

```
分隔标记的次数：8
书名 Java 程序设计案例教程
作者 赵艳铎
出版社	清华大学出版社
出版日期 2017 年 10 月
分隔标记的次数：5
I l
o
ve my m
o
ther
```

6.2　java.lang 包

java.lang 是 Java 使用最广泛的包，它自动被导入到所有程序中，本书前面使用的很多类都是该包中的，如 3 个字符串类、基本类型封装器、Enum 类以及所有类的父类 Object 等。除了类，该包还定义了很多接口和几个子包(学习注解时使用过 java.lang.annotation 子包)。掌握了面向对象编程的基本思想后，使用这些类和接口是非常简单的，所以本节只讨论该包中一些常用的类和接口。

6.2.1　System 类

System 类包含一系列静态方法和变量。Java 运行时的标准输入、输出以及错误输出都存储在该类的 in、out 和 err 变量中。

下面来看一看 System 类的常见用途。

1. currentTimeMillis( )与 nanoTime( )方法

System 类提供的 currentTimeMillis( )方法返回自 1970 年 1 月 1 日午夜到当前时间的毫秒数，通过该方法可以计算程序执行某个部分共耗费了多长时间。如果系统具有能够提供纳秒级精度的计数器，还可以使用 nanoTime( )方法获取更精确的时间。

【案例 6-10】编写一个程序，测试当前主机运行 1 亿次循环耗费的时间。

在 ch06 工程中新建一个 Java 类 SystemDemo1，输入如下测试代码：

```
public class SystemDemo1 {
    public static void main(String[] args) {
        long start, end;
        System.out.println("执行 1 亿次循环需要的时间：");
        start = System.currentTimeMillis();
        for(long i=0; i < 100000000L; i++) ;
        end = System.currentTimeMillis();
        System.out.println("使用 currentTimeMillis( )方法取毫秒计算，耗时(毫秒)：" + (end-start));
        start = System.nanoTime(); // get starting time
        for(long i=0; i < 100000000L; i++) ;
        end = System.nanoTime(); // get ending time
        System.out.println("使用 nanoTime( )方法取纳秒计算，耗时(纳秒)：" + (end-start));
    }
}
```

程序的运行情况如下(根据主机配置情况，得到的数据可能会不同)：

```
执行 1 亿次循环需要的时间：
使用 currentTimeMillis( )方法取毫秒计算，耗时(毫秒)：127
使用 nanoTime( )方法取纳秒计算，耗时(纳秒)：118716605
```

2. arraycopy( )方法

arraycopy( )方法可以将任意类型的数组从一个地方复制到另一个地方，该方法相比与之等价的普通循环结构快很多。该方法的一般格式如下：

```
static void arraycopy(Object src,int srcStart, Object target, int targetStart, int size);
```

src 为被复制的数组，复制开始位置的索引是 srcStart。接收副本的数组为 target，在 target 中，复制开始位置的索引是 targetStart，size 是要复制的元素的个数。

【案例 6-11】编写一个程序，使用 System 类的 arraycopy( )方法进行数组的复制。

在 ch06 工程中新建一个 Java 类 SystemDemo2，输入如下测试代码：

```
public class SystemDemo2 {
    public static void main(String args[]) {
        byte[] a = { 65, 66, 67, 68, 69, 70, 71, 72, 73, 74 };
        byte[] b = { 77, 77, 77, 77, 77, 77, 77, 77, 77, 77 };
        System.out.println("a = " + new String(a));
        System.out.println("b = " + new String(b));
        System.arraycopy(a, 0, b, 0, a.length);
```

```
        System.out.println("a = " + new String(a));
        System.out.println("b = " + new String(b));
        System.arraycopy(a, 0, a, 1, a.length - 1);
        System.out.println("a = " + new String(a));
        System.arraycopy(b, 1, b, 0, b.length - 1);
        System.out.println("b = " + new String(b));
    }
}
```

在本例中，使用 arraycopy( )方法复制了两个数组。首先，将 a 复制到 b。接下来，将 a 中的所有元素向后移动一个位置。然后，将 b 向上移动一个元素。

程序的运行结果如下：

```
a = ABCDEFGHIJ
b = MMMMMMMMMM
a = ABCDEFGHIJ
b = ABCDEFGHIJ
a = AABCDEFGHI
b = BCDEFGHIJJ
```

从输出结果可以看出，可以使用相同的源和目标(将 src 和 target 指定为相同的实参)在两个方向上进行复制。

3. 获取系统属性和环境变量

系统属性和环境变量都是名称与值之间的映射。两种机制都能用来将用户定义的信息传递给 Java 进程。环境变量产生更多的全局效应，因为它们不仅对 Java 子进程可见，而且对于定义它们的进程的所有子进程都是可见的。

System 类提供了 getenv( )方法来获取环境变量，该方法有两种方式，一种是返回所有环境变量的 Map 对象，另一种是获取指定变量的值，如下所示：

```
static Map<String, String> getenv( );   //返回的 Map 对象包含当前环境变量以及它们的值
static String getenv(String key);        //返回与 key 变量的值
```

getenv( )方法返回的环境变量大多与系统相关，而另一个方法 getProperty( )返回的则是与 Java 程序有关的属性，称为系统属性。与系统属性相关的方法有如下几个：

- static String clearProperty(String which)：该方法用来删除由 which 指定的系统属性。
- static Properties getProperties( )：返回与 Java 运行时系统关联的所有属性。
- static String getProperty(String which)：返回指定的属性值。如果没有找到期望的属性，就返回 null。
- static String getProperty(String which, String default)：返回指定的属性值。如果没有找到期望的属性，就返回 default。
- static void setProperties(Properties sysProperties)：将当前系统属性设置为由 sysProperties 指定的属性。
- static String setProperty(String which, String v)：设置 which 属性的值为 v。

【案例 6-12】编写一个程序，获取系统属性和环境变量。

在 ch06 工程中新建一个 Java 类 SystemDemo3，输入如下测试代码：

```
import java.util.Iterator;
import java.util.Map;
import java.util.Properties;
public class SystemDemo3 {
    public static void main(String[] args) {
        System.out.println("获取 JAVA_HOME 环境变量的值："+System.getenv("JAVA_HOME"));
        System.out.println("\n 以下获取的是所有的环境变量");
        Map<String, String> m = System.getenv();
        for(Iterator<String> it = m.keySet().iterator(); it.hasNext();) {
            String key = (String) it.next();
            String value = (String) m.get(key);
            System.out.println(key + ": " + value);
        }
        System.out.println("\n系统属性的获取与设置");
        System.out.println("user.home: "+System.getProperty("user.home"));
        System.setProperty("user.home","D:\\home");
        System.out.println("setProperty 后，user.home: "+System.getProperty("user.home"));
        System.clearProperty("user.home");
        System.out.println("clearProperty 后，user.home: "+System.getProperty("user.home"));
        System.out.println("\n以下获取的是所有系统属性");
        Properties p = System.getProperties();
        for(Iterator<?> it = p.keySet().iterator(); it.hasNext();) {
            String key = (String) it.next();
            String value = (String) p.get(key);
            System.out.println(key + ": " + value);
        }
    }
}
```

程序的输出结果如下(由于全部输出环境变量和系统属性较多，因此省略了部分输出)：

```
获取 JAVA_HOME 环境变量的值：C:\Program Files (x86)\Java\jdk1.8.0_111

以下获取的是所有的环境变量
SystemDrive: C:
JAVA_HOME: C:\Program Files (x86)\Java\jdk1.8.0_111
Path: C:/Program Files (x86)/Java/jdk1.8.0_111/bin/../jre/bin/client;C:/Program Files
(x86)/Java/jdk1.8.0_111/bin/../jre/bin;C:/Program Files (x86)/Java/jdk1.8.0_111/bin/../jre/lib/i386;C:\Program
Files (x86)\Java\jdk1.8.0_111\bin; C:\Windows\system32;C:\Windows;D:\eclipse;
PATHEXT: .COM;.EXE;.BAT;.CMD;.VBS;.VBE;.JS;.JSE;.WSF;.WSH;.MSC
OS: Windows_NT
classpath: .;C:\Program Files (x86)\Java\jdk1.8.0_111\lib\dt.jar;C:\Program Files
(x86)\Java\jdk1.8.0_111\lib\tools.jar
SystemRoot: C:\Windows
TEMP: C:\Users\ADMINI~1\AppData\Local\Temp
TMP: C:\Users\ADMINI~1\AppData\Local\Temp
windir: C:\Windows
//-----此处省略部分输出内容
```

```
系统属性的获取与设置
user.home: C:\Users\Administrator
setProperty 后，user.home: D:\home
clearProperty 后，user.home: null

以下获取的是所有系统属性
java.runtime.name: Java(TM) SE Runtime Environment
sun.boot.library.path: C:\Program Files (x86)\Java\jdk1.8.0_111\jre\bin
java.vm.version: 25.111-b14
java.vm.vendor: Oracle Corporation
java.vendor.url: http://java.oracle.com/
path.separator: ;
java.vm.name: Java HotSpot(TM) Client VM
file.encoding.pkg: sun.io
user.country: CN
user.script:
sun.java.launcher: SUN_STANDARD
sun.os.patch.level: Service Pack 1
java.vm.specification.name: Java Virtual Machine Specification
user.dir: D:\workspace\ch06
java.runtime.version: 1.8.0_111-b14
// 省略部分输出内容
```

系统属性和环境变量在不同的操作系统上，可能会有细微的差别，比如，Windows 系统不区分大小写。另外，因为环境变量不仅对 Java 子进程可见，所以一般在需要全局效应的时候使用，或者在外部系统接口要求使用环境变量时使用；在 Java 程序中尽可能使用系统属性。

4. 其他方法

除了前面几种常用的用途，System 类中还有两个方法有时也会用到：

- public static void exit(int status)：该方法的作用是退出应用程序。其中，status 的值为零代表正常退出，为非零代表异常退出。使用该方法可以在图形界面编程中实现程序的退出功能。
- public static void gc( )：该方法的作用是请求系统进行垃圾回收。至于系统是否立刻回收，则取决于系统中垃圾回收算法的实现以及系统。

6.2.2 Class 类

在使用反射获取注解时使用过 Class 类。Class 是泛型类，它封装了类或接口的运行时状态。Class 对象是加载类时自动创建的，不能显式地声明 Class 对象。通常，通过 Object 类定义的 getClass( )方法来获取 Class 对象。

Class 类的常用方法如表 6-4 所示。

表 6-4　Class 类的常用方法

方法	描述
static Class<?> forName(String name)	返回给定全名的 Class 对象
Annotation[ ] getAnnotations( )	获得与调用对象关联的所有注解
Constructor<?>[ ] getConstructors( )	获取调用对象所属类的所有公有构造函数
String getName( )	返回调用对象所属类或接口的全名
Class<? super T> getSuperclass( )	返回调用对象所属类的超类，如果调用对象代表的类是 Object 或者不是类，则返回 null
boolean isInterface( )	如果调用对象代表的类型是接口，就返回 true；否则返回 false
Field[ ] getDeclaredFields( )	获取调用对象所属类或接口中声明的所有域变量(忽略继承的变量)
Method[ ] getDeclaredMethods()	获取调用对象所属类或接口中声明的所有方法(忽略继承的方法)
Method[ ] getMethods( )	获取调用对象所属类或接口中的所有公有方法

对于需要对象的运行时类型信息的情况，Class 类定义的方法非常有用。

【案例 6-13】获取对象的类型信息。

在 ch06 工程中新建一个 Java 类 ClassDemo，输入如下测试代码：

```
class Base {
    int a;
}
class Sub extends Base {
    double c;
}
public class ClassDemo {
    public static void main(String[] args) {
        Base x = new Base();
        Sub y = new Sub();
        Class<?> obj;
        obj = x.getClass();        // get Class reference
        System.out.println("x 的类型是：" + obj.getName());
        obj = y.getClass();        // get Class reference
        System.out.println("y 的类型是：" + obj.getName());
        obj = obj.getSuperclass();
        System.out.println("y 的父类是：" + obj.getName());
    }
}
```

该程序的输出结果如下：

```
x 的类型是：ch06.Base
y 的类型是：ch06.Sub
y 的父类是：ch06.Base
```

6.2.3　Math 类

Math 类封装了数学上的常用计算，如计算对数、指数、平方根和三角函数等。Math 类定义了两个 double 类型的常量：E(自然对数)和 PI(圆周率)。

1. 三角函数

Math 类中用于计算三角函数的方法包括正弦、余弦、正切，以及它们的反三角函数和双曲函数，如表 6-5 所示。

表 6-5　用于三角函数的方法

方法	描述
static double sin(double arg)	返回由 arg 指定的角度(单位为弧度)的正弦值
static double cos(double arg)	返回由 arg 指定的角度(单位为弧度)的余弦值
static double tan(double arg)	返回由 arg 指定的角度(单位为弧度)的正切值
static double asin(double arg)	返回正弦值为 arg 的角度
static double acos(double arg)	返回余弦值为 arg 的角度
static double atan(double arg)	返回正切值为 arg 的角度
static double atan2(double x, double y)	返回正切值为 x/y 的角度
static double sinh(double arg)	返回由 arg 指定的角度的双曲正弦值
static double cosh(double arg)	返回由 arg 指定的角度的双曲余弦值
static double tanh(double arg)	返回由 arg 指定的角度的双曲正切值

2. 指数/对数函数

Math 类中用于计算指数/对数函数的方法如表 6-6 所示。

表 6-6　用于指数/对数函数的方法

方法	描述
static double cbrt(double d)	计算 d 的立方根
static double exp(double d)	计算 e 的 d 次方
static double expm1(double d)	计算 e 的(d−1)次方
static double log(double d)	计算 d 的自然对数
static double log10(double d)	计算 d 的以 10 为底的对数
static double log1p(double arg)	计算(d+1)的自然对数
static double pow(double y, double x)	y 的 x 次方。例如，pow(2.0, 3.0)返回 8.0
static double scalb(double d, int factor)	计算 d×2 的 factor 次方
static float scalb(float f, int factor)	计算 f×2 的 factor 次方
static double sqrt(double d)	计算 d 的平方根

3. 其他数学方法

除了上述方法，Math 类还定义了一些其他数学上常用的计算方法，包括求绝对值、求最大值、求最小值、取整运算、角度与弧度的转换等。有些方法具有多个重载版本，表 6-7 给出了其中一些较常用的方法。

表 6-7　其他常用的数学方法

方法	描述
static int abs(int i)	求 i 的绝对值，该方法有多个重载版本，支持所有数值类型
static double ceil(double d)	返回大于或等于 d 的最小整数
static double floor(double d)	返回小于或等于 d 的最大整数
static int max(int x, int y)	返回 x 和 y 中的最大值，该方法也有多个重载版本
static int min(int x, int y)	返回 x 和 y 中的最小值，该方法也有多个重载版本
static double toDegrees(double angle)	将弧度转换为度。参数 angle 必须使用弧度指定
static double toRadians(double angle)	将度转换为弧度
static double rint(double arg)	四舍五入取整，返回类型为 double，小数为.5 时，会取偶数
static int round(float arg)	与 rint( )方法的区别是，返回类型为整型，小数为.5 时直接四舍五入

【案例 6-14】演示 Math 类中的常用方法。

在 ch06 工程中新建一个 Java 类 MathDemo，输入如下测试代码：

```
public class MathDemo {
    public static void main(String[] args) {
        System.out.println("|-10.4| = " + Math.abs(-10.4));
        System.out.println("ceil(-10.1)= " +Math.ceil(-10.1));
        System.out.println("ceil(10.4)= " +Math.ceil(10.4));
        System.out.println("floor(-10.1)= " +Math.floor(-10.1));
        System.out.println("floor(10.6)= " +Math.floor(10.6));
        System.out.println("随机产生一个 0~1.0 之间的 double 数值："+Math.random());
        System.out.println("四舍五入 10.1="+Math.rint(10.1));
        System.out.println("四舍五入 10.7="+Math.rint(10.7));
        System.out.println("四舍五入 rint(-10.5)="+Math.rint(-10.5));
        System.out.println("四舍五入 rint(-11.5)="+Math.rint(-11.5));
        System.out.println("四舍五入 rount(-10.5)="+Math.round(-10.5));
        System.out.println("四舍五入 rount(-11.5)="+Math.round(-11.5));
        System.out.println("四舍五入 rint(10.5)="+Math.rint(10.5));
        System.out.println("四舍五入 rint(11.5)="+Math.rint(11.5));
        System.out.println("四舍五入 rount(10.5)="+Math.round(10.5));
        System.out.println("四舍五入 rount(11.5)="+Math.round(11.5));
        System.out.println("sin(pi/6)= "+Math.sin(Math.PI/6));
        System.out.println("E 的平方="+Math.exp(2));
        System.out.println("8 的立方根："+Math.cbrt(8.0));
        System.out.println("120 度转换为弧度：" + Math.toRadians(120));
    }
}
```

程序的运行结果如下：

```
|-10.4| = 10.4
ceil(-10.1)= -10.0
ceil(10.4)= 11.0
floor(-10.1)= -11.0
```

```
floor(10.6)= 10.0
随机产生一个 0~1.0 之间的 double 数值：0.021749021608860608
四舍五入 10.1=10.0
四舍五入 10.7=11.0
四舍五入 rint(-10.5)=-10.0
四舍五入 rint(-11.5)=-12.0
四舍五入 rount(-10.5)=-10
四舍五入 rount(-11.5)=-11
四舍五入 rint(10.5)=10.0
四舍五入 rint(11.5)=12.0
四舍五入 rount(10.5)=11
四舍五入 rount(11.5)=12
sin(pi/6)= 0.49999999999999994
E 的平方=7.38905609893065
8 的立方根：2.0
120 度转换为弧度：2.0943951023931953
```

注意 rint( )和 round( )方法的区别，理解 rint( )方法的参数在小数部分为.5 时，取偶数的含义。从结果可以看出，rint(10.5)=10.0，而 rount(10.5)=11。

6.2.4 其他类和接口

java.lang 包中一共定义了一百多个类和接口，本书后面还会介绍几个与多线程编程相关的类和接口：Thread、ThreadGroup、Runnable 等。其他类的使用不再一一介绍，读者可下载或在线参考 Java API 文档。网址为 http://www.oracle.com/technetwork/java/api-141528.html。

6.3 集合框架

集合框架是一个复杂的接口和类层次，提供了管理对象组的最新技术，值得所有程序员密切关注。在前面的案例中，我们曾经使用过 List 接口和 ArrayList 类。其中的 List 就是集合接口，ArrayList 是实现了 List 接口的集合类。

集合不是原始 Java 发布版本的一部分，但是在 J2SE 1.2 版本就已经添加。在集合框架之前，Java 提供特定的类来存储和管理对象组，包括 Dictionary、Vector、Stack 和 Properties。虽然这些类都非常有用，但是它们缺少一个核心的、统一的主题。例如，使用 Vector 类的方式和使用 Properties 类的方式有着很大不同。

集合框架被设计成要满足以下几个目标：

- 该框架必须是高性能的。基本集合(动态数组、链表、树、哈希表)的实现也必须是高效的。
- 该框架允许不同类型的集合，以类似的方式工作，具有高度的互操作性。
- 对一个集合的扩展和适应必须是简单的。

为此，整个集合框架就围绕一组标准接口而设计。开发人员可以直接使用这些接口的标准实现，如 LinkedList、HashSet 等，也可以通过这些接口实现自己的集合。

集合框架是一个用来代表和操纵集合的统一架构。所有的集合框架都包含如下内容：

- 接口：代表集合的抽象数据类型。接口允许集合独立操纵其代表的细节。
- 实现类：集合接口的具体实现。从本质上讲，它们是可重复使用的数据结构。
- 算法：算法是实现集合接口的对象里的方法所执行的一些有用的计算，例如搜索和排序。这些算法被称为多态，那是因为相同的方法可以在相似的接口上有着不同的实现。

除了集合，集合框架还定义了几个映射(Map)接口和映射类。Map 里存储的是键/值对。这些类和接口都位于 java.util 包中，所以使用时需要使用 import 语句将其导入到程序中。

6.3.1 泛型

泛型是 JDK 5 开始引入的，通过使用泛型，可以创建以类型安全的方式使用各种类型数据的类、接口以及方法。

在泛型所影响的 Java 特性中，受影响程度最大的一个就是集合框架(Collections Framework)，因为整个集合框架针对泛型进行了重新设计。所有集合现在都是泛型的，并且许多操作集合的方法都采用泛型参数。可以说，泛型影响了集合框架的每一部分。

1. 什么是泛型

泛型的本质是参数化类型，也就是说，所操作的数据类型被指定为参数。使用该特性创建的类、接口以及方法，可以作为参数指定所操作数据的类型。

通过操作 Object 类型的引用，Java 总是可以创建一般化的类、接口以及方法。因为 Object 是所有其他类的超类，所以 Object 引用变量可以引用所有类型的对象。因此，在 Java 提供泛型之前编写的代码，一般化的类、接口以及方法使用 Object 引用来操作各种类型的对象。问题是它们不能以类型安全的方式进行工作。

泛型提供了以前缺失的类型安全性，并且还可以简化处理过程，因为不再需要显式地在 Object 和实际操作的数据类型之间进行强制类型转换。使用泛型，所有类型转换都是自动和隐式进行的。因此，泛型扩展了重用代码的能力，并且可以安全、容易地重用代码。

假定有这样一个需求：编写一个排序方法，能够对整型数组、字符串数组甚至其他任意类型的数组元素进行排序，该如何实现？最好的答案就是使用泛型。

使用 Java 泛型的概念，我们可以设计一个泛型方法来对一个对象数组进行排序。然后，调用该泛型方法来对整型数组、浮点数数组、字符串数组等进行排序。

2. 泛型方法

最简单的泛型就是泛型方法。泛型方法的声明需要包含一个或多个类型参数，类型参数的声明需要使用一对尖括号括起来，如<T>。调用时，这个类型参数可以接收不同类型的参数。例如，下面声明了一个打印数组元素的泛型方法 printArray( )：

```
public static <E> void printArray(E[] inputArray) {
    // 输出数组元素
    for(E element : inputArray) {
        System.out.printf("%s ", element);
    }
    System.out.println();
}
```

该方法可以接受任意类型的数组对象作为参数。需要注意的是：类型参数只能代表引用类型，不能是原始类型，所以上述泛型方法传入的参数数组需要使用类型封装器声明，而不能是 int、double 等。如果在 main( )方法中有如下调用语句，将产生编译错误：

```
int[] a={2,4,3,55,43,21};
printArray(a);
```

正确的做法是修改数组的声明，将 int 改为 Integer，如下所示：

```
Integer[] a={2,4,3,55,43,21};
```

在调用 printArray( )方法时，可以使用任意类替换类型参数。对于大多数情况这很好，但是，有的时候希望限制被允许传递到一个类型参数的类型的范围，如本节开始提到的排序数组元素的方法。因为要对数组元素进行排序，所以需要对元素进行比较，这就要求传递到类型参数的类型是可比较的，即实现了 Comparable 接口。为了处理这种情况，Java 提供了有界类型参数。在指定类型参数时，可以创建所声明超类的上界，所有类型参数都必须派生自超类。声明有界类型参数的方法是在指定类型参数时使用 extends 子句，如下所示：

```
<T extends superclass>
```

这样就指定 T 只能被 superclass 或其子类替代。

【案例 6-15】编写一个泛型方法，要求能对任意数值或字符串类型的数组元素进行排序。

在 ch06 工程中新建一个 Java 类 GenericMethod，输入如下代码：

```
public class GenericMethod {
    public static <E extends Comparable<E>> void sortArray(E[] array) {
        for(int i = 0; i < array.length; i++) {
            int k = i;
            for(int j = i + 1; j < array.length; j++) {
                if(array[j].compareTo(array[k]) > 0)
                    k = j;
            }
            if(k != i) {
                E t = array[i];
                array[i] = array[k];
                array[k] = t;
            }
        }
    }
    public static <E> void printArray(E[] inputArray) {
        // 输出数组元素
        for(E element : inputArray) {
            System.out.printf("%s ", element);
        }
        System.out.println();
    }
    public static void main(String[] args) {
        Integer[] intArray = { 13, 22, 31, 14, 85 };
```

```
        Double[] doubleArray = { 13.1, 221.2, 13.03, 42.4 };
        Character[] charArray = { 'H', 'E', 'L', 'L', 'O' };
        String[] strArray = { "zhao", "qiu", "Tom", "alice", "rose" };
        System.out.println("整型数组元素为：");
        printArray(intArray);
        sortArray(intArray);
        System.out.println("排序后 数组元素为：");
        printArray(intArray);
        System.out.println("\n 双精度型数组元素为：");
        printArray(doubleArray);
        sortArray(doubleArray);
        System.out.println("排序后 数组元素为：");
        printArray(doubleArray);
        System.out.println("\n 字符型数组元素为：");
        printArray(charArray);
        sortArray(charArray);
        System.out.println("排序后 数组元素为：");
        printArray(charArray);
        System.out.println("\n 字符串数组元素为：");
        printArray(strArray);
        sortArray(strArray);
        System.out.println("排序后 数组元素为：");
        printArray(strArray);
    }
}
```

为本例中的 sortArray( )方法指定了有界类型参数，所以在使用冒泡算法进行排序时，可以使用 compareTo( )方法比较两个数组元素的大小。程序的运行结果如下：

```
整型数组元素为：
13 22 31 14 85
排序后 数组元素为：
85 31 22 14 13

双精度型数组元素为：
13.1 221.2 13.03 42.4
排序后 数组元素为：
221.2 42.4 13.1 13.03

字符型数组元素为：
H E L L O
排序后 数组元素为：
O L L H E

字符串数组元素为：
zhao qiu Tom alice rose
排序后 数组元素为：
zhao rose qiu alice Tom
```

3. 泛型类

泛型类的声明和非泛型类的声明类似，只需在类名后面添加类型参数声明部分即可。下面是声明泛型类的基本语法：

```
class class-name<type-param-list > {  }
```

和泛型方法一样，泛型类的类型参数声明部分也包含一个或多个类型参数，参数间用逗号隔开。一个泛型参数也被称为一个类型变量，是一个用于指定泛型类型名称的标识符。因为它们接受一个或多个参数，这些类被称为参数化的类或参数化的类型。

【案例 6-16】 声明一个含有两个类型参数的泛型类，并测试其用法。

在 ch06 工程中新建一个 Java 类 GenericClass，在该文件中先定义一个含有两个类型参数的泛型类 TwoGen，然后在 GenericClass 类的 main( )方法中编写测试代码并使用该泛型类，完整的代码如下：

```
class TwoGen<T, V> {
    T obj1;
    V obj2;
    TwoGen(T o1, V o2) {
        obj1 = o1;
        obj2 = o2;
    }
    void showTypes() {
        System.out.println("T 的实际类型为" + obj1.getClass().getName());
        System.out.println("V 的实际类型为" + obj2.getClass().getName());
    }
    T getObj1() {
        return obj1;
    }
    V getObj2() {
        return obj2;
    }
}
public class GenericClass {
    public static void main(String[] args) {
        TwoGen<Integer, String> tgObj = new TwoGen<Integer, String>(738, "李知诺");
        tgObj.showTypes();
        int v = tgObj.getObj1();
        System.out.println("Obj1 的值：" + v);
        String str = tgObj.getObj2();
        System.out.println("Obj2 的值：" + str);
    }
}
```

程序的运行结果如下：

```
T 的实际类型为 java.lang.Integer
V 的实际类型为 java.lang.String
Obj1 的值：738
Obj2 的值：李知诺
```

本例中的泛型类有两个类型参数：T 和 V。创建对象时必须为 TwoGen 传递两个类型参数，本例传递的是<Integer,String>。

4. 泛型接口

除了可以定义泛型类和泛型方法之外，还可以定义泛型接口。泛型接口的定义和泛型类相似。例如下面声明的接口 MinMax 就是一个泛型接口：

```
interface MinMax<T extends Comparable<T>> {
  T min();
  T max();
}
```

这里的类型参数是 T 也是一个有界类型参数，它的上界是 Comparable，要求对象是可以比较的类型。

接下来，可以声明一个类来实现该接口：

```
class MyClass<T extends Comparable<T>> implements MinMax<T> {
  T[] vals;
  MyClass(T[] o) { vals = o; }
  public T min() {
    T v = vals[0];
    for(int i=1; i < vals.length; i++)
      if(vals[i].compareTo(v) < 0) v = vals[i];
    return v;
  }
  public T max() {
    T v = vals[0];
    for(int i=1; i < vals.length; i++)
      if(vals[i].compareTo(v) > 0) v = vals[i];
    return v;
  }
}
```

需要注意的是，实现类声明类型参数 T 以及将 T 传递给 MinMax 泛型接口的方式。因为 MinMax 泛型接口需要实现了 Comparable 接口的类型，所以实现类必须指定相同的界限；而且一旦在实现类的类型参数上指定了界限，就不需要再在 implements 子句中指定。例如，下面的声明将产生编译错误，implements 中的<T>不需要指定类型参数界限：

```
class MyClass<T extends Comparable<T>> implements MinMax<T extends Comparable<T>> {
```

一般而言，如果类实现了泛型接口，那么类也必须是泛型化的，至少需要带有将被传递给接口的类型参数。例如，如果将 MyClass 声明为普通类，将产生编译错误：

```
class MyClass implements MinMax<T> {
```

因为 MyClass 没有声明类型参数，所以无法为 MinMax 传递类型参数。对于这种情况，标识符 T 是未知的，编译器会报告错误。

如果类实现了某种具体类型的泛型接口，则可以不是泛型类，如下所示声明的实现类是合法的：

```
class MyClass implements MinMax<Integer> {
```

6.3.2　集合接口

集合框架定义了一些核心接口，如表 6-8 所示。

表 6-8　集合框架定义的核心接口

接口	描述
Collection	最基本的集合接口，允许操作一组对象，位于集合层次结构的顶部
List	扩展 Collection 以处理序列(对象列表)
Queue	扩展 Collection 以处理特殊类型的列表，这种类型的列表只能从列表顶部删除元素
Deque	扩展 Queue 以处理双端队列
Set	扩展 Collection 以处理集合，集合中的元素必须唯一
SortedSet	扩展 Set 以处理已排序的集合
NavigableSet	扩展 SortedSet 以基于最接近匹配原则检索元素

由于篇幅受限，本书仅介绍其中较为常用的两个接口 List 和 Set，以及最基本的集合接口 Collection。其他接口的使用方法读者可参考 Java API 文档。

1. Collection 接口

Collection 接口是构建集合框架的基础，因为定义集合的所有类都必须实现该接口。Collection 是泛型接口，它扩展了 Iterable 接口，这意味着所有集合都可以使用 for-each 风格的 for 循环进行遍历(只有实现了 Iterable 接口的类才能够通过 for 循环进行遍历)。

Collection 接口声明了所有集合都将拥有的核心方法，如表 6-9 所示。

表 6-9　Collection 接口声明的方法

方法	描述
boolean add(E obj)	将 obj 添加到集合中。如果添加成功，返回 true；如果 obj 已经是集合的成员并且集合的元素不允许重复，返回 false
boolean addAll(Collection<? extends E> c)	将 c 中的所有元素添加到集合中。如果集合发生了变化(例如添加了元素)，就返回 true；否则返回 false
void clear( )	移除集合中的所有元素
boolean contains(Object obj)	判断集合中是否包含 obj 元素，包含返回 true；不包含返回 false
boolean containsAll(Collection<?> c)	如果集合包含 c 中的所有元素，就返回 true；否则返回 false
boolean equals(Object obj)	如果集合与 obj 相等，就返回 true；否则返回 false
int hashCode( )	返回集合的散列码
boolean isEmpty( )	判断集合是否为空，如果为空，返回 true；否则返回 false
Iterator<E> iterator( )	返回调用集合的一个迭代器
default Stream<E> parallelStream( )	返回一个使用集合作为元素来源的流(JDK 8 新增)
boolean remove(Object obj)	从集合中移除 obj 的一个实例。移除成功返回 true；否则返回 false

(续表)

方法	描述
boolean removeAll(Collection<?> c)	从集合中移除 c 中的所有元素。如果集合发生了变化(即移除了元素)，就返回 true；否则返回 false
default boolean removeIf(Predicate<? super E> predicate)	从集合中移除满足 predicate 指定条件的那些元素(JDK 8 新增)
boolean retainAll(Collection<?> c)	从集合中移除除 c 中元素之外的所有元素。如果集合发生了变化(即移除了元素)，就返回 true；否则返回 false
int size( )	返回集合中元素的数量
default Spliterator<E> spliterator( )	返回集合的分隔符(JDK 8 新增)
default Stream<E> stream( )	返回一个使用调用集合作为元素来源的顺序流(JDK 8 新增)
Object[ ] toArray( )	返回包含集合中所有元素的数组，数组元素是集合元素的副本
<T> T[ ] toArray(T array[ ])	返回包含集合中元素的数组。数组元素是集合元素的副本。如果 array 的长度等于元素的数量，就将返回的元素保存在 array 中；如果 array 的长度小于元素的数量，就分配必需大小的新数组并返回新数组；如果 array 的长度大于元素的数量，将后面的数组元素设置为 null；如果所有集合元素的类型都不是 array 的子类型，那么抛出 ArrayStoreException 异常

2. List 接口

List 接口扩展了 Collection，并且声明了用来存储一连串元素的集合的行为。在列表中，可以使用从 0 开始的索引，通过元素的位置插入或访问元素。列表中可以包含重复的元素。List 也是泛型接口，除了继承自 Collection 的方法外，List 还定义了自己的一些方法，如表 6-10 所示。

表 6-10　List 接口声明的方法

方法	描述
void add(int index, E obj)	将 obj 插入到列表中由 index 指定的索引位置。在插入点及之后位置的元素将被后移，因此没有元素会被覆盖
boolean addAll(int index, Collection<? extends E> c)	将 c 中的所有元素插入到列表中由 index 指定的索引位置。在插入点及之后位置的元素将后移，如果列表发生了变化，就返回 true；否则返回 false
E get(int index)	返回集合中在指定索引位置存储的对象
int indexOf(Object obj)	返回列表中第一个 obj 实例的索引。如果不存在 obj，返回-1
int lastIndexOf(Object obj)	返回列表中最后一个 obj 实例的索引。如果 obj 不存在，返回-1
ListIterator<E> listIterator( )	返回列表的一个迭代器，该迭代器从列表的开头开始
ListIterator<E> listIterator(int index)	返回列表的一个迭代器，该迭代器从列表中由 index 指定的索引位置开始
E remove(int index)	从列表中移除 index 索引位置的元素，并返回被移除的元素，后面的所有元素都前移一个

(续表)

方法	描述
default void replaceAll (UnaryOperator<E> op)	使用 op 函数获得值更新列表中的每个元素(JDK 8 新增)
E set(int index, E obj)	将列表中 index 索引位置的元素设置为 obj，返回原来的值
default void sort(Comparator<? super E> comp)	使用 comp 指定的比较器排序列表(JDK 8 新增)
List<E> subList(int start, int end)	返回的子列表包含调用列表中索引位置在 start 到 end−1 之间的元素。返回列表中的元素仍然被调用对象引用

相对于 Collection 接口定义的 add( )和 addAll( )版本，List 中的方法可以指定插入元素的索引位置。另外，List 提供了 get( )方法来获取指定位置的元素，如果不知道对象的索引，可以使用 indexOf( )或 lastIndexOf( )方法进行查询。

3. Set 接口

Set 接口定义了组(set)。它扩展了 Collection 接口，并且声明了集合中不允许有重复元素的组行为。所以，如果为组添加重复的元素，add( )方法就会返回 false。Set 接口没有定义自己的其他方法。

Set 也是泛型接口，其声明如下：

```
interface Set<E>
```

其中，E 指定了组将包含的对象的类型。

6.3.3 集合类

现在已经熟悉了集合接口，下面开始分析实现它们的标准类。其中的一些类提供了可以使用的完整实现，还有一些类是抽象的，它们提供了可以作为创建具体集合开始点的大体实现，如表 6-11 所示。

表 6-11　标准集合类

类	描述
AbstractCollection	实现了 Collection 接口的大部分
AbstractList	扩展 AbstractCollection 类并实现了 List 接口的大部分
AbstractQueue	扩展 AbstractCollection 类并实现了 Queue 接口的大部分
AbstractSequentialList	扩展 AbstractList 类，用于顺序访问而不是随机访问集合中的元素
ArrayList	通过扩展 AbstractList 类实现动态数组
LinkedList	通过扩展 AbstractSequentialList 类实现链表
ArrayDeque	通过扩展 AbstractCollection 类并实现 Deque 接口，实现动态双端队列
AbstractSet	扩展 AbstractCollection 类并实现 Set 接口的大部分
EnumSet	扩展 AbstractSet 类，用于枚举元素
HashSet	扩展 AbstractSet 类，用于哈希表

(续表)

类	描述
LinkedHashSet	扩展 HashSet 类以允许按照插入的顺序进行迭代
PriorityQueue	扩展 AbstractQueue 类以支持基于优先级的队列
TreeSet	实现存储于树中的组，扩展 AbstractSet 类

本书重点介绍 ArrayList 和 HashSet 类的具体用法。

1. ArrayList 类

在前面的案例中，我们曾使用过 ArrayList 类，该类是一个泛型类，它实现了 List 接口。

本质上，ArrayList 就是元素为对象引用的长度可变的数组。在 Java 中，标准数组的长度是固定的。数组在创建之后，就不能增长或缩小，而 ArrayList 可以动态增加或减小大小。

ArrayList 类提供了 3 个构造函数：

```
ArrayList( )
ArrayList(Collection<? extends E> c)
ArrayList(int capacity)
```

第 1 个构造函数构建一个空的数组列表。第 2 个构造函数构建一个数组列表，使用集合 c 中的元素进行初始化。第 3 个构造函数构建一个初始容量为 capacity 的数组列表。容量是用于存储元素的数组的大小。

当向数组列表中添加元素时，容量会自动增长。如果事先知道将在集合中存储的元素比当前保存的元素多很多，也可以使用 ensureCapacity( )方法手动增长 ArrayList 对象的容量。一次性增加容量，从而避免以后多次重新分配内存。因为重新分配内存很耗时，减少内存分配次数可以提高性能。相反，如果希望减小 ArrayList 对象数组的大小，使其大小精确地等于当前容纳的元素数量，可以使用 trimToSize( )方法。

【案例 6-17】演示 ArrayList 类的用法。

在 ch06 工程中新建一个 Java 类 ArrayListDemo，输入如下代码：

```
import java.util.ArrayList;
import java.util.Iterator;
import java.util.List;
public class ArrayListDemo {
    public static void main(String[] args) {
        List<String> list1 = new ArrayList<String>();
        list1.add("one");
        list1.add("two");
        list1.add("three");
        list1.add("four");
        list1.add(0, "zero");
        System.out.println("list1 中的第一个元素是： " + list1.get(0));
        System.out.println("list1 中共有 " + list1.size() + "个元素");
        System.out.println("list1 中的内容： " + list1);
        System.out.println("list1 中是否为空： " + (list1.isEmpty() ? "是" : "否"));
        ArrayList<String> list2 = new ArrayList<String>();
```

```
        list2.add("Begin");
        list2.addAll(list1);
        list2.add("End");
        System.out.println("list2 中共有 " + list2.size() + " 个元素");
        System.out.println("list2 中的内容：" + list2);
        list2.remove("four");
        System.out.println("删除 four 后 list2 中共有 " + list2.size() + " 个元素");
        System.out.println("list2 中是否存在  one：" + (list2.contains("one") ? "是" : "否"));
        System.out.println("list2 中是否存在  four：" + (list2.contains("four") ? "是" : "否"));
        ArrayList<String> list3 = new ArrayList<String>(list1);
        System.out.println("list3 中共有 " + list3.size() + " 个元素");
        System.out.println("list3 中的内容：" + list3);
        list3.removeAll(list1);
        System.out.println("list3 中是否为空：" + (list3.isEmpty() ? "是" : "否"));
        System.out.println("list3 中共有 " + list3.size() + " 个元素");
        list3.add(0, "赵智堃");
        list3.add(1, "赵智堃");
        System.out.println("list3 中共有 " + list3.size() + "个元素");
        System.out.println("list3 中的内容：" + list3);
        System.out.println("list3 中第一次出现  赵智堃  的索引是" + list3.indexOf("赵智堃"));
        System.out.println("list3 中最后一次出现  赵智堃  的索引是" + list3.lastIndexOf("赵智堃"));
        // 设置第 2 个元素为赵艳铎
        list3.set(1, "赵艳铎");
        System.out.println("使用 Iterator 接口访问 list3");
        for(Iterator<String> it = list3.iterator(); it.hasNext();) {
            System.out.println("    next is: " + it.next());
        }
        System.out.println("将 list3 转为数组");
        Object[] array = list3.toArray();
        for(int i = 0; i < array.length; i++) {
            String str = (String) array[i];
            System.out.println("array[" + i + "] = " + str);
        }
        System.out.println("清空 list3");
        list3.clear();
        System.out.println("list3 中是否为空：" + (list3.isEmpty() ? "是" : "否"));
    }
}
```

程序的运行结果如下：

```
list1 中的第一个元素是：zero
list1 中共有 5 个元素
list1 中的内容：[zero, one, two, three, four]
list1 中是否为空：否
list2 中共有 7 个元素
list2 中的内容：[Begin, zero, one, two, three, four, End]
删除 four 后 list2 中共有 6 个元素
list2 中是否存在  one：是
list2 中是否存在  four：否
list3 中共有 5 个元素
```

```
list3 中的内容：[zero, one, two, three, four]
list3 中是否为空：是
list3 中共有 0 个元素
list3 中共有 2 个元素
list3 中的内容：[赵智堃, 赵智堃]
list3 中第一次出现　赵智堃　的索引是 0
list3 中最后一次出现　赵智堃　的索引是 1
使用 Iterator 接口访问 list3
  next is: 赵智堃
  next is: 赵艳铎
将 list3 转为数组
array[0] = 赵智堃
array[1] = 赵艳铎
清空 list3
list3 中是否为空：是
```

在输出列表的所有元素时，直接使用了 ArrayList 对象(如 list1)，此时将使用 toString( ) 方法提供的默认转换显示集合的内容，该方法继承自 AbstractCollection。在输出 list3 中的元素时，采用 Iterator 迭代器来遍历集合。

Iterator 是一个泛型接口，允许遍历集合，获取或移除元素。可以使用 Iterator 接口中定义的 3 个方法访问集合中的元素：

- boolean hasNext( )：是否还有更多的元素，有返回 true；否则返回 false。
- E next( )：获取下一个元素。如果不存在，则抛出 NoSuchElementException 异常。
- default void remove( )：移除当前元素。如果在调用 next( )方法之前调用 remove( ) 方法，将会抛出 IllegalStateException 异常。

2. HashSet 类

HashSet 类扩展了 AbstractSet 类并实现了 Set 接口，该类用于创建使用哈希表存储元素的集合。哈希表使用称为散列的机制存储信息。在散列机制中，键的信息用于确定唯一的值，称为哈希码。然后将哈希码用作索引，在索引位置存储与键关联的数据。将键转换为哈希码是自动执行的——我们永远不会看到哈希码本身。

HashSet 是一个泛型类，它定义了以下构造函数：

```
HashSet( )
HashSet(Collection<? extends E> c)
HashSet(int capacity)
HashSet(int capacity, float fillRatio)
```

第 1 种形式构造一个默认的哈希组。第 2 种形式使用集合 c 中的元素初始化哈希组。第 3 种形式将哈希组的容量设置为 capacity(默认容量是 16)。第 4 种形式根据参数同时初始化哈希组的容量和填充率，填充率必须介于 0.0 和 1.0 之间，填充率决定了哈希组被填充到什么程度就增加容量。对于没有填充率的构造函数，默认使用 0.75 作为填充率。

使用 HashSet 时，一定要注意：HashSet 不能保证元素的顺序，因为散列处理过程通常不创建有序的组。如果需要有序地进行存储，可以使用 TreeSet。

【案例 6-18】使用 HashSet 存储对象。

在 ch06 工程中新建一个 Java 类 HashSetDemo，在该文件中定义一个表示学生的类 Student，该类有两个成员变量 name 和 score。在 HashSetDemo 的 main( )方法中，编写代码，使用 HashSet 存储 Student 对象，完整的代码如下：

```
import java.util.HashSet;
import java.util.Iterator;
class Student {
    String name;
    int score;
    Student(String name, int score) {
        this.name = name;
        this.score = score;
    }
}
public class HashSetDemo {
    public static void main(String[] args) {
        Student stu1 = new Student("齐果果", 90);
        Student stu2 = new Student("李相儒", 68);
        Student stu3 = new Student("刘嘉晴", 87);
        HashSet<Student> set = new HashSet<Student>();
        HashSet<Student> subset = new HashSet<Student>();
        set.add(stu1);
        set.add(stu2);
        set.add(stu3);
        subset.add(stu2);
        subset.add(stu3);
        if(set.contains(stu2)) {
            System.out.println("集合 set 中含有：" + stu2.name);
        }
        if(set.containsAll(subset)) {
            System.out.println("集合 set 包含集合 subset");
        }
        System.out.println("集合 subset 中有 " + subset.size() + " 个元素：");
        for(Student s:subset){
            System.out.printf("姓名：%s，分数：%d%n", s.name, s.score);
        }
        System.out.println("集合 set 中有" +set.size()+ "个元素：");
        Iterator<Student> iter = set.iterator();
        while (iter.hasNext()) {
            Student te = iter.next();
            System.out.printf("姓名：%s，分数：%d\n", te.name, te.score);
        }
    }
}
```

本例分别采用了 for-each 循环和迭代器两种方法变量 HashSet，程序的运行结果如下：

```
集合 set 中含有：李相儒
集合 set 包含集合 subset
```

```
集合 subset 中有 2 个元素：
姓名：刘嘉晴，分数：87
姓名：李相儒，分数：68
集合 set 中有 3 个元素：
姓名：刘嘉晴，分数：87
姓名：齐果果，分数：90
姓名：李相儒，分数：68
```

从输出结果可以看出，HashSet 的元素不是按有序的顺序存储的。

6.3.4　映射

映射是存储键和值之间关联关系(键值对)的对象。给定一个键，就可以找到对应的值。键和值都是对象。键必须唯一，但是值可以重复。有的映射还可以接受 null 键和 null 值。

尽管映射是集合框架的一部分，但映射不是集合，因为没有实现 Collection 接口。另外，映射没有实现 Iterable 接口，所以不能使用 for-each 风格的 for 循环遍历映射。但是，可以获取映射的集合视图，集合视图允许使用 for 循环和迭代器。

1. 映射接口

因为映射接口定义了映射的特性和本质，所以首先从它们开始讨论映射。支持映射的接口如表 6-12 所示。

表 6-12　支持映射的接口

接口	描述
Map	将唯一键映射到值
Map.Entry	描述映射中的元素(键/值对)，这是 Map 接口的内部类
NavigableMap	扩展 SortedMap 接口，以处理基于最接近匹配原则的键/值对检索
SortedMap	扩展 Map 接口，从而以升序保存键

本书只介绍最常用的 Map 接口。

Map 接口将唯一键映射到值。键是以后用于检索值的对象。给定键和值，可以在 Map 对象中存储值；存储值以后，可以使用相应的键检索值。Map 是泛型接口，其声明如下：

```
interface Map<K, V>
```

其中，K 指定了键的类型，V 指定了值的类型。

Map 接口定义一些操作键-值对的方法，比较常用的两个基本方法是 get( )和 put( )。将值放入映射中，使用 put( )方法，指定键和值；要获取值，则调用 get( )方法。

另外，获得映射的集合视图的方法包括如下几个：

- entrySet( )方法：该方法返回一个包含映射中元素的 Set 对象。
- keySet( )方法：该方法用于获取键的集合视图。
- values( )方法：该方法用于得到值的集合视图。

2. 映射类

实现了映射接口的类如表 6-13 所示。

表 6-13　实现了映射接口的类

类	描述
AbstractMap	实现了 Map 接口的大部分
EnumMap	扩展了 AbstractMap，以使用枚举键
HashMap	扩展了 AbstractMap，以使用哈希表
TreeMap	扩展了 AbstractMap，以使用树结构
WeakHashMap	扩展了 AbstractMap，以使用带有弱键的哈希表
LinkedHashMap	扩展了 HashMap，以允许按照插入顺序进行迭代
IdentityHashMap	扩展了 AbstractMap，并且当比较文档时使用引用相等性

本书只介绍最常用的映射类 HashMap。HashMap 扩展了 AbstractMap 类并实现了 Map 接口。它使用哈希表存储映射，这使得即使对于比较大的集合，get( )和 put( )方法的执行时间也保持不变。

HashMap 类定义了以下构造函数：

```
HashMap( )
HashMap(Map<? extends K, ? extends V> m)
HashMap(int capacity)
HashMap(int capacity, float fillRatio)
```

第1种形式构造一个默认的哈希映射。第2种形式使用m中的元素初始化哈希映射。第3种形式将哈希映射的容量初始化为capacity。第4种形式使用参数同时初始化容量和填充率。容量和填充率的含义与前面描述的HashSet相同。默认容量是16，默认填充率是0.75。

HashMap 实现了 Map 接口并扩展了 AbstractMap 类，但没有添加任何自己的方法。

应当注意哈希映射不保证元素的顺序。所以，向哈希映射添加元素的顺序不一定是通过迭代器读取它们的顺序。

【案例 6-19】使用 HashMap 存储键-值对。

在 ch06 工程中新建一个 Java 类 HashMapDemo，输入如下代码：

```
import java.util.HashMap;
import java.util.Map;
import java.util.Set;
public class HashMapDemo {
    public static void main(String[] args) {
        // Map 不同于 List，它的键不一定是数字
        HashMap<String, Integer> hm = new HashMap<String, Integer>();
        hm.put("赵智暄", 23);
        hm.put("李知诺", 22);
        hm.put("高晨曦", 32);
        hm.put("刘嘉晴", 24);
        hm.put("邱淑娅", 29);
        System.out.println(hm);
        // 如果新的值覆盖了原有的值，该方法返回被覆盖的值
        System.out.println(hm.put("刘嘉晴", 99));        // 输出 24
        // 判断是否包含指定键或值
        System.out.println("是否包含值为　赵智暄　的键：" + hm.containsKey("赵智暄"));
```

```
            System.out.println("是否包含值为 99 的值：" + hm.containsValue(99));
            // 遍历映射
            for(Object key : hm.keySet()) {
                System.out.println(key + "-->" + hm.get(key));
            }
            // 通过 entrySet 遍历映射
            Set<Map.Entry<String, Integer>> set = hm.entrySet();
            for(Map.Entry<String, Integer> e : set) {
                System.out.println(e.getKey() + "：" + e.getValue());
            }
        }
    }
```

需要注意的是 put( )方法的返回值，如果键不存在，则返回 null；如果放入的是一个已有的键，则新的值会覆盖原有的值，该方法返回被原来的值。

程序的运行结果如下：

```
{赵智暄=23, 李知诺=22, 高晨曦=32, 邱淑娅=29, 刘嘉晴=24}
24
是否包含值为 赵智暄 的键：true
是否包含值为 99 的值：true
赵智暄-->23
李知诺-->22
高晨曦-->32
邱淑娅-->29
刘嘉晴-->99
赵智暄：23
李知诺：22
高晨曦：32
邱淑娅：29
刘嘉晴：99
```

6.4 java.util 包

除了集合框架类，java.util 包还包括很多实用的工具类，这些工具类为 Java 应用程序的开发提供了很好的帮助，如前面介绍过的 StringTokenizer 类和前面很早就使用过的格式化输入类 Scanner，它们都是这个包中的工具类。

表 6-14 所示是该包中的其他一些常用工具类，本书后面的案例中会用到这些类中的大部分，所以此处不做过多介绍。

表 6-14　java.util 包中的常用工具类

类	描述
Date	用于操作 Java 的日期和时间
Calendar	日历类，这是一个抽象类，它完成日期类(Date)和普通日期表示法(即用一组整型域(如 YEAR、MONTH、DAY、HOUR)表示日期)之间的转换
Random	用于生成伪随机数

(续表)

类	描述
TimerTask	定时任务类，该类实现了 Runnable 接口，因此能够用于创建执行的线程
Timer	Timer 和 TimerTask 类可以一同工作。Timer 类用于安排任务，被安排的任务必须是 TimerTask 类的实例
Formatter	格式化输出类，String.Format 方法就使用该类
Base64	支持 Base64 编码，还定义了 Encoder 和 Decoder 嵌套类(JDK 8 新增)
UUID	封装并管理全球唯一标识符(Universally Unique Identifier，UUID)

另外，java.util 还定义了如下子包：

- java.util.concurrent：包含两个子包——java.util.concurrent.atomic 和 java.util.concurrent.locks，用来支持并行编程。当需要线程安全的操作时，这些包为使用 Java 内置的同步特性提供了高性能的替换方法。
- java.util.function：定义了几个预定义的函数式接口，可以在创建 lambda 表达式或方法引用时使用。
- java.util.jar：提供了读取和写入 Java 归档(JAR)文件的能力。
- java.util.logging：提供了对程序活动日志的支持，可以用于记录程序的动作，并有助于查找和调试问题。
- java.util.prefs：提供了对用户选择的支持，通常用于支持程序配置。
- java.util.regex：提供了对正则表达式处理的支持。
- java.util.spi：提供了对服务提供者的支持。
- java.util.stream：提供了 Java 的流 API，这是 JDK 8 新增的。
- java.util.zip：提供了以流行的 ZIP 和 GZIP 格式读取和写入文件的能力。

6.5　本章小结

本章详细讲述了 JDK 提供的常用 Java 类库的使用方法。首先，讲述了字符串的基本操作，包括 Java 中的 3 个字符串类，以及字符分析器 StringTokenizer 类的用法。接下来，介绍了 java.lang 包中较常有的类 System、Class 和 Math 的用法，java.lang 包是 Java 使用最广泛的包，前面几章学习的很多类都是该包中的。随后，重点介绍了 Java 的集合框架，包括泛型的基本概念、集合接口与集合类，以及映射的使用。集合框架提供了管理对象组的最新技术，值得所有程序员密切关注。最后，简要介绍了 java.util 包中的其他工具类。java.util 包定义了很多实用的工具类，掌握了面向对象编程的基本思想后，可以很方便地使用这些类完成一些常见功能的开发，减少应用程序的开发工作，从而提高开发效率。

6.6　思考和练习

1. String 与 StringBuffer 类有什么区别？

2. 如下语句的输出结果是什么？

```
String s = "21+12= " + 21 +12;
System.out.println(s);
```

3. StringTokenizer 类的默认分隔符列表是什么？

4. System 类的 currentTimeMillis( )方法有什么用途？

5. Math 类的 rint( )和 round( )方法有什么作用，它们有什么区别？

6. 不是迭代器接口(Iterator)所定义的方法是(　　)。

A. hasNext( )　　B. next( )　　C. remove( )　　D. nextElement( )

7. 下面说法不正确的是(　　)。

A. List、Set 和 Map 都是 java.util 包中的接口

B. List 接口是可以包含重复元素的有序集合

C. Set 接口是不包含重复元素的集合

D. Map 接口将键映射到值，键可以重复，但每个键最多只能映射一个值

8. 写出如下程序的输出结果：

```
class MyKey {
    int keyValue;
    public MyKey() {
    }
    public MyKey(int value) {
        this.keyValue = value;
    }
}

class MyValue {
    String value;
    public MyValue() {
    }
    public MyValue(String value) {
        this.value = value;
    }
    public String toString() {
        return value;
    }
}

public class TestHashMap {
    public static void main(String args[]) {
        Map map = new HashMap();
        MyKey key1 = new MyKey(10);
        map.put(key1, new MyValue("abc"));
        map.put(new MyKey(10), new MyValue("cde"));
        System.out.println(map.get(key1));
        System.out.println(map.size());
    }
}
```

第7章　Java输入/输出流

输入和输出是人机交互的重要手段，Java 提供了基于流的基本 I/O(输入/输出)系统。流是 Java 在由 java.io 包定义的类层次中实现的。本章将研究 java.io 包提供的对 I/O 操作的支持，包括字节流和字符流、文件的读写、处理 I/O 异常等内容。通过本章的学习，读者应该理解流的基本概念，掌握 Java 基本 I/O 系统中的常用输入/输出流，并掌握对象的序列化和反序列化。

本章学习目标：

- 了解流的基本概念
- 理解字节流和字符流的区别
- 掌握 File 类的基本用法
- 掌握 RandomAccessFile 类读写文件的方法
- 了解常用的字节流的使用方法
- 掌握过滤字节流的基本用法
- 掌握常用字符流的基本用法
- 理解对象的序列化与反序列化

7.1　流

与外部设备和其他计算机进行交流的输入/输出操作，尤其是对磁盘文件的操作，是计算机程序重要的功能，任何计算机语言都必须对输入/输出提供支持。Java 也不例外，它提供了基于流的输入/输出系统。

7.1.1　什么是流

Java 程序通过流执行 I/O。流是一种抽象，要么产生信息，要么使用信息。流通过 Java 的 I/O 系统链接到物理设备。所有流的行为方式都是相同的，尽管与它们链接的物理设备是不同的。因此，可以为任意类型的设备应用相同的 I/O 类和方法。输入流代表从外部设备流入计算机的数据序列，如磁盘文件、键盘或网络 socket；输出流代表从计算机流向外部设备的数据序列，输出流可以引用控制台、磁盘文件或网络连接。

流是处理输入/输出的一种清晰方式，例如，代码中的所有部分都不需要理解键盘和网络之间的区别。流式输入/输出的最大特点是数据的获取和发送均沿数据序列顺序进行：每一个数据都必须等待排在它前面的数据读入或输出之后才能被读写，每次读写操作处理的都是序列中剩余的未读写数据中的第一个，而不能随意选择输入/输出的位置。

流式序列中的数据既可以是未经加工的原始二进制数据，也可以是经过一定编码处理后符合某种格式规定的特定数据，如字符流序列、字节流序列等。所包含数据的性质和格式不同，序列运动方向不同，流的属性和处理方法也就不同。在 Java 的输入/输出类库中，有各种不同的流类来分别对应这些不同性质的输入/输出流。

注意：

本章讨论的 I/O 流是指 java.io 包中基本流的 I/O 系统，它们自 Java 最初发布以来就已提供且被广泛使用。然而，从 1.4 版本开始，Java 添加了另一套 I/O 系统，被称为 NIO(也就是 New I/O 的英文首字母缩写)。NIO 相关的类位于 java.nio 及其子包中。

7.1.2　Java 中的流

Java 定义了两种类型的流：字节流和字符流。字节流为处理字节的输入和输出提供了方法。例如，当读取和写入二进制数据时，使用的就是字节流。字符流为处理字符的输入和输出提供了方便的方法。它们使用 Unicode 编码，所以可以被国际化。

Java 中基于流的 I/O 构建在 4 个抽象类之上：InputStream、OutputSteam、Reader 和 Writer。它们用于创建具体的流子类。InputStream 和 OutStream 针对字节流而设计，Reader 和 Writer 针对字符流而设计。字节流类和字符流类形成了不同的层次。通常，当操作字符或字符串时，应当使用字符流；当操作字节或其他二进制对象时，应当使用字节流。

说明：

在最底层，所有 I/O 仍然是面向字节的。基于字符的流只是为处理字符提供了一种方便和高效的方法。

1. 字节流类

字节流的顶层是两个抽象类：InputStream 和 OutputStream。每个抽象类都有几个处理各种不同设备的具体子类，例如磁盘文件、网络连接甚至内存缓冲区。java.io 包中定义的字节流类如表 7-1 所示。

表 7-1　java.io 包中定义的字节流类

流类	含义
InputStream	描述流输入的抽象类
OutputStream	描述流输出的抽象类
BufferedInputStream	缓冲的输入流
BufferedOutputStream	缓冲的输出流
ByteArrayInputStream	读取字节数组内容的输入流
ByteArrayOutputStream	向字节数组写入内容的输出流
DataInputStream	包含读取 Java 标准数据类型的方法的输入流
DataOutputStream	包含写入 Java 标准数据类型的方法的输出流
FileInputStream	读取文件内容的输入流
FileOutputStream	向文件中写入内容的输出流
FilterInputStream	实现 InputStream

(续表)

流类	含义
FilterOutputStream	实现 OutputStream
ObjectInputStream	用于对象的输入流
ObjectOutputStream	用于对象的输出流
PipedInputStream	输入管道
PipedOutputStream	输出管道
PrintStream	包含 print( )和 println( )的输出流
PushbackInputStream	支持 1 字节“取消获取”输入流，这种流向输入流返回 1 个字节
SequenceInputStream	由两个或多个按顺序依次读取的输入流组合而成的输入流

从名字可以看出，带有 Input 的为输入流类，带有 Output 的为输出流类。抽象类 InputStream 和 OutputStream 定义了其他流类实现的一些关键方法。其中最重要的两个方法是 read( )和 write( )，这两个方法分别用来读取和写入字节数据。每个方法都有抽象形式，派生的流类必须重写这两个方法。

2. 字符流类

字符流的顶层是两个抽象类：Reader 和 Writer。这两个抽象类处理 Unicode 字符流。Java 为这两个类提供了几个具体子类。表 7-2 所示为 java.io 包中的字符流类。

表 7-2　java.io 包中的字符流类

流类	含义
Reader	描述字符流输入的抽象类
Writer	描述字符流输出的抽象类
BufferedReader	缓冲的输入字符流
BufferedWriter	缓冲的输出字符流
CharArrayReader	从字符数组读取内容的输入流
CharArrayWriter	向字符数组写入内容的输出流
FileReader	从文件读取内容的输入流
FileWriter	向文件中写入内容的输出流
FilterReader	过滤的读取器
FilterWriter	过滤的写入器
InputStreamReader	将字节转换成字符的输入流
LineNumberReader	计算行数的输入流
OutputStreamWriter	将字符转换成字节的输出流
PipedReader	输入管道
PipedWriter	输出管道
PrintWriter	包含 print( )和 println( )的输出流
PushbackReader	允许字符返回到输入流的输入流
StringReader	从字符串读取内容的输入流
StringWriter	向字符串写入内容的输出流

从名字可以看出，带有 Reader 的为输入流类，带有 Writer 的为输出流类。抽象类 Reader 和 Writer 定义了其他几个流类实现的重要方法。最重要的两个方法是 read( )和 write( )，这两个方法分别读取和写入字符数据。每个方法都有抽象形式，派生的流类必须实现这两个方法。

7.1.3 系统预定义流

你在上一章学习了System类，该类封装了运行时环境的某些方法。System类还包含3个预定义的流变量：in、out以及err。这些变量在System类中被声明为public、static以及final。所以，在程序中的其他任何部分都可以直接使用它们，而不需要引用特定的System对象。

System.out 引用标准的输出流，默认情况下是控制台。System.in 引用标准的输入流，默认情况下是键盘。System.err 引用标准的错误流，默认情况下也是控制台。但是，这些流可以被重定向到任何兼容的 I/O 设备。

System.in 是 InputStream 类型的对象；System.out 和 System.err 都是 PrintStream 类型的对象。这些都是字节流，尽管它们通常用于从控制台读取字符以及向控制台写入字符。在前面的很多案例中我们曾多次使用过如下输出语句，其实质就是调用 out 对象的 println( ) 方法。

```
System.out.println();
```

可以通过相同的方式使用 System.err，System.in 的使用稍微有些复杂。

【案例 7-1】使用 System.in 获取键盘输入信息。

新建一个 Java 工程 ch07，在该工程中新建一个 Java 类 InOutDemo，输入如下测试代码：

```
import java.io.IOException;
import java.io.InputStream;
public class InOutDemo {
    public static void main(String[] args) {
        echo(System.in);
    }
    public static void echo(InputStream in) {
        try {
            while(true) {
                int n = in.available();
                if(n > 0) {
                    byte[] b = new byte[n];
                    int result = in.read(b);
                    if(result == -1)
                        break;
                    String s = new String(b);
                    if(s.trim().equalsIgnoreCase("exit"))
                        break;
                    System.out.print(s.toUpperCase());
                }
            }
        } catch(IOException e) {
            System.err.println(e);
        }
    }
}
```

运行该程序将进入死循环，程序接收从键盘输入的信息，然后将其转换为大写输出到控制台。当输入 exit 时，退出循环，终止程序的执行。在本例中，接收键盘输入的语句放在了 try 代码块中，这是因为 read( )方法可能会发生读取错误，抛出 IOException 异常。大部分的 I/O 操作都可能会抛出该异常，在读写文件时，如果文件无法打开，会抛出 FileNotFoundException 异常。FileNotFoundException 是 IOException 的子类，所以可以使用用来捕获 IOException 异常的单条 catch 子句捕获这两种异常。

7.2　文件操作

文件是存储永久信息以及共享信息的主要资源。在许多程序中，文件是主要的数据源和目标。读写文件是程序中最常见的 I/O 操作，本节将介绍与文件相关的两个类：File 和 RandomAccessFile。

7.2.1　File 类

与 java.io 包中的其他输入/输出流类不同，File 类直接处理文件和文件系统本身。也就是说，File 类并不关心怎样从文件读取数据流或向文件存储数据流，它主要用来描述文件或目录的自身属性。File 对象用于获取和操作与磁盘文件关联的信息，如文件名、相对路径、绝对路径、上级目录、是否存在、是否是目录、可读、可写、上次修改日期和文件长度等。当 File 对象为目录时，还可以浏览子目录层次。

说明：

在 Java 中，不管是文件还是目录，都用 File 类来表示。目录被简单地作为带有附加信息的 File 对象，附加信息是可以通过 list( )方法检查的一系列文件名。

1. 创建 File 对象

File 类提供了如下构造函数来创建 File 对象：

```
File(String directoryPath)
File(String directoryPath, String filename)
File(File dirObj, String filename)
File(URI uriObj)
```

其中，directoryPath 是文件的路径名；filename 是文件或子目录的名称；dirObj 是指定目录的 File 对象；uriObj 是描述文件的 URI 对象。

下面的代码创建了 3 个 File 对象：f1、f2 和 f3。f1 是使用目录路径作为唯一参数创建的；f2 包含两个参数——目录路径和文件名；f3 包含指定给 f1 的文件路径以及文件名，f3 与 f2 引用相同的文件。

```
File f1 = new File("/");
File f2 = new File("/","zhaoyanduo.txt");
File f3 = new File(f1,"zhaoyanduo.txt");
```

Java 使用介于 Unix 和 Windows 约定之间的路径分隔符，在 Unix 下的路径分隔符为正斜杠(/)，在 DOS 和 Windows 下的路径分隔符为反斜杠(\)。如果在 Windows 版本的 Java 中使用 “/”，那么路径仍然会被正确解析。如果使用 Windows 约定的 “\”，那么在字符串中需要使用转义序列(\\)。

2. File 类的方法

File 类提供了许多方法，用于获取文件或目录的属性以及对文件和目录进行操作。表 7-3 给出了 File 类的主要成员方法。

表 7-3　File 类的常用方法

方法	功能
public boolean canRead( )	判断文件是否可读
public boolean canWrite( )	判断文件是否可写
public boolean createNewFile( )	创建新文件
public boolean delete( )	删除调用 File 对象的路径所代表的磁盘文件，如果目录为空的话，可以使用 delete( )方法删除这个目录。如果删除成功，返回 true；如果不能删除文件，就返回 false
public void deleteOnExit( )	当 Java 虚拟机终止时，删除与调用对象关联的文件
public boolean exists( )	判断文件是否存在
public String getName( )	获取文件名
public String getParent( )	获取父目录名称
public File getParentFile( )	获取父目录对象
public boolean isAbsolute( )	判断文件对象是否是绝对路径
public boolean isDirectory( )	测试文件对象是否为目录
public boolean isFile( )	测试文件对象是否为普通文件
public boolean isHidden( )	文件是否是隐藏文件
public Long lastModified( )	获取文件最后修改的时间
public long length( )	获取文件的大小
public String[] list( )	获取文件目录树中的所有文件名
public String[] list(FilenameFilter filter)	使用 FilenameFilter 接口过滤返回的文件名
public File[] listFiles( )	获取文件目录树中的所有文件对象
public File[] listFiles(FilenameFilter obj)	返回那些满足指定的 FilenameFilter 的文件
public File[ ] listFiles(FileFilter FObj)	返回那些路径名称能满足指定的 FileFilter 的文件
public boolean mkdir( )	创建子目录
public boolean renameTo(File dest)	文件重命名
public boolean setLastModified(long time)	设置文件的最后修改时间
public boolean setReadOnly( )	设置文件的只读属性
public long getFreeSpace( )	返回在与调用对象关联的分区中，剩余存储空间的字节数
public long getTotalSpace( )	返回在与调用对象关联的分区的存储容量
public long getUsableSpace( )	返回在与调用对象关联的分区中，可用存储空间的字节数

3. 使用 File 类

本节将通过一个具体的案例来看一下 File 类的用法。

【案例 7-2】 使用 File 类获取文件和目录信息。

在 ch07 工程中新建一个 Java 类 FileDemo，输入如下代码：

```
import java.io.File;
public class FileDemo {
    public static void getDir(File f) {
        if(f.isDirectory()) {
            String s[] = f.list();
            for(int i = 0; i < s.length; i++) {
                File f1 = new File(f.getAbsolutePath() + "/" + s[i]);
                if(f1.isDirectory()) {
                    System.out.println(s[i] + "   <DIR>");
                    System.out.print("\t");
                    getDir(f1);
                    System.out.print("\n");
                } else {
                    System.out.print(s[i] + "\t");
                }
            }
        }
    }
    public static void main(String[] args){
        File f1 = new File("src/ch07\\FileDemo.java");
        System.out.println("文件名：" + f1.getName());
        System.out.println("路径：" + f1.getPath());
        System.out.println("绝对路径：" + f1.getAbsolutePath());
        System.out.println("父目录：" + f1.getParent());
        System.out.println(f1.exists() ? "文件存在" : "文件不存在");
        System.out.println(f1.canWrite() ? "文件可写" : "文件不可写");
        System.out.println(f1.canRead() ? "文件可读" : "文件不可读");
        System.out.println(f1.getName()+ (f1.isDirectory() ? "是目录" : "不是目录" ));
       System.out.println(f1.getName()+ (f1.isFile() ? "是一个普通文件" : "可能是一个命名管道"));
        System.out.println(f1.isAbsolute() ? "是绝对路径" : "不是绝对路径");
        System.out.println("文件的最后修改日期：" + f1.lastModified());
        System.out.println("文件大小：" + f1.length() + "字节");
        String dirname = "src";
        File f2 = new File(dirname);
        if(f2.isDirectory()) {
            System.out.println(dirname + "中的内容");
          getDir(f2);
        } else {
          System.out.println(dirname + "不是目录");
        }
        File f3 = new File("src/test");
        f3.mkdir();
        System.out.println("新建子目录后" +dirname + "中的内容");
        getDir(f2);
        f3.delete();
    }
}
```

程序的运行结果如下：

```
文件名：FileDemo.java
路径：src\ch07\FileDemo.java
绝对路径:D:\workspace\ch07\src\ch07\FileDemo.java
父目录:src\ch07
文件存在
文件可写
文件可读
FileDemo.java 不是目录
FileDemo.java 是一个普通文件
不是绝对路径
文件的最后修改日期：1497959889779
文件大小：1884 字节
src 中的内容
ch07    <DIR>
    FileDemo.java    InOutDemo.java
新建子目录后 src 中的内容
ch07    <DIR>
    FileDemo.java    InOutDemo.java
test    <DIR>
```

7.2.2 RandomAccessFile 类

前面介绍的 File 类不能进行文件读写操作，必须通过其他类来提供该功能，RandomAccessFile 类就是其中之一。RandomAccessFile 类封装了随机访问文件的功能，该类并非派生自 InputStream 或 OutputStream 类，而是实现了 DataInput 和 DataOutput 接口，这两个接口定义了基本的 I/O 方法。此外，RandomAccessFile 类还实现了 AutoCloseable 和 Closeable 接口。RandomAccessFile 对象可以以只读或读写方式打开文件，并可通过指针定位，访问文件任意位置的内容。

RandomAccessFile 类有两个构造函数：

```
RandomAccessFile(File file, String mode)     throws FileNotFoundException
RandomAccessFile(String filename, String mode)     throws FileNotFoundException
```

无论使用哪个构造函数创建 RandomAccessFile 对象，都需要提供两个信息：一个作为数据源文件，以文件名字符串或文件对象的方式表述；另一个是访问模式字符串，它规定了 RandomAccessFile 对象可以用何种方式打开和访问指定的文件。访问模式字符串 mode 有以下几个取值：

- “r”：以只读方式打开文件，不能写文件。
- “rw”：以读写方式打开文件，这时用一个对象就可以同时实现读写两种操作。
- “rws”：以读写方式打开文件，并且每次对文件中数据或元数据的修改都会被立即写入物理设备。
- “rwd”：以读写方式打开文件，并且每次对文件中数据的修改都会被立即写入物理设备。

RandomAccessFile 类实现了标准的输入和输出方法，可以使用这些方法读取或写入各种类型的数据。在创建了一个 RandomAccessFile 对象之后，文件的指针处于文件开始位置。

可以通过 seek(long pos)方法设置文件指针的当前位置，以进行文件的快速定位，然后使用相应的 read( )和 write( )方法对文件进行读写操作。在对文件的读写操作完成后，调用 close( )方法关闭文件。

另外，该类还提供了一个常用方法 setLength((long len)，这个方法可用于加长或缩短文件。如果文件被加长，那么添加的部分是未定义的。

【案例 7-3】使用 RandomAccessFile 类读写文件。

在 ch07 工程中新建一个 Java 类 RandomAccessFileDemo，首先在该文件中定义一个表示图书的类 Book，该类包含 3 个成员变量，分别用于存储书名、定价和作者。然后在 RandomAccessFileDemo 类的 main( )方法中使用 RandomAccessFile 类读写文件，文件内容为若干图书的信息。完整的代码如下：

```
import java.io.*;
import java.util.*;
//定义图书类 Book
class Book {
    private StringBuffer bookName;
    private short price;                        // 两个字节
    private StringBuffer author;
    public Book(String name, int p, String au) {
        bookName = new StringBuffer(name);
        bookName.setLength(20);                 // 限定为固定的 20 个字符(40 字节)
        author = new StringBuffer(au);
        author.setLength(3);                    // 限定为固定的 3 个字符(6 字节)
        price = (short) p;
    }
    public String getName() {
        return bookName.toString();
    }
    public short getPrice() {
        return price;
    }
    public String getAuthor() {
        return author.toString();
    }
    public static int size() {
        return 48;
    }
}
public class RandomAccessFileDemo {
    public static void main(String[] args) throws IOException {
        Book[] books = { new Book("Java 程序设计案例教程", 37, "赵艳铎"),
                new Book("犯罪心理学", 32, "高晨曦"),
                new Book("舞蹈与艺术", 49, "刘嘉晴"),
                new Book("经济学原理(第 6 版)", 62, "时运"),
                new Book("易中天品三国", 58, "易中天"),
                new Book("中学生行为准则", 19, "邱淑娅") };
        File f = new File("book.dat");
        // 以读写方式打开 book.dat 文件
        RandomAccessFile raf = new RandomAccessFile(f, "rw");
```

```
            // 将 books 中的图书信息写入文件
            for(int i = 0; i < books.length; i++) {
                raf.writeChars(books[i].getName());
                raf.writeShort(books[i].getPrice());
                raf.writeChars(books[i].getAuthor());
            }
            while(true) {
                System.out.println("请选择 ");
                System.out.println("--> 1     查询图书信息");
                System.out.println("--> 2     退出程序");
                Scanner scanner = new Scanner(System.in);
                int n = scanner.nextInt();
                boolean flag = false;
                switch(n) {
                case 1:
                    System.out.print("查询第几本书?");
                    n = scanner.nextInt();
                    // 通过 seek()定位到第 n 本书的数据起始位置
                    raf.seek((n - 1) * Book.size());
                    // bname 用于存放读取到的第 n 本书的书名
                    char[] bname = new char[20];
                    char ch;
                    for(int i = 0; i < 20; i++) {
                        ch = raf.readChar();
                        if(ch == 0)
                            bname[i] = '\0';
                        else
                            bname[i] = ch;
                    }
                    System.out.println("书名：" + new String(bname));
                    System.out.println("单价：" + raf.readShort()); // 输出读取到的第 n 本书的单价
                    char[] author = new char[3];
                    for(int i = 0; i < 3; i++) {
                        ch = raf.readChar();
                        if(ch == 0)
                            author[i] = '\0';
                        else
                            author[i] = ch;
                    }
                    System.out.println("作者：" + new String(author));
                    break;
                case 2:
                    flag = true;
                    break;
                }
                if(flag)
                    break;
            }
            raf.close();          // 关闭文件
        }
}
```

在 main( )方法中，首先存储 books 数组中的每个 Book 对象。接下来是一个 while 循环，在该循环中，根据用户输入的选项，查询指定图书的信息，或者结束程序。

程序的运行情况如下：

```
请选择
--> 1    查询图书信息
--> 2    退出程序
1 ↙
查询第几本书? 4 ↙
书名：经济学原理(第 6 版)
单价：62
作者：时运
请选择
--> 1    查询图书信息
--> 2    退出程序
2 ↙
```

程序运行结束后，会在工程目录中创建一个名为 book.dat 的文件，这是一个二进制文件，其内容不是直观的字符数据，而是经过编码处理的信息。字符数据(即书名和作者)用 Unicode 进行编码，非字符数据(即单价)是两个字节的 short 类型。图 7-1 所示是用 UltraEdit 打开(并切换至 HEX 模式)该文件看到的效果。

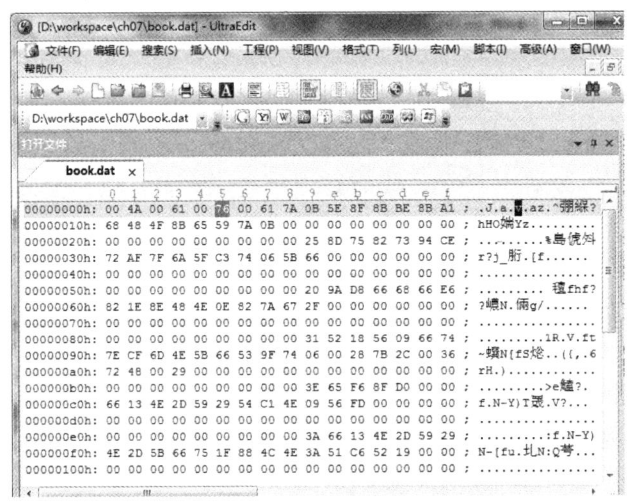

图 7-1　book.dat 中的数据(以十六进制形式显示)

7.3　字节流

字节流类以字节为单位处理 I/O 数据。字节流可以用于任意类型的对象，在程序开发中应用比较广泛。字节流又可分为输入字节流和输出字节流。下面分别介绍各字节流类的基本用法。

7.3.1　InputStream 和 OutputStream 类

输入字节流的父类为 InputStream，输出字节流的父类为 OutputStream，所以先从它们开始讨论 Java 的字节流类。

1. InputStream 类

InputStream 是抽象类，它定义了 Java 的字节流输入模型，并且还实现了 AutoCloseable 和 Closeable 接口。当发生 I/O 错误时，该类中的大部分方法都会抛出 IOException 异常(方法 mark( )和 markSupported( )除外)。InputStream 类定义的方法如表 7-4 所示。

表 7-4　InputStream 类定义的方法

方法	描述
int available( )	返回当前可读取的输入字节数
void close( )	关闭输入源。如果试图继续进行读取，会产生 IOException 异常
void mark(int num)	在当前位置放置标记，该标记在读入 num 个字节之前一直有效
boolean markSupported( )	如果调用流支持 mark( )或 reset( )方法，就返回 true
int read( )	返回代表下一个可用字节的整数。当到达文件末尾时，返回-1
int read(byte buf [ ])	尝试读取 buf.length 个字节到 buf 中，并返回实际成功读取的字节数。如果到达文件末尾，就返回-1
int read(byte b [ ], int off, int num)	尝试读取 num 个字节到字节数组 b 中，从 b[off]开始保存读取的字节。该方法返回成功读取的字节数；如果到达文件末尾，就返回-1
void reset( )	将输入指针重置为前面设置的标记
long skip(long num)	忽略(即跳过)num 个字节的输入，返回实际忽略的字节数

注意：
InputStream 的子类实现了上述表 7-4 中的大部分方法。

2. OutputStream 类

OutputStream 是定义字节流输出的抽象类，实现了 AutoCloseable、Closeable 以及 Flushable 接口。该类中的大部分方法都返回 void，并且如果发生 I/O 错误，大部分方法会抛出 IOException 异常。OutputStream 类定义的方法如表 7-5 所示。

表 7-5　OutputStream 类定义的方法

方法	描述
void close( )	关闭输出流。如果试图继续写入内容，将产生 IOException 异常
void flush( )	结束输出状态，从而清空所有缓冲区，即刷新输出缓冲区
void write(int b)	向输出流中写入单个字节。注意参数是 int 类型，从而允许使用表达式调用 write( )方法，而不用将表达式强制转换回 byte 类型
void write(byte buffer[ ])	向输出流中写入一个完整的字节数组
void write(byte b[ ], int off, int num)	将字节数组 b 中从 b[off]开始的 num 个字节写入输出流中

7.3.2 FileInputStream 和 FileOutputStream 类

FileInputStream 和 FileOutputStream 类分别用来创建磁盘文件的输入流和输出流对象。其中，FileInputStream 类继承了 InputStream 类；FileOutputStream 类继承了 OutputStream 类。

与 RandomAccessFile 类不同的是，FileInputStream 和 FileOutputStream 类中提供的文件处理方式是文件中数据流的顺序读写，而不是利用文件指针进行定位的随机读写。

1. FileInputStream 类

使用 FileInputStream 类创建的 InputStream 对象可以用于从文件读取字节。两个常用的构造函数如下所示：

```
FileInputStream(String filePath)
FileInputStream(File file)
```

这两个构造函数都会抛出 FileNotFoundException 异常。其中，filePath 是文件的完整路径名，file 是描述文件的 File 对象。

说明：
尽管第一个构造函数可能更常用，但是使用第二个构造函数，在将文件附加到输入流之前，可以使用 File 类的方法对文件进行进一步的检查。

FileInputStream 类重写了 InputStream 抽象类中的 6 个方法，但没有重写 mark( )和 reset( )方法。在 FileInputStream 对象上试图调用 reset( )方法时，会抛出 IOException 异常。

2. FileOutputStream 类

FileOutputStream 类创建能够用于向文件中写入字节的 OutputStream 对象。该类实现了 AutoCloseable、Closeable 以及 Flushable 接口，它的 4 个构造函数如下：

```
FileOutputStream(String filePath)
FileOutputStream(File fileObj)
FileOutputStream(String filePath, boolean append)
FileOutputStream(File fileObj, boolean append)
```

它们都可能抛出 FileNotFoundException 异常。其中，filePath 是文件的完整路径，fileObj 是描述文件的 File 对象。如果 append 为 true，就以追加方式打开文件。

FileOutputStream 对象的创建不依赖于已经存在的文件。当创建对象时，FileOutputStream 会在打开文件之前创建文件。当创建 FileOutputStream 对象时，如果试图打开只读文件，会抛出异常。

【案例 7-4】使用 FileInputStream 和 FileOutputStream 类读写文件。

在 ch07 工程中新建一个 Java 类 FileIOStreamDemo，输入如下代码：

```
import java.io.FileInputStream;
import java.io.FileOutputStream;
import java.io.IOException;
import java.io.OutputStream;
public class FileIOStreamDemo {
```

```
    public static void main(String[] args) {
        String src = "这是原始字符串，要写入文件中，因为是按字节写入，在 file0 和 file2 中写入
        的可能为乱码";
        byte buf[] = src.getBytes();
        try(FileOutputStream f0 = new FileOutputStream("file0.txt");
                FileOutputStream f1 = new FileOutputStream("file1.txt");
                FileOutputStream f2 = new FileOutputStream("file2.txt")) {
            for(int i = 0; i < buf.length; i += 2)
                f0.write(buf[i]);
            f1.write(buf);
            f2.write(buf, 2, buf.length / 3);
        } catch(IOException e) {
            System.out.println("I/O 异常");
            e.printStackTrace();
        }
        FileInputStream in = null;
        OutputStream out = null;
        try {
            in = new FileInputStream("C:\\Program Files (x86)\\Java\\jdk1.8.0_111\\bin\\javac.exe");
            System.out.println("文件大小(字节): " + in.available());
            out = new FileOutputStream("myJavac.exe");
            while(true) {
                byte[] b = new byte[2048];
                if(in.read(b) != 2048) {
                    System.out.println("不足 2048，马上复制完了");
                    out.write(b);
                    break;
                }
                System.out.println("Still Available: " + in.available());
                out.write(b);
            }
            System.out.println("将 javac.exe 复制到当前目录中，名为 myJavac.exe");
        } catch(IOException e) {
            System.out.println("I/O 异常: " + e);
        } finally {
            try {
                if(in != null)
                    in.close();
            } catch(IOException e) {
                System.out.println("Error Closing file1.txt");
            }
            try {
                if(out != null)
                    out.close();
            } catch(IOException e) {
                System.out.println("Error Closing file1.txt");
            }
        }
    }
}
```

在本例中，前半部分使用 FileOutputStrea 类将一些内容写入调用不同的 write( )方法写

入文件，后半部分使用 FileInputStream 和 FileOutputStream 完成一个二进制文件的复制。

程序的运行结果如下：

```
文件大小(字节)：15904
Still Available: 13856
Still Available: 11808
Still Available: 9760
Still Available: 7712
Still Available: 5664
Still Available: 3616
Still Available: 1568
不足 2048，马上复制完了
将 javac.exe 复制到当前目录中，名为 myJavac.exe
```

此时，工程目录中会出现 file0.txt、file1.txt、file2.txt 和 myJavac.exe 几个文件。

3. 关闭流的方式

无论是哪种 I/O 流，在使用完以后，都必须关闭，否则可能会导致内存泄漏以及资源紧张。在 Java 中有两种关闭流的方式。【案例 7-4】分别使用了这两种方式。

第一种方式是显式地在流上调用 close( )方法，这是自 Java 发布以来就一直在使用的传统方式。对于这种方式，通常是在 finally 代码块中调用 close( )方法。上面案例中复制文件部分使用的就是这种方式。

第二种方式是从 JDK 7 开始新增的特性。使用带资源的 try 语句，从而自动执行资源的关闭。带资源的 try 语句的一般格式如下：

```
try(resource-specification) {
    // use the resource
}
```

其中，resource-specification 是声明以及初始化资源的一条或多条语句。当 try 代码块结束时，资源被自动释放。因此，不再需要显式地调用 close( )方法。

下面是关于带资源的 try 语句的 3 个关键点：

- 由带资源的 try 语句管理的资源必须是实现了 AutoCloseable 接口的类的对象。
- 在 try 代码块中声明的资源被隐式声明为 final。
- 当有多个资源时，需要使用分号分隔每个资源的声明和初始化语句。

带资源的 try 语句的主要优点是：当 try 代码块结束时，资源(本例中是流)会被自动关闭。另外，使用带资源的 try 语句，可以使源代码更简短、更清晰、更容易维护。例如本例中写入 file0.txt、file1.txt、file2.txt 文件时使用的 3 个输出流就是使用这种方式管理的。

提示：

因为带资源的 try 语句流线化了释放资源的过程，并消除了可能在无意中忘记释放资源的风险，所以强烈推荐读者在今后的编程使用这种方式管理资源。

7.3.3 ByteArrayInputStream 和 ByteArrayOutputStream 类

ByteArrayInputStream 是使用字节数组作为源的输入流，与之对应的输出流是

ByteArrayOutputStream。下面来看这两个类的具体用法。

1. ByteArrayInputStream 类

ByteArrayInputStream 可以说是一个比较简单的、基础的字节输入流类。它有两个构造函数，每个构造函数都需要一个字节数组来提供数据源：

```
ByteArrayInputStream(byte array[ ])
ByteArrayInputStream(byte array[ ], int start, int num)
```

在此，array 是输入源。第二个构造函数则是从字节数组的子集创建 InputStream 对象，这个数组子集从 start 指定的索引位置的字符开始，共 num 个字符。

ByteArrayInputStream 类含有 4 个成员变量：buf、count、mark 和 pos。buf 为字节数组缓冲区，用来存放输入流；count 为计数器，记录输入流数据的字节数；mark 用来做标记，以实现重读部分输入流数据；pos 为位置指示器，指明当前读指针的位置，即前面已读取 pos-1 个字节的数据。close( )方法对 ByteArrayInputStream 对象没有效果。所以，不需要为 ByteArrayInputStream 对象调用 close( )方法。但是如果调用的话，也不会产生错误。

2. ByteArrayOutputStream 类

ByteArrayOutputStream 是使用字节数组作为目标的输出流的一个实现。它有两个构造函数：

```
ByteArrayOutputStream( )
ByteArrayOutputStream(int numBytes)
```

第一个构造函数创建的输出流对象包含大小为 32 个字节的缓冲区；第二个构造函数则创建一个大小为 num 字节的缓冲区。缓冲区被保存在 ByteArrayOutputStream 中受保护的 buf 成员变量中。如果需要的话，缓冲区的大小会自动增加。缓冲区能够保存的字节数量包含在该类的另一个受保护的成员变量 count 中。

同样地，close( )方法对 ByteArrayOutputStream 对象没有效果。所以，不需要为 ByteArrayOutputStream 对象调用 close( )方法。但是如果调用的话，也不会产生错误。

【案例 7-5】使用 ByteArrayInputStream 和 ByteArrayOutputStream 类。

在 ch07 工程中新建一个 Java 类 ByteArrayIOStreamDemo，输入如下代码：

```
import java.io.ByteArrayInputStream;
import java.io.ByteArrayOutputStream;
import java.io.IOException;
public class ByteArrayIOStreamDemo {
    public static void main(String[] args) {
        String tmp = "abcdefghijklmnopqrstuvwxyz";
        byte b[] = tmp.getBytes();
        ByteArrayInputStream input1 = new ByteArrayInputStream(b);
        ByteArrayInputStream input2 = new ByteArrayInputStream(b, 0, 3);
        int c;
        System.out.println("input1:");
        while((c = input1.read()) != -1) {
            System.out.print((char) c);
        }
```

```
            System.out.println("\ninput2:");
            while((c = input2.read()) != -1) {
                System.out.print(Character.toUpperCase((char) c));
            }
            System.out.println();
            ByteArrayOutputStream f = new ByteArrayOutputStream();
            String s = "This is a test string for ByteArrayOutputStream";
            byte buf[] = s.getBytes();
            try {
                f.write(buf);
            } catch(IOException e) {
                System.out.println("IO 异常");
                return;
            }
            System.out.println("f.size(): "+ f.size());
            System.out.println("直接调用 toString()：" + f.toString());
            System.out.println("转换为字节数组后输出");
            b = f.toByteArray();
            for(int i = 0; i < b.length; i++)
                System.out.print((char) b[i]);
            System.out.println("\n 调用 reset，重新写入新内容");
            f.reset();
            for(int i = 0; i < 6; i++)
                f.write('A' + i * 2);
            System.out.println(f.toString());
        }
    }
```

本例创建了两个 ByteArrayInputStream 对象，使用字母表的字节形式初始化它们：input1 对象包含整个小写字母表，而 input2 只包含前 3 个字母。后面的 ByteArrayOutputStream 对象通过 write( )方法写入一个字符数组，然后通过 toString( )方法和字节数组两种形式输出，最后调用 reset( )方法，重新写入新的内容。

程序的运行结果如下：

```
input1:
abcdefghijklmnopqrstuvwxyz
input2:
ABC
f.size(): 47
直接调用 toString( )：This is a test string for ByteArrayOutputStream
转换为字节数组后输出
This is a test string for ByteArrayOutputStream
调用 reset，重新写入新内容
ACEGIK
```

7.3.4　过滤流

过滤流 FilterInputStream 和 FilterOutputStream 类也是 InputStream 和 OutputStream 类的直接子类。过滤输入/输出流类最主要的作用就是在数据源和程序之间加一个处理步骤，对原始数据执行特定的加工、处理和变换操作。

前面介绍的 FileInputStream 和 FileOutputStream 类只提供了读写字节的方法，通过使用它们只能往文件中写入字节或从文件中读取字节。在实际应用中，要向文件中写入或读取各种类型的数据，就必须先将其他类型的数据转换成字节数组后，再写入文件，或是将从文件中读取到的字节数组转换成其他类型，这给程序带来了一些麻烦。如果能有一个中间类，让它提供读写各种类型的数据的方法，当需要写入其他类型的数据时，只要调用中间类中对应的方法即可。在中间类的方法内部，完成将其他数据类型转换成字节数组的操作，然后调用底层的字节流类，将这个字节数组写入目标设备。这个中间类就被称为过滤流类或处理流类，也叫包装类。

过滤的字节流是简单的封装器，用于封装底层的输入流或输出流，并且还透明地提供一些扩展级别的功能。这些流一般是通过接收通用流的方法访问的，通用流是过滤流的超类。典型的扩展是缓冲、字符转换以及原始数据转换。

过滤字节流类是 FilterInputStream 和 FilterOutputStream，这两个类提供的方法与 InputStream 和 OutputStream 类中的方法相同。本节将主要介绍这两个类的一些子类，包括 BufferedlnputStream、BufferedOuputStream、PushbackInputStream、DatalnputStream、DataOutputStream 和 PrintStream 类，它们都是 FilterInputStream 或 FilterOutputStream 类的直接子类。

图 7-2 给出了从文件到数据，Java I/O 流的数据链。

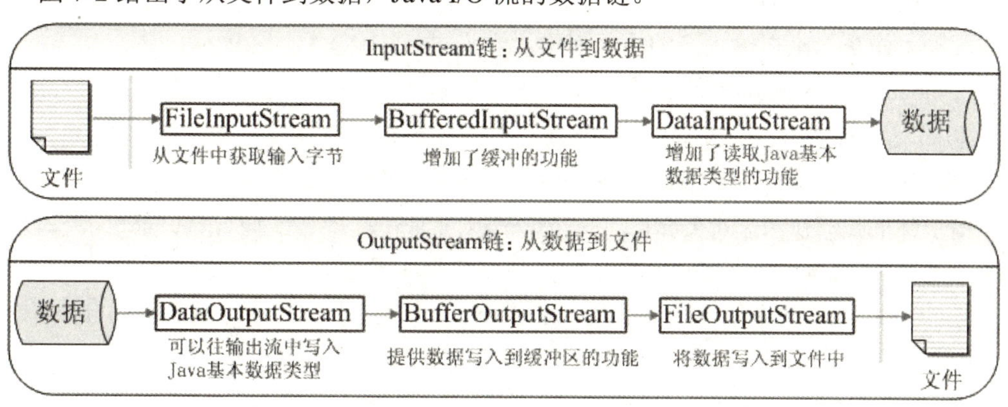

图 7-2　Java I/O 流的数据链

1. 缓冲流

对于面向字节的流，缓冲流通过将内存缓冲区附加到 I/O 系统来扩展过滤流。这种流允许 Java 一次对多个字节执行多次 I/O 操作，从而提升性能。因为可以使用缓冲区，所以略过、标记或重置流都是可能发生的。缓冲的字节流类是 BufferedInputStream 和 BufferedOutputStream。PushbackInputStream 也实现了缓冲流。

● BufferedInputStream 类

缓冲 I/O 是很常见的性能优化手段。Java 的 BufferedInputStream 类允许将任何 InputStream 对象封装到缓冲流中以提高性能。

BufferedInputStream 类有两个构造函数：

```
BufferedInputStream(InputStream inputStream)
BufferedInputStream(InputStream inputStream, int bufSize)
```

第 1 种形式使用默认缓冲区大小创建缓冲流。在第 2 种形式中，缓冲区大小是由 bufSize 指定。使缓冲区大小等于内存页面、磁盘块等大小的整数倍，可以明显提高性能。最优的缓冲区大小通常依赖于宿主操作系统、可用的内存量以及机器的配置。

缓冲输入流还为在可用缓冲流中支持向后移动提供了基础。除了任何 InputStream 都实现的 read( )和 skip( )方法外，BufferdInputStream 还支持 mark( )和 reset( )方法。

- BufferedOutputStream 类

与缓冲输入不同，缓冲输出没有提供附加功能。Java 中用于输出的缓冲区只是为了提高性能。除了增加 flush( )方法之外，BufferedOutputStream 与所有 OutputStream 类似，flush( )方法用于确保将数据缓冲区写入被缓冲的流中。BufferedOutputStream 是通过减少系统实际写数据的次数来提高性能的，因此需要调用 flush( )方法来立即写入缓冲区的所有数据。

BufferedOutputStream 类的构造函数如下：

```
BufferedOutputStream(OutputStream outputStream)
BufferedOutputStream(OutputStream outputStream, int bufSize)
```

第 1 种形式使用默认缓冲区大小创建缓冲流，而第 2 种形式可以指定缓冲区大小。

- PushbackInputStream 类

缓冲的新应用之一就是回推(pushback)的实现。回推用于输入流，以允许读取字节，然后再将它们返回(回推)到流中。PushbackInputStream 类实现了这一思想，它提供了一种机制，可以“偷窥”来自输入流的内容而不对它们进行破坏。

PushbackInputStream 类的构造函数如下：

```
PushbackInputStream(InputStream inputStream)
PushbackInputStream(InputStream inputStream, int num)
```

第 1 种形式创建的流对象允许将一个字节返回到输入流；第 2 种形式创建的流对象具有一个长度为 num 的回推缓冲区，从而允许将多个字节回推到输入流中。

除了 InputStream 中的方法，PushbackInputStream 类还提供了一个 unread( )方法，该方法有如下几种重载形式：

```
void unread(int b)
void unread(byte buffer [ ])
void unread(byte buffer, int offset, int num)
```

第 1 种形式回推 b 的低字节，这会是后续的 read( )调用返回的下一个字节。第 2 种形式回推 buffer 中的字节。第 3 种形式回推 buffer 中从 offset 开始的 num 个字节。当回推缓冲区已满时，如果试图回推字节，就会抛出 IOException 异常。

【案例 7-6】使用缓冲流复制大文件。

在 ch07 工程中新建一个 Java 类 BufferIOStreamDemo，输入如下代码：

```
import java.io.BufferedInputStream;
import java.io.BufferedOutputStream;
import java.io.ByteArrayInputStream;
import java.io.FileInputStream;
import java.io.FileOutputStream;
import java.io.IOException;
import java.io.PushbackInputStream;
```

```
public class BufferIOStreamDemo {
    public static void main(String[] args) {
        try(BufferedInputStream bIn = new BufferedInputStream(new FileInputStream("big.dat"));
    BufferedOutputStream bOut = new BufferedOutputStream(new FileOutputStream("big 副本.dat"));) {
            System.out.println("文件大小：" + bIn.available());
             long start = System.currentTimeMillis();
            byte[] b = new byte[8192];
            while(bIn.read(b) != -1) {
                    bOut.write(b);
            }
             long end = System.currentTimeMillis();
            System.out.println("复制完成，共用时(毫秒)" + (end-start) );
        } catch(Exception e) {
            System.err.println("Error: " + e.toString());
        }
        String s = "if(a == 4) a = 0;";
        System.out.println("原始字符串为" + s);
        System.out.println("使用回推流来处理，将“==”替换为.eq. 将“=”替换为<- ");
        byte buf[] = s.getBytes();
        ByteArrayInputStream in = new ByteArrayInputStream(buf);
        int c;
        try(PushbackInputStream f = new PushbackInputStream(in)) {
            while((c = f.read()) != -1) {
                switch (c) {
                case '=':
                    if((c = f.read()) == '=')
                        System.out.print(".eq.");
                    else {
                        System.out.print("<-");
                        f.unread(c);
                    }
                    break;
                default:
                    System.out.print((char) c);
                    break;
                }
            }
        } catch(IOException e) {
            System.out.println("I/O Error: " + e);
        }
    }
}
```

本例上半部分使用缓冲流复制一个大文件，后半部分演示 PushbackInputStream 类的 unread( )方法的用途。程序的运行结果如下：

```
文件大小：1640719285
复制完成，共用时(毫秒)101212
原始字符串为 if(a == 4) a = 0;
使用回推流来处理，将“==”替换为.eq. 将“=”替换为<-
if(a .eq. 4) a <- 0;
```

从运行结果可以看出，复制一个1.5GB左右的大文件，共用时101212毫秒。读者可将程序改为直接使用FileInputStream和FileOutputStream来实现，对比用时多少就可以看出缓冲流在操作大数据时的性能优势。

2. 数据流

通过 DataOutputStream 和 DataInputStream 类，可以向流中写入基本类型数据或从流中读取基本类型数据。它们分别实现了 DataOutput 和 DataInput 接口，这些接口定义了将基本类型值转换成字节序列或将字节序列转换成基本类型值的方法。这些流简化了在文件中存储二进制数据(例如整数或浮点数)的操作。

DataOutputStream 类是 FilterOutputStream 的子类。同时，DataOutputStream 类实现了 DataOutput、AutoCloseable、Closeable 以及 Flushable 接口。它的构造函数如下：

```
DataOutputStream(OutputStream outputStream)
```

其中，outputStream 类指定了将写入数据的输出流。当关闭 DataOutputStream 对象时(通过调用 close( )方法)，outputStream 指定的底层流也将被自动关闭。

DataOutputStream 类支持其超类定义的所有方法，以及 DataOutput 接口中定义的方法。DataOutput 接口中定义的方法主要是将基本类型值转换成字节序列以及将字节序列写入底层流中，例如：

```
final void writeDouble(double value) throws IOException
final void writeBoolean(boolean value) throws IOException
final void writeInt(int value) throws IOException
```

其中，value 是将被写入流中的值。

DataInputStream 是与 DataOutputStream 对应的输入流。它实现了 DataInput、AutoCloseable 和 Closeable 接口。下面是 DataInputStream 类的构造函数：

```
DataInputStream(InputStream inputStream)
```

其中，inputStream 指定了将从中读取数据的输入流。当关闭 DataInputStream 对象时(通过调用 close( )方法)，也会自动关闭由 inputStream 指定的底层流。

与 DataOutputStream 类似，DataInputStream 类也支持其超类的所有方法。然而，也是那些由 DataInput 接口定义的方法才使 DataInputStream 类变得独特。这些方法读取字节序列并将它们转换成基本类型值，例如：

```
final double readDouble() throws IOException
final boolean readBoolean() throws IOException
final int readInt() throws IOException
```

【案例 7-7】使用数据流读写基本类型的数据信息。

在 ch07 工程中新建一个 Java 类 DataIOStreamDemo，输入如下代码：

```
import java.io.DataInputStream;
import java.io.DataOutputStream;
import java.io.FileInputStream;
import java.io.FileNotFoundException;
import java.io.FileOutputStream;
import java.io.IOException;
public class DataIOStreamDemo {
```

```
    public static void main(String[] args) {
        try(DataOutputStream dout = new DataOutputStream(new FileOutputStream("Test.dat"))) {
            dout.writeDouble(342.4508);
            dout.writeInt(24985);
            dout.writeBoolean(true);
            dout.writeUTF("赵智堃");
        } catch(FileNotFoundException e) {
            System.out.println("文件不存在");
            return;
        } catch(IOException e) {
            System.out.println("I/O 异常：" + e);
        }
        try(DataInputStream din = new DataInputStream(new FileInputStream("Test.dat"))) {
            double d = din.readDouble();
            int i = din.readInt();
            boolean b = din.readBoolean();
            String str = din.readUTF();
            System.out.println("从文件中读取到的数据：" + d + " " + i + " " + b + " " + str);
        } catch(FileNotFoundException e) {
            System.out.println("文件不存在");
            return;
        } catch(IOException e) {
            System.out.println("I/O 异常：" + e);
        }
    }
}
```

程序的运行结果如下：

```
从文件中读取到的数据：342.4508 24985 true 赵智堃
```

在工程的根目录下会生成 Test.dat 文件，这是一个二进制文件。如果用文本编辑器打开该文件，将显示乱码。

3. PrintStream 类

本书用得最多的一个方法就是 System.out.println( )方法。这个 out 对象就是 PrintStream 类的静态变量。因此，PrintStream 是 Java 中最常用的类之一。PrintStream 类实现了 Appendable、AutoCloseable、Closeable 以及 Flushable 接口。

PrintStream 类实现的输出功能与 DataOutputStream 类差不多，PrintStream 为所有类型(包括 Object)支持 print( )和 println( )方法。如果参数不是基本类型，那么 PrintStream 会调用对象的 toString( )方法并显示结果。

从 JDK 5 开始，PrintStream 类添加了格式化输出方法 printf( )，在上一章学习格式化字符串时我们使用过该方法。因为 System.out 为 PrintStream 类型，所以可以在 System.out 上调用 printf( )方法进行格式化输出。例如：

```
System.out.printf("%d %(d %+d %05d\n", 3, -3, 3, 3);
```

输出结果如下：

```
3 (3) +3 00003
```

另外，PrintStream 类还定义了 format( )方法，该方法具有以下两种形式：

```
PrintStream format(String fmtString, Object ... args)
PrintStream format(Locale loc, String fmtString, Object ... args)
```

它们的工作方式与 printf( )方法完全类似。

7.3.5 SequenceInputStream 类

SequenceInputStream 类允许连接多个 InputStream 对象。SequenceInputStream 对象的构造与其他所有 InputStream 对象都不同。SequenceInputStream 的构造函数使用两个 InputStream 对象或 InputStream 对象的一个 Enumeration 对象作为参数：

```
SequenceInputStream(InputStream first, InputStream second)
SequenceInputStream(Enumeration <? extends InputStream> streamEnum)
```

在操作上，该类从第 1 个 InputStream 对象进行读取，直到读取完全部内容，然后切换到第 2 个 InputStream 对象。对于使用 Enumeration 对象的情况，该类将持续读取所有 InputStream 对象中的内容，直到最后一个 InputStream 对象的末尾为止。当到达每个对象的末尾时，与之关联的流就会被关闭。如果关闭 SequenceInputStream 创建的流，将会关闭所有未关闭的 InputStream 流。

【案例 7-8】使用 SequenceInputStream 类合并文件内容。

在 ch07 工程中新建一个 Java 类 SequenceInputStreamDemo，输入如下代码：

```
import java.io.FileInputStream;
import java.io.FileNotFoundException;
import java.io.FileOutputStream;
import java.io.IOException;
import java.io.SequenceInputStream;
import java.util.Enumeration;
import java.util.Vector;
public class SequenceInputStreamDemo {
    public static void main(String[] args) {
        Vector<FileInputStream> v = new Vector<FileInputStream>();
        try(FileInputStream f1 = new FileInputStream("1.txt");
                FileInputStream f2 = new FileInputStream("2.txt");
                FileInputStream f3 = new FileInputStream("3.txt")) {
            v.add(f1);
            v.add(f2);
            v.add(f3);
            Enumeration<FileInputStream> en = v.elements();
            try(SequenceInputStream sis = new SequenceInputStream(en);
                    FileOutputStream fos = new FileOutputStream("4.txt");) {
                byte[] buf = new byte[1024];
                int len = 0;
                while((len = sis.read(buf)) != -1) {
                    fos.write(buf, 0, len);
                }
            } catch(IOException e) {
                System.out.println("I/O 异常：" + e);
            }
```

```
            } catch(FileNotFoundException e) {
                System.out.println("文件不存在：  " + e);
            } catch(IOException e) {
                System.out.println("I/O 异常：" + e);
            }
        }
    }
```

本例创建了一个Vector对象，然后为其添加了3个FileInputStream对象，分别对应3个文本文件。然后使用SequenceInputStream对象依次打开每个文件，将从SequenceInputStream流中读取的内容写入4.txt文件中。

运行程序时，请在工程的根目录下创建 1.txt、2.txt、3.txt 文件并输入一些内容，程序运行后，将生成合并后的文件 4.txt。

7.4　字符流

虽然字节流为处理各种类型的 I/O 操作提供了足够的支持，但是它们不能直接操作 Unicode 字符(案例 7-4 中得到的 file0.txt 文件中就是乱码)。因为 Java 的一个主要目的就是实现代码的“一次编写，到处运行”，所以需要为字符提供直接的 I/O 支持。本节将介绍几个重要的字符 I/O 类。

7.4.1　Reader 和 Writer 类

Reader和Writer抽象类位于字符流层次的顶部，所以先从它们开始讨论Java的字符流类。

1. Reader 类

抽象类 Reader 定义了 Java 的字符流输入模型，该类实现了 AutoCloseable、Closeable 以及 Readable 接口。当发生错误时，该类中的所有方法(markSupported( )方法除外)都会抛出 IOException 异常。Reader 类定义的方法如表 7-6 所示。

表 7-6　Reader 类定义的方法

方法	描述
abstract void close( )	关闭输入源。如果试图继续读取，将产生 IOExcception 异常
void mark(int num)	在输入流的当前位置放置标记，该标记在读入 num 个字符之前都一直有效
boolean markSupported( )	如果这个流支持 mark( )或 reset( )方法，就返回 true
int read( )	返回一个表示调用输入流中下一个可用字符的整数。如果到达文件末尾，就返回−1
int read(char b[ ])	读取 b.length 个字符到数组 b 中，返回成功读取的实际字符数。如果到达文件末尾，就返回−1
int read(CharBuffer b)	读取字符到 b 中，返回成功读取的字符数。如果到达文件末尾，则返回−1
abstract int read(char b[], int off, int num)	读取 num 个字符到数组 b 中，从 b[off]开始保存读取的字符，返回成功读取的字符数。如果到达文件末尾，就返回−1

(续表)

方法	描述
boolean ready( )	如果下一个输入请求不等待，就返回 true；否则返回 false
void reset( )	将输入指针重新设置为前面设置的标记位置
long skip(long num)	略过 num 个输入字符，返回实际略过的字符数

2. Writer 类

抽象类Writer定义了Java的字符输出模型，该类实现了AutoCloseable、Closeable、Flushable以及Appendable接口。如果发生错误，Writer类中的所有方法都会抛出IOException异常。Writer类定义的方法如表7-7所示。

表 7-7　Writer 类定义的方法

方法	描述
Writer append(char ch)	将 ch 追加到调用输出流的末尾，返回对调用流的引用
Writer append(CharSequence cs)	将 cs 追加到调用输出流的末尾，返回对调用流的引用
Writer append(CharSequence cs, int begin, int end)	将 cs 中从 begin 到 end－1 之间的字符追加到调用输出流的末尾，返回对调用流的引用
abstract void close( )	关闭输出流。如果继续向其中写入内容，将产生 IOException 异常
abstract void flush( )	完成输出状态，从而清空所有缓冲区，即刷新输出缓冲区
void write(int ch)	写入单个字符。注意参数是 int 类型
void write(char buffer[ ])	将整个字符数组写入调用输出流中
abstract void write(char b[ ], int off, int num)	将数组 b 中从 b[off]开始的 num 个字符写入调用输出流中
void write(String str)	将 str 写入调用输出流中
void write(String str, int off, int num)	将字符串 str 中从 off 开始的 num 个字符写入调用输出流中

7.4.2　FileReader 与 FileWriter 类

FileReader 和 FileWrite 类的使用方法比较简单，主要是利用 Read( )和 Write( )方法进行读写操作。FileReader 类用于读取文件，FileWrite 类用于将数据写入文件。在使用这两个类之前，必须调用其构造函数创建相应的对象。

FileReader 类提供了 3 个构造函数，如下所示：

```
FileReader(String filePath)
FileReader(File fileObj)
FileReader(FileDescriptor fd)
```

每个构造函数都会抛出 FileNotFoundException 异常。其中，filePath 是文件的完整路径名，fileObj 是描述文件的 File 对象，FileDescriptor 是“文件描述符”，可以被用来表示开放文件、开放套接字等。

FileWriter 类有 5 个构造函数，如下所示：

```
FileWriter(String filePath)
FileWriter(String filePath, boolean append)
FileWriter(File fileObj)
FileWriter(File fileObj, boolean append)
FileWriter(FileDescriptor fd)
```

它们都会抛出IOException异常。其中，参数的含义与FileReader构造函数的参数类似，append参数用来指定是否将输出追加到文件末尾，如果为true，表示追加到文件的末尾。

FileWriter 对象的创建不依赖于已经存在的文件。当创建对象时，FileWriter 会在打开文件之前为输出创建文件。对于这种情况，如果试图打开只读的文件，就会抛出 IOException 异常。

【案例 7-9】使用 FileReader 和 FileWriter 类读写文本文件。

在 ch07 工程中新建一个 Java 类 FileRWDemo，输入如下代码：

```
import java.io.FileReader;
import java.io.FileWriter;
import java.io.IOException;
public class FileRWDemo {
    public static void main(String[] args) {
        String source = "这是原始字符串，要写入文件中，因为是按字符写入，所以不会出现乱码";
        char buffer[] = new char[source.length()];
        source.getChars(0, source.length(), buffer, 0);
        try(FileWriter f0 = new FileWriter("txtfile0.txt");
                FileWriter f1 = new FileWriter("txtfile1.txt");
                FileWriter f2 = new FileWriter("txtfile2.txt")) {
            for(int i = 0; i < buffer.length; i += 2) {
                f0.write(buffer[i]);
            }
            f1.write(buffer);
            f2.write(buffer, 2, buffer.length / 3);
        } catch(IOException e) {
            System.out.println("I/O 异常："+e);
        }
        try(FileReader fr = new FileReader("txtfile0.txt")) {
            int c;
            while((c = fr.read()) != -1)
                System.out.print((char) c);
        } catch(IOException e) {
            System.out.println("I/O 异常：" + e);
        }
    }
}
```

这个案例与前面的案例 7-4 类似，只是这里使用字符流 FileWriter 将原始字符串写入文本文件，所以没有出现案例 7-4 中的乱码问题。

运行程序后，工程的根目录中会出现 txtfile0.txt、txtfile1.txt 和 txtfile2.txt 文件，这几个文件中的文本都没有乱码。程序的后半部分是使用 FileReader 类读取 txtfile0.txt 中的内容并输出，如下：

```
这原字串要入件，为按符入所不出乱
```

7.4.3 CharArrayReader 和 CharArrayWriter 类

与字节流中的字节数组 I/O 流对应，字符流中提供了字符数组 I/O 流。

CharArrayReader 类是使用字符数组作为源的输入流，CharArrayWriter 类是使用数组作为目标的输出流。这两个类的使用方法和用途都与前面的 ByteArrayInputStream 和 ByteArrayOutputStream 类极其相似。

CharArrayReader 类有两个构造函数，每个构造函数都需要一个字符数组来提供数据源：

```
CharArrayReader(char array[ ])
CharArrayReader(char array[ ], int start, int num)
```

其中，字符数组 array 是输入源。第 2 个构造函数根据字符数组的子集创建 Reader 对象，该子集从 start 指定的索引位置的字符开始，共 num 个字符。

CharArrayWriter 类也有两个构造函数，如下所示：

```
CharArrayWriter( )
CharArrayWriter(int num)
```

第一个构造函数创建使用默认大小的缓冲区；第 2 个构造函数创建由 nums 指定大小的缓冲区。缓冲区保存在成员变量 buf 中。缓冲区能够容纳的字符数量保存在成员变量 count 中。buf 和 count 都是受保护的成员变量。

【案例 7-10】使用 CharArrayReader 和 CharArrayWriter 类。

在 ch07 工程中新建一个 Java 类 CharArrayRWDemo，输入如下代码：

```
import java.io.CharArrayReader;
import java.io.CharArrayWriter;
import java.io.FileWriter;
import java.io.IOException;
public class CharArrayRWDemo {
    public static void main(String[] args) {
        String tmp = "abcdefghijklmnopqrstuvwxyz";
        int length = tmp.length();
        char c[] = new char[length];
        tmp.getChars(0, length, c, 0);
        try(CharArrayReader input1 = new CharArrayReader(c);
             CharArrayReader input2 = new CharArrayReader(c, 0, 5)) {
            int i;
            System.out.println("input1 is:");
            while((i = input1.read()) != -1) {
                System.out.print((char) i);
            }
            System.out.println();
            while((i = input2.read()) != -1) {
                System.out.print((char) i);
            }
            System.out.println();
        } catch(IOException e) {
```

```
            System.out.println("I/O 异常：" + e);
        }
        CharArrayWriter f = new CharArrayWriter();
        String s = "这里可以写入中文信息";
        char buf[] = new char[s.length()];
        s.getChars(0, s.length(), buf, 0);
        try {
            f.write(buf);
        } catch(IOException e) {
            System.out.println("Error Writing to Buffer");
            return;
        }
        System.out.println("f.size(): " + f.size());
        System.out.println("直接调用 toString():" + f.toString());
        System.out.println("转换为字符数组后输出");
        c = f.toCharArray();
        for(int i = 0; i < c.length; i++) {
            System.out.print(c[i]);
        }
        System.out.println("\n 通过 writeTo( )方法写入一个文件对象 FileWriter");
        try(FileWriter f2 = new FileWriter("test.txt")) {
            f.writeTo(f2);
        } catch(IOException e) {
            System.out.println("I/O 异常：" + e);
        }
        System.out.println("调用 reset，重新写入新内容");
        f.reset();
        for(int i = 0; i < 3; i++)
            f.write('A' + i * 2);
        System.out.println(f.toString());
    }
}
```

本例与前面的案例 7-5 非常类似，只是本例使用的是字符数组 I/O 流，所以可以支持中文字符。读者可尝试修改案例 7-5，将其中的字符串修改为中文，看看是否能正常输出。

程序的运行结果如下：

```
input1 is:
abcdefghijklmnopqrstuvwxyz
abcde
f.size(): 10
直接调用 toString()：这里可以写入中文信息
转换为字符数组后输出
这里可以写入中文信息
通过 writeTo( )方法写入一个文件对象 FileWriter
调用 reset，重新写入新内容
ACE
```

7.4.4　缓冲字符流

与缓冲字节流类似，字符流也提供了几个支持缓冲的流类。它们的特性和使用方法都与缓冲字节流非常类似，下面简要介绍这几个缓冲字符流类。

1. BufferedReader 类

BufferedReader 类通过缓冲输入提高性能，该类有两个构造函数：

```
BufferedReader(Reader reader)
BufferedReader(Reader reader, int bufSize)
```

第 1 个构造函数使用默认缓冲区大小创建缓冲的字符流；第 2 个构造函数创建的缓冲区大小由 bufSize 指定。

关闭 BufferedReader 对象也会导致 reader 指定的底层流被关闭。

与面向字节的流一样，BufferedReader 也实现了 mark( )和 reset( )方法。

JDK 8 还为 BufferedReader 添加了名为 lines( )的新方法。该方法返回对读取器读取的行序列的 Stream 引用。

2. BufferedWriter 类

BufferedWriter 是缓冲输出的字符流类。使用 BufferedWriter 可以通过减少实际向输出设备物理地写入数据的次数来提高性能。

BufferedWriter 类有如下两个构造函数：

```
BufferedWriter(Writer writer)
BufferedWriter(Writer writer, int bufSize)
```

第 1 个构造函数创建的缓冲流具有默认大小的缓冲区；第 2 个构造函数创建的缓冲区的大小由 bufSize 指定。

3. PushbackReader 类

PushbackReader 类允许将一个或多个字符返回到输入流，从而可以向前查看输入流。下面是该类的两个构造函数：

```
PushbackReader(Reader reader)
PushbackReader(Reader reader, int bufSize)
```

第 1 个构造函数创建的缓冲流允许回推一个字符；第 2 个构造函数回推缓冲区的大小由 bufSize 指定。

关闭 PushbackReader 也会关闭 reader 指定的底层流。

PushbackReader 类提供了 unread( )方法，该方法有 3 种重载形式，如下所示：

```
void unread(int ch) throws IOException
void unread(char buffer[ ]) throws IOException
void unread(char buffer[ ], int offset, int num) throws IOException
```

第 1 种形式回推 ch 指定的字符，这是后续 read( )调用将返回的下一个字符；第 2 种形式返回 buffer 中的字符；第 3 种形式回推 buffer 中从 offset 位置开始的 num 个字符。当回推缓冲区已满时，如果试图返回字符，就会抛出 IOException 异常。

【案例 7-11】使用缓冲字符流处理字符串。

在 ch07 工程中新建一个 Java 类 BufferR WDemo，输入如下代码：

```
import java.io.BufferedReader;
import java.io.BufferedWriter;
import java.io.CharArrayReader;
import java.io.FileWriter;
import java.io.IOException;
import java.io.PushbackReader;
public class BufferRWDemo {
    public static void main(String[] args) {
        String s = "这是一个版权所有符号&copy; \r\n 后面这个不是，因为没有最后的分号 &copy ";
        char buf[] = new char[s.length()];
        s.getChars(0, s.length(), buf, 0);
        CharArrayReader in = new CharArrayReader(buf);
        int c;
        boolean marked = false;
        try(BufferedReader br = new BufferedReader(in);
                BufferedWriter bw = new BufferedWriter(new FileWriter("result.txt"))) {
            while((c = br.read()) != -1) {
                switch(c) {
                case '&':
                    if(!marked) {
                        br.mark(32);
                        marked = true;
                    } else {
                        marked = false;
                    }
                    break;
                case ';':
                    if(marked) {
                        marked = false;
                        bw.write("(c)");
                    } else
                        bw.write(c);
                    break;
                case ' ':
                    if(marked) {
                        marked = false;
                        br.reset();
                        bw.write("&");
                    } else
                        bw.write(c);
                    break;
                default:
                    if(!marked)
                        bw.write(c);
                    break;
                }
            }
        } catch(IOException e) {
            System.out.println("I/O 异常：" + e);
```

```
        }
        s = "if(a == 4) a = 0;";
        System.out.println("原始字符串为    " + s);
        System.out.println("使用回推流来处理：将“==”替换为.eq.   将“=”替换为<-");
        buf = new char[s.length()];
        s.getChars(0, s.length(), buf, 0);
        in = new CharArrayReader(buf);
        try(PushbackReader pr = new PushbackReader(in)) {
            while((c = pr.read()) != -1) {
                switch(c) {
                case '=':
                    if((c = pr.read()) == '=')
                        System.out.print(".eq.");
                    else {
                        System.out.print("<-");
                        pr.unread(c);
                    }
                    break;
                default:
                    System.out.print((char) c);
                    break;
                }
            }
        } catch(IOException e) {
            System.out.println("I/O 异常：" + e);
        }
    }
}
```

本例需要处理版权符号，使用 mark( )和 reset( )方法来解析 HTML 实体引用流，这种引用以&符号开头并以分号(;)结束，中间没有任何空白字符。如果解析过程中&符号后面在出现分号(;)之前出现了空格，则需要调用 reset( )方法。将处理后的结果写到一个文本文件 result.txt 中。

后面使用回推流处理“==”与“=”的部分与案例 7-6 相似，程序的运行结果如下：

```
原始字符串为    if(a == 4) a = 0;
使用回推流来处理：将“==”替换为.eq.   将“=”替换为<-
if(a .eq. 4) a <- 0;
```

result.txt 文件中的内容如下：

```
这是一个版权所有符号(c)
后面这个不是，因为没有最后的分号&copy
```

7.4.5 PrintWriter 类

PrintWriter 类本质上是 PrintStream 类的面向字符版本，该类实现了 Appendable、AutoCloseable、Closeable 以及 Flushable 接口。

与 PrintStream 类一样，PrintWriter 类为所有类型(包括 Object)支持 print( )和 println( )方法。而且，PrintWriter 类也支持使用 printf( )和 format( )方法来进行格式化输出，它们的工作方式与前面介绍的 PrintStream 类的 printf( )和 format( )方法相同。

7.5　序列化

Java 平台允许我们在内存中创建可复用的 Java 对象，但一般情况下，只有当 JVM 处于运行时，这些对象才可能存在。即，这些对象的生命周期不会比 JVM 的生命周期更长。但在现实应用中，就可能要求在 JVM 停止运行之后能够保存(持久化)指定的对象，并在将来重新读取被保存的对象。Java 对象序列化就能够帮助我们实现该功能。

使用 Java 对象序列化，在保存对象时，会把其状态保存为一组字节，在以后使用时，通过反序列化再将这些字节组装成对象。

对象序列化保存的是对象的“状态”，即它的成员变量。由此可知，对象序列化不会关注类中的静态变量。

Java 序列化 API 为处理对象序列化提供了一个标准机制。假定将要序列化的对象具有指向其他对象的引用，而这些对象又具有更多对象的引用。这些对象以及它们之间的关系形成了有向图。在这张对象图中，还可能存在环形引用。也就是说，对象 X 可能包含指向对象 Y 的引用，而对象 Y 又包含指向对象 X 的引用。对象也可能包含指向它们自身的引用。在这些情形中，对象的序列化和反序列化都能够正确地工作。

7.5.1　Serializable 接口

Serializable 接口位于 java.io 程序包，只有实现了 Serializable 接口的类才能够通过序列化进行保存和恢复。Serializable 是一个特殊的接口，它没有定义成员，只是简单地用于指示类可以被序列化，这类接口被称为标记接口。它的作用仅是提醒使用该类的用户；该类的任何对象都可以以整个对象为单位读出或写入。如果一个类是可序列化的，那么这个类的所有子类也是可序列化的。

需要注意的是，除了前面提到到 static 变量不能被序列化之外，声明为 transient 的成员变量也不能通过序列化功能进行保存。

7.5.2　ObjectInputStream 和 ObjectOutputStream 类

要完成对象的序列化，除了要实现 Serializable 接口以外，还需要使用两个类：ObjectInputStream 类和 ObjectOutputStream 类。这两个类分别有 readObject( )方法和 writeObject( )方法，用于将一个完整的对象从文件读出和写入文件中。

1. ObjectOutputStream 类

ObjectOutputStream 类是一个输出字节流类，它扩展了 OutputStream 类并实现了 ObjectOutput 接口，负责将对象写入流中。该类有两个构造函数，一个是默认构造函数，还有一个构造函数如下：

```
ObjectOutputStream(OutputStream outStream) throws IOException
```

参数 outStream 是将向其中写入串行化对象的输出流。关闭 ObjectOutputStream 对象会自动关闭 outStream 指定的底层流。

ObjectOutputStream 类中最重要的方法就是 writeObject( )，该方法的声明如下：

```
final void writeObject(Object obj)
```

参数 obj 是要写入该输出流的对象。除此之外，该类还提供了将任意基本数据类型写入输出流的方法，如下所示：

```
void writeBoolean(boolean b)      // 将一个布尔值写入调用流中
void writeByte(int b)             // 将一个 byte 值写入调用流中，写入的字节是 b 的低阶字节
void writeBytes(String str)       // 将表示 str 的字节写入调用流中
void writeChar(int c)             // 将一个 char 值写入调用流中
void writeChars(String str)       // 将 str 中的字符写入调用流中
void writeDouble(double d )       // 将一个 double 值写入调用流中
void writeFloat(float f)          // 将一个 float 值写入调用流中
void writeInt(int i )             // 将一个 int 值写入调用流中
void writeLong(long l )           // 将一个 long 值写入调用流中
```

ObjectOutputStream 还有一个内部类，名为 PutField，可以帮助写入永久域变量。

2. ObjectInputStream 类

ObjectInputStream 类扩展了 InputStream 类并实现了 ObjectInput 接口。ObjectInputStream 类负责从流中读取对象，该类也有两个构造函数，一个是默认构造函数，另一个构造函数如下所示：

```
ObjectInputStream(InputStream inStream) throws IOException
```

参数 inStream 是从中读取串行化对象的输入流。关闭 ObjectInputStream 对象会自动关闭 inStream 指定的底层流。

该类最重要的方法是 readObject( )，用来从输入流中读取一个对象。除此之外，还有读取任意简单数据类型的各种 read( )方法，如下所示：

```
boolean readBoolean( )        // 从调用流中读取并返回一个布尔值
byte readByte( )              // 从调用流中读取并返回一个 byte 值
char readChar( )              // 从调用流中读取并返回一个 char 值
double readDouble( )          // 从调用流中读取并返回一个 double 值
float readFloat( )            // 从调用流中读取并返回一个 float 值
int readInt( )                // 从调用流中读取并返回一个 int 值
long readLong( )              // 从调用流中读取并返回一个 long 值
short readShort( )            // 从调用流中读取并返回一个 short 值
int readUnsignedByte( )       // 从调用流中读取并返回一个无符号 byte 值
int readUnsignedShort( )      // 从调用流中读取并返回一个无符号 short 值
```

ObjectInputStream也有一个内部类，名为GetField，这个内部类可帮助读取永久域变量。

7.5.3　序列化示例

本节将通过一个具体的案例演示如何实现对象的序列化和反序列化。

【案例 7-12】使用对象的序列化和反序列化实现对象的保存与恢复。

在 ch07 工程中新建一个 Java 类 User，该类实现了 Serializable 接口。在该类中有 4 个成员变量和 1 个静态变量，其中一个成员变量(password)使用了 transient 修饰符，该变量在

序列化时将被忽略。代码如下：

```
import java.io.Serializable;
public class User implements Serializable {
    private static final long serialVersionUID = 1L;
    private String name;
    private transient String password;
    private int age;
    private double coin;

    public User(String n, String p, int a, double c) {
        name = n;
        password = p;
        age = a;
        coin = c;
    }
    @Override
    public String toString() {
        return "[" + name + "," + password + "," + age + "," + coin + "]";
    }
}
```

在ch07工程中新建一个Java类SerialDemo，在该类的main( )方法中，使用ObjectOutputStream将User类的一个实例保存到user.obj文件中，然后使用ObjectInputStream从该文件中读取对象，完整的代码如下：

```
import java.io.FileInputStream;
import java.io.FileOutputStream;
import java.io.IOException;
import java.io.ObjectInputStream;
import java.io.ObjectOutputStream;
public class SerialDemo {
    public static void main(String[] args) {
        try(ObjectOutputStream out = new ObjectOutputStream(new FileOutputStream("user.obj"))) {
            User u = new User("赵智暄", "gem", 5, 99.9763);
            System.out.println("User 对象：" + u);
            out.writeObject(u);
        } catch(IOException e) {
            System.out.println("序列化时 I/O 异常：" + e);
        }
        try(ObjectInputStream in = new ObjectInputStream(new FileInputStream("user.obj"))) {
            User u = (User) in.readObject();
            System.out.println("从文件中读取到的对象：" + u);
        } catch(Exception e) {
            System.out.println("反序列化时 I/O 异常：" + e);
        }
    }
}
```

程序的运行结果如下：

```
User 对象：[赵智暄,gem,5,99.9763]
从文件中读取到的对象：[赵智暄,null,5,99.9763]
```

从运行结果可以看出，password 字段没有被序列化。

7.6　本章小结

输入/输出处理是应用程序设计过程中的重要内容，任何软件系统都包括输入/输出操作。本章详细介绍了 java.io 包中有关 I/O 处理和文件操作的相关类和方法。首先介绍了流的基本概念。然后介绍了文件的基本操作，包括 File 和 RandomAccessFile 类的使用。接下来，分别介绍了常用的字节流和字符流，包括 Java I/O 流顶层的 4 个抽象类：InputStream、OutputSteam、Reader 和 Writer，以及它们的子类。重点需要掌握的是从文件到数据，Java I/O 流的数据链。最后，对 Java 对象的序列化与反序列化进行了详细讲解，包括 Serializable 接口和对象输入/输出字节流等内容。通过本章的学习，读者应掌握 Java 的输入/输出处理机制和常用的文件读写操作。

7.7　思考和练习

1. 什么是流？Java 中的输入/输出流在哪个包中？
2. 以下哪一个为标准输出流类(　　)?
   A. DataOutputStream　　B. FilterOutputStream
   C. PrintStream　　D. BufferedOutputStream
3. 简述 File 类的应用，它与 RandomAccessFile 类有何区别？
4. DataInput 和 DataOutput 是处理哪一种流的接口(　　)?
   A. 文件流　　B. 字节流　　C. 字符流　　D. 对象流
5. 下面语句中正确的是(　　)。
   A. RandomAccessFile raf=new RandomAccesssFile("data.dat","rw");
   B. RandomAccessFile raf=new RandomAccesssFile(new DataInputStream());
   C. RandomAccessFile raf=new RandomAccesssFile("data.dat");
   D. RandomAccessFile raf=new RandomAccesssFile(new File("data.dat"));
6. 要测试文件是否存在，可以采用 File 类的哪个方法(　　)?
   A. isFile()　　B. isFiles()　　C. exist()　　D. exists()
7. 在 Java 中，InputStream 和 OutputStream 是以 ________为数据读写单位的输入/输出流的基类；Reader 和 Writer 是以________为数据读写单位的输入/输出流的基类。
8. 为了提高读写性能，可以采用什么流(　　)?
   A. DataInputStream 和 DataOutputStream
   B. InputStream 和 OutputStream
   C. ObjectInputStream 和 ObjectOutputStream
   D. BufferedInputStream 和 BufferedOutputStream

9. 下面用字符流能成功拷贝的文件有(　　)。

A. java 基础自测题.doc　　B. 学生考试答案.xml

C. Student.java　　D. 学生信息表. xlsx

10. 下列对 Java I/O 中字符输入流 Reader 类的 read( )方法的描述中错误的是(　　)。

A. read( )方法的返回值类型为 char 类型

B. read( )方法的返回值类型为 int 类型

C. read( )方法的返回值如果为-1，表示到达流的末尾

D. read(char[] cbuf)方法表示将读到的多个字符存入字符数组 cbuf 中

11. Java I/O 中的哪个流可以将多个文件中的内容合并到一个文件中(　　)?

A. SequenceOutputStream　　B. InputStreamReader

C. SequenceInputStream　　D. OutputStreamWriter

12. ObjectOputStream 类中的哪个方法可以将对象写入到文件中(　　)?

A. write(Object obj)　　B. append(Object obj)

C. writeObject(Object obj)　　D. objectWrite(Object obj)

13. 什么是对象的序列化，如何实现序列化？

14. 编写一个程序，获取给定目录下的所有文件。

15. 编程能够实现文件内容合并的代码，即将某个文件的内容写到另一个文件的末尾处。

第8章　多线程编程

前面我们所开发的程序大多是单线程的，即一个程序只有一条从头到尾的执行路线。然而，现实世界中的很多事务都是有多种途径且同时运作的。例如：服务器可能需要同时处理多个客户机的请求，这就需要有多个线程同时在工作。多线程编程使得系统资源并不是由某个执行体独占，而是由多个执行单元共同拥有，轮换使用。正确使用多线程可以消除系统的瓶颈问题，提高整个应用系统的性能。本章将详细介绍 Java 语言的多线程技术。通过本章的学习，读者应该理解线程和进程的区别，掌握 Java 的多线程编程技术，了解线程的同步和线程间通信等内容。

本章学习目标：

- 了解进程和线程的基本概念和区别
- 掌握创建线程的两种方法
- 掌握线程同步的概念和方法
- 了解线程的优先级
- 掌握线程间通信的方法

8.1　Java 线程模型

Java 对多线程编程(multithreaded programming)提供了内置支持。多线程程序包含同时运行的两个或多个部分。这种程序的每一部分称为一个线程，并且每个线程定义了单独的执行路径。因此，多线程是特殊形式的多任务处理。

8.1.1　进程和线程

在计算机科学中，“线程”和“进程”是两个相关的概念。两者都表示必须按特定顺序执行的指令序列。

1. 进程

进程本质上是正在执行的程序。在 Unix 操作系统中，每个应用程序的执行都在操作系统内核中登记一个进程标志，操作系统根据分配的进程标志对应用程序的执行进行调度和系统资源分配。每个进程都有自己的内存单元，进程之间是互相独立的，一个进程一般不允许访问其他进程的内存空间。因此，进程间通信非常困难。

基于进程的多任务处理就是允许计算机同时运行两个或更多个程序的特性。例如，基于进程的多任务处理可以在运行 Java 编译器的同时使用文本编辑器或浏览网站。在基于进程的多任务处理中，程序是调度程序能够调度的最小代码单元。

2. 线程

线程是比进程更小的执行单位。如果将“进程”的概念一分为二，则进程中的系统资源，可以看成静态的对象；而程序代码的执行位置，可以看成动态对象，这个动态的部分就是线程。进程在执行过程中拥有独立的内存单元，而多个线程共享内存，线程之间的通信比较容易解决，从而极大地提高了程序的运行效率。

在基于线程的多任务环境中，最小的可调度代码单元是线程，这意味着单个程序可以同时执行两个或更多个任务。例如，文本编辑器可以在打印的同时格式化文本，只要这两个动作是通过两个独立的线程执行的即可。

3. 进程和线程的区别

多任务线程需要的开销比多任务进程小。进程是重量级的任务，它们需要自己的地址空间。进程间通信开销很大并且有许多限制。从一个进程上下文切换到另一个进程上下文的开销也很大。而线程是轻量级的任务，它们共享相同的地址空间，并且共享同一个重量级的进程。线程间通信的开销不大，并且从一个线程上下文切换到另一个线程上下文的开销更小。

进程和线程的区别可以总结为如下几点：

- 一个程序至少有一个进程，一个进程至少有一个线程。线程是进程的一个实体，是 CPU 调度和分派的基本单位，它是比进程更小的能独立运行的基本单位。
- 线程在执行过程中与进程也是有区别的，每个独立的线程有程序运行的入口、顺序执行序列和程序运行的出口；但是线程不能够独立执行，必须依存于应用程序中，由应用程序提供多个线程的执行控制。
- 一个线程可以创建和撤销另一个线程，同一进程中的多个线程之间可以并发执行。

8.1.2 Java 中的线程

Java 运行时系统在许多方面依赖于线程，并且所有类库在设计时都考虑了多线程。事实上，Java 通过利用线程使得整个环境能够异步执行。

在过去几年，多核系统已经变得很普遍了。当然，单核系统仍然在广泛使用。Java 的多线程系统在这两种类型的系统中都可以工作。在单核系统中，并发执行的线程共享 CPU，每个线程得到一片 CPU 时钟周期。所以，在单核系统中，两个或更多个线程不是真正同时运行的，但是空闲时间被利用了。然而，在多核系统中，两个或多个线程可能是真正同步执行的。

注意：
Java 新增加了 Fork/Join 框架，该框架为创建能够自动伸缩以充分利用多核环境的多线程应用程序提供了强大的支持。

1. 线程的状态

线程有多种状态：线程可以处于运行(running)状态，只要获得 CPU 时间就准备运行。运行的线程可以被挂起(suspended)，这会临时停止线程的活动。挂起的线程可以被恢复

(resumed)，从而允许线程从停止处恢复执行。当等待资源时，线程会被阻塞(blocked)。在任何时候，都可以终止线程，这会立即停止线程的执行。线程一旦终止，就不能再恢复。

2. 线程优先级

Java 为每个线程都指定了优先级，优先级决定了相对于其他线程应当如何处理某个线程。线程优先级是一些整数，它们指定了一个线程相对于另一个线程的优先程度。

Thread 类中有 3 个和线程优先级有关的成员变量 MAX_PRIORITY、MIN_PRIORITY、NORMAL_PRIORITY。线程优先级的取值范围为 1(Thread.MIN_PRIORITY)~10 (Thread.MAX_PRIORITY)。默认情况下，线程的优先级为 NORM_PRIORITY(5)。

优先级的绝对数值没有意义，它只用于决定何时从一个运行的线程切换到下一个线程。线程切换的一般规则如下：

- 线程自愿放弃控制。线程显式地放弃控制权、休眠或在 I/O 之前阻塞，都会出现这种情况。在这种情况下，检查所有其他线程，线程中优先级最高的将获得 CPU 资源。
- 线程被优先级更高的线程取代。对于这种情况，没有放弃控制权的低优先级线程不管正在做什么，都会被高优先级线程简单地取代。基本上，只要高优先级线程希望运行，它就会取代低优先级线程，这称为抢占式多任务处理(preemptive multitasking)。

如果具有相同优先级的两个线程竞争 CPU 资源，这种情况有些复杂。对于 Windows 这类操作系统，优先级相等的线程以循环方式自动获得 CPU 资源。对于其他类型的操作系统，优先级相等的线程必须自愿地向其他线程放弃控制权，否则其他线程就不能运行。

3. 消息传递

将程序分隔到独立的线程之后，需要定义它们之间相互通信的方式。Java 为两个或更多个线程之间的相互通信提供了一种简洁的低成本方式。Java 的消息传递系统允许某个线程进入对象的同步方法，然后进行等待，直到其他线程显式地通知这个线程退出为止。

4. Thread 类和 Runnable 接口

在 Java 中，当程序运行时，就自动产生一个线程，主函数 main( )就是在这个线程上运行的。当程序不再产生新的线程时，程序就是单线程的；而一个程序中有多个线程的，就是多线程程序。在 Java 中创建多线程的方法有两种：继承 Thread 类和实现 Runnable 接口。

Thread 类实现了 Runnable 接口，并封装了线程的执行。所以，使用实现接口 Runnable 的方法与创建 Thread 类的子类的方法没有本质差别。但由于 Java 不支持多继承，任何类只能继承一个类，所以当已经继承了某个类时，就无法再继承 Thread 类，这种情况下只能通过实现 Runnable 接口的方法来实现程序的多线程。

Thread 类定义了一些用于帮助管理线程的方法，常用的一些方法如表 8-1 所示。

表 8-1　Thread 类的常用方法

方　法	功　能
static int activeCount( )	该方法返回在当前线程的线程组中活动线程的数量
static Thread currentThread( )	该方法取得当前活动线程对象的引用
static void yield( )	暂停当前正在执行的线程对象，并执行其他线程
static void sleep(long millis)	令线程休眠由 millis 指定的时间
String getName( )	获取线程的名称
int getPriority( )	获取线程的优先级
void interrupt( )	中断当前线程的运行
ThreadGroup getThreadGruop( )	获取当前线程所属的线程组
boolean isAlive( )	确定线程是否正在运行
void run( )	线程的入口点
void start( )	启动线程的运行
void join( )	等待线程终止

8.1.3　主线程

当 Java 程序启动时，会立即开始运行一个线程，因为它是程序开始时执行的线程，所以这个线程通常称为程序的主线程。主线程很重要，因为其他子线程都是从主线程产生的；而且主线程必须是最后才结束执行的线程。

尽管主线程是在程序启动时自动创建的，但是可以通过 Thread 对象对其进行控制。为此，必须调用 Thread 的静态方法 currentThread( )来获取对主线程的一个引用。一旦得到对主线程的引用，就可以像控制其他线程那样控制主线程了。

【案例 8-1】使用 Thread 控制主线程。

新建一个Java工程ch08，在该工程中新建一个Java类MainThreadDemo，输入如下代码：

```
public class MainThreadDemo {
    public static void main(String[] args) {
        Thread t = Thread.currentThread();
        System.out.println("当前线程：" + t);
        t.setName("我的主线程");
        System.out.println("setName 后，当前线程：" + t);
        try {
            for(int n = 5; n > 0; n--) {
                System.out.println(n);
                Thread.sleep(1000);    //睡眠 1000 毫秒
            }
        } catch(InterruptedException e) {
            System.out.println("主线程中断异常");
        }
    }
}
```

在本例中，通过调用 currentThread( )方法来获取对当前线程的引用，并将这个引用存储在局部变量 t 中。然后通过 t 可以控制该线程，程序调用 setName( )方法来更改线程的名称。随后，在循环中调用 sleep( )方法让线程睡眠 1 秒钟。因为 sleep( )方法可能会抛出 InterruptedException 异常，所以使用了 try/catch 代码块。程序的运行结果如下：

```
当前线程：Thread[main,5,main]
setName 后，当前线程：Thread[我的主线程,5,main]
5
4
3
2
1
```

当将 t 用作 println( )方法的参数时，输出的信息为线程的名称、优先级以及线程所属线程组的名称。默认情况下，主线程的名称是 main，优先级是 5，所属线程组的名称是 main。

8.2　创建线程

如前所述，Java 提供了两种创建线程的方法：实现 Runnable 接口和扩展 Thread 类。Thread 类定义了派生类可以重写的几个方法。在这些方法中，只有一个方法必须重写，即 run( )方法。这也是实现 Runnable 接口时需要实现的方法。因为 Thread 类本身实现了 Runnable 接口，所以这两种创建线程的方法在本质上是一样的。通常，如果不重写 Thread 类的其他方法，创建子线程最简单的方式就是实现 Runnable 接口。此外，因为 Java 只有单继承，当一个类已经继承了其他类时，则不能通过继承 Thread 类来创建线程，此时只能通过实现 Runnable 接口的方式进行。

8.2.1　实现 Runnable 接口

创建线程最简单的方式就是实现 Runnable 接口。Runnable 接口抽象了一个可执行代码单元，该接口只有一个 run( )方法，它是线程的入口点。可以依托任何实现了 Runnable 接口的对象来创建线程。

在 run( )方法内部，定义线程需要执行的代码。run( )方法可以调用其他方法，使用其他类，也可以声明变量，就像 main 线程那样。唯一的区别是：run( )方法是线程的执行入口点。run( )方法执行完了，这个线程也就结束了。

在创建实现了 Runnable 接口的类之后，可以使用 Thread 类的如下构造函数来实例化一个 Thread 对象，这个 Thread 对象就是一个新的线程。

```
Thread(Runnable threadOb, String threadName)
```

threadOb 是实现了 Runnable 接口的类的实例，threadName 为新线程的名称。

在创建了新线程之后，只有调用线程的 start( )方法，线程才会运行，该方法是在 Thread 类中声明的。本质上，start( )方法执行对 run( )方法的调用。

【案例 8-2】 通过实现 Runnable 接口创建线程类。

在 ch08 工程中新建一个 Java 类 MyRunnableDemo，该类实现了 Runnable 接口，重写

run( )方法，在 run( )方法中每隔一秒输出一次当前日期与时间，完整的代码如下：

```
    import java.util.Calendar;
    import java.util.GregorianCalendar;
    public class MyRunnableDemo implements Runnable {
        private void ShowDateTime() {
            Calendar gc = new GregorianCalendar();
            // 从当前时间中提取日期和时间并格式化
            String strDate = String.format("今天是 %1$d 年%2$02d 月%3$02d 日      ",
gc.get(Calendar.YEAR), gc.get(Calendar.MONTH) + 1, gc.get(Calendar.DAY_OF_MONTH));
            String strTime = String.format("当前时间：%1$02d:%2$02d:%3$02d",
gc.get(Calendar.HOUR_OF_DAY), gc.get(Calendar.MINUTE), gc.get(Calendar.SECOND));
            // 显示当前日期和时间
            System.out.print(strDate);
            System.out.println(strTime);
        }
        @Override
        public void run() {
            try {
                for(int i = 5; i > 0; i--) {
                    System.out.println("子线程    " + i);
                    ShowDateTime();
                    Thread.sleep(1000);
                }
            } catch(InterruptedException e) {
                System.out.println("子线程异常。");
            }
            System.out.println("退出 MyRunnableDemo 线程。");
        }
        public static void main(String[] args) {
            MyRunnableDemo obj = new MyRunnableDemo();
            Thread t = new Thread(obj, "子线程");
            t.start();
            try {
                int i=0;
                while(true) {
                    System.out.println("主线程     " + i++);
                    Thread.sleep(1500);
                    if(!t.isAlive())
                        break;
                }
            } catch(InterruptedException e) {
                System.out.println("主线程异常。");
            }
            System.out.println("主线程结束,程序退出。");
        }
    }
```

本例中的 MyRunnableDemo 类实现了 Runnable 接口，然后通过该类的对象创建了一个新的线程，随后调用 start( )方法启动线程，即从 run( )方法开始子线程的执行。之后继续执行 main( )方法中的 try 语句部分，进入主线程的 while 循环。两个线程继续运行，在单核系统中它们会共享 CPU。程序的输出结果如下：

```
主线程　0
子线程　5
今天是 2017 年 07 月 13 日　　当前时间：21:59:12
子线程　4
今天是 2017 年 07 月 13 日　　当前时间：21:59:13
主线程　1
子线程　3
今天是 2017 年 07 月 13 日　　当前时间：21:59:14
主线程　2
子线程　2
今天是 2017 年 07 月 13 日　　当前时间：21:59:15
子线程　1
今天是 2017 年 07 月 13 日　　当前时间：21:59:16
主线程　3
退出 MyRunnableDemo 线程。
主线程结束，程序退出。
```

当前日期和时间的获取与格式化用到了 Calendar 和 GregorianCalendar 类，它们都是 java.util 包中的工具类。Calendar 是抽象类，用来将毫秒数形式的时间转换成大量有用的时间组成部分，如年、月、日、小时、分和秒等；GregorianCalendar 类是 Calendar 的具体实现。

如前所述，在多线程程序中，主线程通常必须在最后结束运行。上面的程序为了确保主线程在最后结束，通过调用线程的 isAlive( )方法来判断线程是否还在运行。如果还在运行，isAlive( )方法返回 true，否则返回 false。

8.2.2　扩展 Thread 类

创建线程的第二种方式是创建一个扩展了 Thread 的新类，然后创建该类的实例。扩展类必须重写 run( )方法，run( )方法是新线程的入口点。扩展类还必须调用 start( )方法来开始新线程的执行。

【案例 8-3】通过扩展 Thread 类创建线程类。

在 ch08 工程中新建一个 Java 类 SubThreadDemo，该类继承了 Thread，并重写了 run( )方法，完整的代码如下：

```
public class SubThreadDemo extends Thread {
    private String name;
    public SubThreadDemo(String name) {
        super(name);
        this.name = name;
    }
    @Override
    public void run() {
        try {
            for(int i = 5; i > 0; i--) {
                System.out.println(name + ":....." +i);
                Thread.sleep(1300);
            }
```

```
            } catch(InterruptedException e) {
                System.out.println("子线程异常。");
            }
            System.out.println(name + "线程退出。");
        }
        public static void main(String[] args) {
            SubThreadDemo obj1 = new SubThreadDemo("线程 1");
            SubThreadDemo obj2 = new SubThreadDemo("线程 2");
            SubThreadDemo obj3 = new SubThreadDemo("线程 3");
            obj1.setPriority(MIN_PRIORITY);
            obj3.setPriority(MAX_PRIORITY);
            obj1.start();
            obj2.start();
            obj3.start();
            try {
                System.out.println("主线程 等待子线程结束");
                obj1.join();
                obj2.join();
                obj3.join();
            } catch(InterruptedException e) {
                System.out.println("主线程异常。");
            }
            System.out.println("主线程结束，程序退出。");
        }
    }
```

本例中的 SubThreadDemo 类继承了 Thread 类，并重写了 run( )方法。在 main( )方法中，使用该类创建了 3 个线程，并为线程 1 指定最小优先级，为线程 3 指定最大优先级。与案例 8-2 不同的是，主线程中不是通过 isAlive( )方法来判断子线程是否结束，而是使用 join( )方法等待子线程结束。该方法会一直等待，直到调用线程终止。程序的运行结果如下：

```
主线程 等待子线程结束
线程 2:.....5
线程 1:.....5
线程 3:.....5
线程 3:.....4
线程 1:.....4
线程 2:.....4
线程 3:.....3
线程 1:.....3
线程 2:.....3
线程 3:.....2
线程 1:.....2
线程 2:.....2
线程 3:.....1
线程 2:.....1
线程 1:.....1
线程 3 线程退出。
线程 2 线程退出。
线程 1 线程退出。
主线程结束，程序退出。
```

线程的优先级只有在多个线程等待CPU调度时才有用，理论上，优先级更高的线程比优先级更低的线程会获得更多的CPU时间。实际上，线程得到的CPU时间除了依赖于优先级外，通常还依赖于其他几个因素(例如，操作系统实现多任务的方式可能会影响CPU时间的相对可用性)。具有更高优先级的线程还可能取代更低优先级的线程。例如，当一个低优先级的线程正在运行且需要恢复一个更高优先级的线程(例如，从休眠或等待I/O中恢复)时，高优先级的线程将取代低优先级的线程。本例线程数较少，而且线程运行时间都较短，可能每次运行得到的结果会不尽相同，高优先级的“线程 3”可能并不一定每次都最先结束。

8.3　同步与线程间通信

在处理多线程问题时，必须考虑这样一个问题：两个或多个线程同时访问同一个数据，并且一个线程需要修改这个数据。例如：在铁路售票系统中，全国有很多个网点同时售票，当只剩 1 张票时，可能有很多售票点都要出售这张票，如何保证这张票只被出售一次呢？

【案例 8-4】使用多线程的知识模拟铁路售票系统。

在 ch08 工程中新建一个 Java 类 SaleTicket，在该类中定义一个表示铁路售票系统的线程类 TicketThread，该类实现了 Runnable 接口，完整的代码如下：

```
class TicketThread implements Runnable {
    private static int tickets = 5;
    public boolean saleTicket() {
        if (tickets > 0) {
            try {
                Thread.sleep(100);
            } catch(Exception e) {
                System.err.println(e.getMessage());
            }
    System.out.println(Thread.currentThread().getName() + "正在售票，售出后余票为  " + --tickets);
            return true;
        } else
            return false;
    }
    @Override
    public void run() {
        while(true) {
            try {
                Thread.sleep(1000);
                if (!saleTicket()) {
                    break;
                }
            } catch(InterruptedException e) {
                e.printStackTrace();
            }
        }
    }
}
public class SaleThread {
```

```
    public static void main(String[] args) {
        TicketThread t = new TicketThread();
        for(int i = 0; i < 4; i++) {
            new Thread(t, "售票机-" + i).start();
        }
    }
}
```

本例中，使用一个 TichetThread 对象创建了 4 个线程，每个线程调用的都是同一个 TichetThread 对象的 run( )方法，这是因为所有售票线程都需要访问共享数据“剩余车票数”，本例中通过一个静态变量 tickets 来表示剩余车票数。编译并运行程序，输出结果如下：

```
售票机-3 正在售票，售出后余票为 4
售票机-1 正在售票，售出后余票为 3
售票机-0 正在售票，售出后余票为 2
售票机-2 正在售票，售出后余票为 1
售票机-1 正在售票，售出后余票为 0
售票机-3 正在售票，售出后余票为 -1
售票机-2 正在售票，售出后余票为 -2
售票机-0 正在售票，售出后余票为 -3
```

从输出结果可以看出，最后只剩 1 张票的时候，还有多个线程在售票，所以尽管在程序中有关于 tickets>0 的判断，但还是出现了余票为负数的情况。

为解决此问题，我们需要了解有关线程同步的知识。在 Java 中，同步是通过 synchronized 关键字来定义的。实现同步的方法有同步代码块和同步方法两种。

8.3.1　同步

当两个或多个线程需要访问共享的资源时，它们需要以某种方式确保每次只有一个线程使用资源。实现这一目的的过程称为同步。

1. 使用同步方法

通常，完成一项功能是通过方法来完成的。因此，在多线程应用中通常将线程中的执行方法设置为同步。在 Java 中，如果某方法使用 synchronized 关键字修饰，则系统为该方法设置一个内部标记。这个标记可以看成方法执行的信号灯。系统需要调用该方法时，首先检查该信号灯的状态，如果确认该方法不是正在被调用，那么首先将信号灯置位，然后调用该方法。当方法执行结束后，将该信号灯复位，以提供给其他线程继续调用该方法。

将前面模拟铁路售票的例子改为以同步方法的方式实现，需要将售票方法 sale( )使用 synchronized 关键字修饰，修改后的 sale( )方法如下：

```
public synchronized  boolean saleTicket() {
    if (tickets > 0) {
        try {
            Thread.sleep(100);
        } catch(Exception e) {
            System.err.println(e.getMessage());
        }
System.out.println(Thread.currentThread().getName() + " 正在售票,售出后余票为  " + --tickets);
```

```
            return true;
        } else
            return false;
    }
```

在多线程情况下，如果有一个或一组方法用来操作对象的内部状态，那么每次都应当使用 synchronized 关键字，以保证状态不会进入竞态条件。请记住，一旦线程进入一个实例的同步方法，所有其他线程就都不能再进入相同实例的任何同步方法。但是，仍然可以继续调用同一实例的非同步部分。

修改后的程序将不会出现余票为负数的情况。

说明：

synchronized 还可以用来修饰静态方法，静态方法属于类方法，因为属于类，所以获取的锁也属于类；而非静态方法获取的锁属于当前对象。所以，它们之间不会产生互斥。

2. 同步代码块

虽然在类中创建同步方法是一种比较容易并且行之有效的实现同步的方式，但并不是在所有情况下都可以使用这种方式。例如，某个类没有针对多线程访问进行设计，即类没有使用同步方法，而又希望同步对类的访问，该类又是由第三方创建的，我们没有它的源代码。因此，不能为类中的方法添加 synchronized 修饰符。对于这种情况，Java 提供了同步代码块的方式来同步访问这种类的对象。可以简单地将对这种类定义的方法的调用放到同步代码块中，一般形式如下：

```
synchronized(objRef){
    //被同步的语句
}
```

其中，objRef 是对被同步对象的引用。同步代码块确保对 objRef 对象的成员方法的调用，只会在当前线程成功进入 objRef 的监视器之后发生。

下面是模拟铁路售票系统的另一版本，该版本中售票方法被封装到一个普通类中，如下所示：

```
class Ticket {
    private static int tickets = 5;
    public boolean sale() {
        if (tickets > 0) {
            try {
                Thread.sleep(1000);
            } catch(Exception e) {
                System.err.println(e.getMessage());
            }
    System.out.println(Thread.currentThread().getName() + "正在售票，售出后余票为  " + --tickets);
            return true;
        } else
            return false;
    }
}
```

编写一个新的售票机线程类，在该类中使用同步代码块，让多个线程同步访问 Ticket 对象，代码如下：

```
public class SaleTicket2 implements Runnable {
    Ticket t = new Ticket();
    @Override
    public void run() {
        while(true) {
            synchronized (t) {
                try {
                    Thread.sleep(1000);
                    if (!t.sale()) {
                        break;
                    }
                } catch(InterruptedException e) {
                    // TODO Auto-generated catch block
                    e.printStackTrace();
                }
            }
        }
        t.sale();
    }
    public static void main(String[] args) {
        SaleTicket2 obj = new SaleTicket2();
        for(int i = 0; i < 4; i++) {
            new Thread(obj, "售票机-" + i).start();
        }
    }
}
```

这个版本的程序也能解决余票为负数的问题。

8.3.2　线程间通信

Java 是通过 Object 类的 wait( )、notify( )、notifyAll( )这几个方法来实现线程间通信的，由于所有的类都是从 Object 继承的，因此在任何类中都可以直接使用这些方法。下面是对这三个方法的简要说明：

- wait( )：告诉当前线程放弃监视器并进入睡眠状态，直到其他线程进入同一监视器并调用 notify( )方法为止。
- notify( )：唤醒同一对象监视器中调用 wait( )的第一个线程。用于类似饭馆有一个空位后，通知所有等候就餐的顾客中第一位顾客可以入座的情况。
- notifyAll( )：唤醒同一对象监视器中调用 wait( )的所有线程，具有最高优先级的线程首先被唤醒并执行。用于类似某个不定期的培训班终于招生满额后，通知所有学员都来上课的情况。

这 3 个方法只能在同步方法中调用，即无论线程调用一个对象的 wait( )还是 notify( )方法，该线程都必须先得到该对象的锁。这样，notify( )只能唤醒同一对象监视器中调用 wait( )的线程。使用多个对象监视器，我们就可以分组有多个 wait( )、notify( )的情况，同组里的 wait( )只能被同组的 notify( )唤醒。

如果一个线程使用的同步方法中用到某个变量，而此变量又需要其他线程修改后才能符合本线程的需要，那么可以在同步方法中使用 wait( )方法，使本线程进入等待状态，并运行其他线程使用这个同步方法。其他线程在使用完这个同步方法的同时，用 notifyAll( )或 notify( )方法通知所有由于使用这个同步方法而处于等待状态的线程，让它们结束等待，再次使用这个同步方法。

【案例 8-5】使用 wait( )和 notify( )方法实现线程间通信。

在 ch08 工程中新建一个 Java 类 WaitNotifyDemo，在该类中定义一个表示产品的类 Product，该类有两个同步方法 produce( )和 consume( )，分别用于生产产品和消费产品。然后定义两个线程类 Producer 和 Customer，分别用来生产和消费。完整的代码如下：

```
class Product {
    private int counter = 1;
    private String name = "产品";
    private boolean bFlag = false;
    public synchronized void produce(String name, int counter) {
        try {
            if (bFlag)              // bFlag 为 true 不能生产，需要等待消费完
                wait();
        } catch(Exception e) {
        }
        this.name = name;
        this.counter = counter;
        System.out.println("生产 Product " + name + counter);
        bFlag = true;
        notify();                   // 唤醒消费
    }
    public synchronized void consume() {
        try {
            if (!bFlag)             // bFlag 为 false 不能消费，需等待生产
                wait();
        } catch(Exception e) {
        }
        System.out.println("消费 Product " + name + counter);
        bFlag = false;
        notify();                   // 唤醒生产
    }
}
class Producer implements Runnable {
    Product product;
    public Producer(Product obj) {
        product = obj;
    }
    public void run() {
        int i = 1;
        while(i <= 5) {             // 此处为了使程序不无限循环，限制只生产 5 个产品
            product.produce("机器人", i++);
        }
    }
}
```

```
class Customer implements Runnable {
    Product product;
    public Customer(Product obj) {
        product = obj;
    }
    public void run() {
        int i = 1;
        while(i <= 5) {              // 此处对应前面生产产品的数量
            i++;
            product.consume();
        }
    }
}
public class WaitNotifyDemo {
    public static void main(String[] args) {
        Product p = new Product();
        new Thread(new Producer(p)).start();
        new Thread(new Customer(p)).start();
    }
}
```

尽管类 Product 中的方法 produce( )和 consume( )是同步的，但是如果没有 wait( )和 notify( )方法，就会一直生产或消费。而使用 wait( )和 notify( )方法后，每生产完一个产品就通知消费线程可以进行消费，同时挂起生产线程；这时，消费线程可以进行消费，消费完以后，通知生产线程可以生产新产品了，同时挂起消费线程。程序的输出结果如下：

```
生产 Product  机器人 1
消费 Product  机器人 1
生产 Product  机器人 2
消费 Product  机器人 2
生产 Product  机器人 3
消费 Product  机器人 3
生产 Product  机器人 4
消费 Product  机器人 4
生产 Product  机器人 5
消费 Product  机器人 5
```

读者可自行修改程序，注释掉 wait( )和 notify( )方法，看看输出会有什么变化。

8.4　获取线程状态

线程可以处于许多不同的状态。线程的大部分生命周期都在操作系统和 JVM 的控制中；然而，其中的一些状态转换也可以由程序员控制，例如前面使用 wait( )方法可以挂起线程。

可以调用 Thread 类的 getState( )方法来获取线程的当前状态，该方法返回 Thread.State 枚举值，State 是 Thread 类中定义的枚举类型，共有 6 个枚举值，如表 8-2 所示。

表 8-2　Thread.State 枚举值的含义

值	状态
BLOCKED	线程因为正在等待需要的锁而挂起执行
NEW	线程还没有开始运行
RUNNABLE	线程要么当前正在执行，要么在获得 CPU 的访问权之后执行
TERMINATED	线程已经完成执行
TIMED_ WAITING	线程挂起执行一段指定的时间，例如当调用sleep( )方法时就会处于这种状态。当调用wait( )或join( )方法的暂停版时，也会进入这种状态
WAITING	线程因为等待某些动作而挂起执行。例如，因为调用非暂停版的wait( )或join( )方法而等待时，会处于这种状态

图 8-1 所示为各种状态之间的联系图。当一个线程被创建后，其状态为 NEW，调用 start( )方法可以启动线程，此时线程进入 RUNNABLE 状态，等待分配 CPU 或已经获得 CPU 正在运行；当执行 wait( )方法时，线程会进入 WAITING 状态，等待 notify( )或 notifyAll( )方法唤醒线程；当线程等待某个被锁的共享资源时，线程进入 BLOCKED 状态，直到获得锁，再次回到 RUNNABLE 状态等待调度；如果 run( )方法执行完毕，线程将进入 TERMINATED 状态。

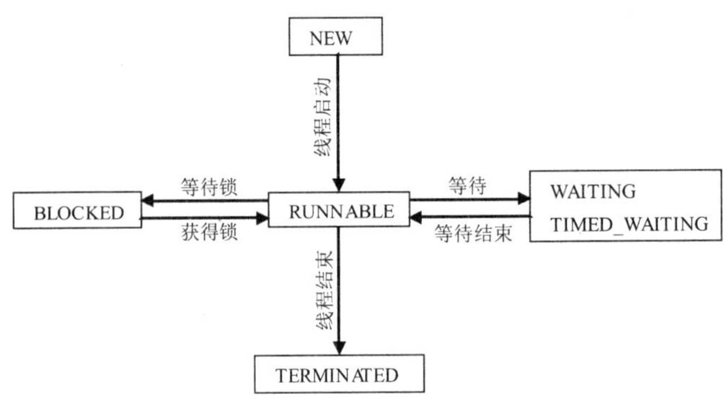

图 8-1　线程各状态之间的联系

8.5　本章小结

多线程是 Java 语言的一个重要概念，Java 的许多功能都是使用多线程技术来完成的。本章从进程和线程的区别讲起，详细介绍了 Java 的线程模型；然后介绍了两种创建线程的方法：实现 Runnable 接口和扩展 Thread 类；接着重点介绍了线程的同步与线程间通信，这是开发多线程应用程序必须掌握的关键技术；最后简要介绍了线程的状态。读者应用心体会线程的各种状态之间的联系，深刻理解多线程的同步和通信机制，掌握 Java 多线程的编程技巧，学会用多线程技术解决实际问题。

8.6　思考和练习

1. 下列说法中错误的一项是(　　)。

A. 线程就是程序　　B. 线程是程序的单个执行流

C. 多线程是指程序的多个执行流　　D. 多线程用于实现并发

2. Java 中实现多线程的方法有哪两种？两者有何区别？

3. Thread 类中表示最高优先级的常量是____________，表示最低优先级的常量是___________。

4. 实现同步操作的方法是在共享内存变量的方法前加___________修饰符。

5. wait( )、notify( )和 notifyAll( )这 3 个方法有什么用？

第9章　传统GUI编程

图形用户界面(Graphical User Interface，GUI)是程序的一种图示界面。优秀的GUI通过给程序提供一致的外观和直观的控件(例如按钮、滑动块、下拉列表和菜单等)，使得程序使用起来非常容易。在Java中，传统的GUI框架有两种：AWT和Swing。Swing GUI是在较老的AWT GUI类的基础上构建的。它相对于AWT GUI来说，速度更快、效率更高，且应用灵活。Java的最新GUI框架是JavaFX，预计在将来的某个时候，JavaFX会取代Swing，成为Java中最受欢迎的GUI。但是，即便到了那个时候，在一定时间内仍然需要维护许多依赖于Swing的遗留代码。因此，有必要了解和学习传统的GUI框架。本章将介绍传统GUI程序的组成和工作原理、事件处理模型、AWT的基本组件、布局管理器以及Swing中常用的组件类，下一章将介绍Java FX GUI编程。

本章学习目标：

- 了解Java中的GUI框架
- 掌握Java的事件处理模型
- 了解AWT的事件类和监听接口
- 理解适配器的功能与作用
- 掌握常用的布局管理器
- 了解常用的AWT组件的基本用法
- 掌握Swing中的常用组件

9.1　GUI

GUI指的是应用程序为了使自身更易于人机交互而向用户提供的一种图形化的操作界面。例如，Windows操作系统就是一种图形化的操作系统，用户不必通过输入一些难以记忆的命令来操作系统，只需单击其中相应的图标或菜单即可完成所需执行的任务。

9.1.1　GUI概述

GUI向用户提供了易于交互的工作界面，包含了按钮、下拉列表、菜单、文本字段等图形元素，对于用户来说，这些都易于识别和操作，因此用户能够将注意力集中于应用程序的功能，而不用在执行操作的技巧上花费精力。但是，对于程序员来说，开发基于GUI的程序却较困难，因为基于GUI的程序必须随时准备处理在所有GUI元素上发生的行为，即事件。用于处理事件的程序称为事件处理程序。

用Java语言开发GUI程序，需要用到组件、容器、布局管理器和事件处理程序4种基本元素。

1. 组件

组件是构成 GUI 的基本元素，如按钮、标签、文本框、滚动条、复选框等，它是 GUI 的最小单位之一，里面不再包含其他成分。通过使用组件可以完成与用户的交互，包括接收用户的命令，接收用户输入的文本或选择输入，向用户显示一段文本或一个图形等。从某种程度上讲，组件是图形用户界面标准化的结果，常用的组件有按钮、单选按钮、复选框、下拉列表、文本框、文本区域、标签和菜单等。

使用组件的主要步骤如下：

(1) 创建某组件类的对象，指定其大小等属性。

(2) 使用某种布局策略，将该组件对象放到某个容器中的指定位置。

(3) 将组件对象注册给它所能产生的事件对应的事件监听器，重载事件处理方法，实现利用组件对象与用户交互的功能。

2. 容器

容器是一种用于包含组件的对象，组件必须放到容器对象中。从 Java 的类层次来讲，容器也是一种组件，是一种可以包含其他组件的特殊组件。容器可以容纳其他组件和容器。常用的容器包括框架、窗口、面板等。

GUI 的所有组件必须被安排在一个容器中。容器是一个类，其最终父类为 Container 类。本章后面要介绍的 JPanel 和 JFrame 就是容器类。JPanel 是一种非常简单的容器，组件可以附着在它的上面。它将组件从左到右、从上到下进行布局；JFrame 是一种较复杂的容器，它有边框和标题栏等属性。

3. 布局管理器

当一些组件被添加到一个容器中时，布局管理器将控制组件在容器中的位置。Java 提供了多种布局管理器，每一种布局管理器以不同的模式布局组件。当创建一个布局管理器时，它将自动与每一个容器相关联，程序员可以自由地改变容器的布局管理器类型。

4. 事件处理程序

如果用户在按钮上单击了一下鼠标，或在键盘上输入了信息，则程序必须以某种方式完成相应的动作。一次鼠标单击或一次键盘按键将创建一个事件对象。事件的处理是通过创建侦听器类来实现的，侦听器类监听某种特定类型的事件，当这种事件发生时，执行一个特定方法(称为事件处理程序)来处理该事件。

9.1.2　Java 中的 GUI 框架

Java 自问世以来，一直在不断地演化和改进，这种演化过程中最重要的表现之一就是 GUI 框架。Java 最初的 GUI 框架是 AWT(Abstract Window Toolkit，抽象窗口工具包)，它是在 Java SDK 1.0 中引入的。由于 AWT 存在一些局限，后来又开发了功能强大的 GUI 框架——Swing。从 Java 2 开始，Swing 已成为标准 Java SDK 的一部分。Swing GUI 是在 AWT

GUI 类的基础上构建的。

Swing 比 AWT 速度更快，更具有灵活性。它取得了巨大的成功，以至于在超过 10 年的时间内，一直是 Java 中主要采用的 GUI 框架(在节奏飞快的编程世界中，10 年是非常长的一段时间)。但是，Swing 被设计出来时，企业级应用程序在软件开发中仍占据着统治地位。如今，消费类应用程序，尤其是移动应用，变得越来越重要，而这类应用程序往往要求 GUI 能有让人眼前一亮的地方。此外，无论开发什么样的应用程序，具有令人兴奋的视觉效果都是一种趋势。为了更好地处理这类 GUI，需要有一种新方法，于是出现了新的 GUI 框架：JavaFX。

JavaFX 是 Java 的下一代客户端平台和 GUI 框架。预计在将来的某个时候，JavaFX 会取代 Swing，成为 Java 中最受欢迎的 GUI。JavaFX 提供了一个强大、流线化且灵活的框架，简化了现代的、视觉效果出色的 GUI 的创建。因此，JavaFX 是一个庞大的系统。

9.2　事件处理

事件处理是 Java GUI 编程不可缺少的组成部分。因此，在开始学习 GUI 编程之前，先了解一下 Java 的事件处理机制。

在学习匿名内部类时曾接触过事件。程序响应的大部分事件是用户在与基于 GUI 的程序进行交互时产生的，它们通过各种方式传递到程序，包括由鼠标、键盘以及各种 GUI 控件(如命令按钮、滚动条或复选框)产生的事件等。

9.2.1　事件处理模型

在 Java 中，除了键盘和鼠标操作，系统状态的改变、标准图形界面元素等都可以引发事件。事件处理有 3 个组成部分：事件源、事件和事件监听器。

Java 在事件处理机制中引入了委托事件模型，该模型定义了产生和处理事件的标准机制，并且也是统一的机制。

委托事件处理模型的思想是：每个事件源可以产生若干种不同类型的事件；为每个事件源指定一个或多个事件监听者，可以对某种事件进行监听；当事件源上发生监听器可以处理的事件时，事件源就把这个事件作为实际参数传递给监听器中负责处理这类事件的方法(委托)；监听器一旦接收到事件，就处理事件，然后返回。

这种设计的优点是：监听器并不一定是包容事件源的容器对象，这就使得程序中的事件处理代码与 GUI 界面构成代码得以分离，有利于优化程序结构。

1. 事件

在委托事件模型中，事件是描述事件源中状态变化的对象。与图形用户界面中元素之间的交互可以产生事件。能够产生事件的活动有：按下按钮，通过键盘输入字符，在列表中选择一个条目以及单击鼠标等。许多其他用户操作也能够产生事件。

事件也可能不是直接由与用户界面的交互产生的。例如，当计时器到达指定的时间、计数器超过某个值、发生软件或硬件失败以及操作完成时，也都可以产生事件。

2. 事件源

事件源是生成事件的对象。当对象的内部状态以某种方式发生变化时，就会产生事件。通常，一个事件源可以产生多种类型的事件。

图形用户界面中的每个可能产生事件的组件都可以称为事件源，如按钮、文本框、下拉列表框、复选框、菜单等。不同事件源上发生的事件的种类不同。例如，Button 对象和 MenuItem 对象等作为事件源可能引发 ActionEvent 类代表的事件 ACTION_PERFORMED；CheckBox 对象作为事件源可能引发 ItemEvent 类代表的事件 ITEM_STATE_CHANGES。

为了使监听器能够接收与特定类型事件相关的通知，事件源必须注册监听器。每种类型的事件都有自己的注册方法，下面是一般形式：

```
public void addTypeListener (TypeListener el )
```

其中，Type 是事件的名称，el 是指向事件监听器的引用。例如，注册键盘事件监听器的方法是 addKeyListener( )，注册鼠标移动监听器的方法是 addMouseMotionListener( )。当发生事件时，会通知注册的所有监听器，监听器会接收到事件对象的副本，这就是所谓的多播事件。对于各种情况，通知只发送到已注册接收它们的监听器。

有些事件源可能只允许注册一个监听器。如果为这样的事件源注册多个监听器，则会抛出 TooManyListenersException 异常。当这种事件发生时，会通知已注册的监听器，这就是所谓的单播事件。

事件源还必须提供允许监听器注销特定类型事件的方法，一般形式如下：

```
public void removeTypeListener(TypeListener el )
```

其中，Type 是事件的名称，el 是指向事件监听器的引用。例如，要删除键盘监听器，可以调用 removeKeyListener( )方法。

添加或删除监听器的方法是由产生事件的源提供的。例如，Component 类提供了添加和删除键盘以及鼠标事件监听器的方法。

在委托事件模型中，程序员的主要工作就是注册监听器和实现事件处理方法。

3. 事件监听器

监听器是当事件发生时通知的对象。它有两个基本要求。首先，为了接收关于特定类型事件的信息，监听器必须已经被一个或多个源注册；其次，监听器必须实现接收和处理这些通知的方法。

接收和处理事件的方法是在 java.awt.event 包的一套接口中定义的。例如，MouseMotionListener 接口定义了鼠标运动的两个方法：mouseDragged(拖动鼠标)和 mouseMoved(移动鼠标)。只要提供这个接口的实现，所有对象就都可以接收和处理这些事件中的一个或两个。

9.2.2 事件类

表示事件的类处于 Java 事件处理机制的核心。因此，对事件处理的讨论必须从事件类开始。Java 定义了几种类型的事件，这些事件类主要集中在 java.awt.event 和 javax.swing.event 包中。java.awt.event 包中的事件类型依然可以在 swing 组件中使用，新增的 swing 组件也增加了一些附加事件，这些事件类定义在 javax.swing.event 包中。

位于 Java 事件类层次最顶部的是 java.util.EventObject 类，该类是所有事件的超类。EventObject 类包含两个方法：getSource( )和 toString( )。getSource( )方法返回事件的源；toString( )方法返回与事件等价的字符串。

基于 AWT 的所有事件类都是 java.awt.AWTEvent 类的子类，而 AWTEvent 类又是 EventObject 类的一个子类。可以使用 AWTEvent 类的 getID( )方法来确定事件的类型。

java.awt.event 包中定义了许多类型的事件，通过各种类型的用户界面元素可以生成这些事件。表 9-1 简要描述了生成它们的时机。

表 9-1　java.awt.event 中的常用事件类

事件类	描述
ActionEvent	当按下按钮、双击某个列表项或选中某个菜单项时产生的事件
AdjustmentEvent	当操作滚动条时产生的事件
ComponentEvent	当组件被隐藏、移动、改变大小或变得可见时产生的事件
ContainerEvent	当组件被添加到容器中或从容器中删除时产生的事件
FocusEvent	当组件获得或失去键盘焦点时产生的事件
InputEvent	所有组件输入事件的抽象超类
ItemEvent	当复选框或列表项被单击时产生的事件；当选中某个选项或取消选中某个可复选的选项时也会产生这种事件
KeyEvent	当从键盘接收输入时产生的事件
MouseEvent	当拖动、移动、单击、按下或释放鼠标时产生的事件；当鼠标进入或退出组件时也会产生这种事件
MouseWheelEvent	当移动鼠标滚轮时产生的事件
TextEvent	当文本域或文本框的值发生变化时产生的事件
WindowEvent	当激活、关闭、冻结、最大化、最小化、打开或退出窗口时产生的事件

本书将介绍其中比较常用的几个事件，至于其他事件的使用读者可参考 Java API 文档自行学习。另外，除了 Java 中已经定义的事件类外，编程人员还可以通过扩展 java.util.EventObject 或 AWT 事件类来定义自己的事件类。

1. ActionEvent 类

当按下按钮、双击某个列表项或选中某个菜单项时会产生 ActionEvent 事件。该类定义了 4 个用于标识与动作事件关联的所有修饰键的整型常量：ALT_MAST、CTRL_MASK、META_MASK 和 SHIFT_MASK。此外，还有整型常量 ACTION_PERFORMED，用于标识动作事件。

通过该类的 getActionCommand( )方法可以获取事件源对象的名称。例如，当按下某个按钮时，该方法返回按钮控件的标签。

如果发生该事件时使用了修饰键，可以通过 getModifiers( )方法来获取当发生事件时按下了哪个修饰键(Alt、Ctrl、Meta 和/或 Shift)。

2. ItemEvent 类

当单击复选框或列表框中的条目，或者选中或取消选中某个可复选的菜单项时，会产生 ItemEvent 事件。有两种类型的条目事件，它们用以下整型常量标识：

- DESELECTED：用户取消选中某个条目。
- SELECTED：用户选中某个条目。

此外，ItemEvent 类还定义了整型常量 ITEM_STATE_CHANGED，用于表示状态发生了变化。

该类常用的方法有 3 个：

- getItem( )：用于获取对产生事件的条目的引用。
- getItemSelectable( )：用于获取对生成事件的 ItemSelectable 对象的引用。
- getStateChange( )：返回事件的状态变化(即 SELECTED 或 DESELECTED)。

3. KeyEvent 类

当发生键盘输入时会产生 KeyEvent 事件。有 3 种类型的键盘事件，它们由下面这些整型常量标识：KEY_PRESSED、KEY_RELEASED 和 KEY_TYPED。当按下或释放按键时，会产生前两个事件。只有当产生一个字符时才会发生最后一个事件。需要注意的是，并不是所有按键都会产生字符。例如，按下 Shift 或 Ctrl 键时，就不会产生字符。

KeyEvent 类还定义了许多整型常量，涵盖了键盘上的所有按键，例如 VK_0～VK_9 以及 VK_A～VK_Z，它们的值分别为数字 0～9 和字母 A～Z 的 ASCII 码值。

这些 VK 常量表示虚拟键码，独立于任何修饰键(如 Ctrl 键、Shift 键或 Alt 键)。

KeyEvent 类是 InputEvent 类的子类，KeyEvent 类最常用的方法是 getKeyChar( )和 getKeyCode( )方法。其中 getKeyChar( )方法返回的是输入的字符，而 getKeyCode( )方法返回输入按键对应的虚拟键码。

如果无法得到有效的字符，getKeyChar( )方法将返回 CHAR_UNDEFINED。如果发生的事件是 KEY_TYPED，getKeyCode( )方法将返回 VK_UNDEFINED。

4. MouseEvent 类

有 8 种类型的鼠标事件，MouseEvent 类定义了用于标识鼠标事件的整型常量，如表 9-2 所示。

表 9-2　用于标识鼠标事件的整型常量

常量	描述	常量	描述
MOUSE_CLICKED	用户单击鼠标	MOUSE_DRAGGED	用户拖动鼠标
MOUSE_ENTERED	鼠标进入组件	MOUSE_EXITED	鼠标离开组件
MOUSE_MOVED	移动鼠标	MOUSE_PRESSED	按下鼠标键
MOUSE_RELEASED	释放鼠标键	MOUSE_WHEEL	滚动鼠标滚轮

MouseEvent类也是InputEvent类的子类，该类比较常用的两个方法是getX( )和getY( )。它们分别用于获取当事件发生时鼠标在组件内的X和Y坐标。如果要获取鼠标单击的次数，

可以使用 getClickCount( )方法。

5. MouseWheelEvent 类

MouseWheelEvent 类封装了鼠标滚轮事件，是 MouseEvent 类的子类。并不是所有鼠标都有滚轮。如果鼠标有滚轮，那么滚轮一般位于左键和右键之间。MouseWheelEvent 类定义了如下两个整型常量：

- WHEEL_BLOCK_SCROLL：发生向上或向下滚动页面的事件。
- WHEEL_UNIT_SCROLL：发生向上或向下滚动一行的事件。

MouseWheelEvent 类定义了用于访问滚轮事件的方法。常用的方法有如下 4 个：

- getWheelRotation( )：用于获取转动单位的数量。如果是正值，就说明滚轮是逆时针转动的；如果是负值，就说明滚轮是顺时针滚动的。
- getPreciseWheelRotation( )：这是 JDK 7 新增的支持高分辨率滚轮的方法。工作方式与 getWheelRotation( )方法类似，但返回 double 类型的值。
- getScrollType( )：用于获取滚动的类型，类型有两种——WHEEL_BLOCK_SCROLL 或 WHEEL_UNIT_SCROLL。
- getScrollAmount( )：当滚动类型是 WHEEL_UNIT_SCROLL 时，可以通过该方法获取滚动的单位数量。

6. WindowEvent 类

WindowEvent 类定义了用于标识窗口事件的整型常量，如表 9-3 所示。

表 9-3　用于标识窗口事件的整型常量

常量	描述	常量	描述
WINDOW_ACTIVATED	激活窗口	WINDOW_DEICONIFIED	恢复窗口
WINDOW_CLOSING	请求关闭窗口	WINDOW_DEACTIVATED	窗口被冻结
WINDOW_CLOSED	窗口已经关闭	WINDOW_GAINED_FOCUS	窗口获得焦点
WINDOW_ICONIFIED	最小化窗口	WINDOW_LOST_FOCUS	窗口丢失焦点
WINDOW_OPENED	打开窗口	WINDOW_STATE_CHANGED	窗口状态发生改变

WindowEvent 类是 ComponentEvent 类的子类，这个类中的常用方法是 getWindow( )，用来返回产生窗口事件的 Window 对象。

9.2.3　事件监听接口

委托事件模型中的监听器是通过实现一个或多个 java.awt.event 包中定义的接口创建的。当发生事件时，事件源调用监听器定义的合适方法，并作为参数提供事件对象。

位于监听接口最顶层的是 java.util.EventListener 接口，该接口没有定义任何方法，处理不同事件动作的方法都在具体的子类中定义。表 9-4 所示是 java.awt.event 包中定义的一些监听器接口，它们都是 EventListener 的子接口。

表 9-4　常用的事件监听器接口

接口	描述
ActionListener	定义了一个用于接收动作事件的方法
AdjustmentListener	定义了一个用于接收调整事件的方法
ComponentListener	定义了 4 个方法，分别用于识别组件何时被隐藏、移动、改变大小或显示
ContainerListener	定义了两个方法，分别用于识别组件何时被添加到容器中或从容器中移除
FocusListener	定义了两个方法，分别用于识别组件何时获得或丢失键盘焦点
ItemListener	定义了一个用于识别选项状态何时发生变化的方法
KeyListener	定义了一个用于识别何时按键被按下、释放或键入字符的方法
MouseListener	定义了 5 个方法，分别用于识别鼠标何时被单击、进入组件、退出组件、被按下或被释放
MouseMotionListener	定义了两个方法，分别用于识别鼠标何时被拖动或移动
MouseWheelListener	定义了一个用于识别鼠标滚轮何时被移动的方法
TextListener	定义了一个用于识别何时文本值发生变化的方法
WindowFocusListener	定义了两个方法，分别用于识别何时窗口获得或丢失输入焦点
WindowListener	定义了 7 个方法，分别用于识别何时激活、关闭、冻结、最大化、最小化、打开或退出窗口

1. ActionListener 接口

这个接口定义了 actionPerformed( )方法，当发生动作事件时，将调用该方法。该方法的一般形式如下所示：

```
void actionPerformed(ActionEvent ae)
```

2. ItemListener 接口

这个接口定义了 itemStateChanged( )方法，当选项的状态发生变化时，将调用该方法。该方法的一般形式如下：

```
void itemStateChanged(ItemEvent ie)
```

3. KeyListener 接口

这个接口定义了 3 个方法。这些方法的一般形式如下：

```
void keyPressed(KeyEvent ke)
void keyReleased(KeyEvent ke)
void keyTyped(KeyEvent ke)
```

当按下按键时，调用 keyPressed( )方法；当释放按键时，调用 keyReleased( )方法；当输入字符时，调用 keyTyped( )方法。

例如，如果用户按下并释放 A 键，将会依次产生 3 个事件：键被按下、输入字符以及键被释放。如果用户按下并释放 Home 键，将产生两个事件：键被按下和键被释放。

4. MouseListener 接口

这个接口定义了 5 个方法。这些方法的一般形式如下：

```
void mouseClicked(MouseEvent me)
void mouseEntered(MouseEvent me)
void mouseExited(MouseEvent me)
void mousePressed(MouseEvent me)
void mouseReleased(MouseEvent me)
```

如果鼠标在同一位置被按下并释放，将调用 mouseClicked( )方法；当鼠标进入某个组件时，将调用 mouseEntered( )方法；当鼠标离开某个组件时，将调用 mouseExited( )方法；当鼠标被按下和释放时，分别调用 mousePressed( )和 mouseReleased( )方法。

5. MouseMotionListener 接口

这个接口定义了两个方法。这两个方法的一般形式如下：

```
void mouseDragged(MouseEvent me)
void mouseMoved(MouseEvent me)
```

当拖动鼠标时，会调用 mouseDragged( )方法多次；当移动鼠标时，会调用 mouseMoved( )方法多次。

6. MouseWheelListener 接口

这个接口定义了 mouseWheelMoved( )方法，当移动鼠标滚轮时，将调用该方法。该方法的一般形式如下：

```
void mouseWheelMoved(MouseWheelEvent mwe)
```

7. WindowFocusListener 接口

这个接口定义了两个方法：windowGainedFocus( )和 windowLostFocus( )。当窗口获得或失去输入焦点时，将调用这两个方法。它们的一般形式如下：

```
void windowGainedFocus(WindowEvent we)
void windowLostFocus(WindowEvent we)
```

8. WindowListener 接口

这个接口定义了 7 个方法。这些方法的一般形式如下：

```
void windowActivated(WindowEvent we)
void windowClosed(WindowEvent we)
void windowClosing(WindowEvent we)
void windowDeactivated(WindowEvent we)
void windowDeiconified(WindowEvent we)
void windowIconified(WindowEvent we)
void windowOpened(WindowEvent we)
```

当窗口被激活或冻结时，分别调用 windowActivated( )和 windowDeactivated( )方法；当窗口被最小化时，调用 windowIconified( )方法；当恢复窗口时，调用 windowDeiconified( )

方法；当打开或关闭窗口时，分别调用 windowOpened()或 windowClosed( )方法；当窗口正在关闭时，调用 windowClosing( )方法。

9. 事件监听举例

讲了这么多，下面来看一个简单的监听与处理事件的例子。

【案例 9-1】创建一个简单的窗口程序，添加鼠标动作监听器，理解Java的事件处理机制。

新建一个 Java 工程 ch08，在该工程中新建一个 Java 类 EventDemo，输入如下测试代码：

```
import java.awt.Frame;
import java.awt.Label;
import java.awt.event.MouseEvent;
import java.awt.event.MouseMotionListener;
public class EventDemo {
    public static void main(String[] args) {
        Frame f = new Frame("我的第一个窗口");
        Label l = new Label("这里显示信息");
        f.add(l);
        f.setSize(300, 200);
        l.addMouseMotionListener(new MouseMotionListener() {
            @Override
            public void mouseDragged(MouseEvent e) {
            }
            @Override
            public void mouseMoved(MouseEvent e) {
                l.setText("鼠标在移动");
            }
        });
        f.setVisible(true);
    }
}
```

本例创建了一个 Frame 对象，这是一个 AWT 窗口，在该窗口中添加了一个标签对象 Label，为标签对象添加鼠标运动监听器 MouseMotionListener。该监听器采用匿名内部类的形式，因为 MouseMotionListener 接口定义了两个方法，所以该匿名类必须实现两个方法。尽管本例中我们仅处理了 mouseMoved( )方法，但是 mouseDragged( )方法必须显式给出空实现。

运行该程序将弹出一个 Frame 窗口，窗口中有一个标签，如图 9-1 所示。当鼠标在 Label 标签上移动时，产生 MOUSE_MOVED 事件，将调用 mouseMoved( )方法，修改标签的信息，如图 9-2 所示。

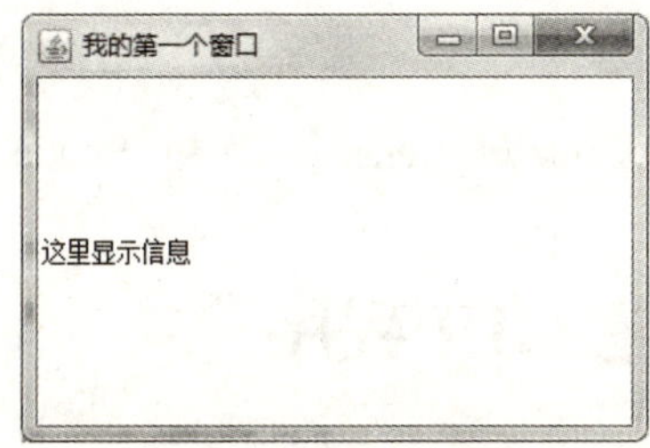

图 9-1　程序创建的窗口

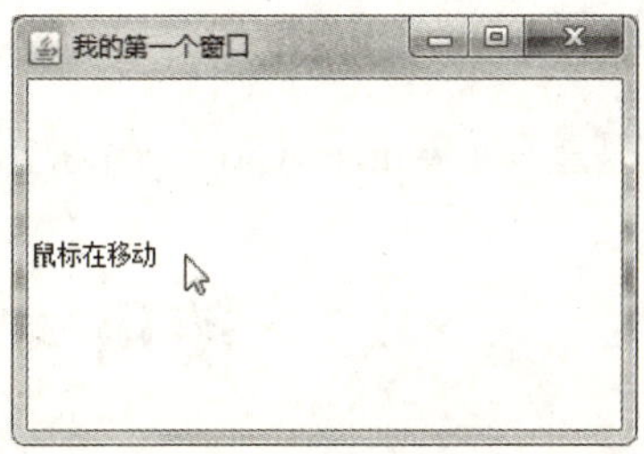

图 9-2　鼠标移动时的 Label 信息

需要注意的是，此时单击窗口右上角的“关闭”按钮并不能将其关闭，程序也无法退出，只能回到 Eclipse 中，单击控制台窗口中的“终止”按钮来结束程序。下一节我们将为该程序添加关闭功能。

9.2.4　适配器类

监听器之所以称为监听器，并具有监听和处理某类事件的功能，是因为它实现了有关的接口，所以监听器需要对它所实现接口的所有抽象方法给出具体的方法体。比如案例 9-1 中虽然我们不使用 mouseDragged( )方法，但是也必须实现该方法。这对于监听多种事件子类型的接口非常麻烦。在大多数情况下，监听器只对接口所定义的某个方法感兴趣。例如，在处理窗口关闭事件时，监听器只想实现 WindowListener.windowClosing( )方法，而忽略 WindowListener 接口定义的其余 6 个事件。为了解决这个问题，java.awt 包中提供了一套事件适配器类。事件适配器类是 JDK 针对大多数监听器接口定义的实现类。

适配器类提供了事件监听器接口中所有方法的空实现。当希望只接收并处理由特定事件监听器接口处理的事件中的某些事件时，可以通过扩展适配器类，只实现感兴趣的那些事件，从而可以简化事件处理程序。

java.awt.event 包中常用的适配器类以及它们实现的接口如表 9-5 所示。

表 9-5　常用的适配器类

适 配 器 类	实现的监听接口
ComponentAdapter	ComponentListener
ContainerAdapter	ContainerListener
FocusAdapter	FocusListener
KeyAdapter	KeyListener
MouseAdapter	MouseListener、MouseMotionListener 和 MouseWheelListener
MouseMotionAdapter	MouseMotionListener
WindowAdapter	WindowListener、WindowFocusListener 和 WindowStateListener

在案例 9-1 中可以为 Frame 对象添加窗口事件处理程序，实现关闭窗体就退出应用程序的功能。为了通过适配器类来完成，可以添加如下代码：

```
f.addWindowListener(new WindowAdapter(){
    @Override
    public void windowClosing(WindowEvent e) {
        System.exit(0);
    }
});
```

这里只重写了 windowClosing( )方法，而不用管 WindowListener 接口中的其他 6 个方法。

9.3　使用 AWT 创建 GUI 程序

AWT 是 Java 的第一个 GUI 框架，它包含众多容器和组件类，用于创建窗口和简单控件。在实际 GUI 程序开发中，很少会完全使用 AWT 来创建 GUI 程序，因为针对 Java，已经开发出了更强大的 GUI 框架(Swing 和 JavaFX)。但是，即便如此，AWT 仍然是 Java 的重要组成部分，理解 AWT 仍然很重要，因为 Swing 构建于 AWT 之上，直接或间接地使用了 AWT 中的许多类。因此，要想高效使用 Swing，必须牢固掌握 AWT 类。另外，对于只使用极少 GUI 的一些小程序(特别是小 applet)，使用 AWT 仍然很合适。因此，虽然 AWT 是 Java 最老的 GUI 框架，了解其基础知识仍然很重要。

9.3.1　容器组件

容器类(Container)是 Component 类的子类，它是所有容器类的父类。容器组件是一种特殊的组件，在 GUI 程序中，它用于包含其他基本的 GUI 组件。组件不能独立地显示出来，必须将组件放在一定的容器中才可以显示出来。

Component 是抽象类，封装了可视组件的所有特性。除了菜单，在屏幕上显示并且与用户交互的所有用户界面元素都是 Component 的子类。Component 类定义了 100 多个公有方法，负责管理事件(例如鼠标和键盘输入、定位窗口和改变窗口的大小)和重画。

1. Container 类

Container 类是所有容器类的父类，该类也是一个抽象类，拥有允许将其他 Component 对象嵌入到 Container 对象中的附加方法，其中比较常用的方法如表 9-6 所示。

表 9-6　Container 类的常用方法

方法	功能描述
add( )	将组件加入到当前容器中，每个被加入容器的组件按添加顺序获得一个序号
getComponent(int index)	获取指定序号的组件
getComponent(int x,int y)	获取指定坐标(x,y)处的组件
remove(Component)	将指定的组件移除
remove(int index)	将指定序号的组件移除
removeAll( )	将容器中所有的组件移除
setLayout( )	设置容器的布局管理器
validate( )	验证此容器及其所有子组件

Container 类的子类包括 Window、Panel 和 ScrollPane 类。其中，Window 类是可以自由停靠的顶级窗口，它没有边框和菜单条，在编程时很少直接使用 Window 类，而是使用它的两个子类：Frame 和 Dialog 类。

2. Panel

Panel 属于无边框容器。无边框容器包括 Panel 和 Applet，其中，Panel 是 Container 类的子类，Applet 是 Panel 类的子类。当将屏幕输出定向到 applet 时，实际上是在 Panel 对象的表面进行绘制。当使用 Applet Viewer 运行 applet 时，Applet Viewer 提供了标题和边框。

Panel 没有边框或其他可见的边界，并且不能被移动、放大、缩小或关闭。程序不能使用 Panel 作为最外层图形界面的容器，因此，Panel 总是作为容器组件被加入到 Frame、

Applet 等其他容器中。Panel 容器组件也可以进行嵌套，即将一个 Panel 组件加入到另一个 Panel 组件中。

说明：
程序不能显式地指定 Panel 的大小，其大小由其中包含的所有组件及其布局策略决定。

3. Frame

Frame 是 Java 中最重要、最常用的容器组件之一，它是 Java 应用程序的图形用户界面容器。Frame 可以作为一个应用程序的最外层容器，也可以被其他容器创建并弹出成为独立的容器，但是无论哪种情况，Frame 都作为最顶层容器存在，不能被其他容器所包含。

Frame 有自己的外边框和标题。创建 Frame 时可以指定其窗口标题，一般格式如下：

```
Frame(String title);
```

也可以使用专门的方法 getTitle( )和 setTitle(String)来获取或设置 Frame 的标题。新创建的 Frame 是不可见的，需要使用 setVisible(boolean)方法使之可见。

在案例 9-1 中我们创建的窗体就是一个 Frame 对象。在 Frame 窗口的右上角有 3 个控制图标，分别代表将窗口最小化、最大化和关闭。其中，最小化和最大化操作 Frame 窗口可自动完成，而关闭 Frame 窗口的操作需要程序提供相关的代码，如前面学习适配器类时添加的代码。

向 Frame 窗口中添加和移除组件时使用的方法与其他容器相同，也是 add( )和 remove( )方法。Frame 可以引发 WindowEvent 类中声明的所有 7 种窗口事件。

4. 对话框

对话框(Dialog类)是一种特殊类型的容器，用于从用户处获得信息，或者向用户提供错误或警告消息。它是一种独立的窗口，与Frame相似，但它更容易使用。通常因为某个特殊的目的而弹出对话框，然后在用完之后，立即关闭或彻底撤消它。

对话框有模态对话框和非模态对话框两种模式。当显示模态对话框时，用户不能操作程序的其他窗口，直到这个对话框被关闭；而显示非模态对话框时，用户还可以操作其他窗口。Dialog 类有以下两个常有的构造函数：

```
public Dialog(Frame owner,String title);
public Dialog(Frame owner,String title,boolean modal);
```

对话框不能独立存在，它必须有一个上级窗口，这个上级窗口就是对话框的拥有者。这两个构造函数的第一个参数代表对话框的拥有者；第二个参数是对话框的标题；第三个参数用于设置对话框的模式，如果是 true，则为模态对话框，否则为非模态对话框。也可以使用 setModal( )方法来设置对话框的模式。

5. ScrollPane 类

有时候需要在一个较小的容器窗口中显示较大的子部件，这时就要用到 ScrollPane 类。ScrollPane 也是一种容器，不能单独使用，通过滚动窗口可以利用滚动条查看更大面积的区域。在 ScrollPane 中只能放置一个组件，无布局管理器。要将多个组件添加到 ScrollPane

上，只能先将多个组件嵌套到一个 Panel 容器中，然后将这个 Panel 容器作为一个组件放置到 ScrollPane 上。

9.3.2 常用组件

自从有了 Swing 组件以后，开发 GUI 程序更多是使用 Swing 组件；对于小程序则建议采用 AWT 组件。所有的标准 AWT 组件都是重量级组件，而 Swing 组件是轻量级组件。本节只简单介绍几个常用的组件，比如标签、按钮、复选框、滚动条、菜单组件等。这些组件都必须放到上一节介绍的容器对象中。

1. 标签

标签(Label)组件是最简单的 GUI 组件，它用于显示一串"只读文字"，起到信息说明的作用。通常情况下，标签是不能进行编辑的。Label 类的构造函数如下：

```
Label();
Label(String strCaption);
Label(String strCaption,int alignment);
```

第一个构造函数创建一个空字符串的标签组件；第二个构造函数创建一个指定字符串的标签组件；第三个构造函数创建一个指定字符串并且按一定方式对齐的标签组件，其中，参数 alignment 的值可以为 LEFT(左对齐)、RIGHT(右对齐)、CENTER(居中对齐)。标签的默认对齐方式是 LEFT。

也可以通过 setText( )方法来修改标签上的文本。

2. 按钮

按钮(Button)是图形界面中最重要的组件之一。Button 类直接继承自 Component 类，和标签组件一样，按钮组件也可以显示文本，但是按钮组件具有三维外形，一般对应一个事先定义好的功能操作。Button 类的构造函数如下：

```
public Button();
public Button( String label );
```

第一个构造函数创建一个无显示内容的按钮；第二个构造函数创建一个指定内容字符串的按钮。

Button 类的主要方法是 addActionListener(ActionListenerl)，该方法用来为按钮添加事件监听器，然后在监听器中重写 actionPerformed( )方法以添加事件处理程序。

3. 复选框

复选框(Checkbox)是用来获得输入信息的组件，拥有状态属性，可以通过鼠标单击操作来设置其状态为"选中"(on)或"非选中"(off)。默认情况下状态为 off。

复选框可以单独使用，也可以利用 CheckboxGroup 类来成组使用。在这种情况下，复选框组件变为单选按钮，CheckboxGroup 类管辖的所有复选框中，只能有一个复选框组件处于 on 状态。

Checkbox 类的构造函数如下：

```
Checkbox();
Checkbox(String label);
Checkbox(String label, boolean state)
Checkbox(String label，CheckboxGroup group，boolean state);
Checkbox(String label, boolean state, CheckboxGroup group)
```

其中，参数 label 用于指定复选框显示的内容，state 用于指定复选框的状态，group 用于指定复选框所属的 CheckboxGroup 组。如果复选框不是某个 CheckboxGroup 组的组成部分，那么 group 参数必须是 null。

为了检索复选框的当前状态，可以调用 getState( )方法。要设置复选框的状态，可以调用 setState( )方法。另外，可以通过 getLabel( )和 setLabel( )方法来获取和设置与复选框关联的标签。

每次选中或取消选中复选框时，都会产生一个条目事件。处理该事件的监听器需要实现 ItemListener 接口，重写该接口中的 itemStateChanged( )方法。

4. 滚动条

滚动条(Scrollbar)除了可用来滚动窗口或改变某些组件的可见内容之外，还可以被用来作为输入组件。滚动条可分为水平滚动条和垂直滚动条两种。在创建滚动条时，可以指定滚动条的方向和滚动条的最小值和最大值。Scrollbar 类的构造函数如下：

```
Scrollbar();
Scrollbar(int orientation);
Scrollbar(int orientation,int s, int v, int min,int max);
```

第一个构造函数使用默认值创建一个滚动条；第二个构造函数创建一个指定外观形式的滚动条；第三个构造函数使用指定的参数值创建一个滚动条。

滚动条创建以后，也可以使用 setValues( )方法设置滚动条的参数，相应地，使用 getValue( )方法可以获取滚动条的当前值。默认情况下，每向上或向下滚动一行时，滚动条的当前值加上或减去的步长是 1，也可以通过 setUnitIncrement( )方法来修改这个步长。默认情况下，向上翻页和向下翻页的步长是 10，也可以通过 setBlockIncrement( )方法来修改该值。

在调整滚动条时会产生一些调整事件，要处理这些事件，需要实现 AdjustmentListener 接口。每当用户与滚动条交互时，就会产生 AdjustmentEvent 对象。使用 getAdjustmentType( )方法可确定调整的类型。

5. 菜单组件

菜单组件是比较特殊的一类组件，包括菜单栏(MenuBar)组件、菜单(Menu)组件和菜单项(MenuItem)组件 3 部分。通常，菜单栏中包含一个或多个菜单，每个菜单又可以包含一个或多个菜单项。

Frame 是 AWT 包中唯一自动实现菜单容器类的类，也就是说，一般只将菜单放入 Frame 窗口中。只需调用 Frame 类的 setMenuBar( )方法即可将菜单放在 Frame 窗口中。

在 Frame 窗口中创建菜单的一般过程如下：

(1) 首先创建 MenuBar 对象，然后创建 Menu 对象，最后创建 MenuItem 对象。

(2) 将 MenuItem 对象添加到 Menu 对象中，再将 Menu 对象添加到 MenuBar 对象中，最后将 MenuBar 挂到 Frame 窗口中。

(3) 将各菜单项注册给实现了动作事件的监听接口 ActionListener 的监听器。

(4) 为监听器定义 actionPerformed(ActionEvent e)方法，在该方法中调用 e.getSource( )或 e.getActionCommand( )来判断用户单击的菜单项，并完成相应的操作。

因为 Menu 是 MenuItem 的子类，所以可以创建包含子菜单的二级或二级以上的菜单。还可以包含可复选菜单项，它们是 CheckboxMenuItem 类型的菜单项。

创建菜单栏的第一步是创建 MenuBar 实例。这个类只定义了一个默认构造函数。接下来创建 Menu 实例，这些实例定义了在菜单栏上显示的菜单。下面是 Menu 类的构造函数：

```
Menu( ) throws HeadlessException
Menu(String optionName) throws HeadlessException
Menu(String optionName, boolean removable) throws HeadlessException
```

其中，optionName 指定了菜单的名称。如果 removable 是 true，就表示可以移动菜单，并且允许自由浮动。否则，菜单将一直附加于菜单栏上(可移动菜单依赖于具体实现)。

MenuItem 类定义了下面这些构造函数：

```
MenuItem() throws HeadlessException
MenuItem(String itemName) throws HeadlessException
MenuItem(String itemName, MenuShortcut keyAccel) throws HeadlessException
```

其中，itemName 是在菜单项中显示的名称，keyAccel 是菜单项的快捷键。为菜单项定义快捷键的另一种方法是使用 setShortcut( )方法，例如：

```
mi_FileExit.setShortcut(new MenuShortcut('x'));
```

可以通过 setEnabled( )方法禁用或启用菜单项。可以通过 setLabel( )和 getLabel( )方法修改或获取菜单项的名称。

CheckboxMenuItem 类也是 MenuItem 的子类，该类的构造函数有如下几个：

```
CheckboxMenuItem() throws HeadlessException
CheckboxMenuItem(String itemName) throws HeadlessException
CheckboxMenuItem(String itemName, boolean on) throws HeadlessException
```

其中，itemName 是在可复选菜单项中显示的名称。可复选菜单项的操作方式就像开关。每当选择一个可复选菜单项时，其状态就会发生变化。在前两种形式中，可复选菜单项是未选中的。在第 3 种形式中，如果 on 为 true，那么可复选菜单项初始是选中的；否则是未选中的。

可以通过 getState( )和 setState( )方法来获取或设置可复选菜单项的状态。

创建好菜单项后，需要使用 Menu 对象的 add( )方法将之添加到 Menu 对象中，菜单项将以调用 add( )方法的顺序添加到菜单中。同样，需要使用 MenuBar 类的 add( )方法，将 Menu 对象添加到菜单栏中。

提示：
在创建菜单时，还可以使用 Menu 类的 addSeparator( )方法在菜单中添加分隔线。

只有当选择 MenuItem 或 CheckboxMenuItem 类型的菜单项时，才产生事件。每次选择菜单项时，都会产生 ActionEvent 事件。对于复选菜单项，选中或取消选中都会产生 ItemEvent 事件。为了处理这些事件，需要实现 ActionListener 和/或 ItemListener 接口。

【案例 9-2】创建一个带有菜单的窗口程序，使用相同的监听器处理多个菜单项。

在 ch08 中新建一个 Java 类 MenuDemo，输入如下测试代码：

```
import java.awt.CheckboxMenuItem;
import java.awt.Frame;
import java.awt.Label;
import java.awt.Menu;
import java.awt.MenuBar;
import java.awt.MenuItem;
import java.awt.MenuShortcut;
import java.awt.event.ActionEvent;
import java.awt.event.ActionListener;
import java.awt.event.ItemEvent;
import java.awt.event.ItemListener;
import java.awt.event.KeyEvent;
public class MenuDemo {
    static class MyMenuHandler implements ActionListener, ItemListener {
        Label label;
        public MyMenuHandler(Label l) {
            label = l;
        }
        @Override
        public void itemStateChanged(ItemEvent e) {
            String msg = "复选菜单项        " + e.getItem();
            msg +="      " + (e.getStateChange() == ItemEvent.DESELECTED ? "取消选中" : "选中");
            label.setText(msg);
        }
        @Override
        public void actionPerformed(ActionEvent e) {
            String msg = "你选择的是 (    " + e.getActionCommand() + "    )菜单项";
            label.setText(msg);
            if(e.getActionCommand().equals("关闭")) {
                System.exit(0);
            }
        }
    }
    public static void main(String[] args) {
        Frame f = new Frame("带菜单的窗口");
        // 创建菜单栏并将其加入到 Frame 窗口中
        MenuBar menuBar = new MenuBar();
        f.setMenuBar(menuBar);
        // 创建"文件"菜单及其菜单项
        Menu filemenu = new Menu("文件");
        MenuItem newfile = new MenuItem("新建");
```

```
        MenuItem openfile = new MenuItem("打开", new MenuShortcut(KeyEvent.VK_O));
        MenuItem savefile = new MenuItem("保存");
        savefile.setEnabled(false);
        MenuItem quitfile = new MenuItem("关闭");
        // 把菜单项加入到"文件"菜单中
        filemenu.add(newfile);
        filemenu.add(openfile);
        filemenu.add(savefile);
        filemenu.addSeparator();            // 添加分隔线
        filemenu.add(quitfile);
        // 创建"编辑"菜单及其菜单项
        Menu edit = new Menu("编辑");
        CheckboxMenuItem cut = new CheckboxMenuItem("剪切", false);
        CheckboxMenuItem copy = new CheckboxMenuItem("复制", true);
        CheckboxMenuItem paste = new CheckboxMenuItem("粘贴");
        edit.add(cut);
        edit.add(copy);
        edit.add(paste);
        // 创建"帮助"菜单及其菜单项
        Menu help = new Menu("帮助");
        help.addSeparator();
        help.add(new MenuItem("关于..."));
        help.add(new MenuItem("帮助索引"));
        // 把所有菜单加入到菜单栏中
        menuBar.add(filemenu);
        menuBar.add(edit);
        menuBar.add(help);
        Label labMsg = new Label("用于显示信息");
        f.add(labMsg);
        MyMenuHandler handler = new MyMenuHandler(labMsg);
        newfile.addActionListener(handler);
        openfile.addActionListener(handler);
        quitfile.addActionListener(handler);
        cut.addActionListener(handler);
        cut.addItemListener(handler);
        copy.addActionListener(handler);
        copy.addItemListener(handler);
        paste.addActionListener(handler);
        paste.addItemListener(handler);
        f.setSize(200, 300);
        f.setVisible(true);
    }
}
```

本例中的监听器是一个静态内部类 MyMenuHandler，该监听器同时处理 ActionEvent 和 ItemEvent 事件。选择不同的菜单项时，窗体中的 Label 控件会显示所选菜单项的信息。如果选择“文件”|“关闭”菜单项，则退出应用程序。

程序的运行结果如图 9-3 所示。

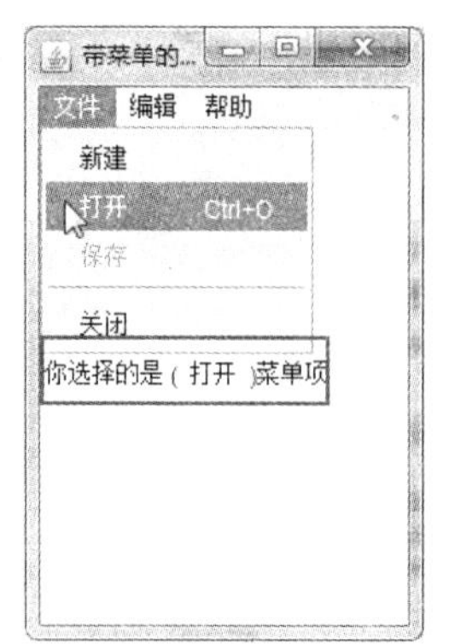

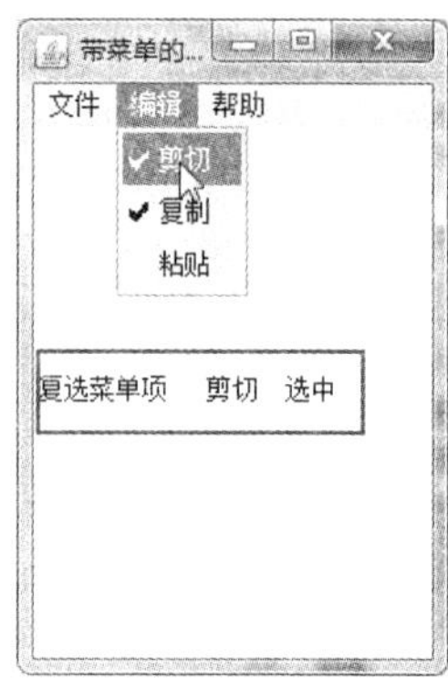

图 9-3　程序运行结果

另外，还有一种菜单尚未提到，即快捷菜单(Popup Menu)。快捷菜单附着在某个组件或容器上，一般是不可见的，只有当用户用鼠标右键单击附有快捷菜单的组件时，快捷菜单才弹出来。快捷菜单与条式菜单一样，也包含若干个菜单项，创建快捷菜单的操作过程与创建条式菜单类似。例如，以下代码创建了一个快捷菜单：

```
PopupMenu popM=new PopupMenu();          // 创建快捷菜单
MenuItem pi_New=new MenuItem("新建");  // 为快捷菜单创建菜单项
popM.add(pi_New);                        // 为快捷菜单加入菜单项
TextArea ta=new TextArea(2,3);           // 创建一个多行文本对象
ta.add(popM);                            // 将快捷菜单附着到该多行文本对象上
ta.addMouseListener(new HandleMouse(this));// 多行文本对象响应鼠标事件，弹出菜单
//重载 MouseListener 的 mouseReleased( )方法，在鼠标当前位置弹出菜单
public void mouseRelease(MouseEvent e) {
    if(e.isPopupTrigger())
        m_Parent.popM.show((Component)e.getSource(),e.getX(),e.getY());
    }
```

除了上述介绍的几种组件，AWT包中还有列表(List)、TextField和TextArea、下拉列表(Choice)、Canvas等其他组件。这些组件的应用都与以上几种组件类似，感兴趣的读者可以参阅相关的文档进行学习。

9.3.3　布局管理器

在前面的例子中，我们没有为窗体添加过多的组件，基本组件仅仅被简单地加入容器中，通过默认布局管理器进行定位。

在 Java 的 GUI 设计中，布局控制是通过为容器设置布局管理器来实现的。每个 Container 对象都有一个与之关联的布局管理器。布局管理器是所有实现了 LayoutManager 接口的类的实例。java.awt 包中共定义了 5 种布局管理器，每个布局管理器对应一种布局策略，分别是 FlowLayout、BorderLayout、CardLayout、GridLayout 和 GridBagLayout。当为一个容器选定一种布局策略时，应该创建该策略对应的布局管理器对象，并将此对象设置为自己的布局管理器。没有设置布局管理器的容器，其中的对象会相互覆盖、遮挡，影响使用，所以必须为每个容器设置一个合适的布局管理器。

说明：

设置布局管理器的方法是使用容器的 setLayout( )方法。取消布局管理器的方法是为 setLayout( )方法传递 null 参数。

1. FlowLayout

FlowLayout 是 AWT 中最简单的一种布局管理方法。它将 GUI 组件按照加入的先后顺序，自左向右、自上而下地布局在容器中。FlowLayout 布局管理器可以设置每一行组件的对齐方式，其默认的对齐方式为居中对齐，当然我们可以手工设置其对齐方式为居左对齐或居右对齐。FlowLayout 是 Panel、Applet 和 JPanel 的默认布局管理方式。

FlowLayout 类的构造函数如下：

```
public FlowLayout();
public FlowLayout(int align);
public FlowLayout(int align, int horizontalGap, int verticalGap);
```

第一个构造函数创建的 FlowLayout 布局管理器所布局的组件间保留5个像素的空间间隔，并且每行中的组件居中对齐；而第二个构造函数创建的 FlowLayout 布局管理器所布局的组件间也保留5个像素的间隔，但按照指定的布局方式对齐，有效的布局方式包括：FlowLayout.LEFT(左对齐)、FlowLayout.CENTER(居中对齐)、FlowLayout.RIGHT(右对齐)、FlowLayout.LEADING(上边沿对齐)和 FlowLayout.TRAILING(下边沿对齐)；第三个构造函数允许程序员指定每一行中组件的布局方式，以及组件间的水平和垂直间隔。

2. BorderLayout

BorderLayout 布局管理器将组件安排在 5 个区域中，这 5 个区域分别为 North、South、West、East 和 Center，其中 North 是容器的顶部，如图 9-4 所示。

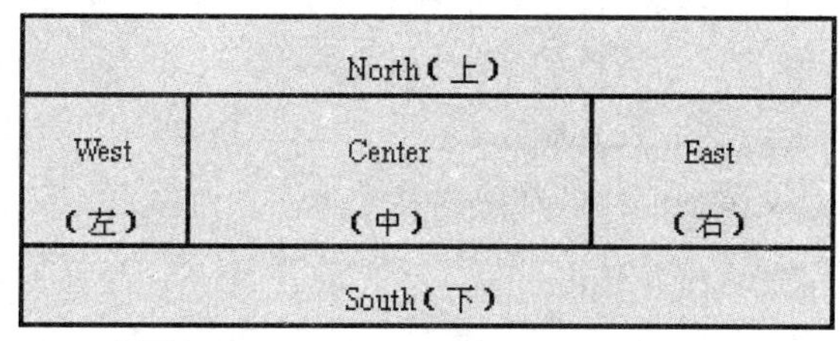

图 9-4　BorderLayout 布局的 5 个区域

BorderLayout 类提供了两个构造函数，如下所示：

```
public BorderLayout();
public BorderLayout(int horizontalGap, int verticalGap);
```

第一个构造函数创建默认边框布局，而第二个构造函数创建的 BorderLayout 布局管理器按照参数指定的间隔布局组件。

创建一个布局对象后，利用容器的 setLayout( )方法可以将它与一个容器相关联。然后使用 add( )方法将对象添加到 BorderLayout 对象中，并且使用 BorderLayout 类的一个常量限定对象的位置：NORTH、SOUTH、EAST、WEST 或 CENTER。例如，下面的语句生成了一个包含 5 个按钮的 GUI，每一个按钮分别位于一个区域内：

```
setLayout(new BorderLayout());
add(new Button("North"), BorderLayout.NORTH);
add(new Button("South"), BorderLayout.SOUTH);
```

```
add(new Button("East"), BorderLayout.EAST);
add(new Button("West"), BorderLayout.WEST);
add(new Button ("Center"), BorderLayout.CENTER)
```

在 BorderLayout 布局管理器中，中心的组件大小将自动扩展，直到用完容器中所有剩余的空间为止。BorderLayout 是 JFrame 的默认布局管理器。

3. GridLayout

GridLayout 用于在二维的网格中布局控件。容器被划分为尺寸相等的矩形网格，每个网格中放置一个组件。当实例化 GridLayout 对象时，就定义了行和列的数量。采用 GridLayout 进行布局管理，容器中的每个组件将占据大小完全相同的一个网格。

GridLayout 类提供了 3 个构造函数，如下所示：

```
public GridLayout();
public GridLayout(int rows, int cols);
public GridLayout(int rows, int cols, int horizGap, int vertGap);
```

第一个构造函数创建具有默认值的网格布局，即每个组件占据一行一列；第二个构造函数创建一个 rows 行 cols 列的 GridLayout 布局管理器，并且所布局的组件间没有任何间隔；第三个构造函数创建一个 rows 行 cols 列的 GridLayout 布局管理器，并指定组件间的水平间隔和垂直间隔。

例如，下面的语句生成的界面效果如图 9-5 所示。

Button 1	Button 2	Button 3
Button 4	Button 5	

图 9-5　GridLayout 布局管理器示例

```
setLayout(new GridLayout(3,2));
add(new Button("Button 1"));
add(new Button("Button 2"));
add(new Button("Button 3"));
add(new Button("Button 4"));
add(new Button("Button 5"));
```

4. CardLayout

CardLayout 布局管理器能够实现将多个组件放在同一容器区域内的交替显示，相当于多张卡片摞在一起，在任何时候都只有最上面的一张可见。CardLayout 提供了一个方法，可以显示特定的卡片，也可以按先后顺序依次显示，还可以直接定位到第一张或最后一张。

CardLayout 布局管理器可以将组件分组，在每一时刻只显示其中的一组。CardLayout 类的构造函数如下：

```
public CardLayout();
public CardLayout(int hgap, int vgap);
```

第一个构造函数生成的卡片之间的垂直和水平间隔为 0；第二个构造函数则通过指定卡片之间的垂直和水平间隔来创建 CardLayout 对象。

CardLayout 类提供以下 4 个方法用于获取其中的卡片：

```
public void first(Container parent);        // 显示第一张卡片
public void last(Container parent);         // 显示最后一张卡片
public void next(Container parent);         // 显示下一张卡片
```

```
public void previous(Container parent); // 显示前一张卡片
```

【案例 9-3】演示多个布局管理器的用法。

在 ch08 中新建一个 Java 类 LayoutDemo，输入如下代码：

```
import java.awt.*;
import java.awt.event.*;
import javax.swing.JFrame;
public class LayoutDemo extends JFrame implements ActionListener {
      Container contentPane;
      Panel panel1 = new Panel();
      CardLayout card = new CardLayout();        // CardLayout 对象
      Button btn[];
      String cards[] = {"第一张卡片", "下一张卡片", "上一张卡片", "最后一张卡片"};
      public LayoutDemo() {
        super("CardLayout");
        contentPane = this.getContentPane();
        panel1.setLayout(card);                  // 设置内容格的布局
        Panel card1 = new Panel();               // 定义第一张卡片
        Label label1 = new Label("卡片一");      // 上面仅有一个标签
        card1.add(label1);
       card1.setLayout(new FlowLayout(FlowLayout.LEFT));
        panel1.add(card1, label1.getText());     // 将第一张卡片加入 Panel 面板
        Panel card2 = new Panel();               // 定义第 2 张卡片
        TextField field = new TextField("卡片二");
        card2.add(field);
        panel1.add(card2, field.getText());      // 将第二张卡片加入 Panel 面板
        Panel card3 = new Panel();               // 定义第三张卡片
        Label label3 = new Label("卡片三");
        card3.setLayout(new BorderLayout());
        card3.add(new Button("北"), BorderLayout.NORTH);
        card3.add(new Button("南"), BorderLayout.SOUTH);
        card3.add(new Button("西"), BorderLayout.WEST);
        card3.add(new Button("东"), BorderLayout.EAST);
        card3.add(label3, BorderLayout.CENTER);
        panel1.add(card3, label3.getText());     // 将第三张卡片加入 Panel 面板
        Panel ctrlPanel = new Panel();           // 创建控制面板
        ctrlPanel.setLayout(new GridLayout(2, 2));
        btn = new Button[cards.length];
        for(int i = 0; i < cards.length; i++) {
          btn[i] = new Button(cards[i]);
          btn[i].addActionListener(this);
          ctrlPanel.add(btn[i]);                 // 将按钮加入 ctrlPanel 面板
        }
        contentPane.add(ctrlPanel, BorderLayout.WEST);
        contentPane.add(panel1, BorderLayout.EAST);
        setSize(300, 200);
        setVisible(true);
        addWindowListener(new WindowAdapter() {
          public void windowClosing(WindowEvent e) {
            System.exit(0);
          }
```

```
        });
    }
    public void actionPerformed(ActionEvent evt) {
        if(evt.getSource() == btn[0])              // 显示第一张卡片
            card.first(panel1);
        else if(evt.getSource() == btn[1])         // 显示下一张卡片
            card.next(panel1);
        else if(evt.getSource() == btn[2])         // 显示前一张卡片
            card.previous(panel1);
        else if(evt.getSource() == btn[3])         // 显示最后一张卡片
            card.last(panel1);
    }
    public static void main(String args[]) {
        LayoutDemo obj = new LayoutDemo();
    }
}
```

本例从 JFrame 类(该类是 Swing 框架中的窗体组件，与 Frame 类的功能相当)派生了一个新类，并实现了 ActionListener 接口。在该类的构造函数中完成界面中组件的创建与布局：最外层的 contentPane 容器使用的是 BorderLayout 布局管理器，该容器包含两个 panel 对象，分别被布局到东西两个区域，代码如下：

```
contentPane.add(ctrlPanel, BorderLayout.WEST);
contentPane.add(panel1, BorderLayout.EAST);
```

ctrlPanel 是一个 Panel 对象，其中包括 4 个按钮，采用的是 GridLayout 布局管理器，代码如下：

```
ctrlPanel.setLayout(new GridLayout(2, 2));
btn = new Button[cards.length];
for(int i = 0; i < cards.length; i++) {
    btn[i] = new Button(cards[i]);
    btn[i].addActionListener(this);
    ctrlPanel.add(btn[i]);                // 将按钮加入 ctrlPanel 面板
}
```

panel1 使用的是 CardLayout 布局管理器，其中包括 3 个卡片：card1、card2 和 card3。每个卡片又是一个 Panel 对象，card1 使用 FlowLayout 布局管理器，代码如下：

```
card1.setLayout(new FlowLayout(FlowLayout.LEFT));
```

card2 没有指定，默认也使用 FlowLayout 布局管理器，但是默认为居中对齐。

card3 使用的是 BorderLayout 布局管理器，其中包括 4 个按钮和一个标签组件。

程序的运行结果如图 9-6 所示。

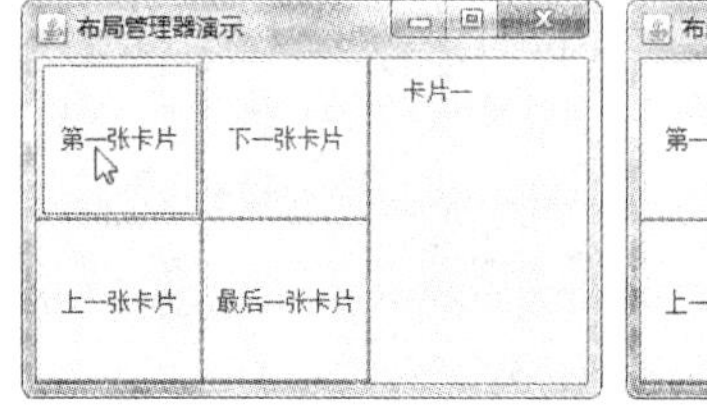

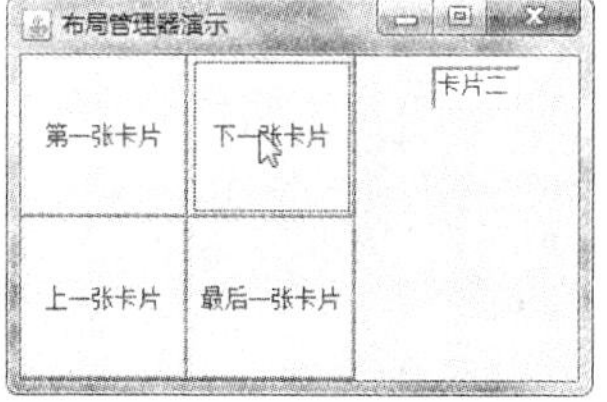

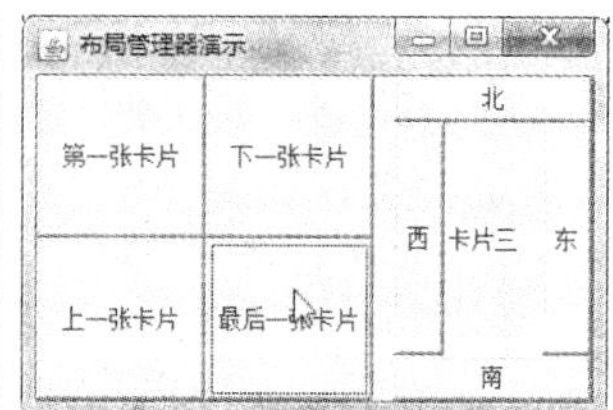

图 9-6　程序运行结果

通过单击左侧的 4 个按钮，可以改变右侧要显示的内容。

5. GridBagLayout

尽管对于许多应用来说，前面的布局已经够用了。但是对于复杂的布局，则需要使用网格结构布局，这种布局是由 GridBagLayout 类指定的。GridBagLayout 有布局管理器之王的说法，其功能非常强大，使用时也比较复杂。

GridBagLayout 类是一个灵活的布局管理器，它不要求组件的大小相同便可以将组件垂直、水平或沿它们的基线对齐。每个组件可以拥有不同的尺寸，并且网格中的每一行可以拥有不同的列数。每个 GridBagLayout 对象维持一个动态的矩形单元网格，每个组件占用一个或多个这样的单元，该单元被称为显示区域。

每个由 GridBagLayout 管理的组件都由一组与之链接的约束 GridBagConstraints 来决定。GridBagConstraints 对象指定组件的显示区域在网格中的具体放置位置，以及组件在其显示区域中的放置方式。除了 GridBagConstraints 对象之外，GridBagLayout 还考虑每个组件的最小大小和首选大小，以确定组件的大小。

使用 GridBagLayout 布局管理的一般过程是：首先创建一个新的 GridBagLayout 对象，并使之成为当前的布局管理器；然后，为将要添加到网格结构中的每个组件设置约束；最后，将组件添加到布局管理器中。尽管 GridBagLayout 要比其他布局管理器复杂一些，但是一旦理解了其工作原理，使用起来就会很容易。

GridBagLayout 类只有一个默认构造函数，创建了 GridBagLayout 对象后，通过 setContraints( )方法来设置应用于网格结构中每个组件的约束。GridBagConstraints 类定义了一些可以提供组件大小、位置和空间的成员变量，如表 9-7 所示。

表 9-7　GridBagConstraints 类定义的成员变量

成员变量	描述
int anchor	指定组件在单元格中的位置，默认值为 GridBagConstraints.CENTER
int fill	如果组件比单元格小，指定如何调整组件的大小，有效值包括 GridBagConstraints.NONE(默认值)、GridBagConstraints.HORIZONTAL(表示加宽组件，直到在水平方向上填满显示区域,但不更改其高度)、GridBagConstraints.VERTICAL(表示加高组件，直到在垂直方向上填满显示区域，但不更改其宽度)、GridBagConstrants.BOTH(表示使组件完全填满显示区域)
int gridheight	根据单元格指定组件的高度，默认值是 1
int gridwidth	根据单元格指定组件的宽度，默认值是 1
int gridx	指定组件的 X 坐标，默认值是 GridBagConstraints.RELATIVE
int gridy	指定组件的 Y 坐标，默认值是 GridBagConstraints.RELATIVE
Insets insets	指定嵌入值，默认的嵌入值全部为 0
int ipadx	指定单元格中包围组件的额外水平空间，默认值是 0
int ipady	指定单元格中包围组件的额外垂直空间，默认值是 0
double weightx	指定权重值，用于决定单元格与容纳它们的容器边缘之间的水平空间，默认值为 0.0。权重值越大，分配的空间就越多
double weighty	指定权重值，用于决定单元格与容纳它们的容器边缘之间的垂直空间，默认值为 0.0。权重值越大，分配的空间就越多

GridBagConstraints 还定义了几个包含标准约束值的静态变量，例如 GridBagConstraints.BELOW_BASELINE 和 GridBagConstraints.VERTICAL 等，其作用大都为其名称隐含的意义。这些静态变量一般用来对上述成员变量进行赋值。

【案例 9-4】 演示 GridBagLayout 布局管理器的用法。

在 ch08 中新建一个 Java 类 GridBagDemo，输入如下代码：

```
import java.awt.*;
import java.awt.event.*;
public class GridBagDemo    extends Frame {
  protected void makebutton(String name, GridBagLayout gridbag, GridBagConstraints c) {
     Button btn = new Button(name);
     gridbag.setConstraints(btn, c);
     add(btn);
  }
  public GridBagDemo() {
      super("GridBagLayout 布局管理");
     GridBagLayout gridbag = new GridBagLayout();
     GridBagConstraints gbconstraint = new GridBagConstraints();
     setFont(new Font("SansSerif", Font.PLAIN, 14));
     setLayout(gridbag);
     gbconstraint.fill = GridBagConstraints.BOTH;
     gbconstraint.weightx = 1.0;
     makebutton("按钮 1", gridbag, gbconstraint);
     makebutton("按钮 2", gridbag, gbconstraint);
     makebutton("按钮 3", gridbag, gbconstraint);
     gbconstraint.gridwidth = GridBagConstraints.REMAINDER;
     makebutton("按钮 4", gridbag, gbconstraint);
     gbconstraint.weightx = 0.0;
     makebutton("按钮 5", gridbag, gbconstraint);
     gbconstraint.gridwidth = GridBagConstraints.RELATIVE;
     makebutton("按钮 6", gridbag, gbconstraint);
     gbconstraint.gridwidth = GridBagConstraints.REMAINDER;
     makebutton("按钮 7", gridbag, gbconstraint);
     gbconstraint.gridwidth = 1;
     gbconstraint.gridheight = 2;
     gbconstraint.weighty = 1.0;
     makebutton("按钮 8", gridbag, gbconstraint);
     gbconstraint.weighty = 0.0;
     gbconstraint.gridwidth = GridBagConstraints.REMAINDER;
     gbconstraint.gridheight = 1;
     makebutton("按钮 9", gridbag, gbconstraint);
     makebutton("按钮 10", gridbag, gbconstraint);
     setSize(300, 180);
     addWindowListener(new WindowAdapter() {
        public void windowClosing(WindowEvent e) {
           System.exit(0);
        }
     });
  }
  public static void main(String args[]) {
     GridBagDemo f = new GridBagDemo();
```

```
        f.setVisible(true);
    }
}
```

程序的运行结果如图 9-7 所示。

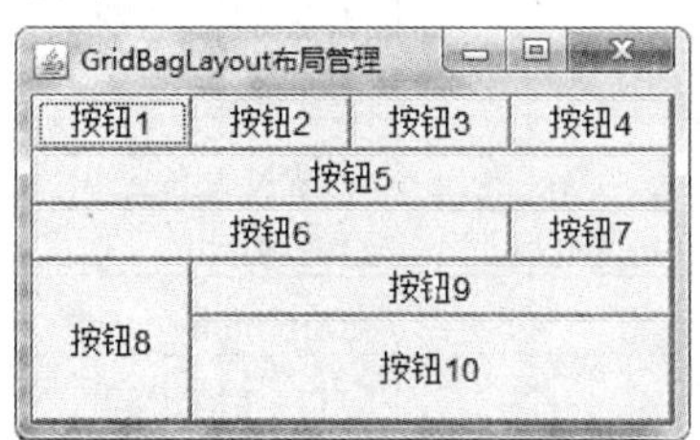

图 9-7　GridBagLayout 布局效果

9.4　使用 Swing 创建 GUI 程序

Java中用于图形用户界面设计的另一个包是Swing。Swing组件通常被称为轻量级组件，相应地，AWT组件被称为重量级组件。Swing的出现是为了弥补Java原始GUI子系统(即AWT)存在的不足，但Swing并不是用来代替AWT的。相反，Swing基于AWT构建。

Swing 通过两个关键特性来解决 AWT 存在的局限性：轻量级组件和可插入外观。它们一起为 AWT 存在的问题提供了一种优雅、易于使用的解决方案。

9.4.1　组件与容器

Swing GUI 是由两个关键部分构成的：组件和容器。但是，这一区别仅仅是概念上的，因为所有容器也是组件。两者之间的区别在于它们的目的不同：正如术语本身表明的含义，组件是独立的可视元素，如命令按钮或文本框；而容器用来容纳其他组件。而且组件要想显示出来，就必须被放到容器中。因此，所有 Swing GUI 至少有一个容器。

说明：

因为容器是特殊的组件，所以容器也可以容纳其他容器。也就是可以定义包含层次，但是，位于包含层次顶部的容器必须是顶级容器。

1. 组件

一般而言，Swing 组件都派生自 JComponent 类，唯一的例外是 4 个顶级容器(后面会介绍)。JComponent 类提供对所有组件都十分常用的功能。例如，JComponent 类支持可插入外观。JComponent 继承了 AWT 类 Container 和 Component 类。因此，Swing 组件是以 AWT 组件为基础构建的，并且与 AWT 组件是兼容的。

所有 Swing 组件都由 javax.swing 包中的类来表示。所有组件类都以字母 J 开头，通过名称可以大致猜测其含义。例如，标签组件的类是 JLabel；命令按钮组件的类是 JButton。

表 9-8 所示为 Swing 组件中除 JComponent 外的类名，包括那些用作容器的组件。

表 9-8　Swing 组件的类名

JApplet	JCheckBoxMenuItem	JCheckBox	JButton	JColorChooser
JComboBox	JDesktopPane	JDialog	JEditorPane	JFileChooser
JFormattedTextField	JFrame	JInternalFrame	JLabel	JLayer
JLayeredPane	JList	JMenu	JMenuBar	JMenuItem
JOptionPane	JPanel	JPasswordField	JPopupMenu	JProgressBar
JRadioButton	JRadioButtonMenuItem	JRootPane	JScrollBar	JScrollPane
JSeparator	JSlider	JSpinner	JSplitPane	JTabbedPane
JTable	JTextArea	JTextField	JTextPane	JTogglebutton
JToolBar	JToolTip	JTree	JViewport	JWindow

2. 容器

Swing 定义了两种类型的容器。第一种是顶级容器：JFrame、JApplet、JWindow 和 JDialog。这些容器并非派生自 JComponent，相反它们派生自 AWT 类 Component 和 Container。与其他 Swing 组件不同，其他 Swing 组件是轻量级的，而顶级容器是重量级的。这是 Swing 组件中的特例。

顾名思义，顶级容器必须位于包含层次的顶部，顶级容器不能包含于其他容器中，而且每个包含层次必须以顶级容器开始。应用程序最常用的顶级容器是 JFrame。用于 applet 的顶级容器是 JApplet。

Swing 支持的第二种类型的容器是轻量级容器。轻量级容器派生自 JComponent 类。轻量级容器中较常用的是 JPanel，用于通用目的。轻量级容器通常用于组织和管理一组相关的组件，因为轻量级容器可以包含于其他容器中。因此，可以使用 JPanel 这类轻量级容器在外层容器中创建相关组件的子组。

3. 顶级容器窗格

每个顶级容器都定义了一组窗格。在层次结构的顶部，是一个JRootPane实例。JRootPane是轻量级容器，目的是管理其他窗格，此外还可用于帮助管理可选的菜单栏。构成JRootPane的窗格被称为玻璃窗格、内容窗格和分层窗格。

- 玻璃窗格是顶级窗格，位于最上面，并且完全覆盖其他窗格。默认情况下，玻璃窗格是 JPanel 的透明实例。例如，可以使用玻璃窗格来管理影响整个容器(而不是单个组件)的鼠标事件，或者在所有其他组件上绘图。
- 分层窗格是 JLayeredPane 实例。使用分层窗格可以为组件提供深度值。这个值决定了哪个组件位于其他组件的上面。分层窗格容纳内容窗格和(可选的)菜单栏。
- 与应用程序进行大部分交互的窗格是内容窗格，因为内容窗格用于添加可视组件。默认情况下，内容窗格是 JPanel 的不透明实例。

在大多数情况下，不需要直接使用玻璃窗格。

9.4.2　常用组件简介

Swing 组件提供了丰富的功能，并且支持高级定制。因为篇幅有限，本节将只介绍一些常用的 Swing 组件。

1. JFrame

JFrame 是一个带有标题栏和边框的窗口。它是 java.awt.Frame 的子类，所以 JFrame 被认为是 Swing 中属于非轻量级组件的 GUI 组件。

JFrame 与 Frame 的功能相当，但两者在使用上还是有很大的区别。在使用过程中，不能直接在 JFrame 上增加子部件或设置布局管理器，而是必须先调用 JFrame.getContentPane( )方法来获取 JFrame 中自带的 JRootPane 对象。然后在这个 JRootPane 对象上增加子组件和设置布局管理器。当用户单击 JFrame 窗口中的“关闭”按钮时，JFrame 会自动隐藏这个窗口，但没有真正关闭该窗口，窗口对象还在内存中，需要在 windowClosing( )事件处理方法中调用窗口对象的 dispose( )方法来真正地关闭窗口。此外，还可以调用 JFrame 的 setDefaultCloseOperation( )方法，设置 JFrame 对这个事件的处理方式为 JFrame.EXIT_ON_CLOSE，这样当用户单击 JFrame 窗口中的“关闭”按钮时，就可以直接关闭这个窗口并结束程序的运行。

2. JLabel 与 ImageIcon

JLabel 是最容易使用的 Swing 组件，用来创建标签，可以使用 JLabel 显示文本和/或图标。JLabel 是被动组件，不响应用户输入。JLabel 类定义了多个构造函数，如下所示：

```
public JLabel();
public JLabel(String str);
public JLabel(String str, int align);
public JLabel(Icon icon);
public JLabel(Icon icon, int align);
public JLabel(String str, Icon icon, int align);
```

其中，str 和 icon 是标签要显示的文本和图标。参数 align 指定文本和/或图标在标签范围内的水平对齐方式，它必须是下列值之一：LEFT、RIGHT、CENTER、LEADING 和 TRAILING。这些常量是由 SwingConstants 接口定义的。

标签要显示的图标被指定为 Icon 类型的对象，Icon 是 Swing 定义的一个接口。获得图标最容易的方式是使用 ImageIcon 类。ImageIcon 类实现了 Icon，并封装了一幅图像。因此，可以将 ImageIcon 类型的对象作为参数传递给 JLabel 构造函数中的 icon 参数。ImageIcon 类的构造函数如下：

```
ImageIcon(String filename)
```

其中 filename 是图像文件名。

可以通过以下方法，获取与标签关联的图标和文本：

```
Icon getIcon()
String getText()
```

通过下面的方法，可以设置与标签关联的图标和文本：

```
void setIcon(Icon icon)
void setText(String str)
```

3. Swing 按钮

Swing 定义了 4 种按钮：JButton、JToggleButton、JCheckBox 和 JRadioButton。所有这些都是 AbstractButton 类的子类，而 AbstractButton 类又扩展了 JComponent 类。因此，所有按钮共享一组通用特征。

AbstractButton 类包含许多用于控制按钮行为的方法。例如，可以定义不同的图标，当按钮被禁用、按下或选择时显示这些不同的图标。还可以使用悬停图标，当光标滑过按钮时，显示这种图标。下面的这些方法用于设置这些图标：

```
void setDisabledIcon(Icon di)
void setPressedIcon(Icon pi)
void setSelectedIcon(Icon si)
void setRolloverIcon(Icon ri)
```

其中，di、pi、si 和 ri 是用于指定目的的图标。

- JButton

JButton 的功能与 Button 类似。JButton 按钮非常灵活，按钮的标签可以包含文本、图形，或同时包含二者。在程序执行期间，可以将按钮设置为启用和禁用状态；当按钮被设置为禁用状态时，它将变为灰色，并且无法被按下。另外，还可以为按钮定义快捷键，从而通过键盘激活按钮。最后，JButton 还支持工具提示，即当光标停留在按钮上时，将弹出提示信息，以便向用户解释按钮的功能。为 JButton 添加工具提示信息的方法是调用其父类 JComponent 的 setToolTipText( )方法。

- JToggleButton

JToggleButton 创建的是开关按钮。开关按钮看起来就像普通按钮，但是行为不同，因为开关按钮有两个状态：按下和释放。当按下开关按钮时，开关按钮将保持按下状态，而不像普通按钮那样会弹回来。当再次按下开关按钮时，开关按钮会释放(弹起)。所以，在每次按下时，开关按钮会在两个状态之间切换。

JToggleButton定义了所有两状态组件的基本功能。除了创建标准的开关按钮外，JToggleButton还是JCheckBox和JRadioButton的超类，这两个Swing组件也表示具有两个状态的控件。

与JButton类似，每次按下JToggleButton时，也会产生动作事件。然而，与JButton不同的是，JToggleButton还会产生条目事件。条目事件由那些支持选择概念的组件使用。当JToggleButton处于按下状态时，开关按钮是被选中的。当弹起时，开关按钮是取消选中的。

- JCheckBox

JCheckBox(复选框)是一种可以在两个可能的状态间相互转换的开关按钮，这两种状态是 on/off 或 true/false。当复选框为 on 状态时将出现一个小的复选标记，表示此复选框已被选中；当复选框为 off 状态时这个标记将消失。复选框具有按钮的所有特征。例如，可以在复选框上包含文本和图形，也可以为复选框定义快捷键和设置工具提示信息等。

JCheckBox 类实现了 ActionListener 接口，这意味着当单击 JCheckBox 时，将生成一个 ActionEvent 事件，并将该事件发送到任何已经被注册为它的侦听器的对象。

当用户选中或取消选中复选框时，还会产生 ItemEvent 事件。通过对 ItemEvent 对象(已被传递给 ItemListener 类定义的 itemStateChanged( )方法)调用 getItem( )方法，可以获取指向产生条目事件的 JCheckBox 对象的引用。判定复选框选择状态的方式是调用 isSelected( )方法。

- JRadioButton

单选按钮和复选框一样，只能处于 on 或 off 状态。所不同的是，如果将多个复选框组成一组，则组中可以有任意个复选框处于 on 状态。例如，调查问卷中的兴趣爱好选项就可以选中多个爱好选项；而如果将多个单选按钮组成一组，则组中只能有一个单选按钮处于 on 状态。例如，每个人的性别不是“男”，就是“女”。单选按钮看上去像一个小圆圈，被选中的单选按钮的内部有一个圆点，其他方面则与按钮具有相同的特征。

为了激活它们的互斥本性，单选按钮必须在组中进行配置。在组中，每次只能选中一个单选按钮。按钮组是通过 ButtonGroup 类创建的。可以调用 ButtonGroup 类的默认构造函数来创建按钮组。然后通过 ButtonGroup 类的 add( )方法将一个按钮添加到组中，也可以使用 remove( )方法从组中移除指定的按钮。

ButtonGroup 对象是一个不可见的组件，它不产生任何事件。需要注意的是，不能使用 add( )方法将 ButtonGroup 对象加入到容器中，否则会出现语法错误。

每当单选按钮的选中状态发生变化时，JRadioButton会产生动作事件、条目事件以及变化事件。最常见的情况是处理动作事件，重写ActionListener接口的actionPerformed( )方法。

4. 文本框与密码框

Swing 的文本框组件是 JTextField，文本域组件是 JTextArea，它们的功能与 AWT 包中的 TextField 和 TextArea 相同。在 Swing 组件中，从 JTextField 派生了一个新类：JPasswordField。该组件显示一个密码输入框，输入其中的字符将显示为星号。

JTextField 类常用的 3 个构造函数如下：

```
JTextField(int cols)
JTextField(String str, int cols)
JTextField(String str)
```

其中，str 是最初显示的字符串，cols 是文本框中的列数。如果没有指定字符串，那么文本框最初为空。

JPasswordField 类的构造函数与 JTextField 类的类似。JTextArea 类的构造函数除了可以指定列宽以外，还可以同时指定行数，即文本域至少容纳多少行文本。

这两个组件在用户输入时会产生事件以响应用户交互。例如，当用户按下 Enter 键时会产生 ActionEvent 事件；每次改变插入符(比如光标)的位置时，会产生 CaretEvent 事件(CaretEvent 位于 javax.swing.event 包中)等。在许多情况下，程序不需要处理这些事件。相反，当需要时，可以简单地使用 getText( )方法获取文本域中的当前字符串。

5. JList

在 Swing 中，基本列表类是 JList，用于支持从列表中选择一个或多个条目。尽管列表通常包含字符串，但是也可以创建能显示任何对象的列表。JList 在 Java 中的使用如此广泛，以至于你以前不可能没有见过。

在过去，JList 中的条目被表示为 Object 引用。然而，从 JDK 7 开始，JList 被设计成泛型类，如下所示：

```
class JList<E>
```

其中，E 表示列表中条目的类型。

可以利用如下构造函数之一创建 JList 对象：

```
JList()                                   // 构造一个具有空的、只读模型的 JList
JList(ListModel<E> dataModel)             // 根据指定的非 null 模型构造一个显示元素的 JList
JList(E[] listData)                       // 构造一个 JList，使其显示指定数组中的元素
JList(Vector<? extends E> listData)       // 构造一个 JList，使其显示指定 Vector 中的元素
```

JList 基于两个模型。第一个模型是 ListModel，这个接口定义了对列表数据进行访问的方式。第二个模型是 ListSelectionModel，这个接口定义了一些方法，用于确定选择了哪个或哪些列表条目。

尽管 JList 通过自身也能正确工作，但是在大多数情况下，会在 JScrollPane 中封装 JList。通过这种方式，长列表可以自动滚动，从而简化了 GUI 设计；另外还使得修改列表中条目的数量变得更加容易，而不必改变 JList 组件的大小。

当用户做出选择或修改选择时，JList 会产生 ListSelectionEvent 事件。当用户取消选择某个条目时，也会产生这种事件。这种事件可以通过实现 ListSelectionListener 接口，重写 valueChanged( )方法来处理。ListSelectionEvent 和 ListSelectionListener 都位于 javax.swing.event 包中。

默认情况下，JList 允许用户选择列表中多个范围内的条目，但是可以通过 setSelectionMode( )方法来改变选择模式，选择模式必须是以下由 ListSelectionModel 定义的常量值之一：

```
SINGLE_SELECTION
SINGLE_INTERVAL_SELECTION
MULTIPLE_INTERVAL_SELECTION
```

默认情况下，使用多间隔选择模式，这种模式允许用户在列表中选择多个范围内的条目；对于单间隔选择模式，用户只能选择一个范围内的条目；对于单一选择模式，用户只能选择一个条目。

获取选择条目的方法主要有如下两个：

- int getSelectedIndex( )方法：获取选择的第一个条目的索引，并且这也是当使用单一选择模式时，选择的唯一条目的索引，索引从 0 开始。因此，如果第一个条目被选择，该方法会返回 0；如果没有条目被选择，就返回-1。
- E getSelectedValue( )方法：获取与选中条目关联的值，该方法返回对第一个选项值的引用。如果没有值被选择，就返回 null。

6. JComboBox

将文本框与下拉列表组合得到的就是 JComboBox 组件。用户可以从下拉列表中选择值，如果组合框处于可编辑状态，则组合框允许用户在其中输入值。

在过去，JComboBox 中的条目被表示为 Object 引用。然而，从 JDK 7 开始，JComboBox

被设计成泛型类。这点与 JList 类似。

JComboBox 类提供的构造函数如下：

```
public JComboBox();
public JComboBox(E[] items);
public JComboBox(Vector<E> items);
public JComboBox(ComboBoxModel<E> aModel)
```

第一个构造函数将创建一个空的组合框；第二个构造函数利用一个数组来初始化新构建的组合框；第三个构造函数利用一个向量来初始化新构建的组合框选项；最后一个构造函数通过 ComoBoxModel 模型来构造组合框。

组合框创建好以后，也可以通过 addItem( )方法动态地将条目添加到选择列表中。

当用户从列表中选择一个条目时，JComboBox 会产生动作事件 ActionEvent。当选项的状态发生变化时，还会产生条目事件 ItemEvent。当条目被选中或取消选中时，选项状态会发生变化。因此，改变选项意味着会发生两个条目事件：一个描述取消选中的条目，另一个描述选中的条目。通常，只监听动作事件，然后调用 getSelectedItem( )方法就可以判断哪个条目被选中了。

7. JTabbedPane

JTabbedPane 是一种常见的用户界面组件，它封装了选项卡窗格，负责管理一套组件，并将它们与选项卡链接起来。

JTabbedPane 由多个选项卡构成，每个选项卡又是一个容器，这些容器一般用 JPanel 类来封装，可以包含其他的 GUI 组件。可以通过 JTabbedPane 类的 add( )和 addTab( )方法添加选项卡，通过 remove( )方法移除指定的选项卡。

使用选项卡窗格的一般步骤如下：

(1) 创建 JTabbedPane 实例。

(2) 通过调用 addTab( )方法来添加每个选项卡。

(3) 将选项卡窗格添加到内容窗格中。

【案例 9-5】使用 JTabbedPane 组件开发具有多个选项卡的界面。

在 ch08 中新建一个 Java 类 JTabbedPaneDemo，为了简化选项卡的创建，我们先定义几个面板组件类：Panel1、Panel2、Panel3。这 3 个类都是从 JPanel 类派生而来的。

Panel1 中有两个按钮(一个普通按钮和一个开关按钮)和一个带图片的 JLabel 控件，并为开关按钮添加事件处理程序，完整的代码如下：

```
class Panel1 extends JPanel {
    public Panel1() {
        JButton b1 = new JButton("普通按钮");
        add(b1);
        JToggleButton b2 = new JToggleButton("开关按钮");
        add(b2);
        b2.addItemListener(new ItemListener() {
            public void itemStateChanged(ItemEvent ie) {
              if(b2.isSelected())
                b2.setText("按钮被按下");
```

```
                else
                    b2.setText("按钮弹起");
                }
            });
        JLabel label1 = new JLabel("带图像和文本的 JLabel 组件", new ImageIcon("images//study.jpg"),
            JLabel.LEFT);
        add(label1);
    }
}
```

Panel2 包含一个文本域、两个复选框和两个单选按钮，复选框和单选按钮可以控制文本域中的字体和颜色，完整的代码如下：

```
class Panel2 extends JPanel {
    JTextArea text1;
    JCheckBox boldbox;
    JCheckBox italicbox;
    JRadioButton blueRadio;
    JRadioButton redRadio;
    public Panel2() {
        text1 = new JTextArea("请注意文本的颜色和字体", 6, 25);
        add(text1);
        boldbox = new JCheckBox("粗体");
        italicbox = new JCheckBox("斜体");
        blueRadio = new JRadioButton("蓝色");
        redRadio = new JRadioButton("红色", true);
        text1.setForeground(Color.RED);
        JPanel jpanel1 = new JPanel();                    // 定义一个面板
        jpanel1.setLayout(new GridLayout(2, 2));
        ButtonGroup radioGroup = new ButtonGroup();  // 单选按钮组
        radioGroup.add(blueRadio);
        radioGroup.add(redRadio);
        jpanel1.add(boldbox);
        jpanel1.add(blueRadio);
        jpanel1.add(italicbox);
        jpanel1.add(redRadio);
        add(jpanel1);
        // 为两个 JCheckBox 对象注册监听器
        BoxEventHandler Boxhandler = new BoxEventHandler();
        boldbox.addItemListener(Boxhandler);
        italicbox.addItemListener(Boxhandler);
        // 为两个 JRadioButton 对象注册监听器
        RadioEventHandler Radiohandler = new RadioEventHandler();
        blueRadio.addItemListener(Radiohandler);
        redRadio.addItemListener(Radiohandler);
    }
    // 定义一个处理 JCheckBox 事件的内部类
    private class BoxEventHandler implements ItemListener {
        private int valBold = Font.PLAIN;
        private int valItalic = Font.PLAIN;
        public void itemStateChanged(ItemEvent e) {
            if(e.getSource() == boldbox)
```

```
                if(e.getStateChange() == ItemEvent.SELECTED)
                    valBold = Font.BOLD;
                else
                    valBold = Font.PLAIN;
            if(e.getSource() == italicbox)
                if(e.getStateChange() == ItemEvent.SELECTED)
                    valItalic = Font.ITALIC;
                else
                    valItalic = Font.PLAIN;
            text1.setFont(new Font("Serif", valBold + valItalic, 14));
        }
    }
    // 定义一个处理 JRadioButton 事件的内部类
    private class RadioEventHandler implements ItemListener {
        // 实现 itemStateChanged( )方法
        public void itemStateChanged(ItemEvent e) {
            if(e.getSource() == blueRadio)
                text1.setForeground(Color.BLUE);
            if(e.getSource() == redRadio)
                text1.setForeground(Color.RED);
        }
    }
}
```

Panel3 采用 BorderLayout 布局，上方的 JPanel 中包含一个 JComboBox 组件和一个 JLabel 组件；下方的 JPanel 中包含一个 JLabel 组件和一个 JTextField 组件；中间是一个 JScrollPane 面板，内嵌一个 JList 组件。完整的代码如下：

```
class Panel3 extends JPanel {
    JPanel jp1 = new JPanel();
    JPanel jp2 = new JPanel();
    JComboBox jComboBox;        // 组合框
    JLabel jlabel1;             // 标签
    String[] captions = { "SINGLE", "SINGLE_INTERVAL", "MULTIPLE_INTERVAL" };
    String[] records = { "单选模式", "间隔单选模式", "间隔多选模式" };
    String[] books = { "Java 程序设计案例教程　定价 35.80", "社会心理学　定价 23.70", "高等数学
定价 32.60", "少儿故事　定价 27.20", "经济学原理　定价 42.70" };
    double[] fee = { 35.80, 23.70, 32.60, 27.20, 42.70 };
    JList list = new JList(books);
    JTextField t1 = new JTextField("这里显示所选数目的金额合计");
    public Panel3() {
        this.setLayout(new BorderLayout());
        jp1.setLayout(new FlowLayout());
        // 依据 captions 数组生成一个组合框并设置一屏可显示的项数
        jComboBox = new JComboBox(captions);
        jComboBox.setMaximumRowCount(3);
        jp1.add(jComboBox);   // 将组合框加入 jp1
        jlabel1 = new JLabel(records[0]);
        jp1.add(jlabel1);
        jp2.setLayout(new BoxLayout(jp2, BoxLayout.X_AXIS));
        t1.setEditable(false);
        jp2.add(new JLabel("费用合计"));
```

```
        jp2.add(t1);
        list.setSelectionMode(ListSelectionModel.SINGLE_SELECTION);
        JScrollPane ps = new JScrollPane(list);
        add(ps, BorderLayout.CENTER);
        add(jp1, BorderLayout.NORTH);
        add(jp2, BorderLayout.SOUTH);
        // 生成一个匿名内部类来处理 JComboBox 事件
        jComboBox.addItemListener(new ItemListener() {
            // 实现 itemStateChanged( )方法
            public void itemStateChanged(ItemEvent e) {
                int[] vals = { ListSelectionModel.SINGLE_SELECTION,
                        ListSelectionModel.SINGLE_INTERVAL_SELECTION,
                      ListSelectionModel.MULTIPLE_INTERVAL_SELECTION };
                if(e.getStateChange() == ItemEvent.SELECTED) {
                    // 确定选中项的下标，重新设置标签
                    int i = jComboBox.getSelectedIndex();
                    jlabel1.setText(records[i]);
                    list.setSelectionMode(vals[i]);
                }
            }
        });
        // 生成一个匿名内部类来处理 JList 事件
        list.addListSelectionListener(new ListSelectionListener() {
            public void valueChanged(ListSelectionEvent e) {
                if(!e.getValueIsAdjusting()) {
                    double sum = 0;
                    for(int i = 0; i < list.getModel().getSize(); i++) {
                        if(list.isSelectedIndex(i)) {
                            sum += fee[i];
                        }
                    }
                    t1.setText("" + sum);
                    t1.repaint();
                }
            }
        });
    }
}
```

在该类中，处理 JList 的 ListSelectionListener 事件监听器是 Swing 中的事件模型，其基本思想和用法与前面介绍的 AWT 事件处理模型一样，这里不做过多介绍。

在 JTabbedPaneDemo 类中，创建 JTabbedPane 面板，然后使用上面 3 个面板创建选项卡，完整的代码如下：

```
public class JTabbedPaneDemo extends JFrame implements ActionListener {
    private JTabbedPane jtab;
    private JButton topjbutton = new JButton("顶部");
    private JButton bottomjbutton = new JButton("底部");
    private JButton leftjbutton = new JButton("左边");
    private JButton rightjbutton = new JButton("右边");
    private JButton addjbutton = new JButton("添加选项卡");
    private JButton removejbutton = new JButton("删除选项卡");
```

```
    public JTabbedPaneDemo() {                  // 构造函数
        super("TabbedPane 演示");
        JPanel buttonPanel = new JPanel();
        buttonPanel.setLayout(new GridLayout(1, 6));
        topjbutton.addActionListener((ActionListener) this);
        bottomjbutton.addActionListener(this);
        leftjbutton.addActionListener(this);
        rightjbutton.addActionListener(this);
        addjbutton.addActionListener(this);
        removejbutton.addActionListener(this);
        buttonPanel.add(topjbutton);
        buttonPanel.add(bottomjbutton);
        buttonPanel.add(leftjbutton);
        buttonPanel.add(rightjbutton);
        buttonPanel.add(addjbutton);
        buttonPanel.add(removejbutton);
        // 把选项卡布局管理器和面板加入到内容窗格中
        jtab = new JTabbedPane(SwingConstants.TOP);
        getContentPane().add("South", buttonPanel);
        getContentPane().add("Center", jtab);
        // 创建 3 个选项卡
        createTab();
        createTab();
        createTab();
        // 显示第一个选项卡
        jtab.setSelectedIndex(0);
    }
    public void createTab() {
        switch (jtab.getTabCount() % 3) {
        case 0:
            jtab.addTab("选项卡" + jtab.getTabCount(), new Panel1());
            break;
        case 1:
            jtab.addTab("选项卡" + jtab.getTabCount(), new Panel2());
            break;
        case 2:
            jtab.addTab("选项卡" + jtab.getTabCount(), new Panel3());
            break;
        }
    }
    public void deleteTab() {
        if(jtab.getTabCount() > 0)
            jtab.removeTabAt(jtab.getTabCount() - 1);
    }
    public void actionPerformed(ActionEvent e) {
        if(e.getSource() == topjbutton)
            jtab.setTabPlacement(SwingConstants.TOP);
        else if(e.getSource() == bottomjbutton)
            jtab.setTabPlacement(SwingConstants.BOTTOM);
        else if(e.getSource() == leftjbutton)
            jtab.setTabPlacement(SwingConstants.LEFT);
        else if(e.getSource() == rightjbutton)
```

```
                jtab.setTabPlacement(SwingConstants.RIGHT);
            else if(e.getSource() == addjbutton)
                createTab();
            else if(e.getSource() == removejbutton)
                deleteTab();
            jtab.revalidate();
            jtab.repaint();
        }
        public static void main(String[] args) {
            JTabbedPaneDemo jframe = new JTabbedPaneDemo();
            jframe.addWindowListener(new WindowAdapter() {
                public void windowClosing(WindowEvent e) {
                    System.exit(0);
                }
            });
            jframe.pack();
            jframe.setVisible(true);
        }
    }
```

程序运行结果如图 9-8 所示，默认创建了 3 个选项卡，并显示第一个选项卡的内容，选项卡标题位于顶部。

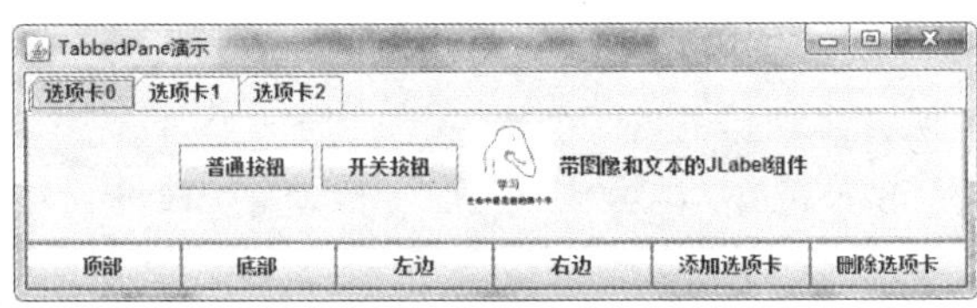

图 9-8　程序运行初始界面

单击“开关按钮”，按钮上的文本将发生变化，如图 9-9 所示。

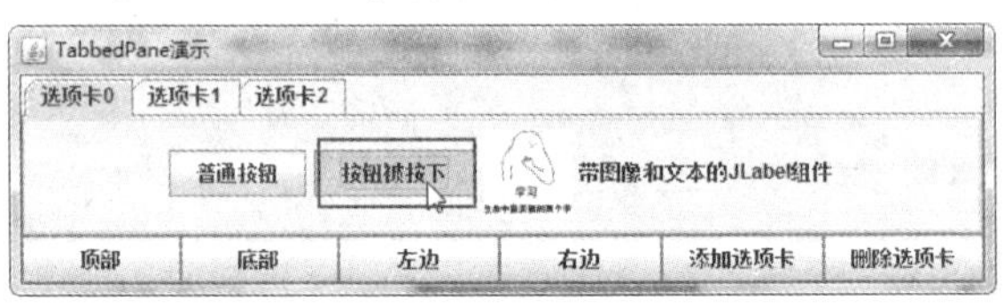

图 9-9　单击“开关按钮”后

单击选项卡名称，可以在不同选项卡之间切换。在“选项卡 1”中，可以通过复选框和单选按钮来改变文本域中文件的字体和颜色等，如图 9-10 所示。

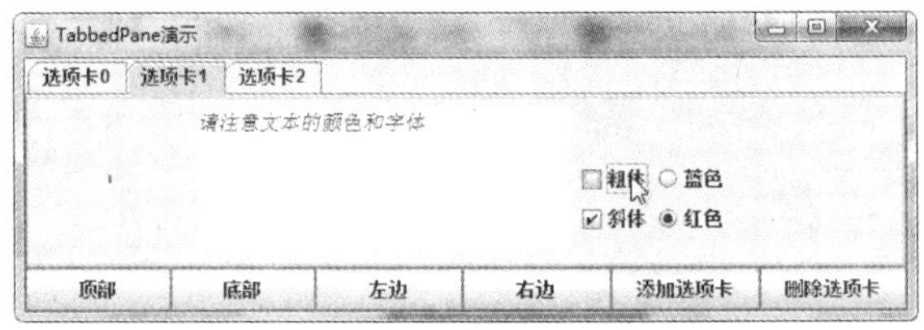

图 9-10　“选项卡 1”运行效果

界面底部还有 6 个按钮用来操作选项卡，前 4 个按钮可以改变选项卡标题的位置，后面两个按钮可以添加或删除选项卡。如果单击“右边”按钮，界面将变为如图 9-11 所示的样子。

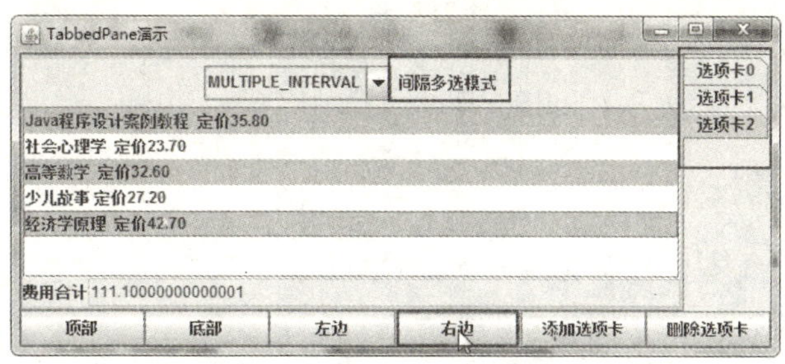

图 9-11　选项卡标题位于右边

8. JOptionPane

JOptionPane 主要用于消息的确认、提示、输入等用途，它显示一个图标、一个或多个可选值和一行功能按钮。需要指出的是，由 JOptionPane 创建的对话框是模态对话框。

- 消息对话框

消息对话框仅用于显示消息，创建消息对话框的静态方法如下：

```
static void showMessageDialog(Component parent,Object msg, String title, int type);
static void showMessageDialog(Component parent,Object msg, String title, int type, Icon icon);
```

其中，parent 参数确定对话框位于的框架，如果该参数的值为 null，将创建一个默认的框架；msg 参数为需要显示的消息，通常为一个字符串；title 为对话框的标题字符串；type 为需要显示的消息类型，可供选择的静态常量包括 ERROR_MESSAGE、INFORMATION_MESSAGE、WARNING_MESSAGE、QUESTION_MESSAGE 和 PLAIN_MESSAGE(所有的常量都被定义在 JOptionPane 类中)；icon 是对话框中显示的图标，如果没有该参数，对于错误、信息、警告和询问消息框，将分别显示默认的图标。

- 确认对话框

确认对话框使用户能够确认或拒绝一个动作。用于创建确认对话框的静态方法如下：

```
static int showConfirmDialog(Component parent,Object msg, String title, int opType);
static int showConfirmDialog(Component parent,Object msg, String title, int opType,int type);
static int showConfirmDialog(Component parent,Object msg, String title, int opType,int type, Icon icon);
```

确认对话框返回一个 int 类型的数值，包括 YES_OPTION、NO_OPTION、CANCEL_OPTION 和 CLOSED_OPTION。如果用户单击了 Yes 按钮，则返回 YES_OPTION，依此类推。如果用户不做任何选择就关闭对话框，则返回 CLOSED_OPTION，通常被当作 Cancel 或 No 来处理。其中，opType 提供给用户的选项类型包括 YES_NO_OPTION 或 YES_NO_CANCEL_OPTION。

- 输入对话框

输入对话框允许用户向文本框中输入信息，或者从一个组合框中选择其中的一项。用于创建输入对话框的静态方法如下：

```
static String showInputDialog(Object message);
static String showInputDialog(Component parent,Object message);
static String showInputDialog(Component parent,Object msg, String title, int type);
static Object showInputDialog(Component parent,Object msg, String title, int type,Icon icon,
                              Object[] selValues,Object initSelValue);
```

前 3 个方法返回一个字符串，最后一个方法返回一个对象。其中，Object[] selValues 数组中存放着一些可选择的项；initSelValue 是默认选项。

9.4.3 菜单与工具栏

Swing 的菜单系统支持几个关键元素，包括：

- 菜单栏，这是应用程序的主菜单。
- 标准菜单，可以包含待选择的菜单项或其他菜单(子菜单)。
- 弹出菜单，通常通过右击鼠标激活。
- 工具栏，提供了快速访问程序功能的方法，常常与菜单项同时存在。
- 动作，允许由一个对象管理两个或更多个不同的组件。动作通常与菜单和工具栏一起使用。

Swing 菜单还支持快捷键，允许在没有激活菜单的情况下选择菜单项以及助记符，允许在菜单项已显示的情况下，使用键盘选择菜单项。

1. 菜单

Swing 菜单系统由一组相关的类来支持：JMenuBar、JMenu、JCheckBoxMenuItem、JMenuItem 和 JRadioButtonMenuItem，这 5 种组件与 AWT 包中相应的菜单组件功能相同。

- JMenuBar 类：顶级菜单类，该类是 JComponent 的子类，包含了管理菜单项所必需的方法。
- JMenuItem 类：AbstractButton 的子类，包含管理菜单项所必需的方法；菜单项可以用来触发某种方法，也可以是一个为用户提供更多菜单项的子菜单。
- JMenu 类：JMenuItem 的子类，包含管理菜单的方法。单击某个菜单时，菜单就会展开并显示出菜单项列表。单击某个菜单项会产生一个动作事件。
- JCheckBoxMenuItem 类：JMenuItem 的子类，包含管理具有开关状态的菜单项所必需的方法；当某个 JCheckBoxMenuItem 被选中时，会在菜单项的左边出现一个对钩(√)，再次选择该菜单项时，此对钩就会被清除。
- JRadioButtonMenuItem 类：JMenuItem 的子类，与 JCheckBoxMenuItem 一样是，一种具有开关功能的菜单项。当多个 JRadioButtonMenuItem 作为 ButtonGroup 的一部分来维护时，这组选项在同一时刻只能有一个被选定。

除了上述 5 个类，还有一个用来分隔菜单项的类 JSeparator，用来在菜单项之间添加分隔线。

在 Swing 中创建菜单的操作步骤与 AWT 类似，首先需要创建一个 JMenuBar 对象，JMenuBar 类是菜单的容器。在 JMenuBar 实例中，再添加 JMenu 实例。每个 JMenu 对象定义了一个菜单。也就是说，每个 JMenu 对象包含一个或更多个可以选择的菜单项。JMenu 显示的菜单项是 JMenItem 对象。

除了“标准”菜单项，还可以在菜单中包含复选菜单项和单选菜单项：JCheckBoxMenuItem 和 JRadioButtonMenuItem。这两个类都扩展了 JMenuItem 类，并且都可以用在标准菜单或弹出式菜单中。

理解 Swing 菜单的一个关键点是每个菜单项都扩展了 AbstractButton 类，这是 Swing

按钮组件的超类，因此，所有菜单项本质上都是按钮。只是它们看起来不像按钮。但是，它们产生动作事件，就像按下按钮一样。

2. 快捷菜单

快捷菜单也叫弹出式菜单，它是菜单栏的一个替代或附属功能。在 Swing 包中，用于实现快捷菜单的类是 JPopupMenu。要创建弹出式菜单，首先创建一个 JPopupMenu 对象。然后，在其中添加 JMenuItem。通常，通过在组件上右击鼠标可激活弹出式菜单。

激活弹出式菜单需要如下 3 个步骤：

(1) 注册鼠标事件的监听器。

(2) 在鼠标事件处理程序中，监视弹出式菜单触发器。

(3) 收到弹出式菜单触发器后，调用 show( )方法显示弹出式菜单。

3. 工具栏

工具栏 JToolBar 是从 JDK 1.4 开始新增的一个组件。工具栏和菜单都提供大多数相同功能的访问，因此在编写程序时，经常将菜单和工具栏一起搭配使用。即工具栏一般是菜单的快捷方式，工具条能够实现的功能，一般都可以通过菜单来实现。

JToolBar 类的本质是一个具有水平或垂直方向的容器。它可以浮动，也可以把它拖到一个容器的东边、西边、南边和北边，或者拖到一个单独的窗口中。如果在创建工具栏时指定了标题，那么当工具栏处于浮动状态时，标题就会显示出来。

向工具栏添加按钮(或其他组件)的方式与把它们添加到菜单栏中一样，只需要调用 add( )方法即可。组件将按照添加顺序显示在工具栏中。

4. 应用案例

【案例 9-6】Swing 的菜单栏与工具栏。

在 ch08 中新建一个 Java 类 SwingMenuDemo，为了统一处理所有菜单项和工具栏按钮的事件，该类实现了 ActionListener 接口。本例中有一个工具栏、一个快捷菜单、两个菜单(“文件”和“编辑”)，菜单项中有普通菜单、带复选框的菜单和单选菜单；涵盖了几乎本节提到的所有菜单类型。完整的代码如下：

```
import java.awt.BorderLayout;
import java.awt.event.*;
import javax.swing.*;
public class SwingMenuDemo implements ActionListener {
    JLabel jlab;              // 用来显示信息
    JMenuBar jmb;             // 菜单栏
    JToolBar jtb;             // 工具栏
    JPopupMenu jpu;           // 快捷菜单
    SwingMenuDemo() {
        JFrame jfrm = new JFrame("Swing 菜单与工具栏");
        jfrm.setSize(360, 200);
        jfrm.setDefaultCloseOperation(JFrame.EXIT_ON_CLOSE);      // 单击右上角的关闭按钮
        jlab = new JLabel();
        jmb = new JMenuBar();       // 菜单栏
```

```
        makeFileMenu();                  // 创建“文件”菜单
        makeToolBar();                   // 创建工具栏
        makeEditMenu();                  // 创建“编辑”菜单
        makeEditPUMenu();                // 创建 快捷菜单
        jfrm.addMouseListener(new MouseAdapter() {        // 处理鼠标事件，显示弹出式菜单
            public void mousePressed(MouseEvent me) {
                if(me.isPopupTrigger())
                    jpu.show(me.getComponent(), me.getX(), me.getY());
            }
            public void mouseReleased(MouseEvent me) {
                if(me.isPopupTrigger())
                    jpu.show(me.getComponent(), me.getX(), me.getY());
            }
        });
        jfrm.add(jlab, SwingConstants.CENTER); // 标签在窗体中心
        jfrm.add(jtb, BorderLayout.NORTH);       // 工具栏在上方
        jfrm.setJMenuBar(jmb);
        jfrm.setVisible(true);
    }
    public void actionPerformed(ActionEvent ae) {// 所有菜单和工具栏按钮都通过该方法处理事件
        String comStr = ae.getActionCommand();
        if(comStr.equals("关闭"))                   // 选择"关闭"菜单，退出程序
            System.exit(0);
        jlab.setText("选择的菜单项为:   " + comStr);// 其他菜单的事件处理
    }
    // 创建“文件”菜单。
    void makeFileMenu() {
        JMenu jmFile = new JMenu("文件");
        jmFile.setMnemonic(KeyEvent.VK_F);          // 热键 F(Alt+F 可打开“文件”菜单)
        JMenuItem jmiOpen = new JMenuItem("打开", KeyEvent.VK_O);       // 热键 O
        jmiOpen.setAccelerator(KeyStroke.getKeyStroke(KeyEvent.VK_O,
            InputEvent.CTRL_DOWN_MASK));        // 快捷键 Ctrl+O
        JMenuItem jmiSave = new JMenuItem("保存", KeyEvent.VK_S);
        JMenuItem jmiExit = new JMenuItem("关闭", KeyEvent.VK_X);
        jmFile.add(jmiOpen);
        jmFile.add(jmiSave);
        jmFile.addSeparator();                      // 添加一条分隔线
        jmFile.add(jmiExit);
        jmb.add(jmFile);
        jmiOpen.addActionListener(this);
        jmiSave.addActionListener(this);
        jmiExit.addActionListener(this);
    }
    // 创建“编辑”菜单。
    void makeEditMenu() {
        JMenu jmEdit = new JMenu("编辑");
        // “插入”子菜单包含两个带复选框菜单项
        JMenu jmInsert = new JMenu("插入");
        ImageIcon icon = new ImageIcon("images/table.jpg");
        JCheckBoxMenuItem jmiCheckBox1 = new JCheckBoxMenuItem("文本框");
        JCheckBoxMenuItem jmiCheckBox2 = new JCheckBoxMenuItem("表格", icon);   // 带图标
        jmInsert.add(jmiCheckBox1);
```

```
        jmInsert.add(jmiCheckBox2);
        jmEdit.add(jmInsert);
        // “对齐”子菜单含有两个单选菜单项
        JMenu jmAlign = new JMenu("对齐");
        JRadioButtonMenuItem jmiCenter = new JRadioButtonMenuItem("居中", true);  // 默认选中
        JRadioButtonMenuItem jmiLeft = new JRadioButtonMenuItem("左对齐");
        jmAlign.add(jmiCenter);
        jmAlign.add(jmiLeft);
        jmEdit.add(jmAlign);
        // 两个单选菜单项需要放入 ButtonGroup 组中
        ButtonGroup bg = new ButtonGroup();
        bg.add(jmiCenter);
        bg.add(jmiLeft);
        jmb.add(jmEdit);
        jmiCheckBox1.addActionListener(this);
        jmiCheckBox2.addActionListener(this);
        jmiCenter.addActionListener(this);
        jmiLeft.addActionListener(this);
    }
    // 创建工具栏
    void makeToolBar() {
        ImageIcon icon = new ImageIcon("images/cut.jpg");
        JButton jbtnCut = new JButton("剪切", icon);
        JButton jbtnCopy = new JButton("复制");
        JButton jbtnPaste = new JButton("粘贴");
        jtb = new JToolBar("常用");
        // 添加按钮到工具栏中
        jtb.add(jbtnCut);
        jtb.add(jbtnCopy);
        jtb.add(jbtnPaste);
        jbtnCut.addActionListener(this);
        jbtnCopy.addActionListener(this);
        jbtnPaste.addActionListener(this);
    }
    // 创建快捷菜单
    void makeEditPUMenu() {
        jpu = new JPopupMenu();
        ImageIcon icon = new ImageIcon("images/cut.jpg");
        JMenuItem jmiCut = new JMenuItem("剪切", icon);   //带图标
        JMenuItem jmiCopy = new JMenuItem("复制");
        JMenuItem jmiPaste = new JMenuItem("粘贴");
        jpu.add(jmiCut);
        jpu.add(jmiCopy);
        jpu.add(jmiPaste);
        jmiCut.addActionListener(this);
        jmiCopy.addActionListener(this);
        jmiPaste.addActionListener(this);
    }
    public static void main(String[] args) {
        new SwingMenuDemo();
    }
}
```

上述程序中包含了很多注释信息，以帮助读者阅读和理解代码的具体含义。程序中为某些菜单和按钮添加了图标，所以需要在工程的 images 目录中包含这些图片文件，程序的运行结果如图 9-12 所示。选择某个菜单项或者单击工具栏中的按钮后，正文部分会显示用户选择的菜单项内容。工具栏初始时位于菜单栏下方，也可以用鼠标将其拖到其他地方或成为浮动窗口，如图 9-13 所示。

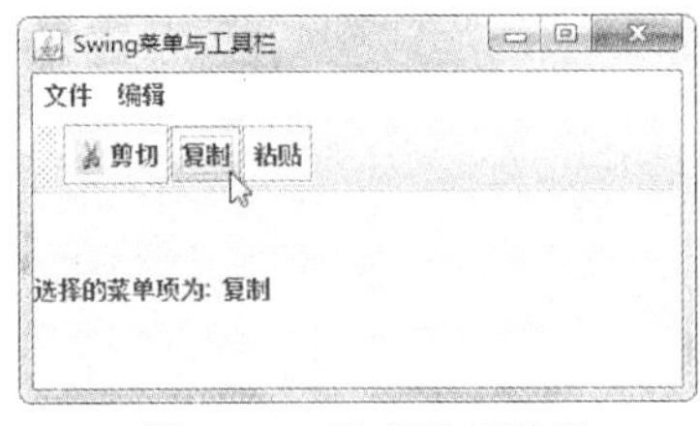

图 9-12　程序运行结果

图 9-13　工具栏成为浮动窗口

9.5　本章小结

本章主要介绍了 Java 的传统 GUI 编程及其相关知识，包括 AWT 组件和 Swing 组件。首先介绍的是 GUI 的组成以及编写 GUI 程序的一般步骤；接着介绍与 GUI 相关的事件处理模型以及一些常用的事件类、事件监听接口和适配器类；然后介绍了使用 AWT 创建 GUI 程序，包括容器组件、AWT 包中的常用组件和布局管理器；最后介绍了 Swing 包中的一些基本组件和高级组件。通过本章的学习，读者应掌握传统的 Java GUI 编程的基本步骤和编程技巧，能够熟练应用 Swing 组件开发简单的图形用户界面程序。

9.6　思考和练习

1. GUI 由哪些基本元素组成？

2. 编写 GUI 程序的一般步骤是什么？

3. 什么是 Java 委托事件模型？常见的事件有哪些？处理这些事件需要实现哪些接口中的哪些方法？

4. 在以下选择的方法中，属于接口 MouseMotionListener 的方法是(　　)。

　A. mouseReleased( )　　　B. mouseEntered( )
　C. mouseExited( )　　　　D. mouseMoved( )

5. Window是显示屏上独立的本机窗口，它独立于其他容器，Window的两种形式是(　　)。

　A. Frame 和 Dialog　　　B. Panel 和 Frame
　C. Container 和 Component　　D. LayoutManager 和 Container

6. 在 Java 中常用的布局管理器有哪些？这些布局管理器各有什么特点？

7. 下列哪种 Java 组件可作为容器组件(　　)？

　A. List 列表框　　　B. Choice 下拉列表框
　C. Panel 面板　　　D. MenuItem 命令式菜单项

8. 对 JButton 按钮对象进行鼠标单击事件编程，该事件监听程序应实现如下哪个接口(　　)?

A. ActionListener 接口　　B. MouseMotionListener 接口

C. ItemListener 接口　　D. WindowListener 接口

9. ___________布局管理器包括五个明显的区域：东、南、西、北、中。

10. 模态对话框和非模态对话框的区别是什么？

11. 如何判断 JComboBox 对象中哪个条目被选中？

12. 解释如何使用 JMenuBar 类、JMenu 类和 JMenuItem 类构建一个下拉菜单。

13. 使用 Swing 包中的组件，编写一个程序，实现 GUI 界面的注册页面或调查问卷。

第10章 JavaFX GUI编程

上一章就提到过，JavaFX 是 Java 的下一代客户端平台和 GUI 框架。预计在将来的某个时候，JavaFX 会取代 Swing，成为 Java 中最受欢迎的 GUI。它提供了一个强大、流线化且灵活的框架，简化了现代的、视觉效果出色的 GUI 的创建。本章将介绍如何创建 JavaFX 应用程序，包括 JavaFX 应用程序的框架，以及 JavaFX 常用控件的使用，效果和变换，以及 JavaFX 菜单等内容。通过本章的学习，读者应掌握 JavaFX 应用程序的工作原理和启动过程，能够编写简单的 JavaFX 应用程序。

本章学习目标：

- 了解 JavaFX 应用程序的框架
- 掌握 Application 类及方法
- 了解 Stage 和 Scene 在 JavaFX 中的作用
- 理解 JavaFX 中的节点和场景图
- 掌握 JavaFX 应用程序的启动方法
- 了解 JavaFX 的常用组件
- 了解 JavaFX 中的效果和变换

10.1 JavaFX 概述

随着移动互联网的飞速发展，移动应用变得越来越重要，而且这类应用程序往往要求 GUI 能有让人眼前一亮的地方。这就促使了 JavaFX 的问世。JavaFX 是一个庞大的系统，预计在未来几年中，JavaFX 会取代 Swing 被应用到新项目中。任何 Java 程序员都不应该忽视 JavaFX。JavaFX 框架具有 Swing 的所有优点。例如，JavaFX 是轻量级的，并且支持 MVC 架构。我们前面学习的使用 Swing 创建 GUI 的很多知识，在概念上也可以应用到 JavaFX 中。

10.1.1 JavaFX 包

最初的 JavaFX 基于一种脚本语言 JavaFX Script。但是，JavaFX Script 后来被弃用了。从 JavaFX 2.0 开始，JavaFX 开始完全用 Java 编写，并提供了一个全面的 API。从 JDK 7 Update 4 开始，JavaFX 就与 Java 捆绑在一起。JavaFX 的最新版本是 JavaFX 8，它与 JDK 8 捆绑在一起(采用版本号 8 是为了与 JDK 版本一致，所以跳过了版本号 3~7)。本书提到 JavaFX 时，通常指的就是 JavaFX 8。

JavaFX 的元素包含在以 javafx 开头的一些包中。安装好 JDK 后，在安装目录中会有一个名为 javafx-src.zip 的压缩文件，其中存放的是 JavaFX 库的 Java 源文件。在 JavaFX API 库中有几十个 JavaFX 包，比较常用的有 javafx.application、javafx.stage、javafx.scene 和 javafx.scene.layout 等。

10.1.2 JavaFX 应用程序的框架

所有 JavaFX 应用程序都具有相同的框架。因此，在深入学习 JavaFX 之前，先看看这个框架是什么样的。

1. Application 类和生命周期方法

JavaFX 应用程序必须是 javafx.application 包中 Application 类的子类。因此，应用程序必须扩展 Application 类。Application 类定义了 3 个可以被重写的生命周期方法。

- void init( )：当应用程序开始执行时，调用 init( )方法。该方法用于执行各种初始化工作。它不能用于创建舞台或构建场景。如果不需要进行初始化，那么不需要重写这个方法，因为默认会提供空版本的 init( )方法。
- abstract void start(Stage primaryStage)：start( )方法在 init( )方法之后调用。这是应用程序开始执行的地方，可以用来构造和设置场景。它接受一个 Stage 类型的参数。这是由运行时系统提供的舞台，即主舞台。我们的应用程序必须实现这个抽象方法。
- void stop( )：应用程序终止时，会调用 stop( )方法。在这里可以执行清理和关闭工作。如果不需要执行这些操作，可以不重写该方法。

2. Stage 和 Scene 类

JavaFX 采用的核心比喻是舞台。正如现实中的舞台表演，舞台是有场景的。舞台定义了一个空间，场景定义了在该空间内发生了什么。换句话说，舞台是场景的容器，场景是组成场景的元素的容器。因此，所有 JavaFX 应用程序都具有至少一个舞台和至少一个场景。这些元素在 JavaFX API 中由 Stage 和 Scene 类封装。要创建 JavaFX 应用程序，至少需要在一个 Stage 中添加一个 Scene 对象。

Stage 是顶级容器。所有 JavaFX 应用程序都自动能够访问一个 Stage，叫作主舞台。当 JavaFX 应用程序启动时，运行时系统会提供主舞台(start( )方法的参数)。尽管还可以创建其他舞台，但是对于许多应用程序来说，主舞台是唯一需要的舞台。

Scene 是组成场景的元素的容器。这些元素包括控件(如命令按钮和复选框)、文本和图形。为了创建场景，需要把这些元素添加到一个 Scene 实例中。

3. 节点和场景图

场景中的单独元素叫作节点。例如，命令按钮控件就是一个节点。不过，节点也可以由一组节点组成。而且节点还可以有子节点，具有子节点的节点叫作父节点或分支节点。没有子节点的节点叫作终端节点或叶子。场景中所有节点的集合创建出所谓的场景图，场景图又构成了树。

场景图中有一种特殊的节点是根节点。根节点是顶级节点，也是场景图中唯一没有父节点的节点。因此，除了父节点以外，其他所有节点都有父节点，而且所有节点都直接或间接地派生自根节点。

所有节点的基类是 Node。有一些类直接或间接地派生了 Node 类，如 Parent、Group、Region 和 Control 类等。

4. 布局

JavaFX 提供了几个布局窗格，用于管理在场景中放置元素的过程。例如，FlowPane 类提供了流式布局，GridPane 类支持基于网格的行列布局。除此之外，还有 BorderPane，它类似于 AWT 中的 BorderLayout 布局。布局窗格类位于 javafx.scene.layout 包中。

5. 启动 JavaFX 应用程序

要启动一个独立的 JavaFX 应用程序，需要调用 Application 类的 launch( )方法。它有如下两个版本：

```
public static void launch(String ... args)
public static void launch(Class<? extends Application> appClass, String... args)
```

本书用到的是第一个版本，其中，args 是一个指定了命令行参数的字符串列表，可以为空。调用 launch( )会开始构造应用程序，然后调用 init( )和 start( )方法。直到应用程序终止，launch( )方法才会返回。第一个版本的 launch( )方法会启动调用它的 Application 类的子类；第二个版本的 launch( )方法允许指定启动另一个类，而不是其调用类。

说明：

对于使用 javafxpackager 工具(或 IDE 中某个与之类似的工具)打包的 JavaFX 应用程序，不需要包含对 launch( )方法的调用。但是，包含该方法通常能简化测试和调试，并且不需要创建 JAR 文件就可以使用程序。因此，本书所有的 JavaFX 应用程序都包含了 launch( )方法。

10.1.3　JavaFX 的事件处理

JavaFX 事件的基类是 javafx.event 包中的 Event 类。该类继承了 java.util.EventObject 类，这意味着 JavaFX 事件与其他 Java 事件共享相同的基本功能。Event 类有几个子类，如 ActionEvent 类用来处理按钮产生的动作事件。

JavaFX 的事件处理实质上也是委托事件模型。为处理事件，首先必须注册处理程序，作为事件的监听器。事件发生时，会调用监听器。监听器必须响应事件，然后返回。在这一点上，JavaFX 的事件管理与 Swing 事件很类似。

事件是通过实现 EventHandler 接口处理的，该接口也包含在 javafx.event 包中。它是一个泛型接口，该接口定义了 handle( )方法，它接受事件对象作为参数，如下所示：

```
void handle(T eventObj)
```

其中，eventObj 是产生的事件。通常，事件处理程序是通过匿名内部类来实现的。在处理事件时，可以调用继承自 java.util.EventObject 的 getSource( )方法来获得事件源。

提示：

使用 JavaFX 的应用程序还可以通过实现事件过滤器来管理事件，不过这里没有用到。通过调用 Node 类定义的 addEventFilter( )方法，可以向节点添加事件过滤器。事件过滤器可以消费事件，从而阻止事件被进一步处理。

10.1.4　一个简单的 JavaFX 应用程序

JavaFX 提供了丰富的控件供应用程序使用。本节将创建一个简单的 JavaFX 应用程序，它包含一个开关按钮、一个普通按钮和一个标签控件，这几个控件都是比较简单且最常使用的控件。

将控件添加到场景中的方法是：首先对场景图的根节点调用 getChildren( )方法。该方法返回一个 ObservableList<Node>形式的子节点列表。然后通过该子节点列表的 add( )或 addAll( )方法，把一个或多个控件添加到这个列表中。

【案例 10-1】创建一个简单的 JavaFX 应用程序。

新建一个 Java 工程 ch10，在该工程中新建一个 Java 类 JavaFXDemo，该类继承了 Application 类，并重写了 start( )方法。为了更好地理解 JavaFX 应用程序的生命周期，简单重写了 init( )和 stop( )方法，完整的代码如下：

```
import javafx.application.*;
import javafx.event.ActionEvent;
import javafx.event.EventHandler;
import javafx.geometry.Pos;
import javafx.scene.Scene;
import javafx.scene.control.Button;
import javafx.scene.control.Label;
import javafx.scene.control.ToggleButton;
import javafx.scene.layout.FlowPane;
import javafx.stage.Stage;
public class JavaFXDemo extends Application {
    public static void main(String[] args) {
        System.out.println("通过 launch( )方法启动应用程序。");
        launch(args);
    }
    @Override
    public void start(Stage myStage) throws Exception {
        System.out.println("执行 start( )方法。");
        myStage.setTitle("一个 JavaFX 应用程序");
        FlowPane rootNode = new FlowPane(10, 10);          // 流式布局
        rootNode.setAlignment(Pos.CENTER);
        Scene myScene = new Scene(rootNode, 300, 100);   // 场景
        myStage.setScene(myScene);
        Label response = new Label("显示按钮事件信息");
        ToggleButton togBtn = new ToggleButton("开关按钮");
        Button btn = new Button("普通按钮");
        //事件处理
        togBtn.setOnAction(new EventHandler<ActionEvent>() {
            public void handle(ActionEvent ae) {
```

```
                if(togBtn.isSelected())
                    response.setText("开关按钮被按下");
                else
                    response.setText("开关按钮弹起");
            }
        });
        btn.setOnAction(new EventHandler<ActionEvent>() {
            public void handle(ActionEvent ae) {
                response.setText("普通按钮　被单击");
            }
        });
        rootNode.getChildren().addAll(togBtn, btn, response);
        myStage.show();
    }
    public void init() {
        System.out.println("执行 init( )方法。");
    }
    public void stop() {
        System.out.println("执行 stop( )方法。");
    }
}
```

程序的运行结果如图 10-1 所示。单击不同的按钮，标签控件会显示相应的提示信息。

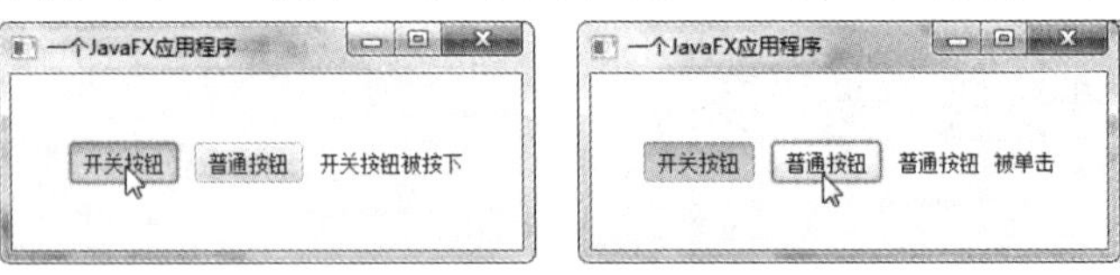

图 10-1　程序运行结果

在控制台窗口中会输出如下信息：

```
通过 launch( )方法启动应用程序。
执行 init( )方法。
执行 start( )方法。
```

关闭窗口时，在控制台窗口中会继续输出下面的信息：

```
执行 stop( )方法。
```

当然，在真正的程序中，生命周期方法一般不会使用 System.out 输出信息。这里只是为了演示每个方法的调用时间。

在本例的 main( )方法中，通过调用 launch( )方法来启动应用程序，并把 main( )方法的 args 参数传递给 launch( )方法。这是比较常见的做法，也可以传递一组不同的参数给 launch( )方法，甚至根本不传递参数。

应用程序启动后，JavaFX 运行时系统首先调用 init( )方法，然后执行 start( )方法，在 start( )方法中创建最初的场景，并将其设置给主舞台(start( )方法的参数)。通过主舞台的 setTitle( )方法可以设置舞台的标题：

```
myStage.setTitle("一个 JavaFX 应用程序");
```

接下来，为场景创建根节点。根节点是场景图中唯一没有父节点的节点。在本例中，为根节点使用了 FlowPane 布局，在这种布局中，元素逐行放置。这里使用水平流式布局，也可以指定垂直流式布局，还可以指定布局的属性，例如元素间的垂直和水平间距，以及对齐等。本例中创建 FlowPane 对象时指定场景中元素周围的水平和垂直间距均为 10，如果不指定这些间距，那么两个元素将紧密排列，中间没有间距。然后使用 setAlignment( ) 方法设置 FlowPane 中元素的对齐方式为居中对齐。值 Pos.CENTER 指定在水平和垂直方向上都居中。Pos 是一个指定对齐常量的枚举，它包含在 javafx.geometry 包中。

下面的代码使用根节点来构造一个 Scene 对象：

```
Scene myScene = new Scene(rootNode, 300, 100);
```

然后将 myScene 设为 myStage 的场景：

```
myStage.setScene(myScene);
```

随后的几行代码创建几个控件，并为按钮控件添加事件处理程序，通过匿名内部类来实现 EventHandler 接口，在 handle( )方法内，设置标签的文本。

设置好事件处理程序后，调用 addAll( )方法，将 response 标签和两个按钮添加到场景中：

```
rootNode.getChildren().addAll(togBtn, btn, response);
```

addAll( )方法向调用父节点添加一个节点列表。当然，也可以通过调用 add( )方法 3 次来添加这些节点，但是在这里，使用 addAll( )更加方便。

最后，使用 show( )方法显示舞台及其场景。

10.2 JavaFX 控件

在案例 10-1 中，用到了 3 个控件：标签、普通按钮和开关按钮，这些控件都包含在 javafx.scene.control 包中。因为 JavaFX 是一个丰富、强大的框架，所以它提供的控件也比较全面，本书只介绍几个具有代表性的 JavaFX 控件，了解这些控件后，学习其他控件就会很容易。

10.2.1 单选按钮

单选按钮是一组互斥的按钮，由 RadioButton 类支持，该类扩展了 ToggleButton 类，还实现了 Toggle 接口。因此，单选按钮是一种特殊形式的开关按钮。

为激活单选按钮的互斥本性，必须将它们放在一组中。使用 javafx.scene.control 包中的 ToggleGroup 类可创建按钮组。ToggleGroup 类只提供了默认构造函数。

然后使用按钮的 setToggleGroup( )方法，把单选按钮添加到开关按钮组中。把多个单选按钮添加到同一组中之后，它们的互斥行为就启用了。

使用单选按钮的方式多种多样。最简单的就是在选中单选按钮时，对产生的动作事件做出响应。也可以监听整个按钮组的变化，当发生变化时，事件处理程序很容易判断哪个单选按钮被选中，然后执行相应的操作。为此需要对开关按钮组注册 ChangeListener 监听器。ChangeListener 接口只定义了一个 changed( )方法，如下所示：

```
void changed(ObservableValue<? extends T> changed, T oldVal, T newVal)
```

其中，changed 是一个 ObservableValue<T>实例。Observable<T>封装了一个可被监视变化的对象。oldVal 和 newVal 参数分别传递旧值和新值。因此，在本例中，newVal 保存了对刚刚选中的单选按钮的引用。

【案例 10-2】使用 RadioButton 控件。

在 ch10 工程中新建一个 Java 类 RadioButtonDemo，该类继承了 Application 类，并重写了 start( )方法，完整的代码如下：

```
import javafx.application.Application;
import javafx.event.ActionEvent;
import javafx.event.EventHandler;
import javafx.geometry.Pos;
import javafx.scene.Scene;
import javafx.scene.control.*;
import javafx.scene.layout.FlowPane;
import javafx.stage.Stage;
public class RadioButtonDemo extends Application {
    public static void main(String[] args) {
        launch(args);
    }
    @Override
    public void start(Stage myStage) throws Exception {
        myStage.setTitle("使用  RadioButton");
        FlowPane rootNode = new FlowPane(10,10);
        rootNode.setAlignment(Pos.CENTER);
        Scene myScene = new Scene(rootNode, 220, 120);
        myStage.setScene(myScene);
        Label response = new Label("显示选中的单选按钮");
        RadioButton rb1 = new RadioButton("选项 1");
        RadioButton rb2 = new RadioButton("选项 2");
        RadioButton rb3 = new RadioButton("选项 3");
        ToggleGroup tg = new ToggleGroup();
        rb1.setToggleGroup(tg);
        rb2.setToggleGroup(tg);
        rb3.setToggleGroup(tg);
        rb1.setOnAction(new EventHandler<ActionEvent>() {
          public void handle(ActionEvent ae) {
            response.setText("选项 1 被选中.");
          }
        });
        rb2.setOnAction(new EventHandler<ActionEvent>() {
          public void handle(ActionEvent ae) {
            response.setText("选项 2 被选中.");
          }
        });

        rb3.setOnAction(new EventHandler<ActionEvent>() {
          public void handle(ActionEvent ae) {
            response.setText("选项 3 被选中.");
          }
```

```
        });
        rb1.fire();            // 初始时选中选项 1
        rootNode.getChildren().addAll(rb1, rb2, rb3, response);
        myStage.show();
    }
}
```

程序的运行结果如图 10-2 所示。

图 10-2　单选按钮运行效果

在程序中，通过 fire( )方法进行初始时，使得 rb1 被选中，该方法会产生 rb1 的动作事件。也可以使用 rb1.setSelected(true)来设置其初始时被选中，因为设置初始选中项会引起开关按钮组发生变化。如果使用 setSelected( )方法，可以通过监听整个开关按钮组的变化来处理事件，比如上面 3 个单选按钮动作事件的处理程序和对 fire( )方法的调用，可以用下面的代码替换：

```
tg.selectedToggleProperty().addListener(new ChangeListener<Toggle>() {
  public void changed(ObservableValue<? extends Toggle> changed, Toggle oldVal, Toggle newVal) {
    RadioButton rb = (RadioButton) newVal;
    response.setText(rb.getText()+"被选中.");
  }
});
rb1.setSelected(true);
```

10.2.2　复选框

CheckBox 类封装了复选框的功能，它是 ButtonBase 的子类。JavaFX 中的复选框比我们前面学习的复选框要复杂一些，它支持 3 种状态：选中和未选中，这是默认的两种行为；第 3 种状态是不确定(也叫作未定义)，通常用于表示复选框的状态尚未设置，或者对于特定的情况并不重要。如果需要使用不确定状态，需要显式地启用该状态。

CheckBox 类定义了两个构造函数。第一个是默认构造函数；第二个允许指定一个标识复选框的字符串，如下所示：

```
CheckBox(String str)
```

与其他按钮类控件一样，选中 CheckBox 时会产生动作事件。

10.2.3　ScrollPane

有时候，控件的内容会超出为控件指定的屏幕空间。例如：一幅大图片可能在指定的边界内无法完全显示，或者要显示的文本超出了一个小窗口的大小。这时，就需要使用 ScrollPane 来封装节点，为其添加滚动条。

ScrollPane 类定义了两个构造函数。第一个是默认构造函数；第二个允许指定想要滚动的节点，如下所示：

```
ScrollPane(Node content)
```

其中，content 指定要滚动的信息。使用默认构造函数时，可以调用 setContent( )方法来添加要滚动的节点。在程序执行过程中，也可以使用 setContent( )方法来改变被滚动窗格的内容。

ScrollPane 的默认行为是根据需要动态添加和删除滚动条。例如，如果组件比视口高，就添加垂直滚动条。如果组件能够完全容纳在视口内，就删除滚动条。

通过使用 setHvalue( )和 setVvalue( )方法，可以设置滚动条的位置。这两个方法如下：

```
final void setHvalue(double newHval)
final void setVvalue(double newVval)
```

newHval 指定新的水平位置，newVval 指定新的垂直位置。默认情况下，滚动条的位置从 0 开始。

ScrollPane还支持其他多种选项。例如，可以设置滚动条的最小和最大位置。还可以设置滚动条策略，指定滚动条何时显示或是否显示。

1. 应用案例

【案例 10-3】使用 ScrollPane 控件。

在 ch10 工程中新建一个 Java 类 ScrollPaneDemo，该类继承了 Application 类，并重写了 start( )方法，完整的代码如下：

```
import javafx.application.Application;
import javafx.beans.value.ObservableValue;
import javafx.scene.Scene;
import javafx.scene.control.*;
import javafx.scene.image.Image;
import javafx.scene.image.ImageView;
import javafx.scene.layout.Priority;
import javafx.scene.layout.VBox;
import javafx.stage.Stage;
public class ScrollPaneDemo extends Application {
    final ScrollPane sp = new ScrollPane();
    final Image[] images = new Image[4];
    final ImageView[] pics = new ImageView[4];
    final VBox vb = new VBox();
    final Label fileName = new Label();
    final String[] imageNames = new String[] { "1.jpg", "2.jpg", "3.jpg", "4.jpg" };
    public static void main(String[] args) {
        launch(args);
    }
    @Override
    public void start(Stage myStage) throws Exception {
        VBox box = new VBox();
        Scene scene = new Scene(box, 180, 180);
        myStage.setScene(scene);
        myStage.setTitle("Scroll Pane");
```

```
            box.getChildren().addAll(sp, fileName);
            VBox.setVgrow(sp, Priority.ALWAYS);
            fileName.setLayoutX(30);
            fileName.setLayoutY(160);
            for (int i = 0; i < 4; i++) {
                images[i] = new Image(imageNames[i]);
                pics[i] = new ImageView(images[i]);
                pics[i].setFitWidth(180);
                pics[i].setPreserveRatio(true);
                vb.getChildren().add(pics[i]);
            }
            sp.setVmax(330);
            sp.setPrefSize(115, 150);
            sp.setContent(vb);
            sp.vvalueProperty().addListener((ObservableValue<? extends Number> ov, Number old_val,
Number new_val) -> {
                fileName.setText(imageNames[(new_val.intValue() - 1) / 100]);
            });
            myStage.show();
        }
    }
```

本例使用一个滚动面板来展示一个带有图片的 VBox。VBox 是一种布局面板，用于将多个节点排成一列，本例中将 4 张图片加入到垂直盒子 VBox 中。

程序的运行结果如图 10-3 所示。因为 ScrollPane 的宽度为 180，图片的宽度也被设置为 180，所以水平方向也有滚动条。如果将窗口拉宽一些，可以看到水平滚动条会自动消失，如图 10-4 所示。

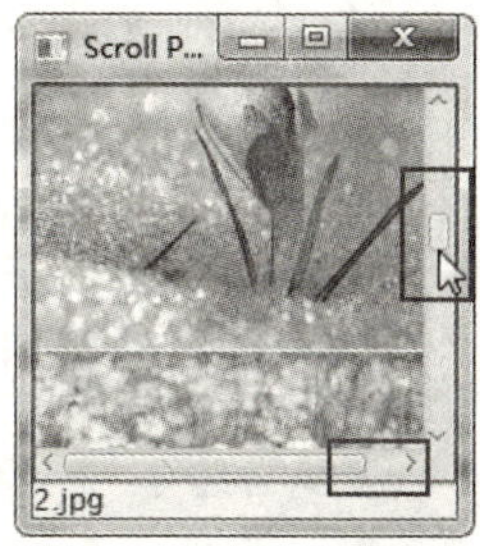

图 10-3　滚动面板示例

图 10-4　水平滚动条自动消失

2. Image 和 ImageView

JavaFX 对图片能够支持的基础是两个类：Image 和 ImageView。Image 类封装了图片本身，而 ImageView 类则管理图片的显示。两个类都包含在 javafx.scene.image 包中。

Image 类从 InputStream、URL 或图片文件的路径加载图片。Image 类定义了几个构造函数，本例使用的版本如下：

```
Image(String file)
```

其中，url 指定 URL 或图片文件的路径。其他构造函数还允许指定各种选项，如图片的宽度和高度。

有了 Image 对象后，就可以使用 ImageView 来显示它。ImageView 类派生自 Node 类，所以它可以是场景图的一部分。可以直接通过 Image 对象来构造 ImageView：

```
ImageView(Image image)
```

本例中用于加载并显示的 4 张图片为 1.jgp~4.jpg。

ScrollPane 类的 vvalue 属性用于帮助确定当前展示的图片并显示图片文件名。通过跟踪滚动条的纵向坐标值的变化可以确定当前显示的图片文件名。

10.2.4　日期选择控件

JavaFX 中的 DatePicker 控件提供了从给定日历中选择某一天的功能。它主要用在需要用户输入日期的 Web 站点或应用程序中。DatePicker 控件由一个带有日期信息域的 ComboBox 组件和一个日期选择器组成。

DatePicker 类提供了一些属性和方法来改变日期选择器的默认外观和行为，比如可以控制周次的显示或隐藏、自定义日期格式等。

setShowNumbers( )方法用来控制是否在日历中显示 ISO 日历系统的周次。

默认情况下，日期信息域中的日期会按本地和 ISO 日历系统的格式来展示，中文环境默认形式为“yyyy/MM/dd”，英文环境默认形式为“MM/dd/yyyy”。如果需要进行修改，可以使用 DatePicker 类的 converter 属性和 setConverter( )方法来设置日期的可选格式。如果将 converter 的值设置为 null，则会恢复默认的日期格式。

【案例 10-4】使用 DatePicker 控件。

在 ch10 工程中新建一个 Java 类 DatePickerDemo，该类继承了 Application 类，并重写了 start( )方法，完整的代码如下：

```
import java.time.LocalDate;
import java.time.format.DateTimeFormatter;
import java.util.Locale;
import javafx.application.Application;
import javafx.geometry.HPos;
import javafx.scene.Scene;
import javafx.scene.control.DateCell;
import javafx.scene.control.DatePicker;
import javafx.scene.control.Label;
import javafx.scene.layout.GridPane;
import javafx.scene.layout.VBox;
import javafx.stage.Stage;
import javafx.util.Callback;
import javafx.util.StringConverter;
public class DatePickerDemo extends Application {
    private DatePicker startDatePicker;
    private DatePicker endDatePicker;
    public static void main(String[] args) {
        launch(args);
    }
    @Override
    public void start(Stage myStage) {
        myStage.setTitle("DatePicker 控件 ");
        initUI(myStage);
```

```
        myStage.show();
    }
    private void initUI(Stage myStage) {
        VBox vbox = new VBox(20);
        vbox.setStyle("-fx-padding: 10;");
        Scene scene = new Scene(vbox, 280, 200);
        myStage.setScene(scene);
        startDatePicker = new DatePicker();
        endDatePicker = new DatePicker();
        startDatePicker.setValue(LocalDate.now());
        StringConverter<LocalDate> converter = new StringConverter<LocalDate>() {
            DateTimeFormatter dateFormatter = DateTimeFormatter.ofPattern("MM/dd/yyyy");
            @Override
            public String toString(LocalDate date) {
                if(date != null) {
                    return dateFormatter.format(date);
                } else {
                    return "";
                }
            }
            @Override
            public LocalDate fromString(String string) {
                if(string != null && !string.isEmpty()) {
                    return LocalDate.parse(string, dateFormatter);
                } else {
                    return null;
                }
            }
        };
        startDatePicker.setConverter(converter);
        final Callback<DatePicker, DateCell> dayCellFactory = new Callback<DatePicker,
DateCell>() {
            @Override
            public DateCell call(final DatePicker datePicker) {
                return new DateCell() {
                    @Override
                    public void updateItem(LocalDate item, boolean empty) {
                        super.updateItem(item, empty);
                        if(item.isBefore(startDatePicker.getValue().plusDays(1))) {
                            setDisable(true);
                            setStyle("-fx-background-color: #ffc0cb;");
                        }
                    }
                };
            }
        };
        endDatePicker.setDayCellFactory(dayCellFactory);
        endDatePicker.setValue(startDatePicker.getValue().plusDays(1));
        GridPane gridPane = new GridPane();        // 使用 GridPane 布局
        //设置单元格元素的水平和垂直间距
        gridPane.setHgap(10);
        gridPane.setVgap(10);
```

```
            Label label1 = new Label("开始日期:");
            gridPane.add(label1, 0, 0);             // 第 1 行第 1 列
            GridPane.setHalignment(label1, HPos.LEFT);
            gridPane.add(startDatePicker, 1,0);  // 第一行第 2 列
            Label label2 = new Label("结束日期:");
            gridPane.add(label2, 0, 1);             // 第 2 行第 1 列
            GridPane.setHalignment(label2, HPos.LEFT);
            gridPane.add(endDatePicker, 1, 1);  // 第 2 行第 2 列
            vbox.getChildren().add(gridPane);
        }
    }
```

本例共创建了两个 DataPicker 控件和两个 Label 控件，整体布局使用的是 GridPane。这是一张网格面板形式的布局，布局控件时，指定每个控件所在的行和列。

初始时，第 1 个日期选择控件的日期为今天的日期，日期的格式通过 StringConverter 转换为“MM/dd/yyyy”的形式，如图 10-5 所示。单击控件后面的日历按钮▦可打开一个日历选择器，可以从中选择日期。

默认情况下，日历选择器中的所有日期都是可选的。但有时为了避免用户选错，出现结束日期在开始日期之前的情况，可以创建一个 DateCellFactory 对象来禁用日期选择器中的一些单元格，比如本例中结束日期只能选择开始日期之后的某一天。dayCellFactory 对象在一个 DateCell 上调用了 setDisable( )和 setStyle( )方法，以此来避免日期被选择并且将它们变成粉红色，如图 10-6 所示。

图 10-5　修改“开始日期”控件的显示格式

图 10-6　禁止“结束日期”选择器中的单元格

10.2.5　添加工具提示

工具提示是当把光标停留在某个控件上时会显示出来的一条提示信息。在 JavaFX 中，很容易在任何控件上添加工具提示。因为工具提示可以为用户操作界面提供帮助信息，所以在 GUI 应用程序开发中使用比较多。

要添加工具提示，需要调用 Control 类定义的 setTooltip( )方法(Control 类是所有控件的基类)。setTooltip( )方法如下所示：

```
final void setTooltip(Tooltip tip)
```

其中，tip 是一个 Tooltip 实例，用于指定工具提示。设置好工具提示后，当光标停留在控件上时，会自动显示工具提示。

Tooltip 类封装了工具提示，可以通过下面的构造函数来创建 Tooltip 对象：

```
Tooltip(String str)
```

其中，str 指定工具提示将显示的消息。

例如，要为案例 10-2 中的单选按钮添加工具提示，可添加如下语句：

```
rb1.setTooltip(new Tooltip("选中该单选按钮将..."));
```

10.3　效果和变换

JavaFX 提供了很多的特效和变换，通过使用效果和变换，可以改变控件(或场景图中任何节点)的外观和视觉效果，给用户更好的视觉体验。由于篇幅受限，本书不可能介绍 JavaFX 支持的每种效果和变换，本节只做简单介绍，感兴趣的读者可自行学习或参考相关资料。

10.3.1　效果

效果由javafx.scene.effect包中的Effect类及其子类提供支持。使用效果可以自定义场景图中节点的外观。表10-1列出了JavaFX内置的几个效果，这些效果都是Effect的子类。

表 10-1　JavaFX 内置的效果

效果	描述
Bloom	增加节点中较亮部分的亮度
BoxBlur	让节点变模糊
DropShadow	在节点后面显示阴影
Glow	产生发光效果
InnerShadow	在节点内显示阴影
Lighting	创建光源的阴影效果
Reflection	显示倒影

这些效果都很容易使用，并且任何节点(包括控件)都可以使用它们。当然，有的效果可能更适合某些具体的控件。

为某个节点应用效果的方法是调用 Node 类中的 setEffect( )方法，该方法如下所示：

```
final void setEffect(Effect effect)
```

其中，effect 指定将应用的效果。如果想指定不使用效果，可传递 null。因此，要为节点添加效果，首先创建该效果的一个实例，然后将该实例传递给 setEffect( )方法。之后，每当渲染该节点时，只要环境支持，就会应用该效果。

10.3.2　变换

变换由 javafx.scene.transform 包中的抽象类 Transform 支持。它有 4 个子类：Rotate(旋转)、Scale(缩放)、Shear(错切)和 Translate(平移)。Transform 类还有子类 Affine，但是通常

只使用前面的 4 个变换类。在节点上，可以执行多种变换。例如，可以旋转并缩放节点。

要向节点添加变换，一种方法是把变换添加到节点维护的变换列表中。通过调用 Node 类的 getTransforms( )方法，可获得该变换列表，如下所示：

```
final ObservableList<Transform> getTransforms( )
```

该方法返回对变换列表的引用。要添加变换，只需调用 add( )方法把它添加到这个列表中。调用 clear( )方法可清除此列表。调用 remove( )方法可以从列表中移除特定的元素。

为节点添加变换的另一种方法是通过设置Node的某个属性来直接指定变换。例如，通过setRotate( )方法可以设置节点的旋转角度，轴点位于节点的中心。使用setScaleX( )和setScaleY( )方法可以对节点进行缩放；使用setTranslateX( )和setTranslateY( )方法可平移节点。

注意：
对节点直接指定的任何变换，将在应用变换列表中的所有变换之后应用。

10.3.3　应用效果和变换

本节将创建一个简单的 JavaFX 应用程序，演示效果和变换的应用。我们在程序中创建了 4 个按钮，分别应用了旋转、缩放、发光和阴影效果或变换。

【案例 10-5】为控件应用效果和变换。

在 ch10 工程中新建一个 Java 类 EffectsAndTransformsDemo，该类继承了 Application 类，并重写了 start( )方法，完整的代码如下：

```
import javafx.application.Application;
import javafx.event.ActionEvent;
import javafx.event.EventHandler;
import javafx.geometry.Pos;
import javafx.scene.Scene;
import javafx.scene.control.Button;
import javafx.scene.effect.*;
import javafx.scene.layout.FlowPane;
import javafx.scene.paint.Color;
import javafx.scene.transform.*;
import javafx.stage.Stage;
public class EffectsAndTransformsDemo extends Application {
    double angle = 0.0;
    double glowVal = 0.0;
    boolean shadow = false;
    double scaleFactor = 1.0;
    // 创建效果和变换
    Glow glow = new Glow(0.0);
    InnerShadow innerShadow = new InnerShadow(10.0, Color.RED);
    Rotate rotate = new Rotate();
    Scale scale = new Scale(scaleFactor, scaleFactor);
    // 创建 4 个按钮
    Button btnRotate = new Button("旋转按钮");
    Button btnGlow = new Button("发光按钮");
    Button btnShadow = new Button("阴影按钮");
    Button btnScale = new Button("缩放按钮");
```

```
    public static void main(String[] args) {
        launch(args);
    }
    @Override
    public void start(Stage myStage) throws Exception {
        myStage.setTitle("应用效果和变换");
        FlowPane rootNode = new FlowPane(10, 10);
        rootNode.setAlignment(Pos.CENTER);
        Scene myScene = new Scene(rootNode, 300, 100);
        myStage.setScene(myScene);
        btnGlow.setEffect(glow);                    // 应用发光效果
        btnRotate.getTransforms().add(rotate);   // 旋转变换
        btnScale.getTransforms().add(scale);     // 缩放变换
        // 处理按钮事件
        btnRotate.setOnAction(new EventHandler<ActionEvent>() {
            public void handle(ActionEvent ae) {
                angle += 30.0;                   // 单击一次旋转 30 度
                rotate.setAngle(angle);
                rotate.setPivotX(btnRotate.getWidth() / 2);
                rotate.setPivotY(btnRotate.getHeight() / 2);
            }
        });
        btnScale.setOnAction(new EventHandler<ActionEvent>() {
            public void handle(ActionEvent ae) {
                // 第一次单击缩小到原来的40%，然后每单击一次放大10%，直至恢复至原始大小
                scaleFactor += 0.1;
                if(scaleFactor > 1.0)
                    scaleFactor = 0.4;           // 恢复原始大小后，再单击又缩小到 40%
                scale.setX(scaleFactor);
                scale.setY(scaleFactor);
            }
        });
        btnGlow.setOnAction(new EventHandler<ActionEvent>() {
            public void handle(ActionEvent ae) {
                glowVal += 0.1;                  // 亮度一点一点地增加
                if(glowVal > 1.0)
                    glowVal = 0.0;
                glow.setLevel(glowVal);
            }
        });
        btnShadow.setOnAction(new EventHandler<ActionEvent>() {
            public void handle(ActionEvent ae) {
                // 单击按钮，在有阴影和无阴影之间切换
                shadow = !shadow;
                if(shadow) {
                    btnShadow.setEffect(innerShadow);
                    btnShadow.setText("有阴影");
                } else {
                    btnShadow.setEffect(null);
                    btnShadow.setText("没有阴影");
                }
            }
```

```
        });
        rootNode.getChildren().addAll(btnRotate, btnScale, btnGlow, btnShadow);
        myStage.show();
    }
}
```

运行程序，初始时 4 个按钮都是普通按钮，没有应用任何效果和变换。单击不同的按钮，可以看到该按钮对应的变化，如图 10-7 所示。

图 10-7　应用效果和变换

本例用到的效果有 Glow 和 InnerShadow 两种。Glow 产生的效果是节点具有发光的外观。光的亮度可以通过参数控制。可以在构造函数中指定光的亮度，如下：

```
Glow(double glowLevel)
```

其中，glowLevel 指定光的亮度，取值必须在 0.0~1.0 之间。

创建 Glow 实例后，也可以通过 setLevel( )方法来改变发光级别。

InnerShadow 产生的效果是，节点内具有阴影。可以通过构造函数指定节点内阴影的半径和颜色：

```
InnerShadow(double radius, Color shadowColor)
```

其中，radius 指定节点内阴影的半径。shadowColor 指定阴影的颜色。这里的 Color 类就是 JavaFX 类 javafx.scene.paint.Color。

本例用到的变换有 Rotate 和 Scale。Rotate 绕着指定的点旋转节点，旋转时需要指定旋转的角度和轴点的 x、y 坐标。Scale 根据缩放因子缩放节点，可以通过构造函数指定缩放因子(包括宽度缩放因子和高度缩放因子)，也可以使用 setX( )和 setY( )方法改变这两个因子。

10.4　JavaFX 菜单

菜单是 GUI 的重要部分，恰当地实现应用程序的菜单对于创建成功的 GUI 十分重要。JavaFX 为菜单提供了广泛支持。JavaFX 处理菜单的方法不但功能强大，而且使用起来也很简单。JavaFX 菜单与 Swing 菜单有许多相似之处，所以在学习了 Swing 菜单之后，学习 JavaFX 菜单会很容易。

10.4.1　概述

JavaFX 的菜单系统也包括顶级菜单、标准菜单、子菜单、复选菜单、单选菜单和快捷菜单等关键元素。除此之外，JavaFX 菜单也支持快捷键和助记符。

JavaFX 的菜单系统由 javafx.scene.control 包中的一系列相关的类支持。表 10-2 列出了其中代表菜单系统的核心部分的相关类。

表 10-2　JavaFX 的核心菜单类

类	描述
MenuBar	保存应用程序的顶级菜单的对象
Menu	标准菜单，由一个或多个 MenuItem 组成
MenuItem	填充菜单的对象
CheckMenuItem	复选菜单项
RadioMenuItem	单选菜单项
ContextMenu	弹出式菜单，通常通过右击鼠标激活
SeparatorMenuItem	菜单项之间的可视分隔线

MenuBar 是应用程序的顶级菜单，这个类是菜单的容器。在 MenuBar 实例中，将添加 Menu 实例。每个 Menu 对象定义了一个菜单。也就是说，每个 Menu 对象包含了一个或多个可以选择的菜单项。Menu 显示的菜单项是 MenItem 对象。因此，MenuItem 定义了用户可以选择的选项。MenuItem 有两个子类：CheckMenuItem 和 RadioMenuItem，它们分别用来创建复选菜单项和单选菜单项。SeparatorMenuItem 类用于在菜单中创建一条分隔线。

注意：

在 JavaFX 菜单中，MenuItem 类没有继承 Node 类。因此，MenuItem 实例只能用在菜单中，而不能以其他方式加入场景图中。但是，MenuBar 类继承了 Node 类，所以可以把菜单栏添加到场景图中。

10.4.2　主菜单

主菜单是最常用的菜单。主菜单是由菜单栏定义的菜单，也定义了应用程序的几乎全部功能的菜单。JavaFX 流线化了创建和管理主菜单的过程。

(1) 首先，创建用于保存菜单的 MenuBar 实例。

(2) 构造将包含在菜单栏中的每个菜单。一般来说，创建菜单就是创建一个 Menu 对象，然后向该对象添加 MenuItem 对象。

(3) 创建完菜单后，把它们添加到菜单栏中。

(4) 把菜单栏本身添加到场景图中。

(5) 最后，对于每个菜单项，还必须添加动作事件处理程序，以响应选中菜单项时产生的动作事件。

1. MenuBar

MenuBar是为应用程序提供主菜单的控件，它继承了Node类。因此，可以把它添加到场景图中。MenuBar类只有一个默认构造函数。一般来说，应用程序有且只有一个菜单栏。

MenuBar 类定义了几个方法，但常用的只有一个 getMenus( )。该方法返回一个由菜单栏管理的菜单列表。getMenus( )方法如下：

```
final ObservableList<Menu> getMenus( )
```

向菜单栏添加菜单的方法就是对getMenus( )方法返回的ObservableList调用add( )或addAll( )方法，把一个或多个Menu实例添加到这个菜单列表中。所添加的菜单将按照添加顺序，从左到右排列在菜单栏中。如果需要删除不再需要的菜单，可以调用remove( )方法。

2. Menu

Menu 封装了菜单，菜单用 MenuItem 填充。Menu 类派生自 MenuItem 类，所以一个 Menu 实例可以是另一个 Menu 实例中的选项，也就是创建菜单的子菜单。

Menu 类提供了 3 个构造函数：

```
Menu( )
Menu(String name)
Menu(String name, Node image)
```

参数 name 指定了所创建菜单的名称，image 指定了要显示的图片。

如果使用默认构造函数创建了一个空菜单，也可以在创建菜单后通过 setText( )方法来添加名称，通过 setGraphic( )方法来添加图片。

每个菜单都维护一个由它包含的菜单项组成的列表。要在菜单中添加菜单项，需要把菜单项添加到这个列表中。可以通过 Menu 类的 getItems( )方法来获取该列表：

```
final ObservableList<MenuItem> getItems( )
```

该方法返回当前与菜单关联的菜单项列表。然后，调用 add( )或 addAll( )方法，把菜单项添加到这个列表中。还可以调用 remove( )方法，从中删除菜单项。

另外，在菜单项列表中可以添加一条菜单分隔线，该分隔线是一个 SeparatorMenuItem 对象。分隔线允许将相关的菜单项分组，从而有助于组织长菜单。

3. MenuItem

MenuItem 封装了具体的菜单项。MenuItem 类定义了 3 个构造函数：

```
MenuItem( )
MenuItem(String name)
MenuItem(String name, Node image)
```

第一个构造函数创建空菜单项，第二个允许指定菜单项的名称，第三个还允许包含图片。

MenuItem 实例被选中时，会产生动作事件。通过 setOnAction( )方法，可以为事件注册动作事件处理程序，就像处理按钮事件一样。

```
final void setOnAction(EventHandler<ActionEvent> handler)
```

其中，handler 指定了事件处理程序。

4. CheckMenuItem 和 RadioMenuItem

CheckMenuItem 和 RadioMenuItem 都是 MenuItem 的子类。CheckMenuItem 用于创建复选菜单项；RadioMenuItem 用于创建单选菜单项。

与独立的复选框一样，复选菜单项在状态改变时会产生动作事件。如果菜单提供的选项可被选中，并且希望显示其选中/未选中状态，那么在菜单中使用复选菜单项十分合适。

RadioMenuItem的行为与独立的单选按钮一样，会产生变化事件和动作事件，而且必须把单选菜单项放到开关按钮组中，才能让它们展现出互斥选择行为。

除了具有复选框和单选按钮的功能以外，CheckMenuItem 和 RadioMenuItem 的行为和用法与其他菜单项一样。

5. 为菜单项添加快捷键和助记符

在实际的应用程序中，菜单通常还支持键盘快捷键。快捷键是一个键组合，允许在不首先激活菜单的情况下选择菜单项。对于菜单而言，助记符则定义了一个键，并允许通过按下特定按键，从活动的菜单中选择对应的菜单项。因此，助记符允许使用键盘，从已经打开的菜单中选择菜单项。

可以通过 setAccelerator( )方法为 Menu 或 MenuItem 对象指定快捷键：

```
final void setAccelerator(KeyCombination keyComb)
```

其中，keyComb 是用于选择菜单项的键组合。KeyCombination 类包含在 javafx.scene.input 包中，用于封装键组合，如 Ctrl+S。

KeyCombination 类定义了两个受保护的构造函数，但通常使用的是 keyCombination( )工厂方法，如下所示：

```
static KeyCombination keyCombination(String keys)
```

其中，key 是指定了键组合的字符串，通常由修饰符(如 Ctrl、Alt、Shift 或 Meta)和字符(如 S)组成。

10.4.3　快捷菜单

快捷菜单是菜单栏的一种流行的替代或补充，在 JavaFX 中也称为上下文菜单。通常，通过在控件上右击鼠标来激活快捷菜单。JavaFX 通过 ContextMenu 类来支持上下文菜单。ContextMenu 类的直接超类是 PopupControl。它的一个间接超类是 javafx.stage.PopupWindow，该类提供了它的许多基本功能。

ContextMenu 类有两个构造函数，一个是默认构造函数，将创建一个空菜单，然后向其中添加菜单项；还有一个构造函数如下：

```
ContextMenu(MenuItem ... menuItems)
```

其中，menuItems 指定了将构成上下文菜单的菜单项。

一般来说，构造上下文菜单的方式与构造普通菜单类似，处理菜单项的选择也是通过动作事件来完成。上下文菜单与普通菜单的主要区别在于激活过程。

将上下文菜单与控件关联的方法是调用控件的 setContextMenu( )方法。右击该控件时，与其关联的上下文菜单就会显示出来。

```
final void setContextMenu(ContextMenu menu)
```

10.4.4　工具栏

工具栏是与菜单相关的一种特性。在 JavaFX 中，工具栏由 ToolBar 类支持。该类创建独立的组件，通常用于快速访问应用程序的菜单中包含的功能。

ToolBar 类定义了两个构造函数，如下所示：

```
ToolBar( )
ToolBar(Node ... nodes)
```

第一个构造函数创建空的水平工具栏。第二个构造函数创建包含指定节点的水平工具栏，这些节点通常是某种形式的按钮。如果想创建垂直工具栏，可以调用 setOrientation( )方法，如下所示：

```
final void setOrientation(Orientation how)
```

how 的值必须是 Orientation_VERTICAL 或 Orientation_HORIZONTAL。

向工具栏添加按钮(或其他控件)的方式与把它们添加到菜单栏的方式基本相同：首先调用工具栏的 getItems( )方法，返回工具栏中的节点列表，然后对该返回值调用 add( )方法。

10.4.5　应用案例

为了清晰地演示 Swing 菜单系统和 JavaFX 菜单系统的异同，本节的案例将改写 Swing 菜单的示例。

【案例 10-6】使用 JavaFX 菜单和工具栏。

在 ch10 工程中新建一个 Java 类 JavaFXMenuDemo，该类继承了 Application 类，并重写了 start( )方法，完整的代码如下：

```
import javafx.application.Application;
import javafx.application.Platform;
import javafx.beans.value.ChangeListener;
import javafx.beans.value.ObservableValue;
import javafx.event.*;
import javafx.geometry.Pos;
import javafx.scene.Scene;
import javafx.scene.control.*;
import javafx.scene.image.ImageView;
import javafx.scene.input.ContextMenuEvent;
import javafx.scene.input.KeyCombination;
import javafx.scene.layout.*;
import javafx.stage.Stage;
public class JavaFXMenoDemo extends Application {
    MenuBar mb;
    EventHandler<ActionEvent> MEHandler;
    ContextMenu editMenu;
    ToolBar toolBar;
    Label response;
    public static void main(String[] args) {
        launch(args);
    }
    @Override
```

```
public void start(Stage myStage) throws Exception {
    myStage.setTitle("使用 JavaFX 菜单");
    final BorderPane rootNode = new BorderPane();
    Scene myScene = new Scene(rootNode, 300, 200);
    myStage.setScene(myScene);
    response = new Label();
    MEHandler = new EventHandler<ActionEvent>() {
        public void handle(ActionEvent ae) {
            String name = ((MenuItem) ae.getTarget()).getText();
            if(name.equals("退出"))
                Platform.exit();
            response.setText("选择的菜单项为："+name);
        }
    };
    mb = new MenuBar();
    makeFileMenu();
    makeEditMenu();
    makeContextMenu();
    TextField tf = new TextField();
    tf.setPrefColumnCount(20);
    tf.setContextMenu(editMenu);        // 为文本框添加快捷菜单
    makeToolBar();
    rootNode.setOnContextMenuRequested(new EventHandler<ContextMenuEvent>() {
        public void handle(ContextMenuEvent ae) {
            editMenu.show(rootNode, ae.getScreenX(), ae.getScreenY());
        }
    });
    rootNode.setTop(mb);
    FlowPane fpRoot = new FlowPane(10, 10);
    fpRoot.setAlignment(Pos.CENTER);
    Separator separator = new Separator();
    separator.setPrefWidth(260);
    fpRoot.getChildren().addAll(response, separator, tf);
    rootNode.setBottom(toolBar);
    rootNode.setCenter(fpRoot);
    myStage.show();
}
// 创建“文件”菜单
void makeFileMenu() {
    Menu fileMenu = new Menu("文件(_F)");                              // 助记符为 F
    MenuItem open = new MenuItem("打开");
    MenuItem save = new MenuItem("保存");
    MenuItem exit = new MenuItem("退出");
    fileMenu.getItems().addAll(open, save, new SeparatorMenuItem(), exit);
    open.setAccelerator(KeyCombination.keyCombination("shortcut+O"));   // 添加快捷键
    save.setAccelerator(KeyCombination.keyCombination("shortcut+S"));
    exit.setAccelerator(KeyCombination.keyCombination("shortcut+E"));
    open.setOnAction(MEHandler);
    save.setOnAction(MEHandler);
    exit.setOnAction(MEHandler);
    mb.getMenus().add(fileMenu);
}
```

```
//创建“编辑”菜单
void makeEditMenu() {
        Menu optionsMenu = new Menu("编辑");
        Menu insertMenu = new Menu("插入");
        CheckMenuItem checkMenuItem1 = new CheckMenuItem("文本框");
        CheckMenuItem checkMenuItem2 = new CheckMenuItem("表格");
        insertMenu.getItems().addAll(checkMenuItem1, checkMenuItem2);
        optionsMenu.getItems().add(insertMenu);
        checkMenuItem2.setSelected(true);
        Menu alignMenu = new Menu("对齐");
        RadioMenuItem radioCenter = new RadioMenuItem("居中");
        RadioMenuItem radioLeft = new RadioMenuItem("左对齐");
        // 将单选菜单放入同一组中
        ToggleGroup tg = new ToggleGroup();
        radioCenter.setToggleGroup(tg);
        radioLeft.setToggleGroup(tg);
        radioCenter.setSelected(true);
        alignMenu.getItems().addAll(radioCenter, radioLeft);
        optionsMenu.getItems().add(alignMenu);
        checkMenuItem1.setOnAction(MEHandler);
        checkMenuItem2.setOnAction(MEHandler);
        radioCenter.setOnAction(MEHandler);
        radioLeft.setOnAction(MEHandler);
        tg.selectedToggleProperty().addListener(new ChangeListener<Toggle>() {
                public void changed(ObservableValue<? extends Toggle> changed, Toggle oldVal,
                        Toggle newVal) {
                        if(newVal == null)
                                return;
                        RadioMenuItem rmi = (RadioMenuItem) newVal;
                        response.setText("Priority selected is " + rmi.getText());
                }
        });
        mb.getMenus().add(optionsMenu);
}
// 创建快捷菜单
void makeContextMenu() {
        MenuItem cut = new MenuItem("剪切");
        MenuItem copy = new MenuItem("复制");
        MenuItem paste = new MenuItem("粘贴");
        editMenu = new ContextMenu(cut, copy, paste);
        cut.setOnAction(MEHandler);
        copy.setOnAction(MEHandler);
        paste.setOnAction(MEHandler);
}
// 创建工具栏
void makeToolBar() {
        Button btnCut = new Button("剪切", new ImageView("cut.jpg"));
        Button btnCopy = new Button("复制");
        Button btnPaste = new Button("粘贴");
        // Turn off text in the buttons.
        btnCut.setContentDisplay(ContentDisplay.TOP);
        btnCut.setTooltip(new Tooltip("剪切所选内容，并将内容放到剪贴板中。"));
```

```
            btnCopy.setTooltip(new Tooltip("复制所选内容，并将内容放到剪贴板中。"));
            btnPaste.setTooltip(new Tooltip("粘贴剪贴板中的内容。"));
            toolBar = new ToolBar(btnCut, btnCopy, btnPaste);
            EventHandler<ActionEvent> btnHandler = new EventHandler<ActionEvent>() {
                public void handle(ActionEvent ae) {
                    response.setText("单击工具栏按钮："+((Button) ae.getTarget()).getText());
                }
            };
            btnCut.setOnAction(btnHandler);
            btnCopy.setOnAction(btnHandler);
            btnPaste.setOnAction(btnHandler);
        }
    }
```

本例与案例 9-6 的功能基本一样，只是 JavaFX 的工具栏不能拖动，而且本例将其放在了窗口下方，并为每个按钮添加了提示信息，如图 10-8 所示。另外就是 JavaFX 菜单与 Swing 菜单的外观可能略有不同，比如单选菜单看起来和复选菜单一样，选中后也是出现一个对勾，如图 10-9 所示。

图 10-8　为工具栏按钮添加提示

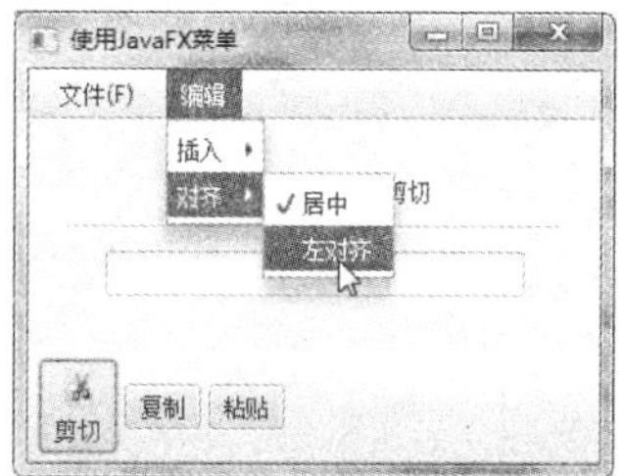

图 10-9　JavaFX 的单选菜单

10.5　本章小结

本章主要介绍了 JavaFX GUI 编程的相关知识。首先介绍了 JavaFX 应用程序的基本知识，包括 JavaFX 包、JavaFX 应用程序的框架、JavaFX 的事件处理等内容；接着介绍了几个常用的 JavaFX 控件，包括单选按钮、复选框、滚动面板和日期选择控件等，JavaFX 是一个丰富、强大的框架，它提供的控件比较全面，本书只介绍了几个具有代表性的控件；然后简单介绍了 JavaFX 中的内置效果和变换，JavaFX 提供了很多的特效和变换，通过使用效果和变换，可以给用户更好的视觉体验；最后介绍了 JavaFX 的菜单和工具栏。通过本章的学习，读者应掌握 JavaFX 应用程序的开发步骤，熟悉 JavaFX 控件的基本语法，能够编写简单的 JavaFX 应用程序。

10.6　思考和练习

1. JavaFX 应用程序必须是 javafx.application 包中__________类的子类。
2. Application 类定义了 3 个可以被重写的生命周期方法，分别是什么？

3. start( )方法的参数是什么？

4. 什么是节点？所有节点的基类是什么？

5. JavaFX 的事件是通过实现 EventHandler 接口处理的，该接口包含在_______包中。它是一个泛型接口，该接口定义了一个 _________方法。

6. 如何为 JavaFX 控件添加工具提示？

7. 以下不是 Transform 类的子类的是(　　)。

A. Rotate　　B. Shear

C. Glow　　D. Translate

8. 使用 JavaFX 控件编写一个简单的 GUI 应用程序。

第11章　Java绘图与动画

图形/图像与动画等多媒体技术是当今计算机信息领域的热门话题，而且已经成为计算机最大的应用领域。有了图形/图像和动画，应用程序才变得丰富多彩、栩栩如生。传统的Java绘图与动画主要由AWT的Graphics和Graphics2D类来实现，新的GUI框架JavaFX也对绘图和动画提供了强大的支持。本章将分别介绍传统的Java绘图与动画技术，以及JavaFX中绘图与动画效果的应用。

本章学习目标：

- 掌握Graphics类提供的绘制图形的方法
- 了解Java2D绘图
- 掌握传统的Java多线程实现的动画技术
- 了解消除动画中闪烁的方法
- 掌握JavaFX的直接在画布上绘图的方法
- 了解JavaFX的动画效果

11.1　传统的Java绘图

Java的图形都是相对于窗口绘制的，可以是applet的主窗口或子窗口，也可以是独立的应用程序窗口(基于Swing的窗口也支持这些方法)。传统的Java绘图是使用AWT包中的Graphics类和Graphics2D类提供的绘图方法来绘制简单的图形。

11.1.1　Java绘图概述

Java将用于绘图的对象和操作都封装为类。用户在进行绘图时，只需创建需要使用的绘图类的对象，然后调用该对象的方法，传递所需的参数，即可绘制出所需的图形。

1. 图形直角坐标系

使用Java绘制图形时，采用以像素为单位的直角坐标系，这是一种对屏幕上每个点进行定位的方案。默认情况下，该坐标系的圆点位于屏幕的左上角，向左延伸出X轴的正方向，向下延伸出Y的正方向，这和其他的编程语言是相同的。

所有的图形向窗口的输出都是通过图形上下文进行的。图形上下文是由Graphics类封装的，可以通过两种方式获得图形上下文：

- 作为参数通过方法传递，例如方法paint( )或update( )。
- 通过Component类的getGraphics( )方法返回。

2. Graphics 类

Graphics 类是抽象类，它定义了大量方法，用于绘制各种类型的图形，例如直线、矩形和弧线。有的方法只绘制对象的边框，有的方法则绘制填充的对象。对象以当前选择的图形颜色进行绘制和填充，默认是黑色。当对图形对象的绘制超出窗口的范围时，会自动剪裁输出。表 11-1 所示为 Graphics 类支持的一些绘图方法。

表 11-1　Graphics 类中的常用绘图方法

方法	描述
drawLine(int x1, int y1, int x2, int y2)	在坐标(x1, y1)和(x2, y2)之间绘制直线
drawRect(int x, int y, int w, int h)	绘制一个左上角坐标为(x,y)、宽为 w、高为 h 的直角矩形
fillRect(int x, int y, int w, int h)	绘制一个左上角坐标为(x,y)、宽为 w、高为 h 的有填充效果的直角矩形
drawRoundRect(int x, int y, int w, int h，int arcWidth, int arcHeight)	绘制一个左上角坐标为(x,y)、宽为 w、高为 h、在 X 轴方向上圆边半径为 arcWidth、在 Y 轴方向上圆边半径为 arcHeight 的圆角矩形
fillRoundRect(int x, int y, int w, int h, int arcWidth, int arcHeight)	绘制一个左上角坐标为(x,y)、宽为 w、高为 h、在 X 轴方向上圆边半径为 arcWidth、在 Y 轴方向上圆边半径为 arcHeight 的,填充圆角矩形
draw3DRect(int x, int y, int w, int j，boolean raised)	绘制一个左上角坐标为(x,y)、宽为 w、高为 h、凸出或凹陷效果的三维矩形
fill3DRect(int x, int y, int w, int h, boolean raised)	填充一个左上角坐标为(x,y)、宽为 w、高为 h、凸出或凹陷效果的三维矩形
drawOval(int x, int y, int w, int h)	在(x,y)处，绘制一个长轴为 w、短轴为 h 的椭圆，w 和 h 相等时为圆形
fillOval(int x, int y, int w, int h)	在(x,y)处，填充一个长轴为 w、短轴为 h 的椭圆，w 和 h 相等时为圆形
drawArc(int x, int y, int w, int h, int startAngle, int endAngle)	参考边界矩形左上角坐标(x,y)，边界矩形长宽w和h，开始画弧的角度startAngle和终止画弧前扫过的角度endAngle，绘制一段弧
fillArc(int x, int y, int w, int h, int startAngle, int endAngle)	参考边界矩形左上角坐标(x,y)，边界矩形长宽 w 和 h，开始画弧的角度 startAngle 和终止画弧前扫过的角度 endAngle，绘制实现弧形
void drawPloygon(int[] xPoints, int [] yPoints, int num)	绘制封闭的多边形，xPoints 数组指定每个点的 x 坐标，yPoints 数组指定每个点的 y 坐标，num 指定多边形的边数
void drawPloygon(Polygon polygon)	绘制一个特定的多边形
void fillPloygon(int[] xPoints, int[] yPoints, int num)	填充封闭的多边形，xPoints 数组指定每个点的 x 坐标，yPoints 数组指定每个点的 y 坐标，num 指定多边形的边数
void fillPloygon(Polygon polygon)	绘制一个特定的实心多边形(填充多边形)
void drawPloyline (int[] xPoints, int[] yPoints, int num)	绘制一条折线，xPoints 数组指定每个点的 x 坐标，yPoints 数组指定每个点的 y 坐标，num 指定折线的端点数

3. Java2D 图形

Graphics 类提供的方法只能绘制宽度为 1 个像素的图形。如果需要绘制宽度大于 1 个像素的图形，需要使用 Graphics2D 类。这是从 JDK 1.2 版本开始增加的类，它扩展了 Graphics 类。Graphics2D 类在几个地方增强了 Graphics 类提供的基本功能。为了使用这种扩展的功能，需要将使用 paint( )等方法获得的图形上下文强制转换成 Graphics2D。

Graphics2D 类提供了以下方法来设置绘图环境的属性。

- void setBackground(Color color)：设置绘图环境的背景颜色。
- void setPaint(Paint paint)：设置绘图环境的绘图颜色。
- void setStroke (Stroke s)：设置绘图环境的画笔样式。

Java 还提供了一些基本的几何图形类，这些图形类的定义在 java.awt.geom 包中，包括 Arc2D.Double、Elipse2D.Double、Point2D.Double、Lin2D.Double、Rectangle2D.Double、RoundRectangle.Double 等，其中的每个类都代表一种几何图形，用双精度浮点数来指定像素大小，每一种形状也存在相应的单精度浮点数的类，例如 Arc2D.Float 等。用户可以使用 Graphics2D 类的 fill(Shape s)和 draw(Shape s)方法来填充或绘制一个规则图形对象，该图形对象是任何实现了 Shape 接口的类的实例。几乎所有的 Java2D 图形类都实现了 Shape 接口。

4. Font 类

在 Java 中，可以使用 Font 类对文本进行字体设置。

Font 类即字体类，可以用它来控制文本的字体及样式。Font 类提供了将字符序列映射到字形序列所需要的信息，以便在 Graphics 对象和 Component 对象上呈现字形序列。

Font 类的构造函数如下：

```
Font(Font font);
Font(String fontname, int style, int size);
```

其中，fontname为字体名称，是字体集合中的某个字符串，该字符串是某种字体的名称，例如TimesNew Roman、Courier、Arial等；style为字体风格，是Font类定义的静态常量，包括Font.PLAIN(下画线)、Font.BOLD(粗体)和Font.ITALIC(斜体)等，可以是多个值的组合风格，比如Font.BOLD|Font.ITALIC可以指定加粗、斜体样式；size为字体的大小。

一个系统中可能有多种字体，但是，Java 只保证在每一个 Java 程序中总是能够使用如表 11-2 所示的字体。

表 11-2　标准字体名称

字体名	描述
Serif	这是特定系统中的标准衬线字体，包括 Times 和 Times New Roman
SansSerif	这是特定系统中的标准无衬线字体，包括 Helvetica 和 Arial
Monospaced	这是特定系统中的标准等宽字体，包括 Courier 和 Courier New
Dialog	这是特定系统中对话框的标准字体
DialogInput	这是特定系统中对话框输出的标准字体

例如，下面的语句创建 14 磅加粗、斜体的等宽字体：

```
Font font1 = new Font( "Monospaced", Font.BOLD+Font.ITALIC, 14);
```

注意：

字体和风格的组合形式除了使用或运算符“|”外，还可以直接使用加运算符“+”。

5. Color 类

Color 类用于封装默认 sRGB(standard Red Green Blue)颜色空间中的颜色，或者用于封装由 ColorSpace 标识的任意颜色空间中的颜色。每种颜色都有一个隐式的 Alpha 值 1.0，或者有一个在构造函数中指定的 Alpha 值。Alpha 值定义了颜色的透明度，可用一个范围在 0.0~1.0 或 0~255 内的浮点数来表示它。Alpha 值为 1.0 或 255 则意味着颜色完全不透明，Alpha 值为 0 或 0.0 则意味着颜色完全透明。

Color 类定义了一些静态颜色常量，如 YELLOW 和 yellow 都表示黄色，BLUE 和 blue 都表示蓝色等。

说明：

除了 Color 类外，还可以通过使用 Swing 的 JColorChooser 组件选择颜色。感兴趣的读者可查阅相关的文档，这里不再对该组件进行介绍。

11.1.2　绘制简单图形

本节将通过具体的案例来看一下如何使用 Graphics 类的方法绘制简单图形。

【案例 11-1】使用 Graphics 类的方法绘制简单图形。

新建一个 Java 工程 ch11，在该工程中新建一个 Java 类 GraphicsDemo，该类继承了 Swing 的 JFrame 类，并重写了 paint( )方法，完整的代码如下：

```
import java.awt.Color;
import java.awt.Graphics;
import java.awt.Polygon;
import javax.swing.JFrame;
public class GraphicsDemo extends JFrame {
    public GraphicsDemo(){
      super("使用 Graphics 对象绘制图形");
        setSize(440, 380);
        setVisible(true);
    }
    public static void main(String[] args) {
        GraphicsDemo obj=new GraphicsDemo();
        obj.setDefaultCloseOperation(JFrame.EXIT_ON_CLOSE);
    }
    public void paint(Graphics g){
        super.paint(g);
        g.setColor(Color.BLACK);
        g.drawLine(40, 40, 70, 40);
        g.setColor(Color.blue);
        g.drawRect(80, 40, 30, 30);
```

```
            g.setColor(Color.CYAN);
            g.fillRect(120, 40, 30, 30);
            g.setColor(Color.DARK_GRAY);
            g.drawRoundRect(160, 40, 30, 30, 10, 10);
            g.setColor(Color.GRAY);
            g.fillRoundRect(200, 40, 30, 30, 10, 10);
            g.setColor(Color.GREEN);
            g.draw3DRect(240, 40, 30, 30, false);
            g.draw3DRect(280, 40, 30, 30, true);
            g.setColor(Color.LIGHT_GRAY);
            g.fill3DRect(40, 80, 30, 30, false);
            g.fill3DRect(80, 80, 30, 30, true);
            g.setColor(Color.MAGENTA);
            g.drawOval(135, 80, 30, 30);
            g.fillOval(175, 80, 30, 30);
            g.setColor(Color.ORANGE);
            g.drawArc(215, 80, 30, 30, 30, 180);
            g.fillArc(255, 80, 30, 30, 60, 180);
            g.fillArc(295, 80, 30, 30, 0, 360);
            g.setColor(Color.red);
            int xValues[] = {122, 100, 28, 86, 64, 122, 180, 158, 217, 144};
            int yValues[] = {136, 202, 202, 234, 310, 270, 310, 244, 203, 202};
            Polygon polygon1 = new Polygon(xValues, yValues, 10);
            g.drawPolygon(polygon1);
            int xValues2[] = {326, 304, 230, 290, 268, 326, 384, 362, 421, 348};
            int yValues2[] = {136, 203, 203, 235, 311, 271, 311, 245, 203, 203};
            Polygon polygon2 = new Polygon(xValues2, yValues2, 10);
            g.fillPolygon(polygon2);
            g.setColor(Color.black);
            int xValues3[] = {67, 155, 227, 311, 389};
            int yValues3[] = {340, 311, 349, 314, 353};
            g.drawPolyline(xValues3, yValues3, 5);
        }
}
```

程序的运行结果如图 11-1 所示。

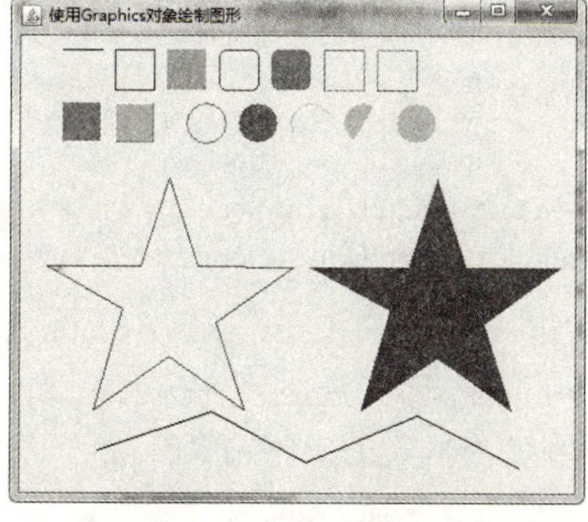

图 11-1　程序运行结果

除了使用上述方法直接绘制图形外，Graphics 类还提供了一个 copyArea( )方法，该方法可以将一个区域的图形赋值到另一个位置。copyArea( )方法的定义如下：

```
copyArea(int x, int y, int width , int height, int dx, int dy);
```

其中，x 和 y 是需复制区域左上角的坐标，width 和 height 分别表示该区域的宽度和高度，dx 和 dy 表示相对于此区域的位置。如果为正值，表示此区域的右边或下边；如果为负值，表示此区域的左边或上边。

11.1.3　Java2D 绘图

如前所述，使用 Graphics2D 可以绘制更丰富的 Java2D 图形。在绘制图形之前，通常需要使用 setStroke ( )方法设置绘图环境的画笔样式，通过 setPaint( )方法设置绘图颜色。

1. 设置画笔样式

通常使用 BasicStroke 类来指定画笔的宽度。BasicStroke 类实现了 Stroke 接口，该类用来定义直线的宽度、连接的样式、直线末端的样式以及虚线的样式。BasicStroke 类提供的构造函数如下：

```
BasicStroke(float w)                    // 指定直线的宽度
BasicStroke(float w,int cap,int join)
BasicStroke(float w,int cap,int join,float limit)
BasicStroke(float w,int cap,int join,float limit,float[] dash, float dash_p)
```

其中，参数 w 定义了直线的宽带；cap 参数定义了直线末端的样式，其取值范围为——CAP_PUTT(无任何修饰)、CAP_ROUND(圆形的直线末端)、CAP_SOUARE(默认值，方形的直线末端)；join 参数定义了两条直线相交的连接样式，其取值范围为——JOIN_BEVEL(无任何修饰)、JOIN_MITER(默认值，尖形末端)和 JOIN_ROUND(圆形末端)；若直线尖端大于 limit，就将多余部分削去，默认值为 10；dash 参数为虚线的样式，该数组中的值为虚线中点和空白的间隔距离；dash_p 参数为虚线样式数组的索引，通常从 0 开始。

2. 设置绘图颜色

Java 可以通过 setPaint( )方法来设置绘图颜色，本书介绍两个比较常用的类：GradientPaint 和 TexturePaint。

GradientPaint 类用来定义线性渐变颜色，其构造函数如下：

```
GradientPaint(float x1, float y1, Color c1, float x2, float y2, Color c2)
GradientPaint(float x1, float y1, Color c1, float x2, float y2, Color c2, boolean cyclic)
GradientPaint(Point2D p1, Color c1, Point2D p2,Color c2)
GradientPaint(Point2D p1, Color c1, Point2D p2,Color c2, boolean cyclic)
```

其中参数(x1, y1)、(x2,y2)或 p1、p2 用于指定区域；cyclin 用于指定是否为周期性渐变，如果渐变是周期性的，那么 p1、p2 延长线上的点在颜色 c1 和 c2 之间来回循环；如果渐变是非周期性的，那么 p1 一边的点有固定的颜色 c1，而 p2 一边的点有固定的颜色 c2，颜色从 c1 渐变到 c2。

TexturePaint 类用来定义填充的材质(texture)，该类的构造函数如下：

```
TexturePaint(BufferedImage texture, Rectangle2D rect)
```

其中，texture 参数是一个 BufferedImage 对象，用来定义单位材质；rect 参数用来复制材质。

3. 应用案例

【案例 11-2】使用 Graphics2D 绘图。

在 ch11 工程中新建一个 Java 类 Graphics2DDemo，该类继承了 Swing 的 JApplet 类，并重写了 paint( )方法，完整的代码如下：

```
import java.awt.*;
import java.awt.geom.*;
import java.awt.image.BufferedImage;
import javax.swing.JApplet;
public class Graphics2DDemo extends JApplet {
    public void paint(Graphics g) {
        setSize(370, 300);
        Graphics2D g2d = (Graphics2D) g;
        g2d.setPaint(Color.DARK_GRAY);
        g2d.setStroke(new BasicStroke(6.0f));
        g2d.draw(new Arc2D.Double(10, 50, 70, 90, 0, 270, Arc2D.PIE));
        g2d.setPaint(Color.GRAY);
        g2d.fill(new Ellipse2D.Double(90, 50, 70, 90));
        g2d.setPaint(Color.green);
        g2d.draw(new Line2D.Double(180, 50, 180, 130));
        g2d.setPaint(Color.MAGENTA);
        g2d.setStroke(new BasicStroke(10.0f));
        g2d.draw(new Rectangle2D.Double(200, 60, 60, 60));
        g2d.setPaint(Color.ORANGE);
        g2d.fill(new RoundRectangle2D.Double(280, 60, 60, 60, 50, 50));
        g2d.setPaint(Color.YELLOW);
        g2d.setStroke(new BasicStroke(10.0f));
        g2d.setPaint(Color.red);
        g2d.draw(new Line2D.Double(70, 160, 15, 275));
        float dash[] = { 10 };
        g2d.setPaint(Color.pink);
        g2d.setStroke(new BasicStroke(6, BasicStroke.CAP_ROUND, BasicStroke.JOIN_ROUND, 10,
dash, 0));
        g2d.draw(new Rectangle2D.Double(15, 170, 55, 90));
        g2d.setPaint(new GradientPaint(80, 170, Color.blue, 145, 270, Color.RED));
        g2d.fill(new Ellipse2D.Double(80, 170, 60, 90));
        BufferedImage buffImage = new BufferedImage(10, 10, BufferedImage.SCALE_FAST);
        Graphics2D gd = buffImage.createGraphics();
        gd.setColor(Color.GRAY);
        gd.fillOval(0, 0, 10, 10);
        g2d.setPaint(new TexturePaint(buffImage, new Rectangle(10, 10)));
```

```
            g2d.fill(new RoundRectangle2D.Double(155, 170, 70, 90, 50, 50));
        }
    }
```

这是一个 applet，运行时会通过 appletviewer 加载该 applet，运行结果如图 11-2 所示。

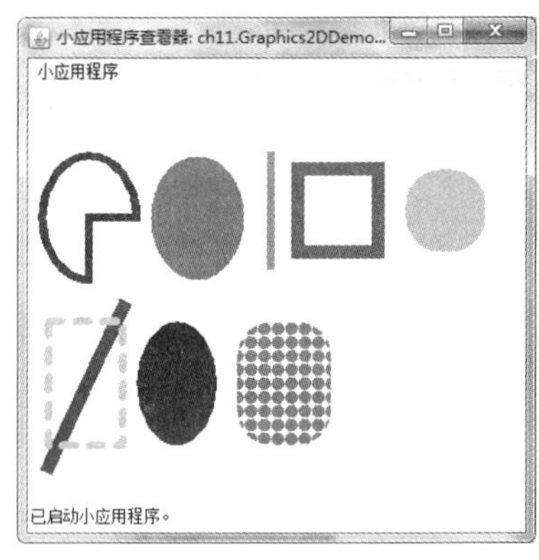

图 11-2　绘图效果

11.1.4　设置绘图模式

绘图模式指的是画笔的着色方式。默认的绘图模式为覆盖，即后绘制的图形将覆盖先前绘制的图形。Graphics 类还提供了一种异或绘图模式，即 XOR 模式。用户可以通过 setXORMode( )方法将当前的绘图模式设置为异或模式。从 XOR 模式返回到覆盖模式的方法是调用 setPaintMode( )方法。

XOR 模式的优点是：新对象总是保证可见，而不管在它上面绘制的颜色是什么。

【案例 11-3】使用 XOR 绘图模式。

在 ch11 工程中新建一个 Java 类 XORDemo，该类继承了 Applet 类，并重写了 paint( )方法，完整的代码如下：

```
import java.applet.Applet;
import java.awt.Color;
import java.awt.Graphics;
import java.awt.Polygon;
public class XORDemo extends Applet {
    public void paint(Graphics g) {
        setSize(350,240);
        g.setColor(Color.BLUE);
        int xValues[] = { 122, 100, 28, 86, 64, 122, 180, 158, 217, 144 };
        int yValues[] = { 36, 102, 102, 144, 210, 170, 210, 144, 103, 102 };
        Polygon polygon1 = new Polygon(xValues, yValues, 10);
        g.fillPolygon(polygon1);
        g.setXORMode(Color.GREEN);
        int xValues2[] = { 226, 204, 130, 190, 168, 226, 284, 262, 321, 248 };
        int yValues2[] = { 36, 103, 103, 145, 211, 171, 211, 145, 103, 103 };
        Polygon polygon2 = new Polygon(xValues2, yValues2, 10);
        g.fillPolygon(polygon2);
        g.setXORMode(Color.MAGENTA);
        for (int i = 80; i < 180; i++) {
            g.fillOval(10 + i, 20, 80, 80);
            g.fillOval(10 + i + 1, 20, 80, 80);
        }
        g.setPaintMode();
        g.setColor(Color.PINK);
        g.drawLine(50, 20, 300, 150);
    }
}
```

程序的运行结果如图 11-3 所示。

图 11-3　XOR 绘图模式

11.1.5　显示文本

除了绘制图形以外，Graphics 类还提供了显示文本的方法 drawString( )，在调用该方法显示文本时，还可以先设置文本的颜色和字体。

案例 11-4 使用 Graphics 类的 drawString( )方法显示文本。

在 ch11 工程中新建一个 Java 类 DrawStringDemo，该类继承了 JFrame 类，并重写了 paint( )方法，完整的代码如下：

```
import java.awt.Color;
import java.awt.Font;
import java.awt.Graphics;
import javax.swing.JFrame;
public class DrawStringDemo extends JFrame {
    public DrawStringDemo() {
        super("显示文本");
        setSize(460, 150);
        setVisible(true);
    }
    public void paint(Graphics g) {
        super.paint(g);
        Font f = g.getFont();
        String fontName = f.getName();
        String fontStyle = "";
        int fontSize = f.getSize();
        int iFontStyle = f.getStyle();
        if((iFontStyle & Font.BOLD) == Font.BOLD)
            fontStyle += "Bold ";
        if((iFontStyle & Font.ITALIC) == Font.ITALIC)
            fontStyle += "Italic ";
        if((iFontStyle & Font.PLAIN) == Font.PLAIN)
            fontStyle += "Plain ";
        g.drawString("字体名称：" + fontName + " 字体风格：" + fontStyle + " 字体大小：" +
            fontSize, 20, 50);
        g.setColor(Color.BLUE);
        g.setFont(new Font("Serif", Font.PLAIN, 15));
        g.drawString("字体名称：Serif；字体风格：标准；字体大小：15 号", 20, 70);
        g.setColor(Color.MAGENTA);
        g.setFont(new Font("SansSerif", Font.ITALIC, 15));
        g.drawString("字体名称：SansSerif；字体风格：斜体；字体大小：15 号", 20, 90);
        g.setColor(Color.ORANGE);
        g.setFont(new Font("Monospaced", Font.BOLD, 15));
        g.drawString("字体名称：Monospaced；字体风格：粗体；字体大小：15 号", 20, 110);
```

```
            g.setColor(Color.DARK_GRAY);
            g.setFont(new Font("DialogInput", Font.BOLD + Font.ITALIC, 14));
            g.drawString("字体名称：DialogInput;字体风格："+"斜体；　字体大小：14 号", 20, 130);
        }
        public static void main(String args[]) {
            DrawStringDemo app = new DrawStringDemo();
            app.setDefaultCloseOperation(JFrame.EXIT_ON_CLOSE);
        }
    }
```

程序的运行结果如图 11-4 所示。

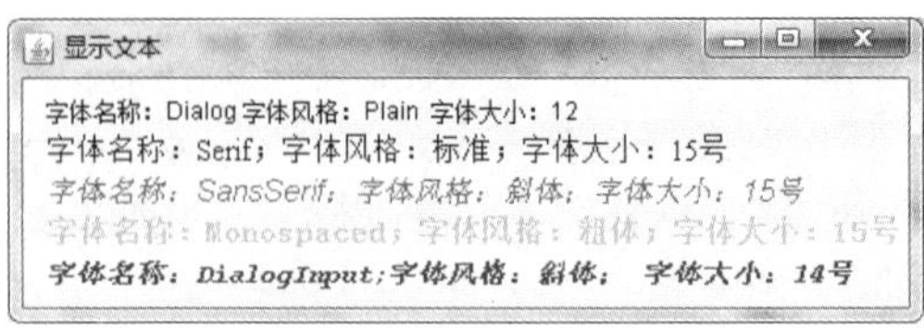

图 11-4　显示文本

11.2　显示图像与动画

图像是由专门的软件和截取图像的工具生成的二进制文件，按照不同存储方式形成了不同的图形种类，主要包括 bmp、gif、jpeg 等几种。本节将介绍 Java 如何处理这些现有的图像资源。

11.2.1　显示图像

虽然 Graphics 类提供了大量的绘图方法，但是如果用它们来绘制比较复杂的图形，还是比较困难。所以对于复杂的图像，仍是通过其他图像处理软件处理好之后，然后通过 Graphics 类的 drawImage( )方法将它们加载并显示出来。

drawImage( )方法有如下几个重载版本：

```
    boolean drawImage(Image img, int x, int y, ImageObserver observer)
    boolean drawImage(Image img, int x, int y,int w, int h, ImageObserver observ)
    boolean drawImage(Image img, int x, int y,Color c, ImageObserver observ)
    boolean drawImage(Image img, int x, int y,int w, int h,Color c, ImageObserver observ)
    boolean drawImage(Image img, int dx1, int dy1, int dx2, int dy2, int sx1, int sy1, int sx2, int sy2, Color
bgcolor, ImageObserver observ)
    boolean drawImage(Image img, int dx1, int dy1, int dx2, int dy2, int sx1, int sy1, int sx2, int sy2,
ImageObserver observ)
```

其中，img 参数是保存图像文件的 Image 对象；参数 x、y 是图像的左上角坐标；参数 w 和 h 用来指定所显示图像的高度和宽度，通过这两个参数可以实现图像的缩放；颜色对象 c 参数用于指定显示区域的背景颜色；observ 参数为图像加载跟踪器，通常将其指定为 this。最后两个 drawImage( )版本可以动态地缩放图像，使其符合目标绘制表面的指定区域，其中(dx1,dy1)、(dx2,dy2) 为目标矩形的左上角和右下角坐标，(sx1,sy2)、(sx2,sy2)为源矩形的左上角和右下角坐标。

1. 创建图像

图像的创建有多种方法，最简单的是从文件获取，通常使用 ImageIO 类的 read( )方法来读取。该方法返回的是 BufferedImage 对象，BufferedImage 类是 Image 类的子类，它描述了具有可访问图像数据缓冲区的 Image 对象。

如果没有图像文件，还可以通过程序来生成一幅图像，这就需要用到 ImageProducer 接口。该接口定义在 java.awt.image 包中，该包中的 FilterImageSource 和 MemoryImageSource 类都实现了 ImageProducer 接口。

MemoryImageSource 类用来在内存中生成图像，该类的构造函数如下：

```
MemoryImageSource(int w, int h,int pixel[],int offset,int scan)
```

FilteredImageSource类基于已经载入的图像和图像过滤器来生成一张图片，该类的构造函数如下：

```
public FilteredImageSource(ImageProducer origObj，ImageFilter imgObj);
```

2. 过滤图像

过滤器的概念类似于摄影中的滤色镜。图像过滤器ImageFilter能够在图像显示之前修改图像，java.awt.image包中提供了ImageFilter类及其两个子类CropImageFilter和RGBImageFilter。CropImageFilter类用于提取图像中指定矩形区域的图像，而RGBImageFilter类用于对图像的色彩进行处理。

本书案例用到了 CropImageFilter 类，CropImageFilter 类的构造函数如下：

```
public CropImageFilter( int x, int y, int width, int height );
```

其中(x,y)为剪裁矩形的坐标，width 和 height 为剪裁的宽度和高度。

创建完图像过滤器之后，可以通过 FilteredImageSource 对象来将过滤器放在已有的图像源之上。

3. 应用案例

本节将使用 drawImage( )方法加载并显示一个图片文件，然后使用过滤器显示原始图片的某个剪裁区域。

【案例 11-5】图像的显示与过滤。

在 ch11 工程中新建一个 Java 类 ImageDemo，该类继承了 JFrame 类，并重写了 paint( )方法，完整的代码如下：

```
import java.awt.Graphics;
import java.awt.Image;
import java.io.File;
import java.awt.image.BufferedImage;
import java.awt.image.CropImageFilter;
import java.awt.image.FilteredImageSource;
```

```
import java.awt.image.ImageFilter;
import java.awt.image.ImageProducer;
import javax.imageio.ImageIO;
import javax.swing.JFrame;
public class ImageDemo extends JFrame{
        private Image image1,image2;
        private int width, height;
        public ImageDemo() {
          super("加载图像");
          try {
            File f = new File("images\\pic.jpg");
            image1 = ImageIO.read(f);
            width = ( (BufferedImage) image1).getWidth();
            height = ( (BufferedImage) image1).getHeight();
            setSize(width + 2, height + 155);
            ImageFilter fil = new CropImageFilter(10, 50, 300, 150);
            ImageProducer prod = new FilteredImageSource(image1.getSource(),fil);
            image2 = createImage(prod);
          }
          catch(Exception e) {}
        }
        public void paint(Graphics g) {
          super.paint(g);
          g.drawImage(image1, 0, 0, this);
          g.drawImage(image2, 100, height + 1, 300, 150, this);
        }
        public static void main(String args[]) {
          ImageDemo app = new ImageDemo();
          app.setDefaultCloseOperation(JFrame.EXIT_ON_CLOSE);
          app.setVisible(true);
        }
}
```

程序的运行结果如图 11-5 所示。

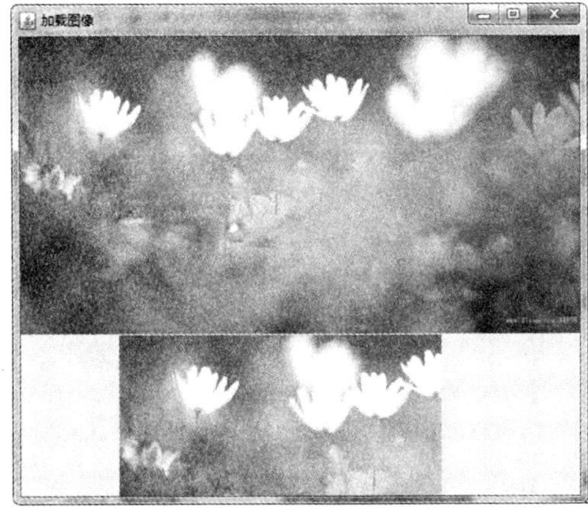

图 11-5　显示图像文件

11.2.2 用多线程实现动画

所谓动画，就是通过连续播放一系列画面，在视觉上造成连续变化的图形，这是动画最基本的原理。在 Java 中实现动画有很多种办法，但它们实现的基本原理是一样的，即在屏幕上画出一系列的帧，给在视觉上造成运动的感觉。

要在 Java 中实现动画效果，首先需要用 Graphics 类的 drawImage( )方法在屏幕上绘制图片，然后通过定义一个线程，使该线程睡眠一段时间，然后再显示另外一幅图片。如此依次显示，即可在屏幕上绘制出一系列的帧来做成运动的感觉，从而达到显示动画的目的。

在制作动画的过程中，需要注意以下两个问题：

- 装载图像需要时间，可能导致图像一部分一部分地显示。
- 屏幕会出现闪烁现象。闪烁的原因有两个：一是绘制每一帧花费的时间太长(因为重绘时要求的计算量大)；二是在每次调用 paint( )方法之前，Java 会用背景颜色重画整个画面，当进行下一帧的计算时，用户看到的是背景。

减弱闪烁的较好办法有两种：重载 update( )方法和使用双缓冲技术。下面分别介绍这两种方法。

1. 重载 update( )方法

在 AWT 组件中，当使用 upload( )方法清除组件的背景时，实际是用当前的背景色重新绘制图像。重载 update( )方法，将以前 paint( )方法中的绘图代码包含在 update( )方法中，从而避免每次重绘时将整个区域清除。所以，要消除画面闪烁，就一定要重载 update( )方法，使该方法不会清除整个画面，而只是清除必要的部分。

2. 使用双缓冲技术

图像双缓冲的主要原理是创建一幅后台图像，将需要绘制的一帧画入图像，然后调用 drawImage( )方法，将整幅图像一次绘制到屏幕上。这种方法的好处是大部分绘制是离屏的。将离屏图像一次绘制到屏幕上比直接在屏幕上绘制要有效得多，大大提高了制图的效率。

双缓冲可以使动画更平滑，但也有一个缺点，那就是要分配一幅后台图像。如果图像相当大，这将需要很大一块内存。当使用双缓冲技术时，应重载 update( )方法。

【案例 11-6】通过平移图像实现动画效果。

在 ch11 工程中新建一个 Java 类 MoveImgDemo，该类继承了 Applet 类，并重写了 paint( )和 update( )方法，完整的代码如下：

```
import java.awt.*;
import java.applet.*;
public class MoveImgDemo extends Applet {
    Image new0, new1;
    Image buffer;                // 声明备用屏幕类型
    Graphics gContext;           // 声明备用屏幕绘图类型
    int x = 0;                   // 图像显示的横坐标
    public void init() {
        setSize(560, 120);
        new0 = getImage(getCodeBase(), "snap1.jpg");
```

```
        new1 = getImage(getCodeBase(), "snap2.jpg");
    }
    public void paint(Graphics g) {
        g.drawImage(buffer, 0, 0, this);
        try {
            Thread.sleep(30);  // sleep();程序休眠指定的毫秒数
            x += 3;
            if(x >= 550) {
                x = 10;         // 使横坐标回到 10
                Thread.sleep(1000);
            }
        } catch (InterruptedException e) {
        }
        repaint();
    }
    public void update(Graphics g) {
        buffer = createImage(this.getWidth(), this.getHeight());    // 创建图形缓冲区
        gContext = buffer.getGraphics();                            // 获取图形缓冲区的图形上下文
        if(x % 2 == 1)
            gContext.drawImage(new1, x, 60, this);
        else
            gContext.drawImage(new0, x, 60, this);
        gContext.dispose();                                         // 释放图形上下文资源
        paint(g);
    }
}
```

本例通过重载 update( )方法和双缓冲技术实现动画，消除了闪烁现象。程序中用到两张图片，分别是一个奔跑的卡通动画的两个画面。通过线程，每 30 毫秒平移显示一张图片，两张图片交替显示，看起来就像一个从左向右奔跑的卡通小人。

程序运行过程中的截图如图 11-6 所示。

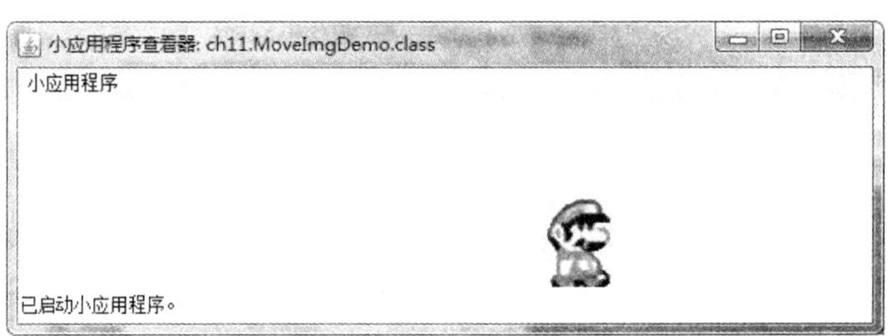

图 11-6　通过平移图像实现动画效果

11.3 JavaFX 绘图与动画

如前所述，JavaFX 自动处理渲染任务，而不需要手动处理。这是 JavaFX 相对于 Swing 所做的重要改进之一。在 Swing 或 AWT 中，要想重绘窗口，必须调用 repaint( )方法。JavaFX 放弃了这种烦琐的机制，因为它会跟踪场景中显示的内容，并根据需要重新显示场景。这被称为保留模式。有了这种方法，就不需要调用 repaint( )这样的方法了。

11.3.1 绘制基本图形

JavaFX 的绘图方法包含在 java.scene.canvas 包的 GraphicsContext 类中。这些方法可直接在画布的表面上绘制基本图形。画布由 java.scene.canvas 包中的 Canvas 类封装。在画布上绘制完图形后，JavaFX 会在需要重新显示该图形的地方自动渲染。

在画布上绘制基本图形的基本步骤如下：

(1) 首先，创建一个 Canvas 实例。

(2) 其次，必须获得一个引用该画布的 GraphicsContext 对象。之后就可以使用 GraphicsContext 对象在画布上绘制输出。

Canvas 类派生自 Node 类，因此可以用作场景图中的节点。Canvas 定义了两个构造函数。一个是默认构造函数，另一个如下所示：

```
Canvas(double width, double height)
```

其中，width 和 height 指定了画布的尺寸。

为了获得引用画布的 GraphicsContext 对象，需要调用 getGraphicsContext2D( )方法。该方法返回画布的图形上下文。

GraphicsContext 类定义了许多方法，可以绘制各种形状、文本和图片等，并且支持使用效果和变换。常用的绘制方法如表 11-3 所示。

表 11-3 GraphicsContext 类中的常用绘图方法

方法	描述
strokeLine(double x1, double y1, double x2, double y2)	使用当前笔触绘制一条从(startX,startY)到(endX,endY)的线条。笔触可以是纯色，也可以是更加复杂的样式
strokeRect(double x, double y, double w, double h)	使用当前笔触绘制矩形的外框，矩形的左上角位于(x,y)位置，其宽高分别由 w 和 h 参数指定
fillRect(double x, double y, double w, double h)	使用当前填充绘制矩形，矩形的左上角位于(x,y)位置，其宽高分别由 w 和 h 参数指定，可以是简单填充，也可以是复杂样式
strokeOval(double x, double y, double w, double h)	使用当前笔触绘制椭圆的外框，椭圆的边界矩形的左上角位于(x,y)位置，其宽高分别由 w 和 h 参数指定
fillOval(double x, double y, double w, double h)	使用当前填充绘制椭圆，椭圆的边界矩形的左上角位于(x,y)位置，其宽高分别由 w 和 h 参数指定
strokeText(String str, double x, double y)	从(x,y)指定的位置开始显示 str
fillText(String str, double x, double y)	从(x,y)指定的位置开始显示 str，并使用当前填充填充文本

在显示文本之前，还可以通过 setFont( )方法设置文本的字体和大小。默认情况下，使用系统字体，调用 getFont( )方法可以获得画布使用的字体。通过构造 Font 对象，可以创建新的字体。Font 类包含在 javafx.scene.text 包中。

使用 Canvas 类定义的以下两个方法，可以指定填充样式和笔触：

```
void setFill(Paint newFill)
void setStroke(Paint newStroke)
```

这两个方法的参数类型都是 Paint。Paint 是一个抽象类，包含在 javafx.scene.paint 包中。它的子类定义了填充和笔触。常用的一个子类是 Color，它简单地描述了一种纯色。Color 类定义了几个静态域变量，用于指定多种颜色，例如 Color.BLUE、Color.RED 等。

【案例 11-7】绘制基本图形。

在 ch11 工程中新建一个 Java 类 JavaFXDrawDemo，该类继承了 Application 类，并重写了 start( )方法，完整的代码如下：

```
import javafx.application.Application;
import javafx.geometry.Pos;
import javafx.scene.Scene;
import javafx.scene.canvas.Canvas;
import javafx.scene.canvas.GraphicsContext;
import javafx.scene.layout.FlowPane;
import javafx.scene.paint.Color;
import javafx.scene.text.Font;
import javafx.stage.Stage;
public class JavaFxDrawDemo extends Application {
    GraphicsContext gc;
    public static void main(String[] args) {
        launch(args);
    }
    public void start(Stage myStage) {
        myStage.setTitle("JavaFX 绘图");
        FlowPane rootNode = new FlowPane();
        rootNode.setAlignment(Pos.CENTER);
        Scene myScene = new Scene(rootNode, 550, 250);
        myStage.setScene(myScene);
        Canvas myCanvas = new Canvas(500, 200);
        gc = myCanvas.getGraphicsContext2D();
        gc.setStroke(Color.DEEPPINK);
        gc.strokeLine(0, 0, 100, 200);
        gc.strokeOval(100, 100, 50, 50);
        gc.strokeRect(0, 120, 50, 80);
        gc.setFill(Color.ROSYBROWN);
        gc.fillOval(0, 30, 40, 80);
        gc.fillRect(100, 160, 300, 40);
        gc.setFont(new Font(12));
        gc.fillText("fillText 显示文本  \n"+gc.getFont(), 60, 50);
        gc.setFont(new Font(20));
```

```
            gc.strokeText("赵智堃", 100, 90);
            rootNode.getChildren().addAll(myCanvas);
            myStage.show();
        }
}
```

程序的运行结果如图 11-7 所示。

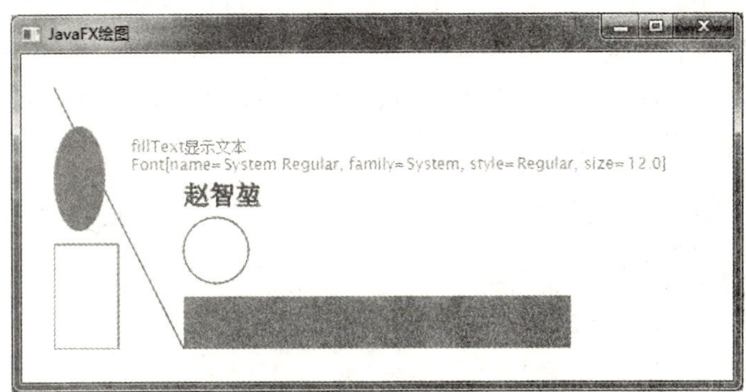

图 11-7 使用 JavaFX 绘制基本图形

GraphicsContext 支持许多操作，例如，可以应用各种变换、旋转和效果。本例只是演示了 JavaFX 绘图的基本过程。JavaFX 绘图支持很多强大的功能，感兴趣的读者可以自行学习和探究。

说明：

除了使用 GraphicsContext 绘制各种图形以外，javafx.scene.shape 包中还有一些用来绘制各种图形形状的类，例如 Line、Rectangle、Circle 等，它们都是 Shape 类的子类，而 Shape 又是 Node 类的子类，所以这些图形都是节点，因此可以直接成为场景图的一部分。下一节在学习 JavaFX 动画时会用到其中几个，到时候可以体验一下创建图形的另一种方法。

11.3.2 JavaFX 动画

JavaFX 中的动画可以分为时间轴动画和过渡动画两种。时间轴动画类和过滤动画类都是 javafx.animation.Animation 类的子类。

1. 过渡动画

JavaFX 中的过渡动画类提供了在一条内部时间轴上展现动画的手段。过渡可以被组合用来创建并行或串行的多重动画。常用的过渡动画类如表 11-4 所示。

表 11-4 JavaFX 过渡动画类

过渡动画类	描述
FadeTransition	褪色过渡，在给定的时间内修改节点的不透明度
PathTransition	路径过渡，在给定的时间内将一个节点沿着一条路径从一端移动到另一端
TranslateTransition	移动过渡，在给定的时间内将节点从某个位置移动到另一个位置
RotateTransition	旋转过渡，在给定的时间内将节点旋转指定角度和次数

(续表)

过渡动画类	描述
ScaleTransition	缩放过渡，在给定的时间内将节点缩放指定的大小
ParallelTransition	并行过渡，在同一时间内执行多个过渡效果
SequentialTransition	串行过渡，一个接一个地执行多个过渡效果

【案例 11-8】为节点应用过渡动画。

在 ch11 工程中新建一个 Java 类 TransitionDemo，该类继承了 Application 类，并重写了 start( )方法，完整的代码如下：

```
import javafx.application.Application;
import javafx.stage.Stage;
import javafx.animation.FadeTransition;
import javafx.animation.ParallelTransition;
import javafx.animation.PathTransition;
import javafx.animation.RotateTransition;
import javafx.animation.ScaleTransition;
import javafx.animation.SequentialTransition;
import javafx.animation.Timeline;
import javafx.animation.TranslateTransition;
import javafx.scene.Group;
import javafx.scene.Scene;
import javafx.scene.paint.Color;
import javafx.scene.shape.*;
import javafx.util.Duration;
public class TransitionDemo extends Application {
    @Override
    public void start(Stage stage) {
        stage.setTitle("Transitions and Timeline Animation");
        final Scene scene = new Scene(new Group(), 480, 300);
        scene.setFill(Color.WHITE);
        //创建一个圆角矩形，该矩形将应用路径过渡
        final Rectangle rectPath = new Rectangle(0, 0, 40, 40);
        rectPath.setArcHeight(10);
        rectPath.setArcWidth(10);
        rectPath.setFill(Color.ORANGE);
        //创建一个圆角矩形，该矩形将应用并行过渡
        Rectangle rectParallel = new Rectangle(10, 100, 50, 70);
        rectParallel.setArcHeight(15);
        rectParallel.setArcWidth(15);
        rectParallel.setFill(Color.DEEPPINK);
        rectParallel.setTranslateX(50);
        rectParallel.setTranslateY(75);
        //创建一个圆角矩形，该矩形将应用串行过渡
        Rectangle rectSeq = new Rectangle(25, 25, 80, 50);
        rectSeq.setArcHeight(15);
```

```
rectSeq.setArcWidth(15);
rectSeq.setFill(Color.BLUE);
rectSeq.setTranslateX(50);
rectSeq.setTranslateY(50);
((Group) scene.getRoot()).getChildren().addAll(rectPath, rectParallel, rectSeq);
stage.setScene(scene);
stage.show();
//创建路径
Path path = new Path();
path.getElements().add(new MoveTo(20, 20));
path.getElements().add(new CubicCurveTo(350, 0, 380, 120, 200, 120));
path.getElements().add(new CubicCurveTo(0, 120, 0, 240, 350, 240));
//创建路径过渡
PathTransition pathTransition = new PathTransition();
pathTransition.setDuration(Duration.millis(4000));
pathTransition.setPath(path);
pathTransition.setNode(rectPath);
pathTransition.setOrientation(PathTransition.OrientationType.
    ORTHOGONAL_TO_TANGENT);
pathTransition.setCycleCount(Timeline.INDEFINITE);
pathTransition.setAutoReverse(true);
pathTransition.play();
//创建褪色过渡  应用于串行过渡的矩形
FadeTransition fadeTransition = new FadeTransition(Duration.millis(1000), rectSeq);
fadeTransition.setFromValue(1.0f);
fadeTransition.setToValue(0.1f);
fadeTransition.setCycleCount(2);
fadeTransition.setAutoReverse(true);
//创建旋转过渡  应用于串行过渡的矩形
RotateTransition rotateTransition = new RotateTransition(Duration.millis(2000), rectSeq);
rotateTransition.setByAngle(180f);
rotateTransition.setCycleCount(4);
rotateTransition.setAutoReverse(true);
//创建平移过渡  应用于并行过渡的矩形
TranslateTransition translateTransition = new TranslateTransition(Duration.millis(2000),
    rectParallel);
translateTransition.setFromX(50);
translateTransition.setToX(375);
translateTransition.setCycleCount(1);
translateTransition.setAutoReverse(true);
//创建缩放过渡  应用于串行过渡的矩形
ScaleTransition scaleTransition = new ScaleTransition(Duration.millis(2000), rectParallel);
scaleTransition.setFromX(1);
scaleTransition.setFromY(1);
scaleTransition.setToX(2);
scaleTransition.setToY(2);
scaleTransition.setCycleCount(1);
scaleTransition.setAutoReverse(true);
```

```
            //创建串行过渡
            SequentialTransition sequentialTransition = new SequentialTransition();
            sequentialTransition.getChildren().addAll(fadeTransition, rotateTransition);
            sequentialTransition.setCycleCount(Timeline.INDEFINITE);
            sequentialTransition.setAutoReverse(true);
            sequentialTransition.play();
            //创建并行过渡
            ParallelTransition parallelTransition = new ParallelTransition();
            parallelTransition.getChildren().addAll(translateTransition, scaleTransition);
            parallelTransition.setCycleCount(Timeline.INDEFINITE);
            parallelTransition.play();
        }
        public static void main(String[] args) {
            Application.launch(args);
        }
}
```

本例通过 Rectangle 类创建了 3 个圆角矩形(通过 setArcHeight 和 setArcWidth( )方法设置圆角半径)，然后分别为这 3 个矩形应用不同的过渡效果，橙色小矩形应用的是路径过渡，并在到达终点后反转，沿路径反向运动，如此反复循环；蓝色矩形应用了褪色和旋转两个过渡，两个过渡是串行的；粉色矩形应用的是平移和缩放过渡，且两个过渡为并行执行，即在移动的同时进行缩放。运行结果如图 11-8 所示。

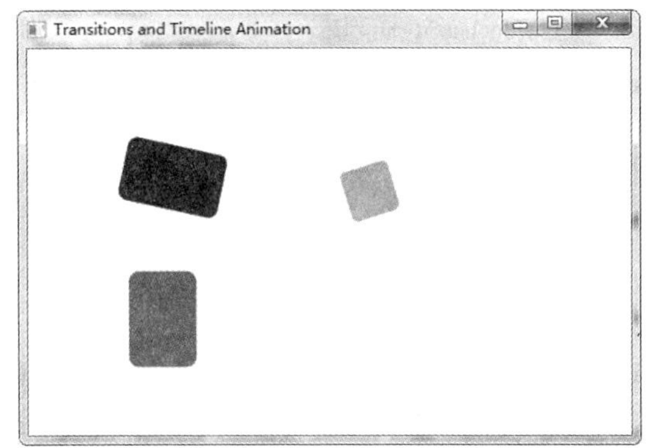

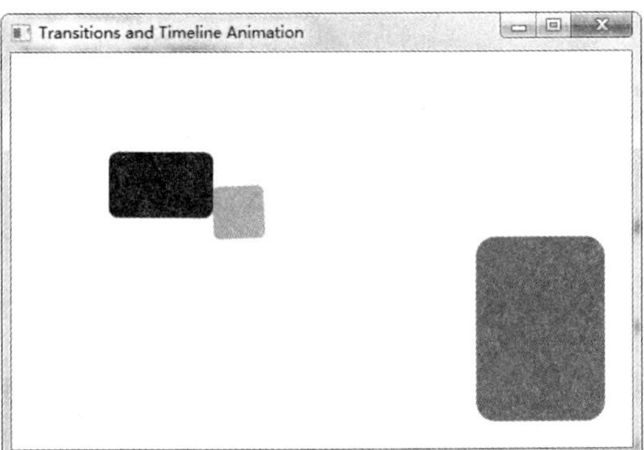

图 11-8　过渡动画效果

说明：

在程序中，过渡对象的 play( )方法用于立即启动过渡动画，这是继承自 Animation 类的方法。

2. 时间轴动画

时间轴动画是由它的一些相关属性驱动的，例如大小、位置和颜色等。时间轴动画提供了随着时间进展更新这些属性值的能力。JavaFX 支持关键帧动画(Key Frame Animation)。在关键帧动画中，绘图场景(Graphical Scene)的动画状态的转换是由特定时间点的场景状态的起始和结束快照来定义的。系统能够自动执行动画。在需要时它可以停止、暂停、恢复、反转或重复动作。

【案例 11-9】使用时间轴动画制作一个滚动的小球。

在 ch11 工程中新建一个 Java 类 TimelineDemo，该类继承了 Application 类，并重写了 start( )方法，完整的代码如下：

```
import javafx.animation.Interpolator;
import javafx.animation.KeyFrame;
import javafx.animation.KeyValue;
import javafx.animation.Timeline;
import javafx.application.Application;
import javafx.scene.Group;
import javafx.scene.Scene;
import javafx.scene.paint.Color;
import javafx.scene.shape.Circle;
import javafx.scene.shape.Line;
import javafx.stage.Stage;
import javafx.util.Duration;
public class TimelineDemo extends Application {
    public static void main(String[] args) {
        launch(args);
    }
    @Override
    public void start(Stage myStage) throws Exception {
        myStage.setTitle("时间轴动画");
        Scene scene = new Scene(new Group(), 530, 100);
        scene.setFill(Color.WHITE);
        Line line = new Line(20, 70, 500, 70);
        line.setStroke(Color.GREEN);
        line.setStrokeWidth(2.0);
        Circle circle= new Circle(20, 50, 20);
        circle.setFill(Color.BROWN);
        Timeline timeline = new Timeline();
        timeline.setCycleCount(Timeline.INDEFINITE);
        timeline.setAutoReverse(true);
        KeyValue kv = new KeyValue(circle.centerXProperty(), 500, Interpolator.EASE_BOTH);
        KeyFrame kf = new KeyFrame(Duration.millis(5000), kv);
        timeline.getKeyFrames().add(kf);
        timeline.play();
        ((Group) scene.getRoot()).getChildren().addAll(circle, line);
        myStage.setScene(scene);
        myStage.show();
    }
}
```

本例创建了一个圆形和一条直线，然后对圆形应用时间轴动画，使之从当前位置平移到 500 位置，看上去就像小球在直线上来回滚动。程序运行结果如图 11-9 所示。

本例中的时间轴动画通过getKeyFrames( )方法获取关键帧列表，向其中添加一个KeyFrame对象，KeyFrame对象中包含一个动画周期的时间(本例中为5000毫秒)和KeyValue

对象指定的起始和结束状态。本例是从原位置移动到x=500。要对一个对象创建水平移动动画，只要修改x坐标值而保留y坐标值不变即可。

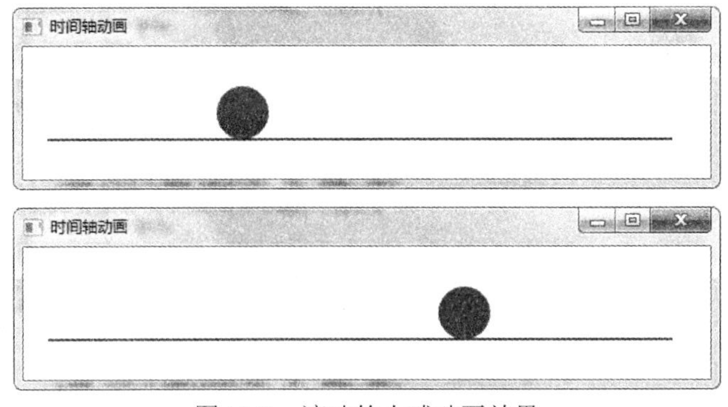

图 11-9　滚动的小球动画效果

11.4　本章小结

本章讲述了 Java 的绘图功能、图像处理以及 Java 动画。首先介绍了传统的 Java 绘图，包括绘制简单图形和 Java2D 绘图、使用 XOR 绘图模式以及显示文本等内容。然后介绍了图像处理和 Java 动画技术，重点讲述了 Java 动画的原理和消除闪烁的方法；最后介绍的是 JavaFX 对绘图和动画的支持，包括直接在画布上绘图，使用 Shape 对象创建各种图形，以及 JavaFX 动画。绘图和动画是 Java 比较高级的应用，由于受篇幅限制，本章只是介绍了一些基础内容，带领大家进入这个多彩的领域，更多精彩的内容需要读者自行学习和探究。

11.5　思考和练习

1. 简述 Graphics 类中用于绘制基本图形的方法。
2. 如何在容器组件上显示文本，文本的字体和颜色如何控制？
3. Graphics2D 类与 Graphics 类相比，增加了哪些功能？
4. 如何加载一幅已有的图像。
5. 简述 Java 动画的原理。
6. 减弱闪烁的较好办法有两种：___________和__________。
7. JavaFX 中的画布由 java.scene.canvas 包中的_________类封装。
8. JavaFX 中的动画分为___________和__________两种。
9. 使用本章所学内容编写时钟动画的程序。
10. 使用时间轴动画改写本章的案例 11-6。

参 考 文 献

[1] 张孝祥. Java 就业培训教程. 北京：清华大学出版社，2003

[2] [美] Herbert Schildt 著. 战晓苏，江凌 译. Java 8 编程参考官方教程(第 9 版). 北京：清华大学出版社，2015

[3] 黑马程序员. Java 基础案例教程. 北京：人民邮电出版社，2017

[4] 石志国，李颖，李江昀. Java 精解案例教程. 北京：北京交通大学出版社，2009

[5] 常玉慧，王秀梅. Java 语言实用案例教程. 北京：科学出版社，2017

[6] 钱银中. Java 程序设计案例教程. 北京：机械工业出版社，2009

[7] 刘兆宏. Java 语言程序设计案例教程. 北京：东软电子出版社，2011

[8] 张红梅. Java 应用案例教程. 北京：清华大学出版社，2010

[9] 李兴莹，杨常清，李欣欣. C 语言程序设计基础. 上海：上海交通大学出版社，2016

[10] http://www.runoob.com/java/java-tutorial.html

[11] http://www.javafxchina.net/